Inga Bodenburg, Irmgard Kollmann

Frühpädagogik –
Arbeiten mit Kindern von 0–3 Jahren

Ein Lehrbuch für sozialpädagogische Berufe

2. Auflage

Bestellnummer 50550

Haben Sie Anregungen oder Kritikpunkte zu diesem Produkt?
Dann senden Sie eine E-Mail an 50550_002@bv-1.de
Autorinnen und Verlag freuen sich auf Ihre Rückmeldung.

www.bildungsverlag1.de

Bildungsverlag EINS GmbH
Hansestraße 115, 51149 Köln

ISBN 978-3-427-**50550**-1

Inhaltsverzeichnis

Zeichenerklärung

Aufgaben und Fragen

Tipps und Anregungen

Merke!

Vorwort

Liebe Leserin, lieber Leser,

zwei Jahre nach Erscheinen der Erstauflage und des Arbeitsbuches liegt Ihnen jetzt die überarbeitete Fassung unseres Lehrbuches vor. Darüber freuen wir uns. Dieses Buch ist das Ergebnis eines langen und lebendigen Austauschprozesses in einem faszinierenden Arbeitsfeld. Es ist entstanden in jahrzehntelangem Transfer mit Auszubildenden, Studentinnen und Studenten, Erzieherinnen und Erziehern, Kolleginnen und Kollegen an den Sozialpädagogischen Schulen in Hamburg und anderen Bundesländern. Es ist ein Versuch, das bundesweit neue Konzept des Unterrichts in Lernfeldern an Fachschulen und Berufsfachschulen in einem Buch zu realisieren und sich dabei an beruflichen Handlungssituationen zu orientieren anstatt an wissenschaftssystematisch begründetem Unterricht in Fächern. Das Thema dieses Buches ist die Kita als Bildungseinrichtung für Kinder bis zu drei Jahren. Im Mittelpunkt stehen die Visionen, Ziele, Fähigkeiten und Fertigkeiten der in der Kita tätigen Erwachsenen sowie die räumlich-materiellen, interaktiven und methodisch-didaktischen Wege, auf denen sie die Bildungsprozesse der Jüngsten wahrnehmen, herausfordern, begleiten und unterstützen. Ausgangspunkt unserer Überlegungen sind in jedem Kapitel die vielfältigen Aufgaben im Berufsfeld der Fachkräfte. Dafür sind die eigenen Praxiserfahrungen der Lesenden eine wichtige Grundlage, denn im alltäglichen Zusammenleben mit Kindern ergeben sich Lernanlässe zu fast allen Themenbereichen und damit jede Menge Anknüpfungspunkte für dieses Buch.

Wichtig erschien uns auch eine mehrperspektivische Betrachtung des Berufsfeldes. Dazu gehören:
– *die Erzieherinnen und Erzieher* mit Blick auf ihr Selbstverständnis und ihre Berufsrolle. Die Teilnehmer/-innen sollen einen Zusammenhang zu ihren bisherigen Lebens- und Lernerfahrungen herstellen können und sich in ihren Interessen und Zielen angesprochen fühlen. Sie interpretieren berufliche Herausforderungen fast immer anders als die Lehrkräfte und Praxisanleiter/-innen und erleben, dass sich ihre Arbeitssituation laufend durch neuartige Anforderungen verändert, insbesondere durch die Verknappung von Ressourcen und die gemeinsame Betreuung von Kindern unterschiedlicher Nationalität, Altersstufen sowie mit und ohne Behinderungen.
– *die Erwartungen der Kinder, Eltern, Familien* und weiterer für das einzelne Kind wichtiger Personen aus seinem sozialen Umfeld. Ihre Lebensbedingungen, Erwartungen, Bewältigungsstrategien, Gefühle und Bedürfnisse gilt es in jedem Lebensbereich wahrzunehmen und in die Überlegungen einzubeziehen.
– Erkenntnisse aus den *Bezugswissenschaften.* Um die ständigen und tief greifenden Veränderungen in der pädagogischen Landschaft und im Arbeitsfeld der Erzieherinnen und Erzieher mit einzubeziehen und zu erklären, haben wir in jedem Kapitel sowohl auf ältere, bewährte als auch auf aktuelle und neueste Erkenntnisse aus den Bezugswissenschaften (z. B. Psychologie, Neurobiologie, Pädagogik, Medizin und Ökotrophologie) zurückgegriffen.

Gegenüber der Erstauflage haben wir weitere aktuelle Entwicklungen berücksichtigt und einige Themen neu aufgenommen: z. B. die Haltung der Erziehenden, das Außengelände und Bildungs- und Lerngeschichten zum Thema „Beobachten".

Um die Weiterarbeit zu erleichtern, finden Sie jetzt im Anschluss an jedes Kapitel Literaturhinweise.

Die in diesem Buch enthaltenen Anforderungsebenen beziehen sich auf die Niveaustufen 5 und 6 des DQR[1]. Wir gehen davon aus, dass sich Fachschülerinnen und -schüler in der Ausbildung für übergreifende und spezielle Aufgaben in der sozialpädagogischen Praxis qualifizieren: Sie planen, gestalten, reflektieren und koordinieren umfassende Aufgaben selbstständig und im Team. Sie treffen Entscheidungen, leiten an und arbeiten projektbezogen auch im Gemeinwesen. Zudem übernehmen sie für einzelne Bereiche Führungsaufgaben. Dazu brauchen sie sicheres Fachwissen und eine Vielzahl erprobter praktischer Kompetenzen.

Wir wünschen uns, dass das vorliegende Buch dazu beitragen kann, einen Transfer zwischen Schule und Praxis herzustellen. Ebenfalls wünschen wir uns, dass dieser Transfer dazu führt, dass im Sinne von Lernortkooperation wechselseitig die Umsetzung des Gelernten sichergestellt wird, dass Schülerinnen und Schüler in der Praxis Bedingungen vorfinden, in denen sie das in der Schule Gelernte umsetzen, überprüfen und für sich gestalten können, dass sie dabei Begleitung erfahren und dass das Buch auch zu einer Anregung für die Praxis wird.

„Lernen/Bildung beinhaltet nicht passive Übernahme, sondern aktive Konstruktionsleistungen. Zum anderen aber werden mit dem Verweis auf Rahmenbedingungen Wege der indirekten Erziehung sowie des unbewussten Lernens betont." (Liegle, 2010, S. 5)

Im Entstehungsprozess des Buches waren uns Erzieherinnen und Erzieher in einigen Tageseinrichtungen eine wichtige Hilfe und wir haben viel von ihnen gelernt. Sie haben uns bei vielen Gelegenheiten Einblicke in ihr Arbeitsfeld gewährt und Fragen ihres beruflichen Selbstverständnisses mit uns diskutiert. Wir möchten uns an dieser Stelle aufrichtig für ihre Offenheit, ihr Vertrauen, Engagement und die Zeit bedanken, die sie für die Gespräche und Hospitationen zur Verfügung gestellt haben. Dieser Dank gilt insbesondere Frau Vagedes, Sozialpädagogin in der Kindertageseinrichtung Kohlhöfen, und Herrn Lübke, Sozialpädagoge in der Kindertageseinrichtung Tornquiststraße, beide in Hamburg. Sie haben uns eingeweiht in spezifische Lösungsstrategien ihrer Einrichtungen für Probleme, die von außen betrachtet unlösbar zu sein scheinen. Wir waren fasziniert von der Sensibilität, Fantasie und Fülle kreativer Lösungen, mit der sie in den beiden Kitas die Sicherheit und Selbstbildungsprozesse kleiner Kinder ermöglichen und begleiten.

Für die fortlaufende, anregende Fachdiskussion bedanken wir uns bei Christel van Dieken, Leiterin der Lernwerkstatt und des Instituts für Bildungsinnovation in Hamburg, und Kornelia Schneider vom Deutschen Jugendinstitut in München. Wir danken auch Frau Professor Ute Stoltenberg, Leiterin des Instituts für integrative Studien (infis) an der

---

[1] *„Im Oktober 2006 haben sich das Bundesministerium für Bildung und Forschung (BMBF) und [die] Kultusministerkonferenz (KMK) darauf verständigt, gemeinsam einen Deutschen Qualifikationsrahmen für lebenslanges Lernen (DQR) zu entwickeln (…). Dieser soll bis 2010 in allen Ländern der EU mithilfe nationaler Regelungen umgesetzt werden. Er bildet als Referenzrahmen für lebenslanges Lernen die Leistungen der jeweiligen nationalen Bildungssysteme auf europäischer Ebene in acht Niveaustufen ab. Damit dient er dazu, Lernergebnisse aus allen Bildungsbereichen international verständlicher und vergleichbarer zu machen. In dieser Funktion als Übersetzungsinstrument zwischen den Bildungs- und Qualifikationssystemen der Mitgliedstaaten trägt er dazu bei, dass Arbeitnehmer und Lernende ihre Qualifikationen auch über die eigenen Ländergrenzen hinweg nutzen können." (Bundesministerium für Bildung und Forschung/Sekretariat der Kultusministerkonferenz, 2010)*

Universität Lüneburg, der die ersten und entscheidenden Impulse für die Entwicklung von Materialien für den Bereich „Kinder unter drei" in der „Vereinigung städtischer Kindertagesstätten e. V." Ende der 1980er-Jahre in Hamburg zu verdanken sind – und damit die Tatsache, dass die Einrichtungen für die Jüngsten heute nicht mehr guten Gewissens als „Krippe" bezeichnet werden können, sondern echte (Selbst-)Bildungseinrichtungen geworden sind.

Unser persönlicher und herzlicher Dank gilt unseren Kindern für die kritische Durchsicht der Manuskripte und Ehemännern Wolf-Dietrich Kollmann und Peter Bodenburg. Mit unermüdlicher Geduld haben sie das Projekt unterstützt und gefördert.

Hamburg, im November 2010   Inga Bodenburg   Irmgard Kollmann

1 Das Buch und sein Bezugsrahmen

Mit diesem Buch wenden wir uns vorwiegend an ausgebildete und angehende Erzieherinnen und Erzieher.

Das Wissen über die Entwicklung und die Bedürfnisse von Kleinkindern ist in den letzten Jahren enorm angestiegen. Parallel dazu hat sich die Lebenswelt der heutigen Kinder im Vergleich zu früheren Zeiten stark verändert. Diesen Tendenzen versucht eine Umgestaltung der Erzieherinnenausbildung Rechnung zu tragen, die noch nicht abgeschlossen ist. Parallel zu den herkömmlichen Ausbildungseinrichtungen bieten auch immer mehr (Fach-)Hochschulen Studiengänge zur frühkindlichen Bildung an, wie es in den meisten europäischen Ländern bereits der Fall ist.

Das Qualifikationsprofil von Fachkräften der Frühpädagogik hat sich in den letzten Jahren nicht nur im Umfang, sondern vornehmlich auch in seinen Inhalten und Schwerpunkten verändert und ausgestaltet. Während bis Mitte des zwanzigsten Jahrhunderts noch Merkmale wie Pflege, Hygiene und Bewahrung der Kinder vor häuslichen Mangelsituationen und Verwahrlosung im Vordergrund der Arbeit von Kinderkrankenschwestern in Krippen standen, zeichnete sich mit Ende der 1970er-Jahre eine grundsätzliche Wendung ab, sowohl in der Beschreibung des Arbeitsfeldes „Frühpädagogik" als auch in dessen Qualifikationsmerkmalen. Heute arbeiten in Kleinstkindgruppen anstelle von Pflegepersonal fast ausschließlich Erzieherinnen und Erzieher sowie Sozialpädagogische AssistentInnen und Assistenten. Kindertageseinrichtungen haben einen Bildungsauftrag, der neben der Sicherung vitaler Grundbedürfnisse insbesondere kognitiv-soziale und kommunikativ-emotionale Bedürfnisse von Kleinstkindern umfasst. Zudem müssen Einrichtungen für Kinder unter drei Jahren heute auch in der Assistenz von Familien Ausgleich schaffen, ergänzen und bereichern.

Lehrbücher, die diese Tendenzen berücksichtigen sowie Material und Hinweise für die Aus- und Weiterbildung bezüglich der Arbeit mit Kindern unter drei Jahren bieten, sind dagegen kaum zu finden. Mit unserem Buch möchten wir – selbst in der Aus- und Weiterbildung von Erzieherinnen und Erziehern tätig – dazu beitragen, diese Lücke zu schließen.

Wir werden Ihnen die Arbeit und Überlegungen der Erzieherinnen Ella und Jasmin vorstellen, in deren Gruppe sich Alina, Cemal, Vincy und weitere Kinder unter drei wohlfühlen. Sie wird unterstützt von der Praktikantin Tanja. Ella und Tanja arbeiten mit anderen zusammen in einer Kindertagesstätte (Kita).

Wir möchten Sie dazu anregen, sich mit unseren Aufgaben auseinanderzusetzen und sich nicht auf das Lesen des Buches zu beschränken. Denn genauso wenig, wie man schwimmen lernt, indem man ein Buch darüber liest, verbessern Sie Ihre Kompetenzen durch mehr Wissen. Dieses Wissen und das Verstehen der Situation muss in pädagogisches Handeln umgesetzt werden. Dabei sollen Ihnen unsere Aufgaben helfen. In den Aufgaben sprechen wir „Sie" an. Je nach Aufgabe, Leser/-in oder Lerngruppe kann sich die Anrede auf eine Einzelperson, ein Paar oder eine Gruppe beziehen.
Bevor wir einzelne Aspekte der Frühpädagogik ausführlicher darstellen, wenden wir uns den Veränderungen in der Lebenswelt der Kinder, der Ausbildung von Erzieherinnen und Erziehern[1] und den rechtlichen Rahmenbedingungen zu.

1.1   Veränderungen in der Lebenswelt kleiner Kinder

Das Umfeld, in das Kinder heute hineingeboren werden und in dem sie aufwachsen, ist – im Vergleich zu dem der Generationen vorher – gekennzeichnet durch viele Veränderungen, für deren Bewältigung uns überlieferte Vorbilder und erprobte Beispiele fehlen. Familien, soziale Netze und Institutionen der Kinderbetreuung organisieren sich stetig um. Diese Veränderungen lassen sich aus unterschiedlichen Sichtweisen beschreiben.

1.1.1   Familienstruktur

Die **Familienformen** sind vielfältig und schaffen jeweils spezielle Entwicklungsbedingungen für kleine Kinder. Das Aufwachsen mit einem Elternteil hält andere Anregungen bereit als das Großwerden in einer Familie mit Vater, Mutter und Großeltern oder mit gleichgeschlechtlichen Eltern, die ihre Kinder adoptiert haben. Viele Eltern waren bereits anderweitig gebunden und ein oder beide Partner haben Kinder in die neue Beziehung gebracht.

Die sinkende Kinderzahl und die Tendenz zur Ein-Kind-Familie bewirken besondere Lernbedingungen. Das Aufwachsen mit älteren und jüngeren **Geschwistern** kann für ein Kind Bereicherung und Einschränkung zugleich sein. Geschwister wirken als Vorbild, Verhaltensmodell, Unterstützungsgeber oder Beistand, sie können die eigene Stärke, Begabung oder eigene Probleme erfahrbar machen. Sie können aber auch einschränken und behindern, indem sie Entfaltungsraum beanspruchen oder durch Vergleiche Unterlegenheitsgefühle wecken. Erfahrungen mit Geschwistern prägen die Persönlichkeits- und Kompetenzentwicklung eines Kindes nachhaltig: je früher, desto mehr. Die Position in der Geschwisterreihe, die Anzahl, das Geschlecht und der Altersabstand der Geschwister, die gegenseitige Unterstützung, das Vorbild der Älteren sowie das Aushalten und Überwinden von Rivalität und Konkurrenzverhalten bieten kleinen Kindern elementare Lernchancen.

---

[1] *Der besseren Lesbarkeit halber werden wir zufällig zwischen weiblichen, männlichen und kombinierten Bezeichnungen wechseln.*

1.1.2 Ökonomische Bedingungen

„Viele Familien geraten in einen Kreislauf der Armut. Die Armutsquote von Kindern ist deutlich höher als die Sozialhilfequote. 1,1 Millionen der deutschen Kinder leben von Sozialhilfe." (Helmut Schmidt, Nachtcafé SWR, 11.02.2006)

Zwischen 13 % und 19 % aller Kinder wachsen in Familien auf, deren Einkommen weniger als die Hälfte des Durchschnittseinkommens der Deutschen beträgt. **Armut** bedeutet für Familien nicht nur unzureichende finanzielle Mittel, sondern oft auch soziale Ausgrenzung, unzureichende Wohnverhältnisse, Mangel an Teilhabechancen sowie eingeschränkten Zugang zu Bildungsgütern und Dienstleistungen. Damit verbunden ist auch die Unsicherheit vieler Eltern über ihre Rechte und Ansprüche und ihre Abhängigkeit von Institutionen. Für Kinder unter drei Jahren bedeutet Armut ein erhöhtes Gesundheitsrisiko.

Folgende Schere öffnet sich weiter: Auf der einen Seite – bedingt durch Niedriglöhne und die Einsparung von Arbeitsplätzen – vergrößert sich die Kinderarmut. Äußerliche und emotionale **Vernachlässigung** sind quer durch alle Schichten beobachtbar. Auf der anderen Seite – in Familien, die in materieller Sicherheit leben – kann „Verwöhn-Verwahrlosung" eintreten: Eltern sind nicht in der Lage, ihren Kindern Wünsche nach materiellen Dingen auszuschlagen (z. B. Essen, Süßigkeiten, Spielzeug oder Medienkonsum). Oder Kinder werden zum gedanklichen Mittelpunkt, zur **lebenserfüllenden Aufgabe** ihrer Eltern. Damit steigt die Gefahr, dass die Wünsche der Eltern den Möglichkeiten und Bedürfnissen der Kinder zu wenig Raum lassen.

1.1.3 Gender-Bewusstsein

Das **Rollenverständnis** der Mütter und Väter und damit das Normengefüge innerhalb der Familie ändern sich stetig. Väter wollen bewusst das Aufwachsen ihrer Kinder miterleben und beeinflussen. Mütter halten nach der Geburt ihrer Kinder den Kontakt zum Beruf aufrecht und wollen weiterhin ihren Beitrag zur gesellschaftlichen Entwicklung leisten. Sie wollen entscheiden und entsprechende Wahlmöglichkeiten haben, ob sie ihr Kind in den ersten Jahren in der Familie oder gemeinsam mit anderen Institutionen erziehen möchten. In der Vergangenheit sind Mütter vielfach beruflich oder außerhalb der Familie tätig gewesen. Neu ist, dass sie sich dazu von den Kleinkindern trennen müssen und Ammen als Ersatzbetreuung nicht mehr zur Verfügung stehen.

Arbeitszeiten und -belastungen wachsen. Väter und Mütter sind wegen ihrer beruflichen Tätigkeit tagsüber in der Familie oft nicht anwesend und in ihrer Freizeit mit Erziehungsaufgaben oft überfordert. Dennoch sind nach wie vor viele Mütter für die Organisation aller familiären Belange allein zuständig und viele Väter verstehen sich als verantwortliche Ernährer der Familie.

Dass familiäre Arbeitsteilung und unterschiedliches Verhalten von Frauen und Männern sich nicht notwendigerweise aufgrund ihrer unterschiedlichen biologischen Festlegung ergeben, sondern zum großen Teil gesellschaftlich bestimmt sind, ist immer mehr Konsens. *„Wir sind [...] alle mitbeteiligt an der permanent wiederholten Herstellung von Geschlecht, dem ‚Doing Gender‘"* *(Schneider, 2009, S. 5)*. Der Begriff „Gender" hat sich auch im deutschen Fachsprachengebrauch durchgesetzt.

„Gender hat – im Gegensatz zum biologischen Sex – die Bedeutung von sozialem Geschlecht. Das umfasst einerseits [...] bestimmte Verhaltensweisen, Räume und Positionen, die [Frauen und Männern] zugeordnet werden; andererseits umfasst der Begriff Gender die Rechte, Pflichten und Verantwortung, die Menschen aufgrund ihres Geschlechts nach gesellschaftlichem Konsens wahrzunehmen haben." *(Schneider, 2009, S. 4)*

Dieser Prozess des „Doing Gender" rückt auch in der Ausbildung der Erzieherinnen immer mehr in den Blickpunkt. Sie müssen sich fragen, inwieweit sie unbewusst diesen Prozess unterstützen, statt jedem Kind seine individuellen Entfaltungsmöglichkeiten zu lassen. Wenn ein kleines Mädchen eine Beschäftigung sucht, wird es nicht automatisch auf die Puppenecke hingewiesen und der kleine Junge auf die Autos. Es ist nicht selbstverständlich, dass Mark auf der zweiten Raumebene herumturnt und drei kleine Mädchen unten sitzen und ihm zusehen.
Manche Erwachsene neigen dazu, das Schreien eines männlichen Kleinkindes mit einem Satz wie „der wird mal durchsetzungsfähig" zu kommentieren und dasselbe Verhalten bei einem weiblichen Kleinkind mit der Äußerung „das ist aggressiv" zu erklären.

1.1.4 Unterschiedliche Bedürfnisse von Kindern und Eltern

Der Umgang mit Kindern wird seltener über persönliche Erfahrungen oder das Vorbild von Menschen aus einer oder zwei Vorgängergenerationen gelernt. Die **Verhaltensunsicherheit in puncto Erziehung** nimmt zu. Eltern suchen oft vergeblich nach „Bildungszielen" oder scheitern bei dem Versuch, auf Erziehungsmethoden zurückzugreifen, die sie in der eigenen Kindheit selbst (oft schmerzhaft) erfahren haben. Sie versuchen, ihre Kinder zu beschäftigen. Sie greifen zu pädagogischen Krücken (z. B. Belohnung oder Ruhigstellen durch Annehmlichkeiten wie etwa (medialen) Konsum). Oder sie unterwerfen ihre Kinder einem durchgeplanten Freizeitprogramm.
Diese Faktoren bewirken auch einen Wandel der sozialen Rolle von Kindern. Obwohl Eltern ihnen weniger Zeit und Aufmerksamkeit widmen können, bekommen Kinder für ihre Väter und Mütter eine wichtige, weil sinnstiftende Bedeutung: Diese versuchen, ihre erhöhte berufliche und/oder soziale Belastung (lange Arbeitswege, Konkurrenz und Angst vor Verlust des Arbeitsplatzes) durch Entspannung und Zufriedenheit in der Familie auszugleichen. Mehr **emotionaler Erwartungsdruck** wird auf Kinder übertragen, und mehr emotionaler Stress, besonders für Kleinstkinder, entsteht durch die unerfüllten Bedürfnisse nach Wärme und Nähe der Eltern.

„Kindern wird heute eine bedeutend gewachsene Aufmerksamkeit von Seiten der Eltern geschenkt. Gleichzeitig entsteht bei Müttern und Vätern das aus dem geringen familiären Zeitbudget erwachsene Angstgefühl von der ‚verlorenen Zeit‘. Es kollidiert mit dem Grundrhythmus des Kleinkindes. Diese Einstellung wirkt als Bedrohung des fundamentalen Bedürfnisses von Kindern nach Geborgenheit und intensiven personalen Beziehungen." *(Seehausen, 1996, S. 12)*

Angesichts der wachsenden Bedürfnisse nach Entspannung oder Abwechslung im Leben der Erwachsenen kommen die Bedürfnisse der (Klein-)Kinder oft zu kurz. Die hohen Anforderungen der psychosozialen Lebensbewältigung von Eltern erschweren es vielen

Kindern, in der Familie Balance und Kontinuität zu finden, damit sie sich sicher fühlen, Kompetenz entwickeln und zur eigenen Identität finden können. Eltern geben familiäre Bildungs-, Betreuungs- und Erziehungsaufgaben an Institutionen ab oder versuchen, sich an Ratgebern zu orientieren, deren Vertrieb über Medien an Bedeutung ständig zunimmt.

Die vielfältigen individuellen Interessen der Familienmitglieder machen den Familienalltag komplizierter. Erwachsene und Kinder sind eingebunden in ganz unterschiedliche, voneinander unabhängige Anforderungsbereiche. Kleinstkinder – auf Kontinuität und Verlässlichkeit angewiesen – müssen sich anpassen an ständig unerwartet veränderte Lebensbedingungen. Dass beispielsweise ihre vitalen Grundbedürfnisse (wie z. B. nach Ruhe und Aktivität, Spannung und Entspannung) rhythmisch auftreten und sie auf deren Erfüllung nicht unbeschränkt warten können, kann in vielen Familien nicht mehr berücksichtigt werden.

Kindliche Erfahrungsbereiche – auch die der Kinder unter drei Jahren – haben sich drastisch verändert: Die Veränderung des Wohnumfeldes (z. B. Verkehrsverdichtung) hat zur Folge, dass Eltern ihre Kinder kontinuierlich vor Gefährdungen schützen, beaufsichtigen und vor Erlebnissen abschirmen, die ein Risiko beinhalten könnten. Kinder lernen früh, energetische Bedürfnisse nach kraftvoller, handelnder, bewegungsintensiver Auseinandersetzung zu unterdrücken. Als Ausgleich werden technische Kommunikations- und Spielmittel auch den Kleinsten dargeboten – oft zur Ruhigstellung und zur „Beschäftigung". Erkenntnisse der Neurophysiologie weisen auf eine dramatische Verringerung sinnlicher, zum entdeckenden Handeln herausfordernder Grunderfahrungen hin. Diese sind für die Herausbildung funktionaler Hirnbereiche von entscheidender Bedeutung. Eigen- und Fremdwahrnehmung in der Umwelt, Kenntnisse über die Ausdehnung und Grenzen des eigenen Körpers, über dessen Empfindungsqualitäten, Nutzungsmöglichkeiten und Belastbarkeitsgrenzen sind wegen des Bewegungsmangels für viele Kinder eingeschränkt.

Der alltägliche Umgang mit Medien reduziert die realen, sinnlichen Erfahrungen vieler Kinder und vermittelt ein bruchstückartiges Wirklichkeitsverständnis. Damit wird die Anbahnung höherer mentaler Prozesse erschwert, wie z. B. Handlungsplanung und Problemlösefertigkeit – die Grundlage für kreatives Spielen, Denken und Lernen.

1.1.5 Schlussfolgerung: die Kita als Familienzentrum

Aus diesen Gründen fallen familienergänzenden Einrichtungen wie den Kindertagesstätten **neue Aufgaben** zu. Sie greifen die von Kindern erlebten Widersprüche auf und geben Hilfestellung bei der Verarbeitung. Kindertagesstätten bieten vielen unter Dreijährigen Lebensbedingungen und Lernerfahrungen, die ihnen ihre Familien aus den genannten Gründen nicht verschaffen können. Kitas wirken damit auch auf die Lebenswelt Familie ein. Sie schaffen Grundlagen, auf denen Kinder Erfahrungen, Wissensbestände und Handlungsfähigkeiten entwickeln können. Zunehmend übernehmen sie im kommunalen Netzwerk auch Unterstützungs- und Begleitungsaufgaben für Eltern. Kitas werden also auch zu einer Institution, die für Kinder- und Familienfragen zuständig ist, den Kindern ein bedarfsorientiertes Lern- und Erfahrungsangebot macht, Eltern flexibel entlastet und Orientierung zur Familienselbsthilfe bietet.

Überlegen Sie anhand des Textes (und eventuell anderer Quellen):
Welche Aufgaben können Kindertagesstätten erfüllen, die Eltern heute in Bezug auf ihre kleinen Kinder oft nicht mehr oder nicht mehr in ausreichendem Maß wahrnehmen können?

1.2 Neue Ausbildungsrichtlinien

Das vorliegende Buch orientiert sich in seinem Aufbau an Lernfeldern, wie sie die Bildungspläne für die berufliche Bildung vorsehen.

In den letzten Jahren hat eine Entwicklung weg von der wissenschaftlichen Fächersystematik hin zu Lernfeldern stattgefunden. Sie soll hier kurz am Beispiel der Ausbildung zur staatlich anerkannten Erzieherin/zum staatlich anerkannten Erzieher in Hamburg verdeutlicht werden.

Die angehenden Erzieherinnen erhielten und erhalten ihre praktische Ausbildung in den Einrichtungen der Kinder- und Jugendhilfe wie z. B. Kindertagesstätten, Krippen und Wohngemeinschaften. In der Schule wurde bis 2002 der passende theoretische Hintergrund geliefert, indem **Fächer** wie Pädagogik, Psychologie, Soziologie und Methodik unterrichtet wurden. Obwohl mithilfe von Beispielen und Situationen aus der Praxis eine möglichst enge Verflechtung der Arbeit in den Einrichtungen und des schulischen Wissens angestrebt wurde, blieb die tatsächliche Verknüpfung überwiegend den Schülerinnen überlassen, die sich damit häufig überfordert und allein gelassen fühlten. So lernten sie die Stufen der kindlichen Entwicklung im Fach Psychologie, die sinnvolle Gestaltung von Angeboten im Fach Methodenlehre und im Fach Pädagogik erfuhren sie, wie Menschen lernen. Die Verknüpfung dieser Erkenntnisse und die praktischen Konsequenzen dieses Wissens für ihre zukünftige Tätigkeit blieb ihnen jedoch oft verschlossen.

Um den Bezug zwischen theoretischem Wissen und Praxis zu vertiefen, wurden **Lernfelder** entwickelt, als Beispiel sei hier das Lernfeld 5 des Hamburger Bildungsplans genannt: „Entwicklungsprozesse verstehen und unterstützen" (Hamburger Institut für Berufliche Bildung, 2007, S. 18). Das Ziel des Unterrichts ist damit nicht mehr nur das Wissen über die kindliche Entwicklung, sondern die Fähigkeit, diese Entwicklung zu verstehen und zu unterstützen. Die zukünftigen Erzieherinnen betreuen idealerweise z. B. ein zweijähriges Kind, wissen, auf welcher Entwicklungsstufe es sich befindet und können die Entwicklung dieses Kindes durch passende Angebote unterstützen und begleiten. Die Sammlung der notwendigen Informationen sowie die Planungen und Handlungen werden von den Lehrkräften begleitet.

Konsequenterweise listen die 2002 eingeführten und 2007 überarbeiteten Bildungspläne daher Lernfelder auf und nicht etwa an Fachwissenschaften orientierte Fächer (vgl. Hamburger Bildungsplan). *„Lernfelder sind didaktisch begründete, schulisch aufbereitete Handlungsfelder. Sie fassen komplexe Aufgabenstellungen zusammen, deren unterrichtliche Bearbeitung in [...] Lernsituationen erfolgt." (Muster-Wäbs u. a., 2005, S. 69)*

Diese Lernfelder sind abgeleitet von komplexen beruflichen Handlungen, wie sie von den Erzieherinnen in der Praxis erwartet werden. So ist das bereits erwähnte Lernfeld „Entwicklungsprozesse verstehen und unterstützen" abgeleitet von der Erwartung an eine Erzieherin, Kinder in der Kita ihrem Alter und ihren Fähigkeiten entsprechend zu fördern und zu begleiten. Ein derartiges berufliches Handlungsfeld lässt sich nicht direkt im schulischen Rahmen bearbeiten, es wird für die Ausbildung zu einem Lernfeld aufbereitet. Für den konkreten Unterricht sind auch diese Lernfelder noch zu komplex, sodass sie in Form von **Lernsituationen** der Bearbeitung durch die angehenden Erzieherinnen zugänglich gemacht werden. Das komplexe Lernfeld „Entwicklungsprozesse verstehen und unterstützen" könnte unter anderem anhand der Lernsituation „Wir richten einen neuen Bewegungsraum ein" bearbeitet werden. Derartige Lernsituationen werden den einzelnen Kapiteln dieses Buches vorangestellt, soweit dies sinnvoll erscheint.

Ein grundsätzlicher **Unterschied** zu der früheren Ausbildung besteht bei diesem Vorgehen darin, dass Herausforderungen der Praxis zum Ausgangspunkt des Unterrichts genommen werden und das zur Bewältigung der Anforderungen notwendige Wissen erarbeitet wird, unabhängig von wissenschaftssystematischen Fächergrenzen. Da Unterrichtende nicht in allen notwendigen Bereichen Experten sein können, ist die Gestaltung des Unterrichts auf Teamarbeit mit Vertretern unterschiedlicher Disziplinen angewiesen.

Ziel der Ausbildung anhand des Bildungsplans ist nicht mehr nur ein umfangreiches Wissen und ein Bezug zur Praxis, sondern die Erlangung von Kompetenzen, und zwar sowohl grundsätzlicher Art als auch berufliche Handlungskompetenz. Zu den ersteren gehören unter anderem Kommunikationsfähigkeit und selbstständiges Lernen, zur letzteren Fach-, Sozial-, Personal- und Methodenkompetenz (vgl. Hamburger Institut für Berufliche Bildung, S. 3 ff.).
Die beschriebenen Unterschiede sollen mithilfe der folgenden Tabelle noch einmal verdeutlicht werden:

Erzieherinnenausbildung

Anhand von **Fächern,** die sich aus den Bezugswissenschaften ergeben	Anhand von **Lernfeldern,** die sich aus den Handlungen in der Praxis ergeben
Beispiel	
Psychologie: Stufen kindlicher Entwicklung Methodenlehre: Sinnvolle Gestaltung von Angeboten Pädagogik: Lerntheorien	Entwicklungsprozesse verstehen und unterstützen: Für ein zweijähriges Kind ein Angebot entwickeln, das seine Entwicklung unterstützt
Orientierung	
an fachlicher, wissenschaftlicher Spezialisierung	an Berufs- und Arbeitsprozessen
Vermittlung	
von Faktenwissen hat Vorrang; es besteht eine enge Beziehung zu den Ergebnissen akademischer Wissensproduktion.	von beruflicher Handlungskompetenz hat Vorrang; strukturiertes Fachwissen ist damit notwendiger, aber nicht mehr hinreichender Bestandteil der Vermittlung.
Vorgaben	
Der Lehrplan legt Fächer und Inhalte fest.	Der Bildungsplan schafft einen Rahmen, der Lernsituationen zulässt, die neuen beruflichen Anforderungen entsprechen.

Wir legen ein Modell beruflicher Handlungskompetenz zugrunde, das sich in vier Bereiche gliedert, die in jeder einzelnen Alltagssituation und jeder Unterrichtssequenz zum Tragen kommen.

Fachkompetenz:
z. B.:
- Kinder beobachten und mit einer erfahrungsreichen Lernumwelt und entsprechenden Angeboten reagieren,
- beziehungsvolle Pflege und Tagesablaufgestaltung realisieren,
- Gesundheitsprävention an den Merkmalen zukunftsfähiger Entwicklung ausrichten

Personalkompetenz:
z. B.:
- verlässlich und konstant äußerlich und innerlich präsent sein,
- Orientierungssicherheit gewährleisten,
- Beziehungspartnerschaft und Nähe anbieten,
- eigene Verhaltensweisen reflektieren und ggf. ändern,
- aktiv zuhören und beobachten, flexibel auf neue Anforderungsbereiche reagieren

Berufliche Handlungskompetenz

Methoden- und Lernkompetenz
z. B.:
- Informationen beschaffen, verarbeiten, (im Team) auswerten,
- Bildungsdokumentationen erstellen und präsentieren,
- Entwicklungsverläufe dokumentieren

Sozialkompetenz
z. B.:
- Respekt für die individuellen Lernwege jedes Kindes zeigen,
- Sensibilität für die Situation jedes einzelnen Kindes in der Gruppe entwickeln,
- sich auf individuelle Bedürfnisse einstellen,
- im Team planen und gestalten,
- die Eltern einbeziehen

Wenn wir unter beruflicher Handlungskompetenz die Befähigung verstehen, in sozialpädagogischen Einrichtungen professionell, angemessen und verantwortungsbewusst zu entscheiden und zu handeln, ergibt sich für ein Lehrbuch ein Problem: Wie kann Handeln durch Lesen verbessert werden? Was wir anbieten können, ist zweierlei:
- das notwendige Wissen als Voraussetzung der beruflichen Handlungskompetenz sowie
- Anregungen zum Üben und Handeln, die mehr sind als eine Verfestigung des Gelesenen.

Die Überschriften der einzelnen Kapitel sind als Ziele zu verstehen, bei deren Erreichung unsere Texte sowie durchgeführten Übungen und Überlegungen Hilfestellung geben sollen.

Tipp:
Wenn Sie Ihre Überlegungen, Skizzen, Fragen und Entscheidungen in Form einer Dokumentationsmappe zusammenstellen, ergibt sich vielleicht ein für Sie ganz persönlich nützlicher und aufschlussreicher Ergänzungsband zu diesem Buch (Anregungen dazu z. B. in Küls, 2004, S. 262)

Zum Weiterlesen:

– **Arbeitskreis Deutscher Qualifikationsrahmen (Hrsg.):** Diskussionsvorschlag eines Deutschen Qualifikationsrahmens für lebenslanges Lernen, erarbeitet vom „Arbeitskreis Deutscher Qualifikationsrahmen, Februar 2009, abgerufen unter: www.deutscherqualifikationsrahmen.de, [25.07.2010].

– **Deutsche Liga für das Kind (Hrsg.):** Gute Qualität in Krippe und Kindertagespflege: Positionspapier der Deutschen Liga für das Kind. Berlin, 2008, abgerufen unter: http://liga-kind.de/downloads/krippe.pdf [25.07.2010].

– **Dieken, Christel van:** Kindergarten heute. So geht's – Kleinstkinder in der Krippe und KiTa, Freiburg: Herder, 2008.

– **Dieken, Christel van:** Was Krippenkinder brauchen: Bildung, Erziehung und Betreuung von Unterdreijährigen, Freiburg: Herder, 2008.

– **Gonzalez-Mena, Janet/Widmeyer Eyer, Dianne:** Säuglinge, Kleinkinder und ihre Betreuung, Erziehung und Pflege. Curriculum für respektvolle Pflege und Erziehung. Freiburg: Arbor Verlag, 2008.

– **Küls, Holger/Moh, Petra/Pohl-Menninga, Margareth:** Lernfelder Sozialpädagogik. Troisdorf: Bildungsverlag EINS, 2004.

– **Laewen, Hans-Joachim/Andres, Beate:** Bildung und Erziehung in der frühen Kindheit. Bausteine zum Bildungsauftrag von Kindertageseinrichtungen. Berlin: Cornelsen Scriptor, 2002.

– **Tietze, Wolfgang/Bolz, Melanie/Grenner, Katja/Schlecht, Daena/Wellner, Beate:** Krippen-Skala (KRIPS-R). Festlegung und Unterstützung pädagogischer Qualität in Krippen. Berlin: Cornelsen Scriptor, 2005.

– **Tietze, Wolfgang/Viernickel, Susanne:** Pädagogische Qualität in Tageseinrichtungen für Kinder: Ein nationaler Kriterienkatalog. Weinheim: Beltz, 2003 (aktualisierte und erweiterte Neuauflage s. Dittrich u. a. 2007)

2 Neue Anforderungen im Berufsfeld Frühpädagogik

2.1 Rechtliche Grundlagen

Bitte überlegen Sie:

Sie sind Erzieherin und mit einer Gruppe Zwei- und Dreijähriger auf dem Spielplatz. Dort kommen Sie mit der Mutter von Bastian ins Gespräch. Bastian ist elf Monate alt und findet die anderen Kinder ganz interessant. Er krabbelt zu ihnen hin, sieht zu und nimmt eine Schaufel in die Hand. Bastians Mutter hat schon häufiger die Beobachtung gemacht, dass er sich mit anderen Kindern sehr wohlfühlt, und möchte ihn daher in einem halben Jahr in der Krippe anmelden. Sie ist zwar nicht berufstätig, findet den Kontakt aus pädagogischen Gründen aber wichtig. Und außerdem gibt es den Rechtsanspruch auf einen Betreuungsplatz. Zum Schluss fragt Bastians Mutter, wann sie vorbeikommen und ihren Sohn anmelden kann. Was antworten Sie und welche Informationen geben Sie ihr?

Im Bereich der Kindertagesbetreuung finden wir eine Aufteilung in Bundesrecht und Landesrecht. Die Betreuung von Kindern außerhalb der Herkunftsfamilie ist im SGB VIII sowie in den Kindertagesbetreuungsgesetzen der Länder geregelt. Diese führen mit landesspezifischen Bestimmungen das SGB VIII aus. Teile des SGB VIII (§§ 22–24 und § 74) wurden unter der Bezeichnung „Tagesbetreuungsausbaugesetz" (TAG) neu gefasst und traten 2005 in Kraft.

2.1.1 Rechtsanspruch

Einen Rechtsanspruch auf Betreuung in einer Kindertageseinrichtung haben seit 1996 Kinder vom vollendeten 3. Lebensjahr bis zum Schuleintritt (§ 24 Abs. 1 SGB VIII). Für das Jahr 2013 ist geplant, das Angebot für jüngere Kinder bedarfsgerecht und qualitativ hochwertig auszubauen. Die Bundesregierung möchte Familien bei der Bildung, Betreuung und Erziehung der Kinder begleitend unterstützen und Vätern und Müttern ermöglichen, eine Auswahl zu treffen: entweder in den ersten Lebensjahren ihr Kind zu Hause zu versorgen oder eine berufliche Tätigkeit mit den Aufgaben in der Familie zu vereinbaren.

„Die Kinder- und Jugendhilfestatistik 2007 zeigt, dass in den östlichen Bundesländern (ohne Berlin) fast die Hälfte aller Kinder in Tageseinrichtungen oder Kindertagespflege sind. In den westlichen Bundesländern (ohne Berlin) kann nur etwa jedes zehnte Kind unter drei Jahren betreut werden. Diese Zahlen belegen, dass der Ausbau weiterer Betreuungsplätze deutlich forciert werden muss, um den Wünschen der Eltern nach Betreuung gerecht zu werden." (Bundesministerium für Familie, Senioren, Frauen und Jugend, 2009, S. 3)

Seit 2007 haben sich Bund, Länder und Kommunen darauf verständigt, **bis 2013** für bundesweit im Durchschnitt **35 Prozent der Kinder unter drei Jahren einen Platz in einer Kindertageseinrichtung oder auf einer Tagespflegestelle** zu schaffen. Diese Versorgungsquote soll den Bedarf an benötigten Betreuungsmöglichkeiten für Kleinstkinder abdecken. Die Quote entspricht einem 2008 errechneten europäischen Durchschnitt. Gegenwärtig, im Jahr 2010, sagt § 24 SGB VIII dazu: *„Für Kinder unter drei Jahren und für Kinder im schulpflichtigen Alter sind nach Bedarf Plätze in Tageseinrichtungen vorzuhalten. Die Träger der öffentlichen Jugendhilfe haben darauf hinzuwirken, dass ein bedarfsgerechtes Angebot an Ganztagsplätzen zur Verfügung steht."*

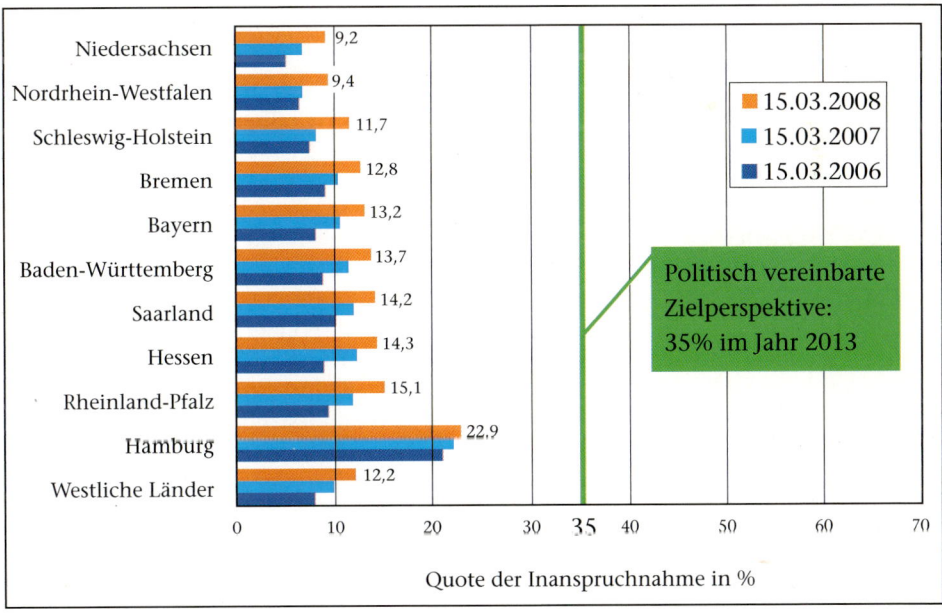

(Berechnungen der Dortmunder Arbeitsstelle Kinder- und Jugendhilfestatistik, Datenquelle: Statistisches Bundesamt: Kinder und tätige Personen in Kindertageseinrichtungen; Kinder und tätige Personen in Kindertagespflege 2006–2008)

Schon heute gehen einzelne Länder über die bundesgesetzliche Regelung des Rechtsanspruchs hinaus: In Berlin gibt es eine Kann-Regelung für unter Dreijährige; Brandenburg formuliert ebenfalls einen bedingten Rechtsanspruch für jüngere Kinder sowie längere Betreuungszeiten, wenn es die familiäre Situation erforderlich macht. Sachsen-Anhalt garantiert einen Rechtsanspruch ab der Geburt mit einem Betreuungsumfang von fünf Stunden täglich oder 25 Stunden wöchentlich bis zum Schuleintritt. In Thüringen besteht Rechtsanspruch für Kinder ab dem 2. Lebensjahr (vgl. Bundesministerium für Familie, Senioren, Frauen und Jugend, 2006, S. 266).

Bedarf: Wie viele Kinder gegenwärtig einen Platz erhalten können, ermitteln die Jugendämter ausgehend von den Vorgaben des Sozialgesetzbuches (SGB) Drittes Buch (III).

Das Gesetz zur Arbeitsförderung macht in § 8a Vorgaben zur Vereinbarkeit von Familie und Beruf, die für die Bedarfsermittlung von großer Bedeutung sind.[1] Dort heißt es: *„Die Leistungen der aktiven Arbeitsförderung sollen in ihrer zeitlichen, inhaltlichen und organisatorischen Ausgestaltung die Lebensverhältnisse von Frauen und Männern berücksichtigen, die aufsichtsbedürftige Kinder betreuen und erziehen oder pflegebedürftige Angehörige betreuen oder nach diesen Zeiten wieder in die Erwerbstätigkeit zurückkehren wollen."*

Damit ein Kind einen Platz erhält, müssen gegenwärtig **folgende Kriterien** erfüllt sein (nach TAG § 24, Abs. 3):
– Beide Eltern oder ein alleinerziehender Elternteil sind erwerbstätig oder nehmen eine Erwerbstätigkeit auf.
– Eltern befinden sich in einer Schul- oder Hochschulausbildung oder in einer beruflichen Bildungsmaßnahme.
– Eltern nehmen an Maßnahmen zur Eingliederung in Arbeit teil.
– Das Kindeswohl ist nicht gewährleistet.

Die Höhe des aufgezeigten Bedarfs ist nicht überall gleich. Je nach Land und Kreis wird er unterschiedlich und flexibel definiert. Und schon heute zeigt sich: Die Nachfrage nach Betreuungsmöglichkeiten wird im Jahre 2013 vermutlich höher sein als die von der Bundesregierung in Aussicht gestellte Quote vorhandener Plätze.

2.1.2 Platzangebot

In Deutschland gab es im Jahre 2005 insgesamt 800 Tageseinrichtungen für Kinder unter drei Jahren („Krippen") als Ganztagsplätze. Sie wurden von öffentlichen Trägern (Städte, Kreise, Gemeinden) und freien Trägern (Kirchen, Wohlfahrtsorganisationen, Vereinen, Verbänden, Initiativen) finanziert und begleitet. Die meisten Einrichtungen befinden sich in freier Trägerschaft. Zwischen den alten und den neuen Bundesländern bestehen nach wie vor große Unterschiede im Platzangebot für Kinder unter drei Jahren. In Westdeutschland ist die Versorgungsquote immer noch weitaus geringer als in den neuen Bundesländern; dort sind Kindergarten und Hort seit 1965 integraler Bestandteil des Bildungssystems. Über die Entwicklung des Angebotes in Kitas gibt die nachfolgende Tabelle Auskunft.

---

[1] vgl. Sozialgesetzbuch (SGB) Drittes Buch (III) – Arbeitsförderung: Erstes Kapitel – Allgemeine Vorschriften – Erster Abschnitt – Grundsätze: § 8a Vereinbarkeit von Familie und Beruf.

Kinder im Alter von unter drei Jahren in Kindertageseinrichtungen und Kindertagespflege in den westlichen Ländern von 2006 bis 2008

	2006	2007	2008	Veränderung zwischen 2007 und 2008	
		Anzahl			in %
Deutschland					
Einrichtungen	48 201	48 652	49 736	1 084	2,2
Plätze	3 179 020	3 218 983	3 266 422	47 439	1,5
Kinder in Tageseinricht.	2 954 928	2 981 993	3 017 897	35 904	1,2
darunter unter 3 Jahre	253 894	278 642	313 114	34 472	12,4
Personal (Anzahl)	339 296	349 579	365 145	15 566	4,5
in Vollzeitäquivalenten	282 360	290 842	303 426	12 584	4,3
Westdeutschland					
Einrichtungen	38 149	38 520	39 512	992	2,6
Plätze	2 358 816	2 372 973	2 395 175	22 202	0,9
Kinder in Tageseinricht.	2 232 841	2 231 308	2 241 397	10 089	0,5
darunter unter 3 Jahre	116 698	137 660	167 631	29 971	21,8
Personal (Anzahl)	261 651	269 633	282 918	13 285	4,9
in Vollzeitäquivalenten	216 108	222 868	233 212	10 344	4,6
Ostdeutschland mit Berlin					
Einrichtungen	10 052	10 132	10 244	92	0,9
Plätze	820 204	846 010	871 247	25 237	3,0
Kinder in Tageseinricht.	722 087	750 685	776 500	25 815	3,4
darunter unter 3 Jahre	137 196	140 982	145 483	4 501	3,2
Personal (Anzahl)	77 645	79 946	82 227	2 281	2,9
in Vollzeitäquivalenten	66 252	67 974	70 214	2 240	3,3

(Zusammenstellung und Berechnung: Dortmunder Arbeitsstelle Kinder- und Jugendhilfestatistik 2009, Datenquelle: Statistisches Bundesamt: Kinder und tätige Personen in Tageseinrichtungen, verschiedene Jahrgänge)

Innerhalb weniger Jahre wurden in den westlichen Ländern bereits 66 000 zusätzliche Plätze in Tageseinrichtungen und Tagespflegestellen geschaffen. Damit hat sich der Prozentsatz an vorhandenen Plätzen von 8,0 % auf 12,2 % erhöht. Bis 2013 muss noch viel getan werden, um die angestrebte Quote zu erreichen. Das Deutsche Jugendinstitut (DJI) hat ausgerechnet, dass dazu pro Jahr über 4 % neue Plätze geschaffen werden müssen – bisher sind es nur ca. 2 % pro Jahr.

Aus unterschiedlichen Gründen wird in den nächsten Jahren die **Nachfrage** nach Betreuungsplätzen steigen. Um dem entstehenden Mangel an Kindertageseinrichtungen zu begegnen, soll ein Drittel der noch zu schaffenden Plätze in Tagespflegestellen bereitgestellt werden.

„Tagespflege wird im Zusammenhang mit den Tageseinrichtungen genannt. Sie ist damit aus der Sicht des Gesetzes gleichrangiges Förderungsangebot zu den Tageseinrichtungen." (Münder, 2004, S. 7)

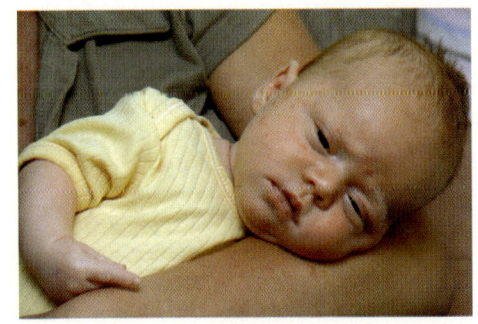

Ob ich wohl einen Platz bekomme, wenn Mama in einigen Monaten wieder arbeiten wird?

„[...] Kindertagespflege soll mittelfristig ein anerkannter und angemessen vergüteter Vollzeitberuf werden. Mit dem Aktionsprogramm Kindertagespflege arbeiten Bund, Länder und Kommunen gemeinsam daran, die Qualität der Kindertagespflege zu sichern und zu verbessern, das Personalangebot für die Kindertagespflege zu erweitern und die Rolle der Eltern durch eine höhere Transparenz zu stärken. In den 162 Modellstandorten wird der Aufbau einer auf die Situation vor Ort angepassten Infrastruktur gefördert." (Bundesministerium für Familie, Senioren, Frauen und Jugend, 2010)

Tagespflegepersonen werden auf Antrag über das Jugendamt oder Soziale Dienste zugewiesen. Bis zu fünf Kinder können – befristet auf fünf Jahre – in privaten Tagespflegestellen von entsprechend geeigneten Personen betreut werden. Geeignet sind Menschen, die sich *„durch Persönlichkeit, Sachkompetenz und Kooperationsbereitschaft [...] auszeichnen, über kindgerechte Räumlichkeiten verfügen und die über vertiefte Kenntnisse hinsichtlich der Anforderungen der Kindertagespflege verfügen." (SGB VIII, § 23, Abs. 3)*

Bundesweit wird die fachliche Beratung, Begleitung und weitere Qualifizierung dieser Personen angestrebt und soll künftig von den Jugendämtern laufend überprüft werden. Grundlage ist ein in neun Bundesländern erprobtes eigenständiges Fortbildungsprogramm des Deutschen Jugendinstitutes für Tagespflegepersonen im Umfang von 160 Unterrichtsstunden (vgl. DJI, Projekte zur Kindertagespflege).

2.1.3 Der gesetzliche Auftrag zur Bildung, Betreuung und Erziehung

Das 1996 veröffentlichte Kinder- und Jugendhilfegesetz (KJHG, SGB VIII) gibt bundesweit einen einheitlichen gesetzlichen Rahmen für die Bildung, Betreuung und Erziehung von Kindern in Tageseinrichtungen vor. Für die Altersgruppe der Kinder unter drei Jahren finden sich sehr allgemeine Bestimmungen.

Zu den **Zielen und Inhalten** pädagogischer Arbeit heißt es in § 22: *„[In Tageseinrichtungen] soll die Entwicklung des Kindes zu einer eigenverantwortlichen und gemeinschaftsfähigen Persönlichkeit gefördert werden." (Abs. 1). „Die Aufgabe umfasst die Betreuung, Bildung und Erziehung des Kindes. Das Leistungsangebot soll sich pädagogisch und organisatorisch an den Bedürfnissen der Kinder orientieren." (Abs. 2). „Bei der Wahrnehmung ihrer Aufgaben sollen die in den Einrichtungen tätigen Fachkräfte und anderen Mitarbeiter mit den Erziehungsberechtigten zum Wohl des Kindes zusammenarbeiten. Die Erziehungsberechtigten sind an den Entscheidungen in wesentlichen Angelegenheiten der Tageseinrichtung zu beteiligen." (Abs. 3)*

Weitere Angaben, beispielsweise dazu, wie die Begriffe *„Betreuung, Bildung und Erziehung des Kindes"* zu definieren und umzusetzen sind, macht das SGB VIII nicht. Die Bundesgesetzgebung ermächtigt die einzelnen Länder in § 26 zur Verfassung von **Ausführungsgesetzen**: *„Das Nähere über Inhalt und Umfang der in diesem Abschnitt geregelten Aufgaben und Leistungen regelt das Landesrecht. [...]"*

Dieses ist in den Ländern unterschiedlich formuliert.

Zukünftig soll der Bildungsauftrag in allen Ausführungsgesetzen der Länder auch auf unter drei Jahre alte Kinder ausgeweitet werden.
Die entsprechenden gesetzlichen Regelungen traten zum 1. Oktober 2005 in Kraft:
– das Gesetz zur Weiterentwicklung der Kinder- und Jugendhilfe (KICK) und
– das Tagesbetreuungsausbaugesetz (TAG).

KICK	Die §§ 8a, 35a und 42 des KICK beziehen sich mit ihren Regelungen und Verpflichtungen ausführlich auf den Schutzauftrag bei Kindeswohlgefährdung sowie die Hilfen und Entscheidungen, die hier zu gewähren und zu treffen sind. In § 22a wird die Zusammenarbeit und Vernetzung aller Personen und Institutionen verankert, die in einem Gemeinwesen mit und für Kinder arbeiten: Fachkräfte in ihren Einrichtungen, Erziehungsberechtigte, Schulen, Tagespflegepersonen und andere Institutionen und Initiativen im Gemeinwesen sollen vereint sicherstellen, dass das Wohl der Kinder gewahrt ist und Erziehungsprozesse beständig und konstant verlaufen können. § 24 verpflichtet die Jugendämter dazu, Eltern über das Platzangebot sowie die Konzeptionen der in ihrem Wohngebiet vorhandenen Einrichtungen zu informieren und sie bei der Auswahl zu beraten.
TAG	Erstmals werden Qualitätsaussagen zum Förderauftrag von Tageseinrichtungen gemacht. § 22 Abs. 3 SGB VIII sagt dazu: *„Der Förderauftrag umfasst Erziehung, Bildung und Betreuung des Kindes und bezieht sich auf die soziale, emotionale, körperliche und geistige Entwicklung des Kindes. Er schließt die Vermittlung orientierender Werte und Regeln ein. Die Förderung soll sich am Alter und Entwicklungsstand, den sprachlichen und sonstigen Fähigkeiten des Kindes orientieren und seine ethnische Herkunft berücksichtigen.“*

In § 22a Abs. 1 wird die Qualitätsentwicklung der Kitas durch geeignete Maßnahmen gefordert.

„Dazu gehört die Entwicklung und der Einsatz einer pädagogischen Konzeption als Grundlage für die Erfüllung des Förderungsauftrages sowie der Einsatz von Instrumenten und Verfahren zur Evaluation der Arbeit in den Einrichtungen.“ (SGB VIII, § 22a Abs. 1)

Das TAG formuliert Übergangsregelungen zum stufenweisen Ausbau der Kinderbetreuung in den Bundesländern und eröffnet den einzelnen Gemeinden und Flächenstaaten die Möglichkeit, die Plätze in ihren Einrichtungen im Auftrag der Kreise zu vergeben. Über die besonderen Belange der Altersgruppe unter drei Jahren ist nichts ausgesagt. Hier lohnt sich der Blick in die Ausführungsbestimmungen der einzelnen Bundesländer.

2.1.4 Gründung einer Betreuungseinrichtung für Kinder unter drei Jahren

Wer eine Kleinstkindereinrichtung gründen oder erweitern/verkleinern will, egal, ob in freier oder kommunaler Trägerschaft, benötigt eine Erlaubnis. Dazu muss ein Antrag beim Landesjugendamt gestellt werden. Weil Richtlinien, Vorschriften und Gesetze sich ständig ändern, weil arbeitsrechtliche und Fragen der Finanzierung und Zuschussregelung zu klären sind, sollte rechtzeitig fachliche Hilfe zu allen rechtlichen Fragen in Anspruch genommen werden. Bundesweit bietet z. B. die Bundesarbeitsgemeinschaft Elterninitiativen e. V. (BAGE)[1] professionelle Unterstützung an. Dort erhalten Antragstellerinnen und Antragsteller fundierte Beratung zu Richtlinien, Gesetzen, Zuständigkeiten, zur Organisation und Finanzierung und auch zu fachlich-inhaltlichen Fragen. Fachleute der BAGE helfen auch, Fragen zu klären aus Bereichen wie Elternselbsthilfe, Öffentlichkeitsarbeit und Möglichkeiten der Vernetzung mit kommunalen Dienstleistungen und therapeutisch-medizinischen Arbeitsfeldern im Umfeld der geplanten Einrichtung.
Die wichtigsten gesetzlichen Grundlagen zur Betreuung von Kindern in Kindertageseinrichtungen sind im SGB VIII zu finden:

---

[1] *Bundesarbeitsgemeinschaft Elterninitiativen e. V., Geschäftsstelle München, Landwehrstraße 60–62, 80336 München, www.bage.de*

- die Grundsätze zur Förderung von Kindern in Tageseinrichtungen bzw. zur Ausgestaltung des Förderungsangebots in Tageseinrichtungen (§§ 22–26 SGB VIII),
- das Verfahren für die Erteilung der Erlaubnis zum Betrieb einer Einrichtung (§§ 45–47 SGB VIIII) und
- die sachliche Zuständigkeit (§ 85 SGB VIII).

Richtlinien für die Ausstattung, die Gruppengröße, die Öffnungszeiten und den Personaleinsatz finden sich in den Kindertagesstättengesetzen der einzelnen Länder. Die Anforderungen, beispielsweise an die personelle Ausstattung/Gruppengröße für Kinder im Alter von 0–3 Jahren, sind in den Bundesländern unterschiedlich. Meist sind aber auch hier keine Bestimmungen zur Mindestausstattung zu finden. Wenn entsprechende Richtlinien nicht erlassen oder aufgehoben wurden, so sind die allgemeinen Vorschriften des KJHG gültig. Die meisten Situationen und Sachverhalte hat der Gesetzgeber nicht dargelegt. Das hat den Vorteil, dass die Rechtsprechung die Antragsteller nicht einengt und er Detailfragen selbst regeln kann. Ein wichtiger Ansprechpartner ist deshalb das örtliche Jugendamt. Es arbeitet eng mit der Aufsichtsbehörde zusammen und ist vom Gesetzgeber verpflichtet, Antragsteller zu beraten und Auskunft über Rechtsgrundlagen und das Verfahren zur Erteilung der Betriebserlaubnis zu geben.

2.2 Bildungspläne für Kinder unter drei Jahren in ausgewählten Bundesländern

2.2.1 Definition

Der von der Kultusminister- und der Jugendministerkonferenz gemeinsam verabschiedete *Rahmen für die frühe Bildung*[1] gibt die **Grundlinien** der von Bundesland zu Bundesland unterschiedlich ausgeführten Bildungspläne vor. Bildungspläne sind Arbeitsleitlinien für die professionelle Betreuung von Kindern in Tageseinrichtungen. Sie verdeutlichen die Gesamtheit ihres Auftrages und legen die Ziele, Inhalte und Grundsätze der Gestaltung von Bildung, Betreuung und Erziehung fest (§§ 22–26 SGB VIII). Sie konkretisieren allgemeine Bestimmungen des SGB auf Länderebene entsprechend dem Gesetz zur Weiterentwicklung der Kinder- und Jugendhilfe (KICK) und dem Tagesbetreuungsausbaugesetz (TAG). Obwohl sich der Geltungsbereich in 14 Bundesländern auf die Zeit der Geburt bis mindestens zum Schuleintritt erstreckt, beziehen sich die meisten Bildungspläne (neun Bundesländer) in erster Linie auf die Altersgruppe, die einen Rechtsanspruch auf Betreuung hat: die der drei- bis sechsjährigen Kinder. Sieben Bundesländer erweitern den Wirkungsbereich auf die Zeit bis zum Ende der Grundschule bzw. bis zum 14. Lebensjahr. Differenzierte Aussagen zu spezifischen Anforderungen der Altersgruppe unter drei Jahren finden sich entweder gar nicht oder nur ansatzweise.

Bildungspläne beziehen gesellschaftliche, ökologische sowie kulturelle Gegebenheiten und deren Auswirkungen auf das Umfeld von Kindern ein. Sie bauen auf neuen Erkenntnissen der Fachwissenschaften auf, gründen auf Rahmenvereinbarungen der Jugendministerkonferenz sowie der Ständigen Konferenz der Kultusminister (KMK) und sind regelmäßig zu überprüfen.

---

[1] *Gemeinsamer Rahmen der Länder für die frühe Bildung in Kindertageseinrichtungen (Beschluss der Jugendministerkonferenz vom 13./14.05.2004/Beschluss der Kultusministerkonferenz vom 3./4.06.2004)*

2.2.2 Entwicklung und Umsetzung

Seit 2002 entwickeln alle Bundesländer Leitlinien für die pädagogische Arbeit in Kindertagesstätten. Mit der Verabschiedung des Tagesstättenausbaugesetzes (TAG) 2005 wurden die ersten Entwürfe zur Erprobung freigegeben; spätestens seit 2010 sind sie **verbindliche Arbeitsgrundlage** für alle Tagesbetreuungseinrichtungen. Jedes Bundesland wählte für seine Richtlinien eine andere Bezeichnung, die auch auf seine besondere Charakteristik hinweist. So gibt es beispielsweise einen verbindlichen „Bildungs- und Erziehungsplan" in Bayern, einen „Orientierungsplan für Bildung und Erziehung" als Vereinbarung der Landesregierung mit Kommunalen Landesverbänden (KLV) in Baden-Württemberg und Grundsätze zur verbindlichen Umsetzung mit einer „Qualitätsentwicklungsvereinbarung" im „Berliner Bildungsprogramm". Brandenburg gibt Vereinbarungen zwischen Landesministerium und Spitzenverbänden heraus, in Hamburg setzen die Kindertageseinrichtungen „Bildungsempfehlungen" um (vgl. Diskowski, 2005, S. 2, 8 und 11). Fünf Bundesländer erklären ihre Leitlinien mit der Einführung für verbindlich; in den anderen Bundesländern gibt es Angaben zur Selbstverpflichtung auf der Grundlage des jeweils gültigen Kindertagesgesetzes.

Die **Erarbeitung** geschieht in den meisten Bundesländern auf der Grundlage eines Entwurfes oder Gutachtens einzelner namhafter Bildungsexperten und einer Vielzahl von Anregungen aus der Fachöffentlichkeit. Die Vorlagen werden von *Fachkommissionen* gesichtet, diskutiert und aufbereitet, die durch die jeweilige Landesregierung bestellt wurden. Ihnen gehören Vertreter verschiedener Disziplinen der Universitäten und Fachhochschulen ebenso an wie Fachberater/-innen der Kommunen oder von freien Trägerorganisationen wie z. B. der Kirchen. Auch Beauftragte der kommunalen Landesverbände und von Elterngruppierungen arbeiten in den Bildungsplankommissionen mit. Sie alle entwerfen gemeinsam eine erste Fassung, die zur Erprobung freigegeben wird. Danach erfolgt die *Umsetzungsphase:* Sie wird begleitet von einer *Implementierungskommission,* die auch die Ergebnisse wissenschaftlicher Begleitung auswertet. So wird sichergestellt, dass Forschung und Praxis nach neuesten Erkenntnissen vernetzt arbeiten und dass die Ergebnisse in sinnvolle Qualitätsvereinbarungen münden können, die später für alle verbindlich werden. Viele Länder erarbeiten und veröffentlichen als Ergebnis der ersten Umsetzungsphase zusätzlich Handreichungen, Materialiensammlungen und praktische Tipps. Flankierend bieten sie Fortbildungsmaßnahmen für Erzieherinnen und Erzieher an.

2.2.3 Inhalt

Die Inhalte sind in den einzelnen Bundesländern etwas unterschiedlich gewichtet, aber alle Leitlinien machen Aussagen zu folgenden Bereichen:
- Bildungsverständnis der unterschiedlichen Altersgruppen im Elementarbereich
- Gesellschaftliche Veränderungen und daraus resultierende Anforderungen an vorschulische Bildung
- Ziele für die Bildung und Erziehung von Kindern
- Kompetenzen, deren Aneignung Kindertagesstätten begleiten, unterstützen und fordern
- Themen- und Praxisfelder für ausgewählte Altersstufen
- Neuere Entwicklungen im Elementarbereich
- Lernen in der frühen Kindheit; frühkindliche Aneignungs- und Bildungsprozesse
- Zusammenarbeit mit Eltern
- Transparenz und Vergleichbarkeit zwischen den Einrichtungen

Fast alle Bundesländer machen inzwischen Vorgaben zur **Qualitätsentwicklung und -sicherung**. Häufig werden solche Qualitätskriterien im Rahmen gemeinsamer Entscheidungsprozesse aller derer entwickelt, die an der Betreuung, Bildung und Erziehung der Kinder beteiligt sind, wobei auch trägerspezifische Leitbilder (z. B. die Berücksichtigung von Kinderrechten, ethnisch oder religiös begründete Vermerke) eingearbeitet sind (vgl. Nuthbrown, 2004, S. 117–127).

14 Bundesländer thematisieren den Bereich „Bildungsgerechtigkeit". Jedes Kind hat gleiche Rechte auf Teilhabe an der Gemeinschaft und Entwicklung seiner Persönlichkeit. Pädagogische Prozesse in der Kita müssen deshalb sicherstellen, dass alle Kinder auch mit unterschiedlichen Voraussetzungen (geschlechtlich-kulturelle, sozial-kulturelle und ethnisch-kulturelle Unterschiede) gleiche Chancen erhalten. Die Stärkung der kindlichen Kompetenz – insbesondere auch im mathematisch-naturwissenschaftlichen Bereich – wird als Voraussetzung für mehr Chancengerechtigkeit gesehen, auch für Mädchen und Jungen sowie Kinder unterschiedlicher Nationalität. Die gemeinsame Erziehung von Kindern mit und ohne Beeinträchtigungen soll Schutzfaktoren und Widerstandsfähigkeit in Stresssituationen stärken.

Alle Leitlinien enthalten Anregungen, wie die angestrebten Ziele in der pädagogischen Arbeit zu erreichen sind. In vielen Texten finden sich im Anhang Praxisbeispiele aus Modelleinrichtungen.

Obwohl es inzwischen selbstverständliches Wissen ist, dass die Grundlagen für das Lernen in der Zeit vor und in den ersten drei Jahren nach der Geburt entstehen, fehlt in allen Bildungsplänen ein differenziertes Eingehen auf den speziellen Arbeitsbereich der unter Dreijährigen und deren primäres soziales Umfeld. PädQUIS (Pädagogische Qualitäts-Informations-Systeme gGmbH), ein Kooperationsinstitut der Freien Universität Berlin, hat ergänzend ein „Feststellungsverfahren zur pädagogischen Qualität in Kindergärten und Kinderkrippen" erarbeitet. Diese Skalen sind die einzigen Messinstrumente zur Bestimmung von Prozessqualität in Krippen im deutschsprachigen Raum, deren messtechnische Güte (Objektivität, Reliabilität und Validität) überprüft wurde.

Die Krippenskala (KRIPS-R) überprüft die unterschiedlichen Ebenen oder Anteile der pädagogischen Qualität in einer Kita. Wolfgang Tietze und Susanne Viernickel gaben 2003 zusammen mit Irene Dittrich, Stefanie Gödert, Katja Grenner, Bernd Groot-Wilken und Verena Sommerfeld als Vorläufer von KRIPS-R einen „Nationalen Kriterienkatalog" heraus (vgl. Tietzen u. a., Krippenskala, 2005), in dem drei Qualitätsbereiche pädagogischer Arbeit unterschieden werden:
– Prozessqualität,
– Strukturqualität und
– Orientierungsqualität.
Auch heute richten sich die meisten Konzeptionen von Kindertageseinrichtungen an diesem Kriterienkatalog aus. Die Forscherinnen spüren darin die vielverzweigten Elemente des Arbeitsfeldes auf und stellen sie in einem übersichtlichen Gefüge dar. Das Arbeitsfeld Frühpädagogik ist „komplex", d. h. umfassend **und** differenziert. Es berührt alle Lebensbereiche der Kinder in ihren beiden Lebenswelten Familie und Kita. Es ist ein vielschichtiger Tätigkeitsbereich, weil er sich gleichzeitig immer auf unterschiedlichen Ebenen abspielt, die es jeweils zu erkennen und zu unterscheiden gilt, wenn die Arbeit gelingen soll:
1. Die **Beziehungsebene** der Kinder untereinander, der Erwachsenen mit den Kindern sowie der Erwachsenen untereinander. Sie beeinflusst die zwischenmenschlichen, gefühlsbezogenen und sozialen Anteile des Zusammenlebens. Sie entscheidet darüber, inwieweit Kinder (und Erwachsene!) sich dazu gehörig, verbunden und gemocht

fühlen. Diese Ebene entscheidet über die Qualität der sich entwickelnden Beziehungen und darüber, inwieweit Kinder ihr Potenzial an emotionaler Intelligenz und persönliche Kompetenzen wie Anteilnahme, Mitgefühl, Offenheit, Ehrlichkeit und Verlässlichkeit entwickeln können.

2. Die **Sach- und Handlungsebene**. Damit ist der rational-logische Anteil der pädagogischen Arbeit gemeint und alles, was sich auf objektiv überprüfbare Tatsachen bezieht. Dazu gehören z. B. rechtliche Vorgaben, Rahmenbedingungen, Budgets, Verabredungen, Planungsinhalte – eben alle Fakten und Sachverhalte, die die Organisation einer Kita betreffen und einen reibungslosen Ablauf ermöglichen.

3. Die Ebene der **Einstellungen** und **Überzeugungen**. Damit sind unsere durch Erfahrung und Lernen entstandenen Bewertungen und Reaktionen auf alle Dinge, Menschen und Sachverhalte in unserer sozialen Umgebung gemeint, mit denen wir in Beziehung treten. Ob wir etwas genießen können, für begehrenswert, förderlich und kostbar halten oder ob wir es ablehnen, verachten, entwerten, vernachlässigen, ob wir bestimmten Menschen mit Zuneigung, Anerkennung und Respekt begegnen oder ob wir sie stattdessen zurückweisen, diffamieren, übersehen oder unterschätzen, – welche Werte und Ziele wir letztes Endes in unserem Handeln als erstrebenswert oder verwerflich ansehen – all das hängt mit unserem von früher Kindheit an erworbenen gefühlsmäßigen und gedanklichen Bereitschaftszustand zusammen, Dinge, Menschen und Sachverhalte positiv oder negativ zu beurteilen. Er steuert und bestimmt unsere Reaktionen auf die Umwelt, insbesondere auch unsere Vorlieben, Begabungen und Einstellungen zu unserer Arbeit. Oft sind uns diese Reaktionstendenzen nicht bewusst und können deshalb auch nicht bewusst korrigiert werden.

Aus diesen drei Ebenen ergeben sich die drei unterschiedlichen Qualitäten der pädagogischen Arbeit mit den Jüngsten:

Prozessqualität meint dabei die Vielfalt von Erfahrungen, die die Kinder in der sozialen Umgebung der Kita machen. Sie beschreibt die Qualität, mit der kindliche Grundbedürfnisse – insbesondere Bindungsbedürfnisse, Gesundheitsprävention sowie Erfahrungs- und Lernbedürfnisse – wahrgenommen werden und mit welcher Einfühlung, Fantasie und Genauigkeit Erwachsene darauf reagieren. Sie gibt Aufschluss darüber, in welcher Weise individuelle Entwicklungsverläufe der Kinder gesehen, begleitet und unterstützt werden und wie sie dokumentiert und mitgeteilt werden. Wie Aufnahme und Eingewöhnung, Bringe- und Abholsituationen gestaltet, wie die verschiedenen Tagesablaufsituationen mit Blick auf frühkindliche Bedürfnisse organisiert und gefüllt sind, welchen Stellenwert beziehungsvolle Pflege und eigenständige Sauberkeitsentwicklung haben, in welcher Weise Kommunikation und Sprache die Erfahrungen der Kinder unterstützen und befördern, wie die Raumgestaltung, das Angebot an Spiel- und Erfahrungsmaterialien und das Angebot an entwicklungsgemäßen Aktivitäten die Experimentierfreude und das Lernbedürfnis der einzelnen Kinder herausfordern, wie eine Einrichtung mit kulturell und ethnisch unterschiedlich geprägten Ausgangslagen der Kinder und besonderen Bedürfnissen von Kindern mit Behinderungen in ihrer Wechselwirkung mit dem Gruppengeschehen umgeht, welche Rolle Geschlechterunterschiede und geschlechtstypisches Verhalten auch schon für Kinder unter drei Jahren in der Einrichtung haben und wie in dieses gesamte Spektrum Eltern, Geschwister und weitere Angehörige einbezogen sind, ist Bestandteil von Prozessqualität.

In einem 36 Eckpunkte umfassenden Positionspapier der „Deutsche Liga für das Kind" haben namhafte Wissenschaftler/-innen 19 Merkmale von Prozessqualität in nachstehender Reihenfolge dargestellt (vgl. Deutsche Liga für das Kind, 2008, S. 5):

1. Individuelle Eingewöhnung
2. Aufbau sekundärer Bindungen
3. Bezugserzieher/-in
4. Beziehungsvolle Pflege und wert-schätzender Dialog
5. Demokratische Erziehungshaltung
6. Struktur und Flexibilität im Tagesab-lauf
7. Individuelle Förderung
8. Gesunde Ernährung
9. Notfallmanagement
10. Schutz der Kinder vor Gefährdungen
11. Freundschaften zwischen Kindern
12. Altersgerechte Beteiligung
13. Beobachtung und Dokumentation
14. Einbeziehung der Familien
15. Beziehungs- und Bildungspartner-schaft
16. Wahl von Elternvertretungen
17. Kontakte zwischen den Eltern
18. Öffnung im Gemeinwesen
19. Vernetzung im Sozialraum

Merkmale von **Strukturqualität** sind *„die situationsunabhängigen, zeitlich stabilen Rahmenbedingungen in den Betreuungsangeboten für Kinder, wie z.B. Gruppengröße, Erzieher/-innen-Kind-Schlüssel, Ausbildung und berufliche Erfahrung sowie verfügbare Räume und deren Ausstattung"* (Bundesministerium für Familie, Senioren, Frauen und Jugend, 2008, S. 14).

Die „Deutsche Liga für das Kind" präzisiert die einzelnen Aspekte von Strukturqualität in zehn Eckpunkten (vgl. Deutsche Liga für das Kind, 2008, S. 4):
1. Erzieher/-innen/Kind-Schlüssel
2. Gruppengröße
3. Gruppenorganisation
4. Räumliche Voraussetzungen
5. Raumausstattung und Außengelände
6. Fachkräftegebot
7. Spezifische Kenntnisse
8. Ausbildung der Leiter/-innen
9. Verfügungszeiten
10. Freistellung für Leitungsaufgaben

Folgendes versteht sich von selbst: Die Strukturqualität einer Kita ist die Grundlage dafür, dass eine den Kindern entsprechende Prozessqualität entstehen und gehalten werden kann. Das gilt in erster Linie für den Erzieher/-innen/Kind-Schlüssel. Die Beziehungsqualität wächst mit der Zeit und Intensität, mit der einzelne Erwachsene sich einzelnen Kindern zuwenden (können). Die „Deutsche Liga für das Kind" hat folgende Zahlen für eine günstige Erzieher/-innen/Kind-Relation veröffentlicht (vgl. Deutsche Liga für das Kind, 2008, S. 4):

– Kinder im ersten Lebensjahr: 1 : 2
– Kinder von ein bis zwei Jahren 1 : 3
– Kinder von zwei bis drei Jahren: 1 : 5

Nicht nur die Gruppengröße ist entscheidend für das Gelingen einer „guten" Arbeit in Kleinstkindergruppen. Auch die Zusammensetzung spielt eine Rolle. Wenn z.B. wenige Erzieher/-innen zur gleichen Zeit auf ähnliche Bedürfnisse und Anliegen vieler altersgleicher und sehr junger Kinder eingehen müssen, wie es in altershomogenen „Säuglingsgruppen" jahrzehntelang der Fall war, verringert sich mit jedem Kind die Intensität der Wahrnehmung und die Qualität der Zuwendung der Erwachsenen. Solche Rahmenbedingungen sind geeignet, Situationen wie z.B. das Pflegen oder die Mahlzeiten zu Routinehandlungen werden zu lassen. Um solche gewohnheitsbedingten Erstarrungen zu vermeiden, sind in den letzten Jahren verschiedene Modelle der Altersmischung erprobt worden.

Beispiele dafür sind:

- eine Krabbel- oder Krippengruppe innerhalb der Kita,
- die „kleine Altersmischung": Zwei- bis Sechsjährige in zwei altersgleichen Gruppen,
- die „große Altersmischung" von Null bis Sechs Jahren,
- das „offene Konzept" mit einer Kleinstkindgruppe, die eine „Stammgruppe" („Nest") hat,
- das „offene Konzept" ohne Stammgruppe, aber mit Bezugserzieher/-innen,
- Gruppen für Kinder unter 18 Monaten (vgl. Wüstenberg/Schneider, 2008, S. 157–162) und
- Kleinstkindergruppen, die mit ihrem Erzieher/-innen/Kind-Schlüssel auf die besonderen Bedürfnisse von Kindern mit Behinderungen oder Benachteilungen reagieren.

Die Erfahrungen haben gezeigt: Wenn die Strukturqualität es zulässt, wenn die Altersspanne der Kinder und das Verhältnis Mädchen und Jungen ausgewogen sind, wenn auch die Jüngsten kontinuierlich die Möglichkeit haben, mit älteren Kindern bis ins Schulkindalter Kontakt zu haben, entwickeln sich familienähnliche Strukturen. Diese kommen dem sozialen Lernen der Jüngeren und der Älteren zugute. Kinder können sich in solchen altersübergreifenden Gemeinschaften – je nach Bedarf – ihre Partner/-innen aussuchen. Sie können vielfältige Verhaltensformen erproben und sich in unterschiedlichen Rollen erleben: einmal als das Jüngste, das den Schutz und die Unterstützung der älteren Kinder suchen und beanspruchen darf, und einmal als älteres Kind, das sich als starkes Vorbild für Jüngere fühlen darf, diese beschützt und sich seines Erfahrungs- und Wissensvorsprungs bewusst ist. In solchen Gruppen entfällt auch das „Verschieben" nach dem ersten oder dritten Lebensjahr. Die Kinder brauchen ihre vertrauten Lebensräume nicht zu verlassen; sie behalten ihre Bezugsgruppe und konstanten Bezugspersonen für die gesamte Zeit vor dem Schuleintritt.

Möglich wird diese Form der altersübergreifenden Gruppe, wenn es durch günstige Rahmenbedingungen (z. B. einen angemessen Erzieher/-innen/Kind-Schlüssel) gelingt, Unruhe, Beziehungslosigkeit, Mangel an Orientierung für die Jüngsten und Konflikte zwischen den Altersgruppen zu vermeiden und zu regeln. Dem entgegen stehen langfristige Personalausfälle und ungünstige räumliche Bedingungen. Auch Räume können Sicherheit, Überschaubarkeit, Intimität und Rückzug gewährleisten.

Der Begriff *„Orientierungsqualität"* beschreibt, welche Ideen, Eigenschaften, Denkarten und Qualitäten von einer Person oder einer sozialen Gruppe als wichtig und wünschenswert angesehen werden. Das können materielle Werte wie z. B. Geld, Arbeitsmittel und Eigentum sein, aber auch immaterielle Werte wie z. B. Beziehungsqualität, Gerechtigkeit, Verlässlichkeit, Weisheit und Treue. Werte bilden die Grundfesten dieser soziokulturellen Einheit (z. B. Gesellschaft). Sie geben dem System Bedeutung und Sinn.

Für den Bereich der Frühpädagogik meint Orientierungsqualität die Vorstellungen und Überzeugungen, die sich im Konzept einer Einrichtung oder eines Trägers wiederfinden lassen. Die „Deutsche Liga für das Kind" hat in ihrem Positionspapier sieben Eckpunkte zur Orientierungsqualität in Tageseinrichtungen für Kinder bis zu drei Jahren formuliert (Deutsche Liga für das Kind, 2008, S. 4):

1. *„Die Einrichtung verfügt über ein **Leitbild** und ein schriftliches Konzept, die explizit die Altersgruppe der Kinder unter drei Jahren einbeziehen.*

2. **Vorrang pädagogischer Qualität:** *Das Leitbild orientiert sich am Wohl der Kinder, an ihren Grundbedürfnissen und Grundrechten auf eine Förderung ihrer persönlichen Entwicklung, Bildung, Teilhabe und Schutz vor Gefahren, Gewalt und Vernachlässigung. Der Vorrang pädagogischer Qualität vor anderen Gesichtspunkten ist gewährleistet.*

3. **Erziehung, Bildung und Betreuung:** *Das Konzept konkretisiert den Erziehungs-, Bildungs- und Betreuungsauftrag der Einrichtung. Es bezieht die Eltern der Kinder im Sinne einer Erziehungs- und Bildungspartnerschaft ein und berücksichtigt die unterschiedliche soziale und kulturelle Herkunft der Familien sowie die Situation im Sozialraum.*

4. **Information der Eltern:** *Leitbild und Konzept stehen allen Interessierten zur Einsicht zur Verfügung. Sie werden den Eltern vor der Aufnahme ihres Kindes unaufgefordert zur Verfügung gestellt.*

5. **Fortschreibung** *des Konzepts: Es findet eine regelmäßige Überarbeitung des Leitbilds und des Konzepts statt. Aktuelle wissenschaftliche Erkenntnisse und die fachlichen Erfahrungen vor Ort werden dabei berücksichtigt.*

6. *Regelmäßige* **Fort- und Weiterbildung:** *Die Fachkräfte der Einrichtung erhalten Gelegenheit zu regelmäßiger Fort- und Weiterbildung. In den Fortbildungen werden u. a. pädagogische und entwicklungspsychologische sowie konzeptionelle Grundlagen der Arbeit vermittelt.*

7. **Reflektiertes Verständnis der eigenen Rolle:** *Die pädagogischen Fachkräfte verfügen über ein reflektiertes Verständnis ihrer eigenen Rolle und des Verhältnisses zwischen elterlicher Betreuung und Betreuung in der Krippe.“*

Ein Elternpaar kommt auf Sie zu und sagt: „Uns gefällt Ihre Einrichtung sehr gut und auch unser Jonas scheint sich wohlzufühlen. Wir haben uns auch andere Einrichtungen angesehen und wissen nicht, wie wir uns entscheiden sollen. Woran erkennen wir denn eine gute Unter-Drei-Einrichtung?“
Stellen Sie anhand der oben beschriebenen Kriterien einen Katalog zusammen, der den Eltern bei der Entscheidung für eine Kita helfen kann.

2.2.4 Menschenbild

Jedem Bildungsplan liegt ein Bild vom Kind zugrunde. Einige Leitlinien betonen kognitive Fähigkeiten des Kindes (wie Sprachkompetenz, Umweltwissen, problemlösende Orientierung, Konzentrations- und Wahrnehmungsleistungen sowie motorische Kontrolle) und verleihen diesen ihre besondere pädagogische Aufmerksamkeit.

Forschen und entdecken: Töne, Klangkörper und sich selbst

Alle Leitlinien lassen als Grundgedanken das **Menschenbild Maria Montessoris** erkennen: die Anerkennung der Würde des Kindes, seiner Individualität, seines Tätigsein-Wollens, seiner Unabhängigkeit und Selbstständigkeit.

Die Leitlinien in Berlin und Bremen betonen die Subjektivität des Kindes. Jedes Kind wird als Gestalter der eigenen Entwicklung respektiert. Autonom, aktiv, reflexiv, neugierig und erfindungsreich erforscht es seine Welt. Es konstruiert, strukturiert und interpretiert seine Erfahrungen entsprechend seinen Möglichkeiten und gibt ihnen ihren eigenen Sinn und Bedeutung. Jedes Kind schafft sich seine eigene Wirklichkeit und reguliert sich selbst in der Auseinandersetzung mit seiner Umwelt. Es braucht, um seiner Entwicklungslinie folgen zu können, Kontakt, Interaktion und Austausch mit anderen Menschen. Es bewertet und organisiert sein Verhalten nach den Verhältnissen, in denen es lebt. Die Selbstorganisation der kindlichen Persönlichkeit hängt ab von einem gelingenden Wechselspiel zwischen „inneren Anforderungen" und äußeren Anregungen sowie Herausforderungen.

2.3 Bildung, Betreuung, Erziehung: berufliche Herausforderung und Arbeitsfeld

Das ist eine **Krippe.** Krippen sind Futtertröge für (Nutz-)Tiere. Die Krippe im Stall bei den Tieren war einst die einzige Möglichkeit, Jesus nach der Geburt geschützt hinzulegen, nachdem Maria und Josef an diesem Ort Zuflucht gefunden hatten. Sie war ein Notbehelf in einer Situation bitterer Not und Armut, als Folge von Ausgrenzung, Abschiebung und Verachtung. Krippen sind gefüllt mit Tierfutter: stechendem Hafer, Heu oder Stroh voller Ungeziefer und Schimmelsporen. Außer ruhiger, passiver Rückenlage mit dem Blick nach oben sind keine Bewegungsimpulse möglich. Lebhaftes Klettern oder Krabbeln und jede aktive Kontaktaufnahme zu den Seiten hin haben Körperverletzungen durch Herausfallen zur Folge. Krippen sind wegen ihres Gefährdungspotenzials keinesfalls als Aufenthalt für Säuglinge und Kleinstkinder geeignet.

Warum haben wir den Begriff „Krippe" in Deutschland gesetzlich verankert? Weil sie immer noch „letzte Zuflucht" sind? Weil sie immer noch ein Notbehelf für gefährdete Kinder sind, die ihre ersten Lebensjahre nicht zu Hause verbringen (dürfen)? Weil es immer noch ein Akt der Barmherzigkeit ist, Babys ein außerfamiliales Betreuungsangebot bereitzustellen?

Der Begriff „Krippe" spiegelt ein Menschenbild wider, das den heutigen Erkenntnissen der Kleinstkindforschung genau entgegensteht. Einrichtungen für Kinder unter drei Jahren sind heute keine Notlösung mehr, um sie in schlechten Zeiten irgendwo unterzubringen, sondern sie gewährleisten umfangreiche Bildung, Betreuung und Erziehung in den wichtigsten drei Entwicklungsjahren des Menschen. Ihre Aufgabe ist es, in der Lebenswelt vieler kleiner Kinder Ausgleich zu schaffen, zu ergänzen und zu bereichern.

Wie anders als in dem oben beschriebenen Notbehelf sieht der Vormittag in einer Einrichtung zur Betreuung von Kindern unter drei Jahren heute aus, z. B. so:

Vincys Vormittag

Vincy (15 Monate) ist schon seit sechs Uhr in der Kita, weil seine Eltern im Morgengrauen anfangen zu arbeiten. Ella hat ihn sofort nach seiner Ankunft zum Schlafen hingelegt.

Die Geräusche der anderen Kinder wecken ihn: aufwachen, Kraft, Energie und Neugier spüren, hinauswollen, aus der Kuschelnische klettern und losrennen, gucken, horchen, anfassen, spüren, was überall los ist.

Die Aufmerksamkeit fesseln lassen von einem Fussel, einer Pflanze, einem kleinen Insekt. Mit Joni und Marie zusammen herausfinden, was „dran" ist, wie das Tier reagiert, aussieht, wohin es sich bewegt.

Mitten im Experiment unterbrochen werden: „Komm, jetzt machen wir eine neue Windel." Sich plötzlich hochgehoben fühlen und widerstrebend auf dem Wickeltisch wiederfinden. Ellas fröhliche Blicke auf sich gerichtet sehen, ihre ruhige Stimme hören und sich gleichzeitig umfasst und an Ellas großen Körper gelehnt fühlen, Joni und Marie über den Rand der Wickelkommode zugucken sehen. Das kleine Tier sofort vergessen und spüren, wie Ella Hose und Windel entfernt. Bauch, Beine und Glied fühlen sich frei und luftig an, das motiviert zum Strampeln, Drehen, Rückenwippen und Den-Po-von-der-Unterlage-Wälzen. „Pass auf, du fällst runter!" hören und dabei Ellas warme prüfend-streichende Hände auf Beinen und Bauch spüren, während sie Babyöl in die von der Heizungsluft trockene Haut massiert. In Ellas Gesicht Aufblitzen von Heiterkeit über seine Waghalsigkeit wahrnehmen „Vincy kann schon bald krabbeln!" zu Joni und Marie sagen hören und Ella übermütig anlächeln.

Am Frühstückstisch den Duft des Brotes und den warmen Dunst der Milch riechen. Jetzt die verschiedenen Dinge ausprobieren und vergleichen, die auf dem Teller liegen: feste, säuerliche Apfelstücke, weicher, weißer Quark, festkrümeliges Müsli mit unterschiedlichen Geschmackswahrnehmungen.

Vincy fühlt, tastet ab, probt, verwirft, wägt ab, zerteilt, steckt in den Mund, fühlt den Bissen mit Lippen und Zunge ab und schluckt. Er teilt den Quark mit Joni. Er schiebt Marie ein Apfelstück hinüber, das sie zurückschiebt. Er trinkt. Er setzt den Becher mit einem Knall ab. Das macht er gleich noch einmal, denn der Ton war neu und aufregend. Und noch einmal, bis jemand am Tisch unmutig sagt: „Vincy, lass das!"

Er ist satt, schiebt Becher und Teller weg und steht ungeduldig auf.

Kurz darauf faszinieren ihn die täglich wiederkehrenden Tätigkeiten der Erwachsenen wie z. B. das Abdecken, das Sortieren der Bestecke, das Reparieren eines kaputten Hockers, das Öffnen und Schließen des Fensters und das Staubsaugen. Ihren Sinn erfasst Vincy (noch) nicht, aber jede dieser Handlungen hält einmalige unverwechselbare Erfahrungen bereit. Sich einschalten, mitmachen, die Dinge verändern, etwas bewirken, das will Vincy. Und Ella lässt ihn. Sie nimmt sich Zeit und lässt „freie Forschung" zu.

Das Gesetz von Ursache und Wirkung erfährt er im Zusammensein mit den anderen Kindern und Erwachsenen. Dass jede Station des Tagesablaufes sich anders anfühlt, riecht, schmeckt und eine eigene Dynamik hat, erfährt er von Stunde zu Stunde neu. Durch ständiges Hingucken, Selbst-Probieren, neues Wahrnehmen und neues Handeln erarbeitet er sich die Struktur der gegenständlichen und sozialen Umwelt. Ständig stellt er dabei Vergleiche her: z.B. zwischen Handlungsabfolgen, die er bei Erwachsenen beobachtet, seinen eigenen und denen der anderen Kinder Er verarbeitet seine Erfahrungen, alles zusammen ergibt – zuerst diffus und dann immer deutlicher – den Eindruck „Vormittag".

Wir haben hier – ausschnittweise – Augenblicke im Tagesablauf eines Kleinstkindes in seiner Kindergruppe geschildert. Damit wollen wir deutlich machen, wie vielfältig und vielschichtig die **frühen Lernerfahrungen als „normaler" Bestandteil des Alltags** sind und welch weites Erfahrungsspektrum jeder Augenblick ermöglicht – je nach Tageszeit von ganz unterschiedlicher Qualität und Bedeutung. Und wir wollen zeigen, dass in jeder Einzelsituation die Gesamtheit des gesetzlich erteilten Auftrages „Bilden, Erziehen, Betreuen" verborgen ist und erfüllt werden kann.

Überlegen Sie für die einzelnen Handlungen von Ella, welche eher den Auftrag der Bildung erfüllt und welche Sie eher der Betreuung oder Erziehung zuordnen würden.
Wenn Ihnen die Unterscheidung schwerfällt, lesen Sie zunächst den Abschnitt zu Ende.

Wie bereits erwähnt, machen Bildungspläne und rechtliche Vorgaben wenig Angaben darüber, wie die Elemente Bilden, Erziehen und Betreuen zu füllen sind. Woher wissen wir dann, was eine Einrichtung für Kinder unter drei Jahren zu einer guten Einrichtung macht? Welche Anforderungen ergeben sich für eine anregungsreiche Lebenswelt in der Kita? Was müssen Erziehungskräfte können, wissen und verstehen, um ihren Auftrag zu erfüllen?

Und schließlich: Wie sieht das Qualitätsmanagement für „Unter-3-Gruppen" aus? Ist die pädagogische Qualität an der Effektivität der Praxis zu erkennen, beispielsweise an den Entwicklungsfortschritten der Kinder? Welche verbindlich festgelegten Kriterien können wir als Grundlage einer Selbstevaluation in unserer Einrichtung nutzen?

Ein Weg der Annäherung ist, sich *elementare Grundbedürfnisse* der Kinder zu vergegenwärtigen. Aufschluss über elementare Grundbedürfnisse erhalten wir über das *Beobachten,* so wie wir Vincy am Vormittag beobachtet haben. Daraus lassen sich vier Gruppierungen von Grundbedürfnissen ableiten, *jede mit jeder verbunden.*

Emotionale (die Gefühle betreffende):
verlässlich verfügbare (Körper-)Nähe
Empathie der Bezugspersonen
emotionale Wärme und Wertschätzung
konstante Bezugspersonen
Sicherheit, Geborgenheit
Freude und Zufriedenheit, Trauer und Ärger ausdrücken dürfen und verstanden werden
antizipieren (wissen, womit ich zu rechnen habe)

Soziale (auf den Menschen bezogene):
als einzigartige Persönlichkeit wahrgenommen und anerkannt werden
sich gemocht fühlen
sich von anderen verstanden wissen
sich dazugehörig fühlen
partizipieren (sich eigenständig beteiligen)
sich sicher orientieren
Einfluss nehmen

GRUNDBEDÜRFNISSE
unserer Jüngsten

Vitale (die körperliche Gesundheit betreffende):
Basisversorgung
vollwertige Ernährung
vorausschauende Gesundheitsvorsorge
sensible Pflege
Wechsel von Ruhe, Entspannung und Aktivität
Bewegungsfreiraum und Bewegungsräume
Bewegungsherausforderungen

Kognitive (auf das Lernen, Erinnern und Denken bezogene):
Ansprache auf Augenhöhe
Antworten auf Fragen ohne Worte
kompetente Erwachsene als Vorbilder
andere Kinder als Mitmacher und Feedback-Geber
Freiraum zum Forschen und Entdecken
abwechslungs- und anregungsreiche Spiel- und Lernumgebung
Grunderfahrungen mit Ereignissen, Dingen und Materialien der näheren und entfernteren Umwelt

Emotionale, soziale, körperliche und kognitive Grundbedürfnisse sind miteinander verbunden.

Aus der Übersicht „Grundbedürfnisse der Jüngsten" lassen sich inhaltliche Gesichtspunkte und Ziele für den gesetzlichen Auftrag „Bilden, Erziehen, Betreuen" ableiten. Mit anderen Worten: Wir können immer nur alle drei Aufgaben gleichzeitig wahrnehmen, wenn auch in unterschiedlicher Gewichtung.

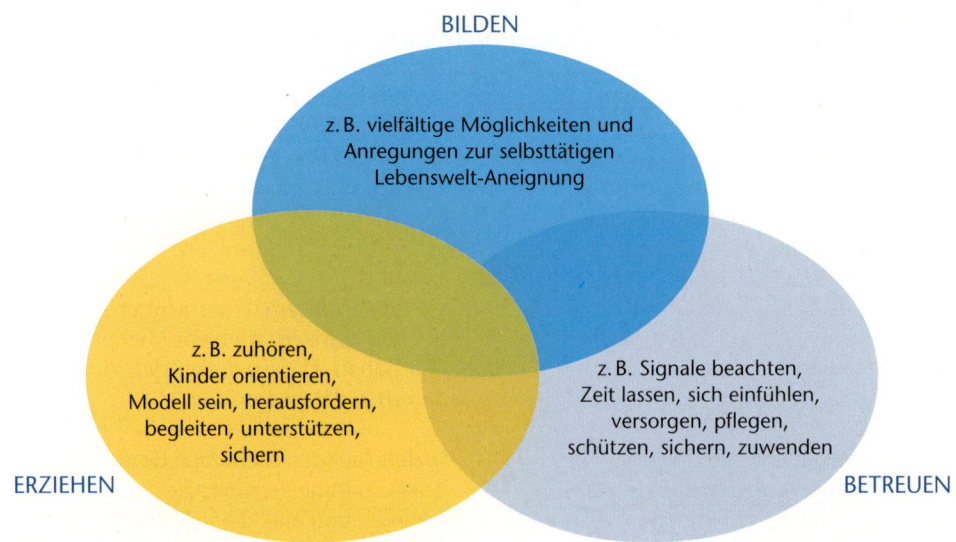

Ineinandergreifen von Betreuen, Bilden, Erziehen

Betreuen, Bilden und Erziehen entsprechen den Seiten eines Triangels. Es ist egal, auf welcher Seite ein Ton angeschlagen wird: Immer erklingt das ganze Instrument. Entscheidend ist, wie der Ton erzeugt wird: zaghaft, sodass er schnell verklingt? Heftig, sodass er dumpf wird? Oder sensibel und auf die Einmaligkeit im Klang des Instrumentes bezogen, sodass der Ton sich voll entwickelt und lange nachschwingt?

Betreuen als Bildungs- und Erziehungsauftrag bedeutet:

– die Signale der Kinder wahrnehmen, deuten und beachten
– sich und den Kindern Zeit lassen
– sich einfühlen in „die innere Welt" der Kinder
– präsent sein
– sich Kindern liebevoll zuwenden
– für körperliches Wohlbefinden und Gesundheit sorgen
– nachhaltig Maßnahmen der Gesundheitsprävention verwirklichen
– die Basisversorgung der Kinder sicherstellen
– Kinder durch vollwertige Ernährung stärken
– das Körperbewusstsein intensivieren
– sanfte Körperpflege gewährleisten
– Rhythmen der Kinder mit dem Rhythmus der Gruppe in Einklang bringen
– Bewegung drinnen und draußen ermöglichen und herausfordern
– den Wechsel zwischen Spannung und Entspannung zulassen und ermöglichen
– Handicaps und chronische Krankheiten als Lernchance einbeziehen
– mit medizinisch-therapeutischem Fachpersonal kooperieren

Bilden als Erziehungs- und Betreuungsauftrag bedeutet:

- Räume innen und außen nach förderlichen Prinzipien gliedern
- unterschiedliche Erfahrungsbereiche mit einzigartigem Materialangebot anbieten. Jeder Bereich soll auf seine Weise anregen: zum Prüfen, Ergründen, Beobachten, Untersuchen, Experimentieren und Fragen-Stellen.
- eine Atmosphäre schaffen, in der die Kinder Fragen stellen können und Antworten erhalten
- Kinderfragen ernst nehmen, auch wenn sie sich auf Aspekte der Realität beziehen, die wir Erwachsenen als „selbstverständlich" ansehen, sie sich ständig wiederholen oder im Sinne der „Erwachsenenlogik" bedeutungslos oder unverständlich erscheinen.
- in der Angebotsgestaltung folgende Prinzipien verwirklichen:
  - Lebensweltorientierung, Situationsbezogenheit;
  - den Themen der Kinder folgen. Was uns wichtig erscheint, interessiert Kinder nicht, wenn es außerhalb ihres aktuellen Erfahrungsraumes liegt.
- Raum und Zeit für freies Forschen lassen. Nichts ist kleinen Kindern wichtiger, als mit Energie und Beharrlichkeit experimentierend Versuche mit allen Objekten ihrer Welt anzustellen. Die „destruktive Grundbildung" der ersten zwei Lebensjahre ist die Voraussetzung für jede konstruktiv-aufbauende Tätigkeit nach dem dritten Lebensjahr.
- Möglichkeiten der Tageslaufgestaltung als Erfahrungsanlässe nutzen. Das sind die zeitlich festgelegten, in jeder Einrichtung und Gruppe unterschiedlich gestalteten Phasen für:
  - Ankommen und Abgeholt-Werden
  - Pflegen
  - Ruhen und Schlafen
  - Frühstück, Mittagessen und Obstpause
  - Spielen am Vormittag und Nachmittag
- Singen und tanzen, Musik hören – allein und mit anderen Menschen –, mit einfachen Melodien und Klängen experimentieren und im Rhythmus des Alltags und der Jahreszeiten das Interesse für Takt und Rhythmus wecken.
- das Gesetz der „fertigen Welt" durchbrechen und Kinder an Erwachsenentätigkeiten (z.B. hauswirtschaftliche Tätigkeiten, Reparaturen, Einkaufen, Zubereiten von Mahlzeiten) beteiligen.
- eine vorbereitete Umgebung schaffen, in der Kinder Funktionen und Grenzen, Zusammenhänge, Übereinstimmungen, Ähnlichkeiten und Unterschiede sowie Gesetze von Ursache und Wirkung tätig erfassen können.
- das Experimentieren mit Gestaltungsmaterialien herausfordern.
- Erlebnisräume außerhalb der Einrichtung nutzen, damit Kinder Verständnis gewinnen für den Kreislauf der Jahreszeiten, Pflanzen und Tiere, deren Lebensbedingungen und Schutzwürdigkeit.
- Möglichkeiten, Werkzeuge und Geräte anbieten, mit deren Hilfe sie Grundwissen zu Werkstoffen und deren Handhabung erarbeiten können.

Erziehen als Bildungs- und Betreuungsauftrag bedeutet:

- Kinder dabei unterstützen, sich in Zeit und Raum zu orientieren, durch
  - Verlässlichkeit der Bezugspersonen,
  - Modell-Sein der Bezugspersonen,
  - Übersichtlichkeit der Tagesablaufstruktur,
  - Übersichtlichkeit in der Raumgestaltung und im Materialangebot sowie
  - Signalsysteme.
- Äußerungen von Kindern – besonders der Kinder, die noch nicht sprechen – über aktives Zuhören entschlüsseln und angemessen reagieren.
- durch Beobachten und „In-Fühlung-Sein" verstehen, was ein Kind meint, braucht oder möchte.

- Teilhabe und selbstständiges Handeln in allen Tagesabschnitten gewährleisten.
- den Tagesablauf fortlaufend überprüfen und gegebenenfalls umgestalten, wenn sich die Bedürfnisse der Kinder, die Altersstruktur der Gruppe oder Rahmenbedingungen für die Eltern ändern (z. B. Arbeitszeiten der Eltern).
- prozessorientiert denken und handeln (anstatt ergebnisorientiert), denn der Weg des Ausprobierens und des Versuchs ist das Lernergebnis.
- die Rolle des „Forschungsassistenten" einnehmen. Anstatt sich Beschäftigungen auszudenken, sollten wir passende Untersuchungsobjekte heranschaffen, Anlässe für neue Lernabenteuer vorbereiten und beobachten, wie die Kinder sie nutzen. Bei Bedarf geben wir weiterführende Impulse.
- sich selbst auf neue Erfahrungen einlassen und neugierig bleiben.
- die emotionale Sicherheit der Kinder im Blick haben und stärken.
- Bindung und Zugehörigkeit sichern.
- Kinder in ihrer Identitätsbildung unterstützen und ihre Einmaligkeit unterstreichen.
- Wertschätzung, Respekt und Begeisterung für das Besondere jedes Kindes ausstrahlen – und dadurch ihr Selbstvertrauen stärken.
- Vielfalt und Anderssein in wechselseitigem Dialog als Entwicklungschancen begreifen.
- Kinder in der Ausbildung von Sozialkompetenz begleiten und unterstützen.
- Individualität und Gemeinsamkeit in der altersgemischten Gruppe ausbalancieren.

Woran erkennen wir, dass der Auftrag „Betreuen, Bilden, Erziehen" erreicht wurde? (Indikatoren)

- Die Kinder sind gesund und verfügen über Abwehrkräfte gegen Zivilisationskrankheiten und Ernährungsstörungen.
- Sie haben Vertrauen in ihren Körper und die eigene Kraft, wagen die Auseinandersetzung mit neuen Anforderungen und entwickeln zunehmend Geschicklichkeit, Ausdauer, Zielgerichtetheit und Konzentrationsfähigkeit.
- Sie gewinnen ein wachsendes Bewusstsein für die eigene Befindlichkeit, nehmen den eigenen Körper in seiner Ausdehnung, seinen Grenzen, seinen Stärken und seiner Beziehung zur Umwelt wahr. Sie achten den eigenen Körper und beteiligen sich an seiner Pflege zunehmend selbstständig. Sie erfassen das Zusammenwirken von Sinnen, Organen und Gliedmaßen.
- Sie entwickeln Eigenaktivität, Neugier und Interesse an der Vorbereitung und Herstellung von Mahlzeiten. In der Kindergemeinschaft erfahren sie Befriedigung durch abwechslungsreiche Nahrung und genussvolles Essen. Hierbei verfeinern sie ihre Wahrnehmung und erwerben Grundwissen zur Konsistenz, Farbe sowie Beschaffenheit von Nahrung.
- Die Kinder ziehen sich zunehmend selbstständig an und aus – entsprechend der Jahreszeit und den gerade anstehenden Vorhaben.
- Sie erleben, dass Erwachsene sich gesundheitsbewusst verhalten und mit natürlichen Ressourcen wie Wasser und Energie sorgsam umgehen.
- Durch Bewegung entfalten Kinder ihre Fähigkeiten in fortlaufend tätiger, wechselseitiger Auseinandersetzung. Sie erhalten an allen Stationen des Tagesablaufes Möglichkeiten und Freiräume, ihre Bewegungs- und Handlungsbedürfnisse situationsentsprechend zu entfalten.
- Kinder merken, wenn sie nach Zeiten erhöhter Anspannung Ruhe brauchen. In den unterschiedlichen Stationen des Tagesgeschehens erfahren sie auf ihren individuellen Bedarf abgestimmte Aktivitäts- und Ruhephasen sowie Rückzugs- und Entspannungsmöglichkeiten im Geschehen der Kindergruppe.
- Jedes Mädchen und jeder Junge erfährt sich als einmalig, bedeutsam und respektiert. Alle Kinder erleben, dass sie in ihrer Eigenständigkeit, ihren Bedürfnissen, Absichten und Gefühlen ernst genommen werden.

- Die Kinder bauen tragfähige Beziehungen zu Menschen unterschiedlichen Alters auf. Sie entwickeln Vertrauen in sich und andere und wagen sich an die Kontaktaufnahme zu neuen Menschen.
- Die Kinder erleben, dass soziale Beziehungen von gegenseitiger Anerkennung und Wertschätzung geprägt sind. Sie lernen es, anderen zuzuhören, und erfahren im alltäglichen Zusammensein andere Sichtweisen und Verhaltensformen. In der Auseinandersetzung mit anderen bereichern die Kinder sich gegenseitig. Sie entwickeln Mitgefühl und Anteilnahme.
- Im sozialen Gefüge der Gruppe finden sie den eigenen Weg. Sie lernen, das eigene Tun und die eigenen Anliegen mit denen anderer Menschen in Beziehung zu setzen.
- Sie erfahren durch das Vorbild der Erwachsenen, dass Konflikte mit Worten zu lösen sind, dass Interessen abzuwägen sind und Kompromisse ausgehandelt werden können. Sie erleben, dass Erwachsene eine eigene Meinung vertreten und die Meinung anderer würdigen. Sie lernen, „nein" zu sagen und auch das „Nein" anderer anzunehmen. Wenn es Streit gibt, lernen sie, einen Zusammenhang zwischen Ursache und Wirkung im eigenen Handeln und dessen Konsequenzen herzustellen.
- Die Kinder gewinnen in neuen, auch irritierenden Situationen Sicherheit.
- Sie gehen Probleme mit Interesse und Neugierde an und finden ganz individuelle Lösungen.
- Sie benutzen vielseitige Methoden, um ihre Welt zu erforschen und zu untersuchen.
- Sie suchen Erfahrungen mit verschiedenartigen Materialien und Werkzeugen.
- Entsprechend ihren Möglichkeiten wenden die Kinder verbale und nonverbale Kommunikationsmöglichkeiten sinnvoll an. Sie drücken sich vielseitig aus und finden Antworten, Resonanz und Gegenseitigkeit.
- In der Kindergemeinschaft entwickeln sie individuelle Themen, Lernbedürfnisse, Erschließungswege und Aneignungsverhalten.

Diese Indikatoren, erarbeitet auf Weiterbildungsveranstaltungen mit Erzieherinnen und Erziehern 2009, können Sie – nicht nur für Einrichtungen für Kinder unter drei Jahren – als Grundlage einer Qualitätsprüfung nehmen. Wie sieht es in der Einrichtung aus, in der Sie arbeiten? Überprüfen Sie anhand einzelner Kriterien: Sind diese Ihrer Meinung nach
– erreicht/fast erreicht?
– ansatzweise erreicht/nicht erreicht?
Tauschen Sie sich über Ihre Beobachtungen mit Kolleginnen aus und überlegen Sie gemeinsam, ob und wie sich etwas verändern lässt.

2.4 Die Grundhaltung der Erzieherin und des Erziehers

Ursprünglich kommt **der Begriff** aus dem technisch-handwerklichen Bereich: Er beschreibt die Verbindung zwischen Dingen, die ohne Haltung zerfallen, auseinanderbrechen oder sich auflösen würden. Haltung kann der Abschnitt sein, der zwei Balkenlagen, Schleusen oder Kanäle sicher miteinander vereinigt, aber auch die artgerechte Versorgung und Pflege von Tieren und Nutzpflanzen.

Ist es nicht interessant, dass der eher handgreiflich anmutende Haltungsbegriff auch für die Beschreibung komplizierten menschlichen Verhaltens und Erlebens angewandt wird? Zum einen beschreibt er „Körperhaltung": Wie wir etwas erleben, wahrnehmen, wollen und fühlen, wie wir für eine Sache motiviert sind oder wie wir zu uns selbst stehen, offenbaren wir über Körperausdruck, über Gestik und Mimik. Ob wir eine „gute", „schlechte" oder „aufrechte" Haltung haben oder eine „gebückte" Haltung einnehmen, hat direkt etwas mit unseren Gefühlen zu tun. Wir stellen unseren „inneren Halt" nach außen dar: indem wir „Rückgrat beweisen", „mit beiden Beinen auf der Erde stehen" oder mit Gelassenheit, Standhaftigkeit oder Festigkeit in schwierigen Situationen auftreten. Und wenig inneren Halt signalisieren wir, wenn wir unser „Mäntelchen nach dem Wind hängen", „herumeiern", uns „hängen oder fallen lassen", „vor Angst schlottern" oder „herumtaumeln".

Zum anderen wird der Begriff auch verwendet, um zu beschreiben, was wir von der Welt halten und wie wir uns ihr gegenüber verhalten. Wie wir was in unserer Welt beurteilen, bewerten, einschätzen, welche Einstellungen, persönlichen Meinungen und Anschauungen wir zu bestimmten Sachverhalten oder Problemen äußern, welche Vorlieben oder Abwehrhaltungen uns eigen sind und wie wir sie ausdrücken – all das spiegelt unsere **innere Haltung** wider.

Die Grundhaltung der in der Kita tätigen Menschen ist das wichtigste Moment, das die unterschiedlichen Elemente des Arbeitsalltags positiv oder negativ beeinflusst, zusammenhält oder auseinanderfallen lässt – wie der Querbalken im Dachstuhl. Sie bestimmt in erster Linie die Orientierungs- und Prozessqualität, aber auch die Strukturqualität in der Einrichtung.

Dreh- und Angelpunkt ist dabei eine respektvolle, achtsame und wertschätzende Haltung anderen Menschen und uns selbst gegenüber, verbunden mit Zurückhaltung und Absichtslosigkeit. Nach Gonzalez-Mena ist diese Grundhaltung geprägt durch die „**drei R**" (vgl. Gonzalez-Mena 2008, S. 31):
– **R**espekt;
– einfühlsames und unmittelbares **R**eagieren: Dieses setzt nichtwertendes Verstehen-Wollen voraus. Das ist der Versuch, die vom Kind geäußerten Erfahrungen sowie Empfindungen und deren Bedeutung sensibel und präzise zu erfassen, „gewahr zu werden, was sie für das Selbst des anderen bedeuten" und dem anderen „das mitzuteilen, was er von seiner inneren Welt verstanden hat" und zwar „in tief greifenderer Weise, als diese es selbst konnte" (Tausch und Tausch, 1977, S. 181). Es ist das Bemühen, den individuellen Persönlichkeiten der Kinder mit einer grundsätzlich positiven Einstellung zu begegnen und sie in ihren Bedürfnissen, Bestrebungen und Gefühlen bedingungslos anzunehmen. Das bedeutet nicht, dass Regeln und Absprachen nicht eingehalten und schädigende Verhaltensweisen kommentarlos hingenommen werden;
– **R**eziprozität: Darunter verstehen wir die wechselseitige Resonanz und den gegenseitigen Austausch im weitesten Sinne. Je jünger die Kinder sind, desto mehr sind sie auf den reziproken Dialog mit anderen Menschen angewiesen, um eine gemeinsame Welt zu schaffen, die Beziehungen, Sachverhalte und Handlungsmöglichkeiten bewusst macht, erklärt und neue eröffnet. Kind und Erzieherin schaffen dabei gemeinsam eine Kette von aufeinander bezogenen Verhaltens- und Reaktionsweisen, von denen jede durch die vorhergehende des Partners ausgelöst wird und die ihrerseits die nächste Handlung des Partners bewirkt. In der Soziologie unterscheiden wir „positiv reziprokes Verhalten" (die Antworten des Gegenübers sind eher stärkend, bestätigend, motivierend) und „negativ reziprokes Verhalten" (die Reaktionen des Partners tendieren zur Bewertung, auch zur Entwertung, sind eher pessimistisch als kräftigend, befähigend und belebend). Voraussetzung für einen gelingenden Austausch ist die Übereinstimmung von Erleben und Verhalten der erwachsenen Kommunikations-

partner und ihre Fähigkeit, sich ihrer inneren und äußeren Wahrnehmungen und Gefühlen bewusst zu sein und diese adäquat und ohne Fassade auszudrücken. Kinder werden in diesem Austausch durch das Vorbild der Erwachsenen ermutigt, eigene sowie die Empfindungen und Absichten anderer Menschen wahrzunehmen und angemessen mit ihnen umzugehen

Eine von den drei Rs getragene Grundhaltung erscheint geeignet, das innere Bezugssystem von Kindern zu erfassen, „in ihre Haut zu schlüpfen" und zu erreichen, dass Kinder sich wahr- und angenommen und nicht alleingelassen fühlen, dass sie das Gefühl haben, verstanden zu werden, dass sie Vertrauen gewinnen, sich öffnen und entspannen können und dass sie entlastet sind – was besonders im Erfahrungsfeld des „offenen" Kindergartens mit seinen vielfältigen sozialen Beziehungen wichtig ist.

Pädagogische Fachkräfte verstehen sich nicht als alleinige Erschaffer und **Verantwortliche von Entwicklungsprozessen**, die emsig und hektisch alles „im Griff" haben und dabei sich selbst groß und die anderen klein und von der eigenen Person abhängig machen. Sie versuchen vielmehr, innerhalb einer Vielzahl von Interaktionen im täglichen Zusammensein die Wirklichkeit jedes Einzelnen aufzuspüren, diese sich gegenseitig bewusst zu machen und das eigene pädagogische Handeln daran auszurichten. Während sie das tun, entwickeln sich Kontakt und Beziehung. Nur so lassen sich die Kräfte der einzelnen Kinder und Erwachsenen entdecken und für alle wirksam werden. Verborgene individuelle Bedürfnisse, Gefühle, Stärken und Besonderheiten treten oft erst hervor, wenn jemand auf sie aufmerksam macht und ihnen Raum gibt.

> *Dazu sagt Ella:*
> *„Ich denke, das ist auch eine wichtige Sache, dass man nicht von vornherein immer alles weiß und den Kindern gleich immer alle Erklärungen vorlebt, sondern dass sie auch selbst mit uns zusammen dahinterkommen. Die merken schon, ob sie das mit uns erarbeiten oder ob wir ihnen etwas überstülpen wollen, was wir schon für sie wieder einmal bestimmt haben."*

Eine **offene Lernhaltung der Erwachsenen**, die Kindern auch eigene Wünsche, Bedürfnisse, Stärken und Schwächen, Unsicherheiten oder Fehler transparent macht, verbunden mit der Bereitschaft, Kinder als Lehrende anzuerkennen und gemeinsam mit ihnen zu lernen, wirkt als prägendes Vorbild.

Wenn wir vor Fachpublikum erläutern, welche Haltung wir gegenüber Kleinstkindern für existenziell wichtig halten, hören wir häufig: „Eigentlich möchte ich auch so handeln. Aber die Zeit habe ich einfach nicht, wenn ich mehrere Kinder wickeln muss, zwei sich streiten und eines weint."

Solche und ähnliche Äußerungen sind oft Antworten auf Fragen nach der **Arbeitszufriedenheit**. Viele Erzieherinnen und Erzieher empfinden die oben beschriebene förderliche Grundhaltung zunächst als zusätzliche Anforderung, als überflüssig, zeitraubend und belastend.
Wir sind der Meinung, dass der Zusammenhang umgekehrt ist:
- Wenn Kinder nach Bedarf gewickelt werden, müssen nicht mehrere gleichzeitig gewickelt werden.
- Kinder, die sicher sein können, eine Zeit lang die ungeteilte Aufmerksamkeit der Erzieherin zu erhalten, lernen, auf diesen Zeitpunkt zu warten, und stellen nicht alles Mögliche an, um die Aufmerksamkeit zu erreichen.

– Wenn wir Kindern schon früh mit dieser respektvollen Haltung begegnen, entwickeln sie diese auch anderen – Kindern und Erwachsenen – gegenüber.

Erzieherinnen und Erzieher, die die 3 Rs im Arbeitsalltag als Richtschnur zu verwirklichen versuchen, haben gemerkt, dass sie nicht Mehrbelastung, sondern eine andere, zufriedenstellendere Anforderung ist. Weil es in der Kommunikation nicht um anstrengenden Machtkampf und das Durchsetzen von Interessen, sondern um Akzeptanz und Beziehung geht, entlastet diese Grundhaltung den Arbeitsalltag deutlich. Sie wirkt sich positiv auf das Wohlbefinden, auf die Qualität von Beziehungen und auf die Entwicklung der Kinder aus. Sie entspannt, erleichtert, stärkt immer von Neuem die eigene Arbeitsmotivation und verbessert das Klima unter den Kolleginnen und Kollegen. *„Haltung ist nicht eine Frage des Zeithabens neben dem stressigen Alltag. Sie durchdringt vielmehr den stressigen Alltag"* (Berggrötz, 2010).

Damit Kinder sich an diese – für sie vielleicht neue – Haltung gewöhnen können, sollte darauf geachtet werden, dass nicht eine größere Gruppe neuer Kinder zur gleichen Zeit aufgenommen wird, was auch den Prozess der Eingewöhnung erschwert (siehe dazu Kapitel 9.4.1 „Eingewöhnung").

Zum Weiterlesen:

– **Ahne, Verena:** Streit um die Krippe. In: Gehirn und Geist, Serie Kindesentwicklung. Nr. 11/2007, S. 16–25.

– **Amthauer, Karl-Hermann/Eul, Werner (Hrsg.):** Herausforderung Erziehung in sozialpädagogischen Berufen. Troisdorf: Bildungsverlag EINS, 2007.

– **Arbeitskreis Neue Erziehung e. V.:** Elternbriefe sind abrufbar unter: www.ane.de.

– **Beller, Kuno:** Die Krippe, in: Oerter, Rolf/Montada, Leo (Hrsg.): Entwicklungspsychologie. 4. Auflage, Weinheim: Beltz, 1998, S. 915–922.

– **Berthold, Erika/Grüber, Eva:** Erzieherinnen sind doof: Geschichten über einen Beruf im Umbruch. Neuwied: Luchterhand, 1996.

– **Bodenburg, Inga/Grimm, Gunhild:** So werden Kinder sauber. Schwierigkeiten und Erfolge, 14. Auflage, Reinbek: Rowohlt, 2005.

– **Fey-Dorn, Ulrike/Müller-Langsdorf, Sabine/Dietermann, Joachim/Rogge, Ralf:** Gott in der Krippe. Religiöse Bildung von Anfang an Hannover. Hrsg. v. Diakonischen Werk der Hannoverischen Landeskirche, 2008.

– **Fingerle, Michael/Freytag, Andreas/Opp, Günter (Hrsg.):** Was Kinder stärkt. Erziehung zwischen Risiko und Resilienz. München: Reinhardt Verlag, 1999.

– **Gonzalez-Mena, Janet/Widmeyer-Eyer, Dianne:** Säuglinge, Kleinkinder und ihre Betreuung, Erziehung und Pflege. Ein Curriculum für respektvolle Pflege und Erziehung, Freiburg: Arbor Verlag, 2008.

– **Hauf, Petra/Klein, Annette:** Schauen, Staunen, Handeln – das Weltwissen der Babys. Freiburg: Herder Verlag, 2008.

– **Laewen, Hans-Joachim/Andres, Beate (Hrsg.):** Forscher, Künstler, Konstrukteure: Werkstattbuch zum Bildungsauftrag von Kindertageseinrichtungen. Berlin: Cornelsen Scriptor, 2007.

- **Nuthbrown, Cathy:** Kinderrechte, ein Grundstein frühpädagogischer Curricula. Übers. V. Arndt Ladwig, in: Fthenakis, Wassilos/Oberhumer, Pamela: Frühpädagogik International: Bildungsqualität im Blickpunkt. Wiesbaden: Verlag für Sozialwissenschaften, 2004, S. 117–127.

- **Rogers, Carl R.:** Entwicklung der Persönlichkeit, übers. v. Jaqueline Giere, Stuttgart: Klett-Cotta, 1976.

- **Seehausen, Harald:** Soziale Netzwerke für Kinder und Eltern: „Orte für Familien", in: Orte für Kinder. Auf der Suche nach neuen Wegen in die Kinderbetreuung, hrsg. v. Deutsches Jugendinstitut, Weinheim/München: DJI-Verlag, 1996, S. 183–203.

- **Sichtermann, Barbara:** Vorsicht Kind: Eine Arbeitsplatzbeschreibung für Mütter, Väter und andere. 13. Auflage, Berlin: Wagenbach, 2002.

- **Stern, Daniel:** Die Lebenserfahrungen des Säuglings. Stuttgart: Klett-Cotta, 2007.

- **Wustmann, Corina:** Resilienz. Widerstandsfähigkeit von Kindern in Tageseinrichtungen fördern. 1. Auflage, Weinheim: Beltz, 2004.

3 Zusammenarbeiten mit Familien

Schon bevor es geboren wird, knüpfen alle Eltern Vorstellungen, Hoffnungen und Rollenerwartungen an ihr Kind, die das Baby von Anfang an registriert. Es beobachtet seine Eltern, lernt durch ihr Beispiel und vermutet ähnliche Erwartungen und Verhaltensweisen auch bei anderen Erwachsenen. Die Familie ist und bleibt die Instanz, die sein Erleben prägt und über seine Bildungschancen entscheidet. Wir können davon ausgehen, dass alle Eltern entsprechend ihrer Lebensperspektive und ihrem Bewältigungsvermögen das Beste für ihr Kind wollen, auch dann, wenn sich das für Außenstehende anders darstellt. Die Kita will und kann „Familie" nicht ersetzen und Elternschaft stellvertretend übernehmen. Sie kann aber aufmerksam sein, beachten, begleiten, unterstützen und auffangen. Sie kann Angebote machen, die es Familien ermöglichen, ihrer Aufgabe gerecht zu werden. Neue Ergebnisse der neuropsychologischen Forschung weisen nach, dass das kindliche Gehirn in der ersten Zeit nicht, wie lange angenommen, auf Lernerfahrungen aus einer einzigen Lebenswelt angewiesen ist. Auch Zuwendung und Versorgung müssen nicht zwangsläufig von *einer* Person, z. B. der leiblichen Mutter, ausgehen, damit ein Baby sein Urvertrauen nicht verliert. Auf der Grundlage einer stabilen Bindung an die Eltern kann ein Baby mehrere Personen gleichzeitig als Bezugspersonen „adoptieren", sofern deren Zuwendung eine entsprechend hohe Qualität besitzt und konstant bleibt. Wenn alle sich im pädagogischen Handeln um Einigkeit bemühen und dieses auf die Bedürfnisse des Kindes ausrichten, kann ein **Kind beide Welten nebeneinander akzeptieren und nutzen**. Für ein Kind ergibt sich dadurch als Voraussetzung für spätere Bildungsprozesse – die neuesten Forschungen der Bertelsmann-Stiftung belegen dies[1] – ein breiteres Spektrum von sozialen und dinglichen Erfahrungen als in der „reinen" Familienerziehung.

---

[1] vgl. Projekt „Kinder früher fördern" der Bertelsmann Stiftung, abgerufen unter: www.kinder-frueher-foerdern.de, [05.10.2008], sowie Irskens, 2006, S. 20–24.

3.1 Eltern fühlen sich willkommen

Aber wie wird dieser Konsens erreicht? Durch kontinuierliche Zusammenarbeit. Jede Kita entwickelt seit jeher ihre eigenen Formen der Kooperation. Der noch vor kurzem gebräuchliche Begriff „Elternarbeit" (der Eltern als Objekte einer Arbeitsbeziehung beschreibt) verschwindet allmählich aus Lehrbüchern und Fortbildungsprogrammen. Stattdessen sind Mitgestaltung und Mitwirkung der Eltern gefragt – orientiert an ihrer Lebens- und Arbeitssituation sowie an ihren Betreuungsvorstellungen, um die Entwicklungschancen für die Kleinsten zu optimieren. Der **kontinuierliche Kontakt** zwischen Kita und Angehörigen verbindet beide Lebenswelten und muss mit Lebendigkeit, Akzeptanz und Inhalt gefüllt und stets neu bereichert werden. Tragfähig wird er, wenn Eltern und Kinder sich gleichermaßen willkommen und einbezogen fühlen: in die Konzeption, in die Reflexion und das tägliche Geschehen der Arbeit in der Kita.

Ob Eltern sich willkommen fühlen oder nicht, hängt – so zeigte eine Elternumfrage in einem Familienzentrum – von mehreren **Faktoren** ab, zunächst auch von „Äußerlichkeiten" (vgl. Welzien, 2006, S. 19):

- Die Einrichtung ist leicht zu finden und gut zu erkennen (z. B. durch eine gut lesbare, motivierende Beschilderung).
- Der Eingangsbereich wirkt freundlich, einladend und fordert zum Verweilen auf.
- Die wichtigsten Informationen sind auf einen Blick einsehbar, z. B. eine Grundrissskizze des Hauses, freundliche und mit Namen versehene Fotos der Mitarbeiter und ein aktuelles Wochen- und Monatsprogramm.
- Es riecht gut (z. B. nach jahreszeitlich wechselnden Düften).
- Alle Menschen im Haus grüßen freundlich – möglichst mit Namen. Kinder und Erwachsene geben Leuten, die nach dem Weg fragen, kompetent Auskunft.
- Eine Elternsitzecke lädt zum Verweilen und zum Gespräch mit anderen Eltern ein (z. B. durch ein „Eltern-Buch" mit Schreibutensilien und Farbstiften, das Wünsche, Ideen und Gedanken aufnimmt und bewahrt, Zeitschriften, Informationen und einen Tisch mit Getränken).
- Die Bereiche sind deutlich gekennzeichnet (z. B. mit Symbolen oder Fotos).
- Die Räume sind in hellen, warmen Farben gestrichen.
- Es gibt keine welkenden Pflanzen und die Räume wirken gepflegt.
- Dekorationen werden öfters gewechselt.

Eingangshalle der Unter-Drei-Gruppen: Wer ankommt, fühlt sich willkommen.

3.2 Wer mit wem zusammenarbeitet

Eltern und Verwandte der Kinder einerseits sowie Erzieherinnen und Erzieher andererseits treffen mit sehr unterschiedlichen Vorstellungen, Interessen und Zielsetzungen in der Kita aufeinander. **Zusammenarbeit bedeutet**, unter gegensätzlichen Ausgangsbedingungen eine gemeinsame Basis zu erreichen und von dieser aus für die Belange der Kinder zu arbeiten. *„Wird die Gemeinsamkeit nicht entdeckt, steigt die Gefahr von Auseinandersetzungen"* *(Prott, 2004, S. 13)*. Bevor wir uns der praktischen Seite von Zusammenarbeit zuwenden, möchten wir die verschiedenen „Interessengruppen" in ihrer Unterschiedlichkeit und dem Potenzial, das sie einbringen können, genauer betrachten.

3.2.1 Eltern und Großeltern

Eltern

Eltern haben basierend auf den bisherigen Erfahrungen mit ihrem Kind ein aus ihrer Sicht fundiertes pädagogisches Handeln und Selbstverständnis aufgebaut, das sich vornehmlich aus den Erfahrungen und Prägungen während ihrer eigenen Kindheit und Sozialisation begründet. Sie fühlen sich kompetent und zuständig als „Eingeweihte", die von Anfang an um alle Aspekte für das Wohlergehen und die Entwicklung ihres Kindes wissen. Sie hoffen und erwarten, dass für ihr Kind in der Institution förderliche Bedingungen bereitgestellt werden, und begegnen dem neuen Umfeld ihres Kindes in der Regel wachsam und kritisch. Nur wenige Eltern *„geben ihr Kind einfach ab"*. Nur wenige verhalten sich wie Kunden, die eine Serviceleistung unreflektiert in Anspruch nehmen. Vertrauen muss wachsen und damit die Sicherheit, dass im Sinne der Eltern für Wohlbefinden und Entwicklung des Kindes gesorgt ist.

Aus den kulturellen Erfahrungen und religiösen Bindungen ihrer Heimatländer heraus haben Eltern mit Migrationshintergrund ihre Einstellung zur Rolle von Erziehung und Betreuung entwickelt. Mitunter unterscheidet sich diese von der Einstellung von Eltern ohne Migrationshintergrund. Wenn sie ihre Kultur und Nationalität als gewürdigt und sich selbst als gleichwertige Partner erfahren, können sie sich leichter auf Diskussionen um Erziehungsnormen einlassen, die ihnen fremd sind, und darüber sprechen, was Kleinstkinder ihrer Meinung nach brauchen.

Mütter

Frauen verfügen noch immer nicht über echte Entscheidungsmöglichkeiten, wenn sie Beruf und Familie miteinander vereinbaren wollen oder müssen. Gründe dafür gibt es viele: Sie sind entweder alleinerziehend oder die Familie ist auf zwei Einkommen angewiesen, oder aber sie verfügen über berufliche Qualifikationen und wollen sich finanzielle Unabhängigkeit und Wirkungsfelder außerhalb der Familie bewahren. Die Chancen für ihren beruflichen Wiedereinstieg hängen in erster Linie von den Möglichkeiten einer familiengerechten und qualitativ hochwertigen Kinderbetreuung ab. Auf diese wollen sich Mütter verlassen können.

Als Mutter sind sie die erste Bezugsperson und bleiben für die ersten Lebensjahre auch die wichtigste. Während der Schwangerschaft und der ersten Lebenswochen und -monate des Kindes haben sie ihre Wahrnehmung sensibilisiert, um auch auf die zartesten Gefühls- und Bedürfnisäußerungen des Kindes angemessen reagieren zu können. So wird die Mutter zur Expertin für ihr Kind und erwartet diese Kompetenz auch von den Erwachsenen, die in der Kita für ihr Kind sorgen, wenn sie abwesend ist. Einen Teil der Verantwortung an Dritte abzugeben, macht jedoch unsicher, verletzbar und anfällig für Kritik und Schuldgefühle.

Zumindest in der ersten Zeit zweifelt jede Mutter daran, dass es rechtens war, ihr Kind *„tagsüber wegzugeben"* und dass es wirklich bedürfnisgerecht betreut und entwicklungsgemäß angeregt wird. Sie gibt den alleinigen pädagogischen Einfluss aus der Hand und bekommt möglicherweise das Gefühl, dass den neuen Bezugspersonen ein Teil der „ihr zustehenden Liebe" des Kindes zukommen wird. So entsteht ein Dilemma von Vertrauen-Wollen und kritischer Distanz nach dem Motto: „Darf ich das und können die das?"

Stellen Sie sich vor, Sie hätten ein Kleinstkind (vielleicht haben Sie ja eines). Würden Sie es in eine Kita geben? Und unter welchen Bedingungen? Begründen Sie Ihre Position. Überlegen Sie, ob und wie sich Ihre Position auf Ihre Berufstätigkeit als Erzieherin auswirken könnte.

Hinzu kommt: Viele Mütter bewältigen immer noch die Mehrfachbeanspruchung von Vollzeitberufstätigkeit, der Erziehung mehrerer Kinder und der fast alleinigen Verantwortung für die Haushaltsführung. Deshalb hat Zusammenarbeit mit Müttern zunächst eine stärkende, vertrauensbildende und *entlastende Funktion*. Wenn sie sich durch die Kita nicht zusätzlich belastet fühlen, sondern stattdessen entlastet werden, haben sie Kräfte frei für sich selbst. Sie erhalten mehr Abstand von den Kindern und eine weniger belastete Sicht auf familiäre Probleme. Sie können ihr Kind in seiner Wahrnehmungs- und Erfahrungswelt weniger vorbelastet beobachten, anstatt korrigierend und begrenzend einzugreifen. Statt kritischer Distanz zur pädagogischen Arbeit der Kita können sich schrittweise Akzeptanz, Vertrauen und Mitgestaltungsbereitschaft entfalten.

Zunehmend übernehmen Väter die tragende Rolle für die Jüngsten während des Tages. Sie bringen ihre Kompetenzen und Erwartungen an eine effiziente Arbeitsgestaltung ein

Väter

In Gesprächen mit Eltern wird deutlich, wie viele Väter ihre traditionelle Mann- und-Vater-Rolle infrage stellen und zunehmend Interesse an gleichberechtigter Elternschaft erklären. Beschäftigungsverträge und rechtliche Rahmenbedingungen, z. B. gesetzliche Bestimmungen zur Gewährung von Elterngeld, ermöglichen ihnen, nach der Geburt vorübergehend ganz oder auch nur teilweise auf ihre Berufstätigkeit zu verzichten.[1] Väter, die sich aus der tradierten Rollenverteilung gelöst haben und sich an der Pflege der Kinder ebenso aktiv wie an den Hausarbeiten beteiligen, erfahren das Aufwachsen ihrer Kinder als faszinierende und befriedigende Bereicherung und bringen ihre neu gewonnenen Stärken in die Zusammenarbeit in der Kita ein.

Großeltern

Großeltern sorgen auf Elternversammlungen oft dafür, dass sich leidenschaftliche Diskussionen um die Prioritäten in der Kinderbetreuung ergeben. Dies passiert oft, wenn sie ihre eigene Kindheit idealisierend beschreiben und sie mit der heutigen in Beziehung

---

[1] *Das Elterngeld löste am 1.1.2007 das Erziehungsgeld ab. Es beträgt 67 % des durchschnittlich (nach Abzug von Steuern, Sozialabgaben und Werbungskosten) vor der Geburt vorhandenen Nettoeinkommens und beträgt höchstens 1.800 Euro, mindestens aber 300 Euro. Möglich ist eine Teilzeitbeschäftigung bis zu 30 Stunden wöchentlich. Bundeselterngeld- und Elternzeitgesetz (BEEG), Januar 2007.*

setzen, aber auch, wenn es um Unterstützungsmöglichkeiten für junge Familien geht. Hier werden besonders Mütter oder Väter aus Ein-Eltern-Familien aufmerksam. Wenn Großeltern eingeladen werden, ergeben sich – fast immer unerwartet – neue Perspektiven auf das Familienleben. Die Mitarbeit von Senioren in der Kita überbrückt eigene fehlende Erfahrungen in der Sozialisation der Kinder, die dadurch entstehen, dass Jung und Alt zunehmend in getrennten Welten leben. Das Vorbildverhalten der Älteren, ihre Erfahrungen und die früher selbstverständliche gegenseitige Hilfe zwischen den Generationen stehen vielen Familien heute nicht mehr zur Verfügung und müssen ersetzt werden. Mit ihrer Lebenserfahrung unterstützen Senioren viele Kitas und übernehmen in der zweiten Lebenshälfte gern Verantwortung für Aufgaben, die ihren Kompetenzen entsprechen. Einige werden dadurch zu wichtigen Bezugspersonen für die Jüngsten in der Kita.

3.2.2 Erzieherinnen und Erzieher

Erziehungskräfte begegnen Eltern und ihren Kindern mit ihrem spezifischen „Arbeitsverständnis", d. h., sie haben in der Aus- und Fortbildung sowie in der Berufspraxis Zielsetzungen und Verhaltensmöglichkeiten erarbeitet, die sich oft von denen der Eltern unterscheiden. „Anbieter" und „Kunde" haben dadurch zunächst unterschiedliche Sichtweisen. Wie in fast keinem anderen Beruf ist ihr **Arbeitsfeld von Widersprüchen geprägt**: Einerseits erleben sie ihre Arbeit im direkten Kontakt mit den Kindern als sinnvoll und sehr befriedigend, andererseits erfahren sie dafür wenig öffentliche Bestätigung bis hin zur Entwertung ihrer Tätigkeit.

1.

Erzieherinnen und Erzieher in Kleinstkinder-Betreuungseinrichtungen üben einen Beruf aus mit vergleichsweise **geringem sozialem Prestige** bei entsprechend geringer Bezahlung. *„[…] Was mir bei Bekannten immer wieder begegnet: ‚Wo arbeitest du überhaupt? Was soll das sein – ein Beruf? Rasseln schwingen aufs Töpfchen setzen?' ‚Ein kleines Kind gehört zur Mutter', höre ich bestimmt jede Woche einmal, meistens von älteren Leuten. Was soll ich dazu sagen? Meine eigene Erfahrung gibt ihnen recht, ich war auch erst mit anderen Kindern zusammen, als die Schule anfing. Und das hat mir sehr gut getan! Wissen Sie was? Ich habe den Eindruck, als würde ich in einem illegalen Beruf arbeiten, in einem Beruf, den es eigentlich gar nicht geben dürfte!" (Erzieherin am ersten Tag einer Fortbildung zur Frühpädagogik)*

Der Spagat zwischen Professionalitätsbewusstsein, Verantwortung und Argumentationsdruck gehört zum täglichen „Geschäft" der Erziehungskräfte, nicht nur in Unter-Drei-Gruppen.

2.

Pädagogische Fachkräfte haben gelernt, ihr pädagogisches Handeln unter vielfältigen Aspekten zu betrachten und die eigene Perspektive zu verlassen, um sich in andere einzudenken. Im Laufe dieses **Perspektivenwechsels** haben sie Einstellungen und Verhaltensmöglichkeiten erarbeitet, die mit denen kaum mehr etwas zu tun haben, die sie als Kind selbst erlebt haben. Darin unterscheiden sie sich von den Eltern, die ihre Erfahrungen und ihr Verständnis in puncto Erziehung aus der eigenen Sozialisation gewonnen haben und weitertragen.

3.

Anders als die Eltern haben sie berufliche, finanzielle und sozialpolitisch begründete Interessen an der Kitaarbeit. Seit PISA stehen sie unter **Rechtfertigungsdruck** gegenüber den Interessen ihres Arbeitgebers und der der Öffentlichkeit. Täglich sind sie konfrontiert mit bagatellisierenden Begriffen wie „Kindergarten", „Kindergärtnerin" oder „Krippe", die von Eltern und Medien selbstverständlich benutzt werden und ihnen die Geringschätzung ihres Berufes erneut bewusst machen.

4.

Von pädagogischen Fachkräften wird professionelle Distanz erwartet. Sich zu sehr einzulassen, zu sehr mitzuschwingen und den Standpunkt des Klienten einzunehmen, macht – das ist bekannt – die eigene Arbeit wirkungslos. Anders jedoch als Psychologen in ihrer Praxis oder Sozialwissenschaftler in ihren Workshops, zu deren Handwerkszeug ebenfalls Empathie, Kongruenz, Achtung und emotionale Wärme im Kontakt mit „Patienten" oder „Klienten" gehören, können Erzieherinnen und Erzieher nicht nach 50 Minuten ab- und umschalten. Von ihnen wird **durchgängig innere Präsenz** erwartet, und zwar auf mehreren Ebenen gleichzeitig.

5.

Viele sehr engagierte Mitarbeiter/-innen haben an sich selbst die Erwartung, ein unentwegt sprudelnder Quell von Zuwendung, Annahme und Geduld zu sein. Sie glauben auf Abstand verzichten zu müssen, weil sie besonders den Kindern unbegrenzt Nähe und Empathie schenken möchten, denen es im Elternhaus u. U. daran mangelt. Sie versuchen, elterliche Beziehungen zu ersetzen, damit die Kinder Bindungsverhalten entwickeln können. Dabei verzichten sie auf professionelle Distanz. Das hat oft **Konfluenz** zur Folge (vom Lateinischen: com = mit, fluere = fließen; etwa: Zusammenströmen). Konfluenz ist im positiven Sinne eine Fähigkeit, die das Einfühlen in das Kind ermöglicht. Wenn sie jedoch das gesamte Beziehungsverhalten einer erwachsenen Bezugsperson bestimmt, bewirkt sie einen Zustand der unauflösbaren Symbiose[1].

Verworrenheit und Verstrickung in der Beziehung zwischen Kind und Erwachsenem sind die Folge. Sie entstehen durch das Bedürfnis der Erwachsenen, die Grenzen zwischen sich und dem Kind aufzuheben. Ständig konfluente Erziehungspersonen bemühen sich, „ihren" Kindern jede Frage zu beantworten, bevor sie gestellt ist, Wünsche von den Augen abzulesen, bevor sie geäußert wurden, und Konflikte nach Möglichkeit zu vermeiden, um Harmonie und Nähe aufrechtzuerhalten. Ununterbrochen „mitzuströmen" bedeutet, dass ein Kind sich permanent in enger Verbindung mit der Bezugsperson erlebt und dass es nicht lernen kann, sich in seinen Bedürfnissen, Absichten und Eigenheiten als Individuum wahrzunehmen und von anderen Menschen zu unterscheiden. Der Kontakt wird oberflächlich und ist nicht tragfähig. Damit bewirken Erwachsene oft das Gegenteil von dem, was sie eigentlich beabsichtigen: Kontaktlosigkeit statt wirklicher Nähe. Bindungsfähigkeit, Neugierverhalten und Forschungsdrang entwickeln sich jedoch nur auf der Basis einer emotionalen Sicherheit, in der Bezugspersonen sich nicht ausschließlich den kindlichen Erwartungen und Wünschen anpassen, sondern sich auch abgrenzen können und damit als autonome Persönlichkeit erkennbar sind. Qualität und Intensität der Beziehung zeigen sich daran, dass die Bezugsperson dem Kind vermittelt:

---

[1] *Symbiose (vom Griechischen: symbioun = „zusammenleben") bedeutet wechselseitige Abhängigkeit im Zusammensein: Die Beteiligten erfüllen sich gegenseitig lebensnotwendige Bedürfnisse und können ohne einander nur eingeschränkt existieren.*

Ich nehme deine UND meine Entscheidungen, Absichten, Bedürfnisse und Gefühle ernst und erwarte nicht, dass sie immer übereinstimmen. Diese Grundeinstellung ist nicht leicht zu erreichen. So ist „Selbstfürsorge" ein wichtiger Ausbildungsinhalt in (sozial-) pädagogischen Ausbildungen und Studiengängen, denn diese gehören zu den am meisten „Burn-out[1]-gefährdeten" Berufen. Begleitende Supervision ist besonders im Bereich Frühpädagogik unverzichtbar, damit einerseits das Sicherstellen von emotionaler Nähe nicht zur Selbstausbeutung führt und andererseits Kinder nicht „benutzt" werden, um die emotionalen Bedürfnisse der Erziehungspersonen zu stillen.

6.

Zum Arbeitsalltag gehört es, den Jüngsten besonders in der ersten Zeit ihres Kitaaufenthaltes **Botschaften** zu übermitteln, die eine grundsätzliche Sicherheit wachsen lassen:
- Wir sind bei dir, wir nehmen dich wahr und mögen dich, so wie du bist.
- Du brauchst dich nicht brav zu verhalten, nicht „niedlich" zu sein, uns durch dein Verhalten zu entzücken oder „Leistungen" zu erbringen, damit wir dich mögen.
- Du kannst dich auf uns verlassen.
- Wir schützen und wärmen dich, wir ermutigen und trösten dich, wenn du es brauchst.
- Wir verstehen deine „Signale", mit denen du anzeigst, was du brauchst. Falls uns das nicht sofort gelingt, versuchen wir, dir zu vermitteln, dass wir uns darum bemühen, deine Äußerungen zu verstehen und zu deuten.
- Wir hören auch deine leisen Töne, du musst nicht um unsere Aufmerksamkeit kämpfen. Auch wenn du ganz still am Rand stehst, nehmen wir dich wahr.

Das ist eine hohe Anforderung für jemanden, der solche Botschaften an sich selbst vielleicht nur selten vernimmt. Sie bedeutet, dass die Rahmenbedingungen stimmen müssen und dass der Einrichtungsträger die gleichen Interessen verfolgen sollte wie die Erziehungskräfte. Es bedeutet aber auch, dass die Erziehungskräfte Eltern nicht als „Störer" oder Konkurrenten wahrnehmen, sondern ihre Anregungen, Einwände, Ideen und Befürchtungen ernst nehmen und als förderlich ansehen sollten.

7.

Noch arbeiten in Unter-Drei-Einrichtungen fast ausschließlich Frauen. Für viele Kinder bedeutet das, dass sie in den ersten Jahren wenig oder keine Erfahrungen mit männlichen Bezugspersonen machen. Dabei sind **Männer im Erziehungsalltag** als aufmerksame Bezugsperson unverzichtbar. Erziehungskräfte tragen zur Selbst-Bildung bei, wenn sie Kinder in bestimmter Weise anregen, sich als Jungen oder Mädchen zu erleben. Denn Geschlechtszugehörigkeit ist eine soziale und kognitive Kategorie, mit deren Hilfe das Kind von Anfang an soziale Informationen auswählt, organisiert und bewertet. „*Die Selbst-Konstruktion des Kindes als Mädchen oder Junge und die Geschlechtsunterscheidung mit zugehörigen Symbolen ermöglicht seine Einordnung in die soziale Welt*" (Bilden, 1991, S. 281). Der Umgang kleiner Kinder mit geschlechtstypischen Spielsachen und ihre Interaktionen beruhen oft auf Ermutigung oder Demotivierung durch erwachsene Bezugspersonen.

---

[1] *Unter dem Burn-out-Syndrom (vom Englischen: (to) burn out: „ausbrennen") verstehen wir einen nachhaltigen Erschöpfungszustand, der sich oft unbemerkt durch fortwährend und gleichbleibend hohen (beruflichen) Einsatz ohne Berücksichtigung der eigenen Ressourcen entwickeln kann. Burnout äußert sich in Niedergeschlagenheit, Schuldgefühlen und der Überzeugung, die (berufliche) Situation nicht mehr unter Kontrolle zu haben und den Anforderungen nicht gewachsen zu sein. Versagensängste, Rückzug, Verflachung und Reduzierung des Engagements sowie Schuldzuweisungen an Kolleginnen und Kollegen oder Eltern sind die Folge, aber auch körperliche Symptome wie Schlafstörungen, Magen- und Kreislaufbeschwerden.*

3.3 Zusammenarbeit ist partnerschaftlicher Dialog

Partnerschaft kann weder als vorhanden vorausgesetzt werden, noch entsteht sie von allein. Die Grundlage, auf der Kooperation und Koordination, Vertrauen und Beziehung wachsen können, vergrößert sich mit dem „gemeinsamen Nenner" von Erwartungen, Sichtweisen und Beteiligungsmöglicheiten. Wenn aus dem kleinsten gemeinsamen Nenner der größtmögliche geworden ist, sprechen wir von gelungener Partnerschaft. Die *Vergrößerung und Pflege des „gemeinsamen Nenners" ist also Ziel und Inhalt von Zusammenarbeit.* Sie wird genährt und gestärkt durch kontinuierliche Klärungsprozesse zwischen Gleichberechtigten. Folgende **Leitgesichtspunkte** können dabei behilflich sein:

– Was verstehen die Beteiligten unter Zusammenarbeit? Ist das Bedürfnis nach Kooperation bei beiden Seiten gleich ausgeprägt? Was strebt jede Interessengruppe (Eltern, Arbeitgeber, Erziehungskräfte) aus ihrer Situation heraus an?

– Was erwarten und brauchen die Eltern? Wofür entrichten sie ihre Beiträge? Und was bietet die Einrichtung? Lässt sich das vereinbaren? Wo sind Schnittstellen?

– Was läuft in der Familie anders als in der Kleinstkindergruppe, erst recht dann, wenn die Eltern Angehörige eines anderen Kulturkreises sind? Wie fühlen sich diese in ihren Anschauungen wahr- und ernst genommen und wie sehen sie ihre Lebensprinzipien in der Einrichtung gespiegelt?

– Passen sich Rahmenbedingungen und Konzept den Lebensbedingungen der Familien an? Sind die Arbeitszeiten der Eltern die Grundlage von Öffnungszeiten? Welche Serviceleistungen brauchen Eltern und wie geht das Konzept darauf ein?

– Wo gibt es Abweichungen und Gegensätze in Erziehungsvorstellungen? Wie groß sind die Chancen für eine Annäherung?

– Welche Vorstellungen haben die Beteiligten zu den *Rechten* von Kindern? Das betrifft Bereiche wie

  ◆ Erfahrungsmöglichkeiten und Grenzsetzung (z. B.: Welche Bedürfnisse werden akzeptiert, welche nicht? Was „darf" das Kind erforschen und was nicht?),

  ◆ „Normen und Regeln" (z. B.: Wann muss ein Kind „sauber" sein? Gehorsam und Anpassung oder Selbsttätigkeit und Selbstregulierung?) und

  ◆ Kinderrechte, die den Eltern gegenüber offensiv vertreten und durchgesetzt werden müssen (z. B. das Recht auf körperliche Unversehrtheit).

– Welche Kompetenzen kann jede Interessengruppe von ihrer unterschiedlichen Ausgangsbasis aus gesehen beitragen?

  ◆ die Eltern aus ihren ethnisch und beruflich geprägten Lebenserfahrungen und -schwerpunkten?

  ◆ die Erzieherinnen und Erzieher aus ihrer beruflichen Handlungskompetenz und aus ihren persönlichen Stärken, erworben in der Aus- und Fortbildung sowie durch die Berufspraxis?

  ◆ Arbeitgeber durch das Bereitstellen der notwendigen Ressourcen und die Öffentlichkeitsarbeit (z. B. Kontakte im Stadtteil, Bekanntmachen von Projekten in den örtlichen Medien, vgl. S. 51)?

3.4 Informationsaustausch

Eltern haben lange vor der Aufnahme des Kindes in die Kita ein dringendes Erkenntnisinteresse hinsichtlich deren äußeren und inneren Bedingungen, Verfahrensweisen und Abläufen und brauchen Informationen, die sie abrufen können. Je jünger die Kinder sind, desto mehr Zusammenarbeit und gegenseitige Mitteilung sind erforderlich. In keiner anderen „Abteilung" der Kita sind Eltern, Erzieherinnen und Erzieher so sehr auf den Austausch von Wissen über die Kinder angewiesen, gehen so viele Mitteilungen und Nachfragen hin und her wie in den Unter-Drei-Gruppen. Denn die Bedürfnisse und Ausdrucksweisen der Jüngsten ändern sich täglich und mit jedem neuen Schritt in der körperlich-geistigen Entwicklung. Die Gesundheitsvorsorge der Jüngsten erfordert besondere Aufmerksamkeit. Allerdings ist die Informationspflicht nicht beidseitig. Für Erzieherinnen und Erzieher gehört es zu ihren beruflichen Verantwortlichkeiten, Erziehungsberechtigte fortlaufend und ihrem Verständlichkeitsniveau entsprechend auf dem Laufenden zu halten. Dagegen haben Eltern eine Auskunftsverpflichtung nur dann, wenn ihre Kinder krank sind oder Informationen zur Gesundheitsvorsorge notwendig sind. Wenn sie mehr mitteilen und berichten, ist dies ein Vertrauensbeweis und erleichtert beiden Seiten die Zusammenarbeit.

Eltern sind aus ihrer inneren Beteiligung heraus stark interessiert an allem, was ihr Kind betrifft während der Zeit, die sie nicht anwesend sind. Sie möchten sich seine Erlebnisse vorstellen können und um besondere Vorkommnisse und Eigenheiten wissen. Es interessiert sie, wie das Kind auf Sachverhalte reagiert hat, die ihm von zu Hause nicht vertraut sind. Sie möchten sicher sein können, dass die Erwachsenen ihr Kind verstehen, seine Signale wahrnehmen und zutreffend deuten. Wenn sie selbst etwas mitzuteilen haben, möchten sie, dass es Beachtung findet und im Alltag umgesetzt wird. Wenn verunsicherte Eltern merken, dass ihre Mitteilungen sich sichtbar auswirken, wird das ihr Vertrauen als Basis der Zusammenarbeit stärken.

Das *Erstgespräch* bezieht sich auf die jeweilige Ausgangssituation für die Betreuung eines Kindes. Es informiert Eltern über den Ablauf des Kitaalltags, über organisatorische Regelungen, über Verantwortlichkeiten und Arbeitsbereiche innerhalb der Kita.

Schriftliche Mitteilungen sind unverzichtbar und müssen persönlich ausgehändigt werden, denn „Zettel im Fach" werden oft nicht beachtet. Für Eltern anderer Nationalität müssen sie in die entsprechenden Fremdsprachen übersetzt angeboten werden. Das gilt insbesondere für das Anmeldungsformular, das Merkblatt für die Aufnahme und Betreuung, Mitteilungen wegen geänderter Öffnungszeiten oder Elternbeiträge, für die Anmeldung

Im Mitteilungsbuch schreiben die Mitarbeiterinnen und Mitarbeiter Wichtiges für die Eltern auf: Sie berichten über körperliches und seelisches Befinden, über Erlebnisse der (oft noch nicht sprechenden!) Kinder, über neue Interessen, Vorlieben und Fertigkeiten. Eltern wiederum klären auf über Vorkommnisse zu Hause, die sie für wichtig halten. Meist betreffen sie das körperliche Wohlbefinden ihrer Kinder oder Fehlzeiten, die entschuldigt werden sollen.

eines Hausbesuchs oder Informationen zu geplanten ärztlichen Untersuchungen in der Kita. Besonders wichtig ist es, dass Eltern ihre Einladung zum Gespräch oder zu Veranstaltungen oder eine Bitte um Mitarbeit in ihrer Landessprache lesen können, damit sie entscheiden können, wie sie darauf reagieren wollen.

Das **Mitteilungsbuch** bekommen alle Eltern bei der Anmeldung ihres Kindes ausgehändigt. Mit ihm gehen auch Aufträge hin und her: z. B. wenn neue Windeln oder Ersatzkleidung gebraucht werden oder wenn zu einem Fest um Mitwirkung der Eltern ersucht wird.

Elternbriefe gibt fast jeder große Träger mehrsprachig heraus. Sie decken den allgemeinen Informationsbedarf der Eltern zu Fragen und Problemen im Kleinkindalter[1]. Der Arbeitskreis Neue Erziehung e. V. in NRW zum Beispiel ist eines von zahlreichen kommerziellen und kommunalen Angeboten. Er richtet sie an alle Eltern, unabhängig von ihrer sozialen oder ethnischen Herkunft. Elternbriefe informieren über Service- und Ferienangebote für Familien mit Kleinstkindern sowie zu Fragen der interkulturellen Erziehung.

Eine **„Kitazeitung"** ist in der Herstellung aufwendig, wird aber gern gelesen. Sie enthält alles Wissenswerte über anstehende Themen, Informationen über Veranstaltungen in der Einrichtung und im Stadtteil, über Kinderserviceleistungen, Vorsorgetermine und Berichte über kleine und große Erlebnisse in den Gruppen und Familien. Sie ist ein wichtiger Beitrag zur Öffentlichkeitsarbeit.

Informationstafeln haben unterschiedliche Funktionen. Die große Pinnwand in der Eingangshalle, z. B. gegenüber der Sitzecke für Eltern am Eingang der Kita und in jeder Gruppe, berichtet

- mit neuen Fotos, Schaubildern und Diagrammen über Aktualitäten und Terminansagen sowie von aufregenden und alltäglichen Erlebnissen und Ereignissen;
- mit Kurzberichten über geplante Vorhaben oder Neuanschaffungen;
- über Bitten um „Mitbringsel" (z. B. Wegwerfmaterial und Haushaltsgegenstände). Sie nimmt dabei Hinweise aus einem Mitteilungsbrief auf und bringt sie noch einmal kurz in Erinnerung;
- über den „Tausch-Laden" (z. B. für abgelegtes Spielzeug, für Kinderkleidung oder Kinderwagen);
- über Kinderserviceaktionen im Stadtteil, die für Eltern von Kindern unter drei Jahren wichtig sind (z. B. über Angebote zum Babysitting, zu Elterntreffpunkten und Elternstammtischen). Sie geben auch Hinweise auf wichtige Veranstaltungen im Stadtteil.

In jedem **Bereich** hängen **Informationstafeln,** die über aktuelle Gruppentermine, Ereignisse, Lernwege der Kinder und geplante Vorhaben informieren – auch für einzelne Kinder. Dort finden sich auch Vitrinen, die darüber berichten, wie und womit Kinder sich im Umgang mit verschiedenen Materialien auseinandergesetzt haben. Sie machen Lernzuwachs und Entwicklungsschritte deutlich.

---

[1] *Elternbriefe vom Arbeitskreis Neue Erziehung e. V. sind abrufbar unter: www.ane.de; Peter-Pelikan-Elternbriefe unter: www.peter-pelikan.de.*

Fotos und Poster, Skulpturen in Vitrinen und Bildspuren an der Wand visualisieren Themen und Entwicklungsverläufe.

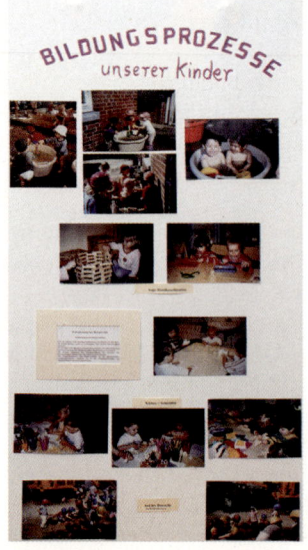

Bildungsprozesse werden anschaulich und nachvollziehbar, wenn sie bildnerisch und mit Kommentaren dokumentiert sind.

Eltern erkennen so, was ihr Kind in der letzten Zeit entdeckt und bewegt hat. Fragen der Kinder, ihre (nonverbalen) Kommentare zu den einzelnen Erlebnissen sowie erste Beschreibungen und Deutungen wurden mit notiert und ausgehängt. An den ersten Zeichnungen und geformten Materialien lassen sich Entwicklungsstände verdeutlichen. *„Ich finde, so eine Dokumentation ersetzt manch ein Lehrbuch. Sie zeigt nämlich, was Kinder wirklich bewegt, wie wir diese Bewegung erfassen und darauf reagieren." (Jasmin, Erzieherin in einer Unter-Drei-Gruppe)*

Über solche Spuren, die im Idealfall im ganzen Haus sichtbar gemacht wurden, gewinnen Eltern ein Verständnis für die Ziele und Inhalte der Arbeit mit Kindern unter drei Jahren. Sie können das dokumentierte Material in Ruhe betrachten und nachfragen. Viele Eltern brauchen diesen Impuls, um ihre Kinder genauer zu beobachten und aus einer anderen Perspektive heraus wahrzunehmen. Wenn sie ihre Beobachtungen mit den Erzieherinnen diskutieren, gewinnen sie Einblicke in *„das, was die Kinder hier machen, damit das In-Beziehung- und Miteinander-in-Bewegung-Sein zum Tragen kommt." (Jasmin, Erzieherin)*

3.5 Gelegenheiten für Kooperation

Gegenseitiges Vertrauen macht die Zusammenarbeit erst tragfähig, muss aber zunächst aufgebaut werden, und zwar über kontaktstiftende Angebote. Diese ermöglichen Kennenlernen, Austausch und Einblick in Sachzusammenhänge. Herkömmliche Elternabende mit einem vom Team ausgewählten Referenten sprechen nur noch wenige an. Gefragt sind Veranstaltungen, die den Unternehmungsgeist aller herausfordern, das aktuelle Entwicklungsgeschehen der Gruppen berühren und spezifische Fragen und Interessen der Eltern aufgreifen.

3.5.1 Einzelkontakte

Hospitationen

Schon vor der Aufnahme ihres Kindes haben Eltern in einigen Kitas Gelegenheit, durch Hospitation die Kinder, Mitarbeiter/-innen und Arbeitsabläufe in der zukünftigen Gruppe ihres Kindes kennenzulernen und nachzufragen, wenn ihnen etwas unklar ist. Bereits im Aufnahmegespräch werden sie darauf aufmerksam gemacht, mit der Bitte um rechtzeitige Termin- und Zeitabsprache mit den Erzieherinnen. Diese können sich und die Kinder dann auf den Besuch vorbereiten. In Einzelfällen sind Einrichtungen dazu übergegangen, die Beobachtungen der Eltern bei solchen Hospitationen in ihre eigene Einschätzung, Planung und Bildungsdokumentation einzubeziehen. Sie sehen darin eine wichtige Einbindungsmöglichkeit für Eltern und bieten dafür sogar Vorbereitungskurse an. Durch gezielte Wahrnehmungsübungen erproben Eltern sich in einer stärkenorientierten und bewertungsarmen Beobachtung von Kindern (vgl. Welzien, 2006, S. 30).

Hausbesuche

Auch wenn sie im Alltag schwer zu realisieren sind, vertiefen diese Besuche, falls Eltern daran interessiert sind, das gegenseitige Kennenlernen und bahnen das Verständnis für die Familie in ihrer Situation an. Sie sind eine wertvolle Hilfe, um den lebendigen Erfahrungshintergrund der Kinder kennenzulernen, Verhaltensweisen aus ihrem Ursachenzusammenhang heraus zu erklären und schließlich auch, um angemessener reagieren zu können. Viele Eltern fühlen sich (aus der Sicherheit ihres Zuhauses heraus) ermutigt, Lob oder Beschwerden hinsichtlich des Betreuungsangebots oder Probleme hervorzubringen. Wenn sie stattfinden, *bevor* die Kinder ihre Gruppe für eine erste Hospitation besuchen, ermöglichen Hausbesuche einen ungestörten, ersten Kontakt zwischen Erzieherinnen und Kind in der vertrauten Atmosphäre des elterlichen Umfeldes.

„Wir machen das immer vorher, damit die Kinder uns schon einmal kennenlernen. Dadurch ist die Schocksituation hinterher nicht so groß, wenn sie neu in der Gruppe sind, da sie uns schon einmal gesehen haben, so eine Erzieherin während eines Hausbesuchs.

Einzelgespräche

Insbesondere für Mütter sind die Erziehungskräfte in der Kita oft die einzigen erwachsenen Ansprechpartner/-innen. Ihnen vertrauen sie und mit ihnen wagen sie, über eigene Probleme und Schwierigkeiten mit den Belangen ihrer Kinder zu reden. Viele Erzieherinnen und Erzieher bilden sich deshalb für Beratungsaufgaben fort – zusätzlich zu

Schon vor der Geburt haben Charlottes Eltern ihr Kind in der Kita angemeldet. Jetzt ist sie vier Wochen alt und die Erzieherin kommt zur ersten Kontaktaufnahme zu Besuch.

ihrer Tätigkeit mit den Kindern. Sie stärken gestresste Eltern, beruhigen, trösten und geben Auftrieb. Damit wirken sie indirekt auf das Familienklima ein. Probleme und Krisen können als Lernchancen zur Verbesserung der Kooperation mit Eltern gesehen werden, kosten jedoch viel Anstrengung auf beiden Seiten. Mit der Unzufriedenheit, Kritikbereitschaft und depressiv erscheinenden Verstimmung vieler Eltern, mit hohem Erwartungsdruck an das Bildungsangebot einerseits und elterlichem „Konsumverhalten", einschließlich des Medienkonsums, andererseits setzen sich Erziehungskräfte jahrzehntelang allein oder höchstens mit einigen Teamkolleginnen und -kollegen auseinander.

3.5.2 Informelle Kontakte

Hierunter versteht man niedrigschwellige Angebote, die niemanden unter Termin-, Zeit- und Vorbereitungsdruck setzen. Sie schaffen Raum für Begegnung und Gespräch und laden ein zum wechselseitigen Kennenlernen im vielfach unbekannten Lebensort Kita. Im Folgenden schildern wir verschiedene Beispiele, die von Erzieherinnen und Erziehern auf Fortbildungsveranstaltungen vorgestellt wurden. Die Ideen kamen meist von Eltern, die sich zum Teil auch für Durchführung und Nacharbeit verantwortlich fühlten:

Elternkaffee, Elternstammtisch oder „Freitagsrunde": Einmal in der Woche haben interessierte Eltern die Gelegenheit, sich dort unverbindlich mit anderen Müttern, Vätern und Fachkräften zu treffen, um Informationen auszutauschen und über Erziehungsansichten und -probleme zu diskutieren. Letzteres setzt einen hohen Grad an Vertrauen zu den Erziehungskräften voraus. Dabei wird ihr Expertenwissen besonders deutlich und die Fachleute können sich entspannt zurückgelehnt als Lernende wahrnehmen.

Film- oder Videonachmittage (oder -abende): Hier geht das Kontaktangebot von einem Medium aus, das thematisch besondere Ereignisse in der Kita, im Stadtteil oder im Familienalltag aufgreift oder Selbstbildungsprozesse der Kinder veranschaulicht. Es regt Erfahrungsaustausch an, vermittelt zwischen unterschiedlichen Erfahrungswelten und wirkt unterstützend, weil Eltern sich mit ihren eigenen Medienbeiträgen gewürdigt und bestätigt sehen: „Andere finden meine Beiträge interessant. Ich bin mit meinen Erfahrungen und Einschätzungen nicht allein."

Gemeinsame Ausflüge von Kindern, Eltern und allen Mitarbeiterinnen und Mitarbeitern der Kita sind ein Erlebnis, das meist positiv aufgenommen wird und lange nachwirkt. Sie können gemeinsam organisiert werden, öffnen die Gruppe der Jüngsten nach außen und ermöglichen das Kennenlernen der Familien untereinander. Als Aktionen eignen sich: eine kurze Wanderung, ein Picknick, Musik und Tanz, Spiele für Kinder und Erwachsene – möglichst alles aus den unterschiedlichen Kulturkreisen der teilnehmenden Kinder und Erwachsenen.

Vätertreffen: Auf Anregung und mit Begleitung des Leiters der Kita „Waldkinder" in Hamburg treffen sich regelmäßig Väter der Jüngsten. Sie planen und organisieren jährlich eine Wochenendreise ohne Kinder. Über gemeinsames Kochen und Essen, beim Reden über Missverständnisse, Enttäuschungen und Ärgernisse in der Kita, über eigene Erwartungen bezüglich ihrer Vaterrolle und der persönlichen Lebenserfüllung wachsen Einsichten und Pläne. Väter entdecken, dass sie sich im Arbeitsalltag von den Kindern weitgehend abgeschnitten fühlen. Im Elternrat sind seit Bestehen der Vätergruppe mehr Männer als Frauen. Die Bereitschaft, sich punktuell für besondere Belange einzusetzen, ist spürbar gestiegen: So konnte die Arbeit an der Umgestaltung des Außengeländes mithilfe der Väter und Mütter an einem Wochenende bewältigt werden.

Aktionen von Eltern für Eltern: Jede Elterngruppe birgt einen Schatz von besonderen Interessen, Fähigkeiten und kommunikativen Talenten, die einige gern teilen und an denen andere Eltern gern teilhaben würden. Sie können nicht für Eltern geplant werden; Beispiele dafür:
- Eine Koch- und Backgruppe entwickelte sich während der Vorbereitung auf ein Fest zur Musikgruppe und traf sich dann regelmäßig.

– Eltern organisierten einen Tanzabend; einige von ihnen brachten allen Beteiligten Tänze aus ihrem Heimatland bei.
– Ein regelmäßiges Elternfrühstück unter Teilnahme einzelner Erziehungskräfte wurde von einem Vater ins Leben gerufen, in der Folge von Eltern wechselweise vorbereitet, und nahm später an Wochenenden die Stelle von Elternabenden ein. Die meisten Eltern konnten teilnehmen, weil ihre Kinder während des Frühstücks in der Kita versorgt wurden.
– Eltern trafen sich vor einem Basar zur Organisation eines Kinderflohmarktes, auf dem sie gespendete Kinderkleidung und Spielzeug verkauften. Der Erlös kam dem Spieletat der Jüngsten zugute. Sie trafen sich danach noch oft als eine Gruppe, die als gemeinsames Ziel die Umgestaltung der Kleinstkinderräume hatte. Sie entwickelten fantasievolle Lösungen und unterstützten das Team darin, Flure umzufunktionieren und ungenutzte Nischen, Erker, tote Winkel und Flurenden als „Kleinräume" einzurichten (z. B. für das Bällebad, als Massageraum und als Freifläche für die Bobby-Cars). Sie dichteten fachgerecht Fenster gegen Kälte und Durchzug ab, versahen sie z. T. mit unterschiedlichen rutschfesten Bodenbelägen und machten gemeinsam mit dem Team Pläne zur Installation von festen und variablen Emporen und Stufenlandschaften. Ihre Vorschläge für Brücken und Stege, Sitzmulden, Rampen und Schaukelvorrichtungen waren Grundlage der Arbeit von Zimmermann und Tischler.
– Findige Eltern taten sich zusammen und beschafften zusätzliche Requisiten wie alte Telefone, eine ausgediente Schreibmaschine, Abhörgeräte vom Arzt, Stoppuhren und Wecker. Damit statteten sie den Rollenspielbereich aus.

Einige der genannten Aktivitäten fanden in der Kita statt. Das eröffnete ganz neue Aussichten für die Eltern: Sie lernten die Einrichtung neu kennen, als einen Ort für bereichernde Kontakte und ungewöhnliche Erfahrungen.

3.5.3 Geplante Aktionen mit Eltern

Elternabende müssen aus formellen Gründen einmal im Halbjahr stattfinden und so geplant sein, dass sie die Interessen der Eltern direkt aufnehmen und als Bereicherung, nicht als lästiges Muss angesehen werden. Sie sind in erster Linie Informationsveranstaltung, Rahmen für die Wahl des Elternbeirates und für die Besprechung organisatorischer Probleme. Da viele Eltern der politischen Brisanz dieser Programmpunkte möglicherweise wenig Bedeutung beimessen, muss eine solche Veranstaltung um persönlich motivierende und attraktive Aspekte erweitert werden. *Referentinnen und Referenten* sollten nur für Themen eingeladen werden, die Eltern besonders interessieren, und auch nur auf deren Initiative hin. Denn Aktiv-Sein und Selber-Machen kommt vor passivem Zuhören. Elternabende brauchen sorgfältige fachliche und organisatorische Vorbereitung, damit sie allen Eltern einen Nutzen bringen. Wie Themen-Elternveranstaltungen geplant und ausgewertet werden, erfahren Sie in Kapitel 14.

Aktionselternabende

> **Beispiel 1**
> Zu einer Abendveranstaltung hatten Eltern das Thema „Was spielt mein Kind im Kindergarten?" beantragt. Die Erzieherinnen hatten diesen Vorschlag unterstützt, weil dieses Thema immer wieder aufkommt: „Was machen sie eigentlich bei euch? Und was macht ihr? Bei den Kleinen, da tut man ja nichts, da spielt man ja nur so ein bisschen rum. Ihr müsst ihnen auch mal richtig was beibringen, wie man was bastelt und so. Das müssen sie bei euch lernen, dazu haben wir am Feierabend keine Zeit mehr!"

Die Väter und Mütter kamen etwas müde und verdrossen in Erwartung theoretischer Abhandlungen zum Thema „Spielen in der Kita". Stattdessen erhielten sie das Angebot, sich innerhalb einer praktischen Situation, ähnlich der am Vormittag in der Kita, die Aspekte kindlichen Spiels genauer anzusehen. Sie sollten nach Anweisung eine Tätigkeit in einer zugewiesenen Kleingruppe ausführen, indem sie

1. das angebotene Material genau untersuchen und
2. damit eine vorzeigbare Gemeinschaftsaufgabe erfüllen.

(Gruppe I: Schnüre, Watte, Hanf, Wollfäden; Gruppe II: verschiedenen Holzreste; Gruppe III: Kleister und Ton).

Väter und Mütter – zunächst überrascht und befremdet – wagten sich nur zögerlich an das Material heran. Während der Gruppenarbeit erfuhren sie hautnah die Bedeutsamkeit freier Entscheidungsmöglichkeit für Motivation und Lernen. Sie versuchten, in der zugewiesenen Gruppe ihre Position zu finden, sich auf Verfahrensweisen zu einigen, sich um des gemeinsamen Zieles willen einer Person mit Führungsanspruch unterzuordnen und vorzeigbare Ergebnisse zu produzieren. Ihre anfängliche Frage nach der pädagogischen Relevanz des freien Entdeckens beantwortete sich damit von selbst: Sie hatten für diesen Prozess viel Zeit gebraucht. Sie konnten (und wollten) am Ende kein Produkt vorzeigen, hatten aber das Gefühl, etwas sehr Wertvolles erfahren und geleistet zu haben, das sich jeglicher Abschlussbewertung entzog. Offensichtlich hatten die Väter und Mütter diese Form des Elternabends als ein unter die Haut gehendes Erlebnis erfahren, das auch alle Fragen beantwortete, sodass sich eine anschließende theoretische Vertiefung durch die Eigenerfahrung erübrigte.

Beispiel 2

Eltern äußerten sich in Tür-und-Angel-Gesprächen öfter unzufrieden über das ihrer Meinung nach zu offene Bildungsprogramm für die Jüngsten.

„Hier wird immer nur gematscht und gemalt! Dabei gibt es so viele schöne Spiele schon für die Kleinsten, mit denen sie Farben, Formen, Sprechen und Grundlagen für Mathematik lernen können! Warum machen Sie das nicht mal mit der ganzen Gruppe? Da haben alle was davon!"

Die Erzieherinnen erkannten die Befürchtung einiger Eltern, ihr Kind würde in der Kita nicht genug lernen, und nahmen diese ernst. Für den nächsten Elternabend stellten sie deshalb ihre Planung um. Statt eines Sachthemas mit Referenten zur Problematik „Bildungsarbeit in der Krippe" planten sie nach einer kurzen Einführung zur diesem Sachverhalt in ihren Räumen ein jeweils unterschiedliches Angebot:

Raum A: didaktische Spiele (Puzzle, Steckspiel, Farbenlotto) nach Anleitung fertigstellen;
Raum B: mit Fingerfarben und Naturmaterial ein Gemeinschaftsbild produzieren;
Raum C: allein mit Kleister, Sägemehl, Pulverfarben und Glassteinchen einen DIN-A2-Bogen gestalten.

Die Anforderung an die Eltern an diesem Elternabend bestand aus folgenden Schritten:

1. eines der Angebote auswählen,
2. bis zum Schluss mitmachen und
3. an der anschließenden Auswertung teilnehmen. Dafür hatten sie nach der Spielphase Zeit, folgenden Fragebogen auszufüllen:
   a. Was haben wir gemacht?
   b. Wie habe ich mich dabei gefühlt?
   c. Wollte ich abbrechen? Wann und warum?
   d. Wenn ich mich in die Situation meines Kind hineinversetze – was habe ich erfahren und gelernt?

Alle Eltern – und auch die Erzieherinnen oder Erzieher – mussten viele Hemmnisse überwinden, bis sie es wagten, sich auf diese meist sehr ungewohnten Tätigkeiten *einzulassen. In der anschließenden Reflexion fielen die Gesprächsbeiträge der Eltern sehr unterschiedlich aus.*

1. Bitte überlegen Sie, welche unterschiedlichen Antworten die Eltern zu den Fragen in den Angebotsgruppen A, B und C wohl jeweils gaben und warum.
2. Was würden Sie mit den Eltern besprechen wollen?
3. Schlagen Sie Ihrer Anleiterin als mögliches Thema für die nächste Teamsitzung in Ihrer Kita einen Elternabend mit einem ähnlichen Verlauf vor.
   a. Wie bereiten Sie Ihren Vorschlag vor?
   b. Mit welchen Reaktionen rechnen Sie und wie stellen Sie sich darauf ein?
   c. Welche Reaktionen löst der Vorschlag bei den Beteiligten tatsächlich aus?
   d. Falls der Elternabend durchgeführt wird: Lesen Sie Kapitel 14 und beschreiben Sie Planung und Durchführung (z. B.: Wie werden die Eltern eingeladen? Was wird geplant und vorbereitet und welche Aufgaben übernehmen Sie dabei?).
   e. Was ist Ihnen im Nachhinein aufgefallen? Beantworten Sie zur weiteren Reflexion die Fragen auf dem Elternfragebogen für sich selbst mit Blick auf ihre eigenen Erfahrungen an dem Elternabend.
   f. Machen Sie Veränderungsvorschläge.

Beispiel 3

*Mehrere Eltern äußerten sich in letzter Zeit begeistert zu den neuen Sendungen im „Babyprogramm" und brachten Videos als Anregung mit diese einmal in der Kindergruppe zu zeigen. Bei ihren eigenen Kindern hatten sie gesehen, wie begeistert die Kleinsten auf solche Programme reagierten. Sie fanden sie sehr kindgerecht. „Auf lustige Weise können die Babys dabei sehr viel **lernen!** Ist das nicht erleichternd für Sie, dass **Ihnen** mal ein Stück **Programm** abgenommen wird?", meinte eine Mutter halb scherzhaft. Diese Erfahrung war für die Erzieherinnen ein Anlass, den Eltern einen Abend zum Thema „Wie lernen Kinder?" vorzuschlagen, der erfreut aufgenommen und von fast allen Eltern besucht wurde. Nachdem alle Eltern an drei Tischen Platz genommen hatten, eröffnete ihn eine Erzieherin so:*

„Ich zeige Ihnen gleich etwas und stelle Ihnen Fragen dazu. Die werden Ihnen sicher komisch und trivial erscheinen. Aber nachher werden sie verstehen, warum wir diesen merkwürdigen Einstieg gewählt haben." Dann hielt sie ohne weitere Erläuterungen ein Bündel sandiger Möhren hoch, die sie frisch aus ihrem Garten gezogen hatte, und fragte:

1. *Wie heißt dieser Gegenstand? Woher wissen Sie das und wo haben Sie ihn kennengelernt?*
2. *Wie fühlt er sich außen und innen an? Wie riecht und schmeckt er innen und außen?*
3. *Wie schwer ist er? Wie sieht er drinnen aus?*
4. *Was kann man damit machen?*

Die Eltern – verblüfft über diesen Anfang – erinnerten sich an aufregende Gartenerlebnisse sowie den Genuss von Möhren in ihrer eigenen Kindheit und beantworteten die Fragen. Anschließend erhielt jede Gruppe an den drei Tischen ein Tablett. Auf jedem Tablett befanden sich folgende Gegenstände:
- *ein Zettel: Er enthielt die vier Fragen, die die Erzieherin eben gestellt hatte, und eine Zusatzaufgabe. Außerdem wurde danach gefragt, welche Gedanken und Gefühle den Eltern bei der Lösung dieser Aufgaben durch den Kopf gingen;*
- *ein verschlossenes Schraubglas mit einem nicht sofort identifizierbaren Gegenstand (Carambola oder Sternfrucht; eine weithin unbekannte tropische Delikatesse);*
- *ein Schneidebrett, ein Kindermesser und ein Schlüsselbohrer.*

Die Zusatzaufgaben für die drei Gruppen lauteten:
Gruppe 1: Bitte berühren Sie das Glas nicht!
Gruppe 2: Bitte öffnen Sie das Glas nicht!
Gruppe 3: Bitte tun Sie, was Sie für notwendig halten, um die Fragen zu beantworten.
Nach dem „Versuch" tauschten die Eltern im Plenum ihre Erfahrungen aus – mit sehr

unterschiedlichem Ergebnis. Anschließend fragte die Erzieherin: „Stellen Sie sich vor, Sie wären zwei Jahre alt und diese Frucht wäre Ihnen absolut fremd. Sie sehen eine Kindersendung zum Thema „Südfrüchte" und dort wird Ihnen alles Wissenswerte über die Carambola beigebracht: wo sie wächst, wozu man sie braucht, was man damit tun kann. Was würden Sie nachhaltig lernen, was nicht?" Nach der Erörterung dieser Frage kam es zur Diskussion über die Babysendung.

1. Welche Fragen konnten die Eltern der drei Gruppen beantworten, welche nicht und warum?
2. Haben die Eltern ihre Einstellung zu Babysendungen wohl beibehalten? Warum?
3. Schlagen Sie Ihrer Erzieherin für die nächste Teamsitzung in Ihrer Kita die Planung einer ähnlichen Veranstaltung vor.
   – Wie bereiten Sie Ihren Vorschlag vor?
   – Lesen Sie Kapitel 14.4.2 „Planung einer Elternversammlung". Beschreiben Sie Planung, Durchführung und Reflexion eines ähnlichen Vorhabens (z. B. Einladungen an Eltern, Planungsgesichtspunkte, materielle und inhaltliche Vorbereitung). Welche Aufgaben übernehmen Sie dabei?
   – Machen Sie begründete Änderungsvorschläge.
4. Begründen Sie, warum das Team diese Form der Informationsübermittlung gewählt hat. (Informationen dazu finden Sie in Kapitel 8.)

3.6   Eltern einbeziehen und unterstützen

Die Aufgaben der Kita erweitern sich parallel zur Aufgabenteilung von Eltern in Familien. Seit Mitte der 1990er-Jahre ist ein internationaler Trend zu erkennen: statt der isolierten Betreuung und Bildung von Kindern eine breit angelegte Familienförderung umzusetzen und weiterzuentwickeln. Auch in Deutschland hat ein Strukturwandel eingesetzt und mehr und mehr Kitas formen sich um zu **Familienzentren**, die an nachbarschaftliche Beziehungen und Lebenszusammenhänge anknüpfen und die Selbsthilfepotenziale der Eltern nutzen. Für den Altersbereich der unter Dreijährigen ist diese Entwicklung sehr positiv einzuschätzen, denn Eltern erhalten von Anfang an Begleitung und Mitwirkungsrechte, gegebenenfalls auch Unterstützung für den Umgang mit ihren Babys und Kleinkindern. Diller nennt folgende Aspekte bei der Einrichtung von Familienzentren (vgl. Diller, 2007, S. 17 ff.):
– Hilfe bei der Herstellung des Gleichgewichts zwischen Berufstätigkeit und Familienaufgaben,
– Vermeidung vom Rückzug aus sozialen Bindungen durch Langzeitarbeitslosigkeit und Armut,
– Unterstützung von Kindern, die von Scheidung betroffen sind,
– Unterstützung von Integrationsbemühungen in Migrantenfamilien,
– Orientierungshilfe für Eltern und
– Unterstützung von Eltern als aktive Mit-Lerner/-innen ihrer Kinder.

Bildung, Erziehung und Betreuung der Kinder geschehen von vornherein unter Mitarbeit der Eltern und in der Zusammenarbeit mit beratenden Diensten, sodass die ganze Familie daraus gewinnen kann. U. a. zählen dazu folgende Dienste:
– Beratungseinrichtungen, mit denen die Kita zusammenarbeitet, sind Mütterberatung, Familien- und Erziehungsberatung, Ernährungs- und Gesundheitsberatung.
– Serviceeinrichtungen wie z. B. Babysitting oder Oma-Hilfsdienst entlasten bei familiären Engpässen.
– Kinderärzte im Stadtteil haben Kontakt zur Kita, nehmen deren Anregungen zur Gesundheitsprävention auf und überweisen gegebenenfalls in therapeutische Einrichtungen (z. B. Krankengymnastik, Logopädie, Ergotherapie).

- Die Volkshochschule oder die Familienbildungszentren der Kirche organisieren nach Bedarf Kurse zur frühkindlichen Entwicklung, richten „Krabbelgruppen" für Kinder ein, die für wenige Wochenstunden außerhalb betreut werden sollen, und bieten familienfreundliche Kurse für PC, kreatives Gestalten, Haushaltsführung und Weiterqualifizierungsmaßnahmen an. Einige haben in ihr Programm auch Kurse für Tagesmütter und -väter aufgenommen.

Da jede Kita unterschiedliche Bedarfsschwerpunkte hat, hat jedes Familienzentrum eine andere Ausrichtung. Einige Einrichtungen (z. B. in NRW) machen alle Angebote in einem Haus und unter einer Gesamtleitung; die Zuständigkeit liegt in der Hand der Einrichtung (integriertes Modell). Andere Einrichtungen arbeiten als Mittelpunkt eines weitgefächerten Angebotes, das bestehende Einrichtungen vernetzt (Zentrumsmodell). Die meisten kleineren, oft auch dezentral gelegenen Einrichtungen arbeiten mit Familienberatung und Familienbildungsstätten eng zusammen (Kooperationsmodell).

Um sich zum Familienzentrum entwickeln zu können, brauchen Kitas die Akzeptanz und Resonanz in ihrem Umfeld. Die gewinnen sie über „Außendarstellung" (vgl. Kapitel 3.7). Der nächste Schritt ist ein sicherer Platz im „kommunalen Gesamtkonzept" (vgl. Diller, 2005), d. h., Politiker/-innen vor Ort müssen von der Notwendigkeit eines bürgernahen Familienzentrums überzeugt und bereit sein, die finanziellen Ausstattungen in den Kommunalparlamenten gegen andere, z. B. wirtschaftliche Interessen, durchzusetzen und zu tragen.

In Deutschland wurden die **ersten Projekte** nach dem Muster britischer und skandinavischer Einrichtungen eingerichtet und wissenschaftlich begleitet; es findet dort eine fortlaufende Evaluierung statt.[1]
- Die „Early Excellence Centers" (EEC) in Großbritannien (vom Englischen: excellence = Stärke) (vgl. Altgold, 2007, S. 28–33; vgl. auch Kapitel 13.5.2): Seit Beginn der 1980er-Jahre gibt es dort mehrere Ansätze, um frühkindliche Förderung durch Beteiligung der Eltern nachhaltiger zu gestalten. Dazu gehören „Sure Start" und das „Neighbourhood Nursery Program", die etwa zeitgleich mit dem ersten „Pen Green Centre" in Corby/ England ihre Tätigkeit aufnahmen. EEC arbeitet nach dem Beispiel von „Pen Green" und bildet seither ein Netzwerk, das sich ständig erweitert und laufend in Forschungsprojekten überprüft wird. EEC war auch beispielgebend für die ersten Familienzentren in Deutschland: In Berlin entstand 2001 das erste Modellprojekt nach dem Vorbild der EEC. Zielsetzung der EEC ist es, der Benachteiligung von Kindern entgegenzuwirken, indem auf ihre *Stärken* gesetzt wird. Bis zum Schuleintritt sind gleiche Startchancen für alle zu schaffen, insbesondere für sozial benachteiligte Kinder. Förderung und Unterstützung von Kindern geschehen nicht, um Entwicklungsdefizite zu „reparieren" oder Unzulänglichkeiten im Erziehungsverhalten der Eltern aufzuspüren und sie dann durch Fachkräfte in Ordnung bringen zu lassen oder sie zu kompensieren. Stattdessen nutzen sie die starken Seiten jedes Kindes, um Begabungen und Stärken aufzufinden und in ihrer Förderung daran anzuknüpfen. Das soziale Umfeld der Kinder wird einbezogen. Der Sachverstand der Eltern ist die Basis, auf der Interessen für kindliche Belange geweckt werden. Eltern erhalten in diesem Prozess die Gewissheit, dass ihre Stärken und Kompetenzen für den Fortgang der Entwicklung ihrer Kinder wichtig und anerkannt sind. Zusätzlich finden sie für sich selbst spezielle Angebote (z. B. Bewerbungstraining, Weiterbildungsangebote, Erziehungs- und Gesundheitsberatung). Finanziert werden diese Maßnahmen durch einen Zusammenschluss privater und öffentlicher Träger. Es gibt drei verschiedene Modelle der „Early Excellence Centers":

---

[1] *Vom Kooperationsinstitut PädQUIS der FU Berlin, das mit Mitarbeitern der Forschungsgruppe „Bildung und Erziehung im Strukturwandel (BEST)" am Institut Arbeit und Technik in NRW zusammenarbeitet, um ein „Gütesiegel" für die fachlichen Standards von Familienzentren zu entwickeln.*

a. Gesamtangebot an einem Standort mit zentraler Leitung,
b. Zusammenarbeit verschiedener Einrichtungen an einem Standort (z. B. Kita, Gesundheitsamt, Erwachsenenbildung) und
c. ein Netzwerk verschiedener voneinander unabhängig arbeitender Institutionen, die alle unter dem Dach des EEC vereinigt sind (vgl. Altgold, 2007, S. 28–33).

– Die *„Judy-Centers"* (Judy Hoyer war die Begründerin der Zentren) liegen in Maryland/ USA und gelten als Nachfolgeorganisation der amerikanischen „Head-Start-Programme". Ebenso wie EEC unterstützen sie aus einer „ganzheitlichen" Sicht heraus nicht nur frühkindliches Lernen, sondern das der ganzen Familie. Sie bieten mit einem hohen Grad an Verbindlichkeit sowohl Dienstleistungen für Kinder unter fünf Jahren als auch ein hoch qualifiziertes Programm an Beratung, Familienunterstützung und Weiterbildung für Eltern an. Ein Schwerpunkt ist die Qualitätssicherung: Es existieren umfangreiche Qualitätskriterien, die regelmäßig überprüft werden. Dazu gehören z. B. die systematische Selbst- und Fremdevaluation, die kontinuierliche Weiterbildung der Fachkräfte, das Unterstützen kontinuierlichen Lernens von der Geburt bis in die ersten Schulklassen sowie eine enge und beide Seiten verpflichtende Kooperation mit den Eltern. Alle „Judy-Centers" müssen, um Fördermittel zu erhalten, an diesen Maßnahmen zur Qualitätsentwicklung teilnehmen und auch die Eltern sind zur Teilnahme verpflichtet, wenn sie ihr Kind tagsüber betreuen lassen wollen.

Aus den Erfahrungen der beiden Institutionen können wir viele Anregungen ableiten. In Deutschland waren bis vor Kurzem Erzieherinnen die einzigen Ansprechpartner für Eltern in Fragen der Lebensgestaltung und Lebensbewältigung, in Erziehungsfragen und Problemen der Gesunderhaltung ihrer Kinder. Sie sahen sich in der Rolle als „Familienhelfer" nicht genügend qualifiziert und zunehmend überfordert, obwohl die meisten Erziehungs- und Bildungspläne die Zusammenarbeit mit Eltern als zentrales Aufgabenfeld beschreiben. Diese lassen aber außer Acht, dass zum Aufbau einer echten Erziehungspartnerschaft Konflikte zu klären und Interaktionsprobleme auszuräumen sind (vgl. Bostelmann, 2007). Mit dem Zuwachs an Familienzentren ist Entlastung in Sicht. So können beispielsweise am runden Tisch im Stadtteil oder in der Kommune Probleme von Familien, die bei pädagogischen Fachkräften um Unterstützung ersucht haben, erörtert sowie Lösungsansätze und Hilfen auf den Einzelfall zugeschnitten werden. Das spart Zeit, Kraft und damit auch Personalressourcen. Kinder und ihre Familien werden nicht zu Objekten sozialer Fürsorge oder caritativer Nächstenliebe, sondern Institutionen bauen auf ihre Kompetenzen im gemeinsamen Projekt nach dem Motto: „Catch them at being strong!" (Zu Deutsch: „Finde ihre Stärken heraus!")

1. *Regen Sie in der Kita, in der Sie arbeiten, eine kleine Elternbefragung zum Thema „Wie willkommen fühle ich mich in der Kita?" an. Heften Sie dazu eine Wandzeitung an eine Pinnwand. Legen Sie auf einen Tisch davor Faserschreiber und Farbstifte. Teilen Sie die Wandzeitung in zwei Spalten auf mit folgenden Überschriften:*
   a. *Ich fühle mich in der Kita wohl, weil …*
   b. *Ich fühle mich in der Kita nicht wohl, weil …*
   Bitten Sie die Erzieherin, die Eltern zum Schreiben und Zeichnen zu ermuntern. Lassen Sie die Wandzeitung eine Woche lang hängen und besprechen Sie das Ergebnis mit Ihren Kolleginnen und Kollegen. Lassen sich daraus Veränderungsmöglichkeiten ableiten? Welche? Und welche Umsetzungschancen sieht das Team (vgl. Welzien, 2006, S. 19)?
2. *Dorit, Erzieherin in der Minigruppe im Familienzentrum, hat den Eindruck, dass Timmys Eltern neuerdings ohne objektiv zwingenden Grund ihr Kind täglich um 6:00 Uhr zum Frühdienst bringen und ihn erst gegen 18:00 Uhr abholen. Sie hat den Eindruck, dass das Kind in letzter Zeit völlig überfordert ist und am Tag viel schläft und wenig spielt.*
   Welche Schritte könnte Dorit zusammen mit anderen unternehmen, damit Timmys Eltern eine andere Lösung finden können?

3.7 Zusammenarbeit ist Öffentlichkeitsarbeit

Über die Eltern wird in der Kita der erste Kontakt zu Menschen und Organisationen im Stadtteil hergestellt. Die älteren Kinder lernen **Eltern anderer Kinder** kennen und vergleichen sie mit den eigenen. Eltern wiederum nehmen Unterschiede im Erziehungsverhalten, in der Lebensgestaltung sowie den Meinungen und Werten anderer Eltern wahr und setzen sich damit zu Hause auseinander. Kinder erleben, dass neben ihrem eigenen, auch andere als das vertraute Normen- und Regelwerk existieren.

„Zu Hause gibt es eine Orientierung und es ist schwer, zu lernen, dass andere Kinder andere Gewohnheiten und Geschmäcker haben und Eltern anders damit umgehen. So lernen sie schon als ganz Kleine, dass im gleichen Kulturkreis unterschiedliche Kulturen, Sichtweisen und Verhaltensformen gleichberechtigt nebeneinander gelebt werden können [...]. Dadurch erweitert sich ihr Weltbild." (Jasmin, Erzieherin in einer Unter-Drei-Gruppe)

Mehr Öffentlichkeit wird hergestellt, wenn Erzieherinnen mit den Kindern **Kontakte** im Umfeld aufnehmen: beim Erkunden der näheren Umgebung, während der aktiven Teilnahme bei örtlichen Festen (Kirche, Feuerwehr, Sportverbände) und bei Kinderkulturveranstaltungen. Auch wenn die Kita einlädt, mit anderen Institutionen zusammen Veranstaltungen durchführt oder eigene Ressourcen zur Verfügung stellt (z. B. den Bewegungsraum für eine Eltern-Kinder-Krabbelgruppe am Wochenende), gerät sie in das Blickfeld der Öffentlichkeit und die Belange der Kinder werden zum Thema. Erzieherinnen, die an Sitzungen des Jugendhilfeausschusses, an Stadtteilkonferenzen oder an Gemeinde-Ausschusssitzungen teilnehmen und dabei Infomaterial verteilen, machen auf spezifische Anliegen aufmerksam. Wenn sie sich darüber hinaus gemeinsam mit Eltern und Angehörigen in **Pressemitteilungen und Positionspapieren** äußern oder an Aktionen und Kundgebungen teilnehmen, gelangen die Anliegen der Einrichtung eher in das politische Bewusstsein. Es wird so leichter, Interessenbarrieren zu überwinden und Bündnispartner zu gewinnen. Die Fachöffentlichkeit in Aus- und Fortbildungseinrichtungen ist in der Regel sehr interessiert an konzeptionellen Fragen insbesondere dann, wenn es um die Erweiterung der Kita in ein Familienzentrum geht. Kontakte kleinerer Einrichtungen und Träger untereinander führen öfter zum Aufbau einer gemeinsamen Interessenvertretung in der Kommune.

Fast jede Einrichtung entwickelt irgendwann eine **Elternbroschüre**, in der sie über Ziele, Inhalte und interessante Begebenheiten erzählt. Flyer, Aushänge und Poster ergänzen diese Informationen. Seltener, aber wirkungsvoller sind Pressemitteilungen und Hinweise in Medien. Zunehmend gestalten Kitas unter Mitarbeit von Eltern ihre eigene **Webseite** und präsentieren ihre Einrichtung professionell im Netz. Grundlegende Informationen zur Öffentlichkeitsarbeit im Internet, Möglichkeiten der Präsentation und Wege zur eigenen Homepage lassen sich über Fortbildungsangebote und von versierten Eltern erlernen.

Zum Weiterlesen:

- **Becker-Textor, Ingeborg:** Der Dialog mit den Eltern. München: Don Bosco, 1998.
- **Bostelmann, Antje (Hrsg.):** Achtung Eltern! im Kindergarten: Typische Konflikte mit Eltern und wie man damit umgeht. Mülheim/Ruhr: Verlag an der Ruhr, 2007.
- **Laewen, Hans-Joachim/Andres, Beate/Hedervari, Eva:** Die ersten Tage in der Kinderkrippe: Ein Modell für die Gestaltung der Eingewöhnungssituation. Neuwied: Luchterhand, 2000.
- **Laewen, Hans-Joachim/Andres, Beate/Hedervari, Eva:** Ohne Eltern geht es nicht. 4. Auflage, Weinheim: Beltz, 2006.

4 Kinder von der Geburt bis zum vierten Lebensjahr betreuen

4.1 Wachsen und reifen

„Der Körper ist der Übersetzer der Seele ins Sichtbare." (Christian Morgenstern)

An allem, was wir tun, denken und fühlen ist der Körper ursächlich beteiligt. Veränderungen des Psychischen haben organische Veränderungen zur Folge und umgekehrt. Körperliche Entwicklung findet – wenn auch nicht immer sichtbar – jedes Mal statt, wenn wir uns auf eine neue Sachlage einstellen müssen. Denn jede neue Situation verlangt vom ganzen Organismus, besonders vom Nervensystem, Anpassungsleistungen, also Arbeit. Und Körperveränderungen führen wiederum zu Verhaltensänderungen.

Die am deutlichsten sichtbaren **Wandlungen nach der Geburt** sind die Gewichtszunahme und das Körperwachstum. Im Vergleich zu anderen Lebewesen haben Menschen eine viel längere Phase des Wachstums, nämlich von der Geburt bis zum 20. Lebensjahr. Das Wachstum verläuft nicht gleichmäßig und in den ersten zwei Jahren ist die Wachstumskurve am steilsten. Auch die einzelnen Körperteile wachsen unterschiedlich schnell. Zum Zeitpunkt der Geburt beträgt die Länge der Kopfregion im Verhältnis zur Gesamtkörperlänge fast 50 %, am Ende des ersten Lebensjahres etwa 30 %, im zweiten und dritten Lebensjahr 25 %. Auch der Anteil des Körperfettes ändert sich: Im ersten Jahr ist er am höchsten und nimmt nach dem zweiten Lebensjahr ab bis zum achten Lebensjahr.

Nach einem halben Jahr ist ein Kind normalerweise doppelt so schwer, nach einem Jahr hat es sein Geburtsgewicht verdreifacht und ist zweimal so lang wie bei der Geburt. Die Entwicklung von ausschließlich gestillten und teilweise oder ausschließlich mit künstlicher Flaschennahrung ernährten Babys verlaufen unterschiedlich: Gestillte Kinder nehmen im ersten Monat sehr schnell und im Laufe des ersten Lebensjahres immer langsamer zu. Die Gewichtszunahme von „Flaschenkindern" ist dagegen eher konstant. Mit zunehmendem Alter und fortschreitendem Wachstum streckt sich der pralle Babykörper und seine Größenverhältnisse ändern sich. Zwischen elf und 14 Monaten, wenn Kinder laufen lernen, strecken sich die Beine. Die weicheren Knorpelteile des Skeletts erhalten eine andere Mineralverteilung und werden zur festen Knochensubstanz. Im „Autonomiealter" ab etwa 2; 6 Jahren, wenn das Kind sich mit seiner Identität in Abgrenzung zu den Menschen seines sozialen Umfeldes besonders heftig auseinandersetzt, wandeln sich Körperproportionen und Erscheinungsbild erkennbar vom Baby zum Kleinkind. Bis zum vierten Lebensjahr wachsen Ausdehnung und Stabilität des Skeletts, weil der Bewegungsradius des Kindes sich erweitert. So stärken das Rennen, Schaukeln, Balancieren und Klettern im Freien die Muskulatur und Knochen u. a. durch die erhöhte Bildung von Vitamin D.

Der Kinderarzt stellt bei jeder **Vorsorgeuntersuchung**[1] fest, ob ein Kind normal wächst.[2] Hierzu trägt er die gemessenen Werte des Kindes in eine Perzentilenkurve auf der vorletzten Seite des Untersuchungsheftes ein. Perzentile sind Prozentangaben, die aus tausenden von Messungen als Durchschnittswerte ermittelt wurden. Die Größe und das Gewicht eines Kindes werden also mit den Durchschnittswerten seiner Altersgruppe verglichen und Abweichungen können von der Kurve abgelesen werden.

> *Ein Beispiel: Vincy lag bei seinem Eintritt in die Kita mit sechs Monaten bei der Untersuchung seiner Körperlänge auf der 10. Perzentile. Das heißt, dass 90 % der Kinder seines Alters, Geschlechts und seiner Nationalität größer waren, 10 % dagegen kleiner.*

Nationalitätsangaben werden mit berücksichtigt, weil Kinder einer Altersgruppe aus unterschiedlichen Teilen der Welt durchaus nicht gleich groß und schwer sind.

Beispielsweise sind Kinder in Nordamerika und Nordeuropa durchschnittlich zwei cm größer als Kinder in Kenia oder Neuguinea (vgl. Siegler u. a., 2005, S. 162). **Anlage und Umwelt** wirken wechselseitig aufeinander ein: Beispielsweise bestimmen die Gene, wann welche Wachstumshormone produziert werden; davon hängen das mittlere Größenwachstum und die sexuelle Reife ab. Umweltfaktoren (z. B. verbesserte Ernährung, Hygiene, Wohnkomfort und Gesundheitsprävention) sind dafür verantwortlich, dass wir mehrere Zentimeter größer sind als unsere gleichgeschlechtlichen Vorfahren.

Wie und in welchem Zeitraum ein Kind sich körperlich entwickelt, ist maßgeblich abhängig von seinen individuell verfügbaren und umweltbedingten Möglichkeiten. Diese können die Entfaltung seines genetisch bedingten Potenzials und ein gesundes Aufwachsen entweder fördern oder beeinträchtigen. Zu den individuell verfügbaren Möglichkeiten gehören z. B. seine genetische Disposition, seine körperliche Konstitution und sein Temperament. Zu den umweltbedingten Möglichkeiten gehören sozioökonomische Bedingungen (z. B. die Einkommensverhältnisse und der Bildungsstand der Eltern), psychosoziale Stressoren (z. B. die Wirkungen, die das Beziehungsgefüge in der Familie auf

---

[1] *Jedes Kind hat einen gesetzlichen Anspruch auf neun Vorsorgeuntersuchungen in der frühen Kindheit: nach der Geburt, vom 3.–10. Lebenstag, in der 4.–6. Lebenswoche und in den Monaten 3.–4., 6.–7., 10.–12., 21.–24., 43.–48. sowie 60.–64. Bei jeder Untersuchung werden Befunde nach festgelegten Kriterien erhoben zu den Körpermaßen, zur Haut, den Brust-, Bauch- und Geschlechtsorganen, dem Skelettsystem, den Sinnesorganen und zum Entwicklungsstand von Motorik und Nervensystem. Die Befunde werden jeweils in dafür vorgesehene Seiten des gelben Untersuchungsheftes eingetragen.*

[2] *Kinderuntersuchungsheft. Bundesausschuss der Ärzte und Krankenkassen, Ausgabe Oktober 2002.*

das Erleben und Verhalten eines Kindes hat) und auch der Grad der Umweltbelastungen, die sein Organismus zu verkraften hat. Das betrifft die Lebensweise in der Familie ebenso wie die in der Kita. Einseitige Ernährung, Mangelernährung oder übermäßige Ernährung beispielsweise führen wegen des damit verbundenen Mangels an Eiweiß, natürlich gebundenen Vitaminen (insbesondere B12), mehrfach ungesättigten Fettsäuren, Jod oder Mineralien wie Eisen oder Magnesium zu Störungen der körperlichen Entwicklung und zu Erkrankungen wie Adipositas, Allergien oder Verzögerungen im Wachstum. Diese wiederum können die Ursache sein für neurologische Probleme und Verzögerungen in der geistigen Entwicklung.

Folgende Tabelle gibt Aufschluss über die durchschnittliche Größe von Mädchen und Jungen im Alter von 0–4 Jahren.

Alter	Mädchen		Jungen	
	Größe in cm	kg Normalbereich	Größe in cm	kg Normalbereich
1	75 +/–6	7,4–11,2	77 +/–6	8,2–12,4
2	87 +/–7	9,8–14,6	89 +/–6	10,2–15,4
3	96 +/–7	11,6–17,4	97 +/–7	11,9–17,9
4	103 +/–8	13,3–19,9	104 +/–8	13,4–20,2

(Stolley, 1980, S. 662–667)

Auf eine differenziertere Darstellung der körperlichen Entwicklung wird hier verzichtet, da sie in anderen Quellen leicht verfügbar ist (z. B. Informationen der Bundeszentrale für gesundheitliche Aufklärung).

Besorgen Sie sich eine entsprechende Übersicht für Situationen, in denen Sie klären möchten, ob ein Kind in seiner körperlichen Entwicklung stark von der anderer Kinder abweicht.

Einige wichtige Faktoren, die die körperliche Entwicklung nachhaltig beeinflussen, möchten wir im Folgenden darstellen sowie Überlegungen zur planerischen und pädagogischen Umsetzung anführen. Denn die Aufgabe der Kita besteht darin, das Befinden jedes Kindes auch im körperlichen Bereich so zu optimieren, dass es genügend ausgleichende Schutzfaktoren erhält, die die Entfaltung seines Potenzials fördern (vgl. Schoppa, 2001; Hurrelmann, 2000).

4.2 Individueller und gruppenbezogener Lebensrhythmus

Cemal ist ein halbes Jahr alt und erst seit einer Woche in der Gruppe. Gegen 11:00 Uhr essen fast alle Kinder etwas oder bekommen ihr Fläschchen. Um die Zeit schläft Cemal meist tief und fest. Tanja überlegt, ob sie ihn wecken oder zu einer anderen Zeit füttern soll.
Was meinen Sie?

Zum Einstieg in das Thema ein altes, kleines Rätsel:
Am Morgen geht es auf vier Beinen,
am Mittag auf zwei
und am Abend auf drei Beinen.
Was ist das?[1]

Das uralte Rätsel zeigt es deutlich: Unser Leben ist gegliedert und gleichzeitig ein fließender Ablauf neuer Geschehnisse. Wir verändern uns in einem **natürlichen Wechsel** neu entstehender Bewegungs- und Funktionsabläufe. Gleichzeitig erleben wir eine **verlässliche Wiederkehr** grundlegender beständiger Elemente.

Was für die Spanne zwischen Geborenwerden und Tod im Alter gilt, kann auf den Ablauf eines Jahres, eines Monats, einer Woche oder eines Tages übertragen werden: Wir bewegen uns in der Dynamik von Spannung und Entspannung, erweitern in jedem Augenblick unsere Fähigkeiten und Einsichten und verändern fortlaufend unser Verhalten. Und damit wir das können, greifen wir immer wieder auf vertraute Elemente und Gewohnheiten zurück.

Rhythmus liegt uns im Blut. Wenn wir Feste feiern, spielen Rhythmen immer eine Rolle. Der Wechsel der Jahres- und Tageszeiten bestimmt den Takt unseres Organismus mit. Unser Leben verläuft nach **biologischen Rhythmen**. Alle Körperfunktionen, insbesondere der Schlaf-Wach-Rhythmus, sind von einem biologischen Rhythmus abhängig, der etwa 24 Stunden umfasst (zum Thema „Schlafen" siehe auch Kapitel 4.6). Dieser ist bei der Geburt noch nicht vorhanden; deshalb müssen sich Neugeborene erst allmählich an den Tag- und Nachtwechsel gewöhnen. Diese Rhythmen weichen bei jedem Menschen etwas von der 24-Stunden-Dauer ab. „Morgenmuffel" sind auch als Babys eher nachtaktiv und haben einen längeren Rhythmus als beispielsweise „Frühaufsteher", die einen etwas kürzeren haben. Babys dieser Gruppe werden abends schnell müde und haben wenig vom Familienprogramm, sind dafür aber schon vor Morgengrauen unternehmungsbereit. Alle Menschen sind zu bestimmten Zeiten des Tages wach und aktiv und zu anderen Zeiten passiv und ruhebedürftig. Rhythmen beruhigen und regen an.

Der **Tag** jedes Menschen hat also seinen Rhythmus. Die psychische Aktivität ist am größten in den Vormittagsstunden, fällt dann ab und ist am geringsten zwischen zwölf und vierzehn Uhr, um am Nachmittag noch einmal einen Höchststand zu erreichen. Unsere Vormittags- und Nachmittagshochs sind allerdings nicht gleich. So wurde nachgewiesen, dass die Kurzzeitgedächtnisleistungen am Vormittag am größten sind, die Fähigkeiten des Langzeitgedächtnisses dagegen erst am Nachmittag.

In allen Kulturen regeln Wertvorstellungen, Gebräuche, Rituale und Normen die Jahres- und Tagesabläufe. Damit ist sichergestellt, dass Wachen und Schlafen, Essen und Verdau-

---
[1] *Der Mensch in seiner Entwicklung vom Baby zum Greis.*

en sowie der Wechsel zwischen Kraftentfaltung und Ruhigstellung einander ergänzen können und den ihnen zukommenden Platz erhalten. Unsere hoch technisierte Welt wird mit ihren sich beschleunigenden Lebensprozessen aber zunehmend komplizierter und ist besonders für Kinder immer schwerer zu durchschauen. Chronobiologische Rhythmen können selten berücksichtigt werden. In der Kita sorgen wir dafür, dass den Kindern die **Basis ihrer Sicherheit** im Spannungsfeld zwischen Beständigkeit und neuen Erfahrungen nicht verloren geht, denn der Rhythmus des Familienalltags gewährleistet heute nicht mehr allen Kindern, was sie zur Orientierung und körperlichen Entwicklung brauchen. Familienergänzende Einrichtungen wie die Kita schließen diese Lücke als zweite Lebenswelt. Während des ganzen Tages können die Kinder Ausgleich in erlebten Gegensätzen finden. Nach jeder energiegeladenen, zur Aktivität herausfordernden Phase folgt eine Zeit der Ruhe und des Zu-sich-Kommens – die notwendig ist, um dem Gehirn die Möglichkeit zu geben, das Erlebte zu verarbeiten und um neue Energien zu erlangen.

Bewegungsaktivitäten, aufregende Feste und Ausflüge sollten in die **Vormittagsstunden** gelegt werden und gegen 13:00 Uhr enden. Danach sind alle müde und hungrig. Während einige Kinder dann essen und sich längere Zeit ausruhen, überwinden andere Kinder ihren „Tiefpunkt" bereits nach kurzer Zeit und sind schon wieder munter und aufnahmefähig – nämlich diejenigen, die um 5:00 Uhr zu Hause aufgestanden sind und um 6:00 Uhr in die Kita gebracht wurden. Diese Kinder können sich nicht bis zum üblichen Mittagessen wachhalten – sie würden dabei einschlafen oder aus Müdigkeit lustlos essen. Sie brauchen regelmäßig gegen 11:00 Uhr – manche Kinder schon früher – einen Imbiss, anschließend ihr Mittagsschläfchen und erst gegen 13:30 Uhr ihre Hauptmahlzeit.

Der Rhythmus zwischen Spannung und Entspannung ist zunächst bei jedem Kind individuell anders. Im Laufe des Zusammenlebens passen sich die Kinder in ihren Schlafgewohnheiten und Aktivitätsphasen einander weitgehend an und es bildet sich ein **gemeinsamer Tagesrhythmus** heraus.

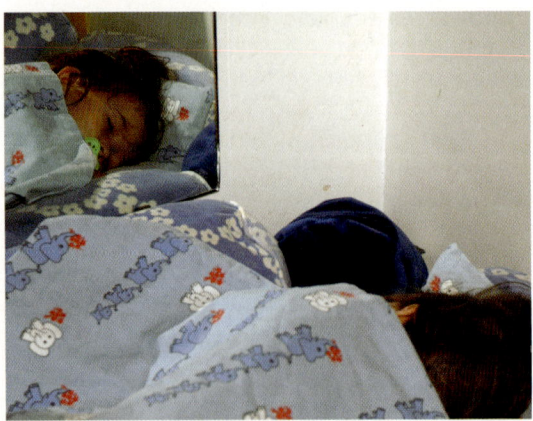

Cemal ist mitten im Spiel in der Spiegelhöhle eingeschlafen. Ella deckt ihn zu. „Manchmal braucht er nur zehn Minuten, dann ist er voll wieder da!"

Kleinstkinder können – je nach individueller Energiekurve – nur ein begrenztes Maß an Spannung aushalten. Was darüber hinausgeht, ist **Überforderung**, die sie auch deutlich anzeigen:

– Sie verhalten sich destruktiv und aggressiv Menschen und Dingen gegenüber,

– sie wirken unruhig, konfus, entkräftet,

– sie können sich aber auch (oft unbemerkt) zurückziehen und ganz still werden

– oder sie weinen.

Kinder, die zwischendurch immer wieder Ruhe finden, sind insgesamt ausgeglichener und durch aktuelle Belastungen nicht so schnell aus der Fassung zu bringen. Sie können Neues verarbeiten, weil sie sich auf die immer wiederkehrenden zeitlichen und räumlichen Fixpunkte in dem komplexen Erfahrungsfeld Gruppe/Kita verlassen können. Sie wissen, dass sie ihren eigenen Bedürfnisrhythmus einbringen können und dieser ein wichtiger Bestandteil des wechselvollen Geschehens in der Gruppe ist. Rituale erleichtern den Kindern diesen schwierigen Prozess. Wie **Rituale** im Gruppengeschehen wirken, ist aus dem folgenden Diagramm ersichtlich. Wenn Gewohnheiten und Brauchtümer aber nicht immer wieder neu hinterfragt und überprüft werden, wenn sie aufhören, sich am aktuellen Geschehen und dem Einzelnen zu orientieren, sondern sich zum Selbstzweck als eingeschliffener Tagesordnungspunkt sinnleer „abspulen", verkehrt sich ihre orientierende und haltende Wirkung ins Gegenteil. Sie werden dann zur lästigen, einschränkenden Notwendigkeit, die die Kinder lustlos über sich ergehen lassen. Dann beschränken Rituale die Wissensbegierde, Kreativität und Spontaneität.

Rituale in der Kita und ihre Wirkungen

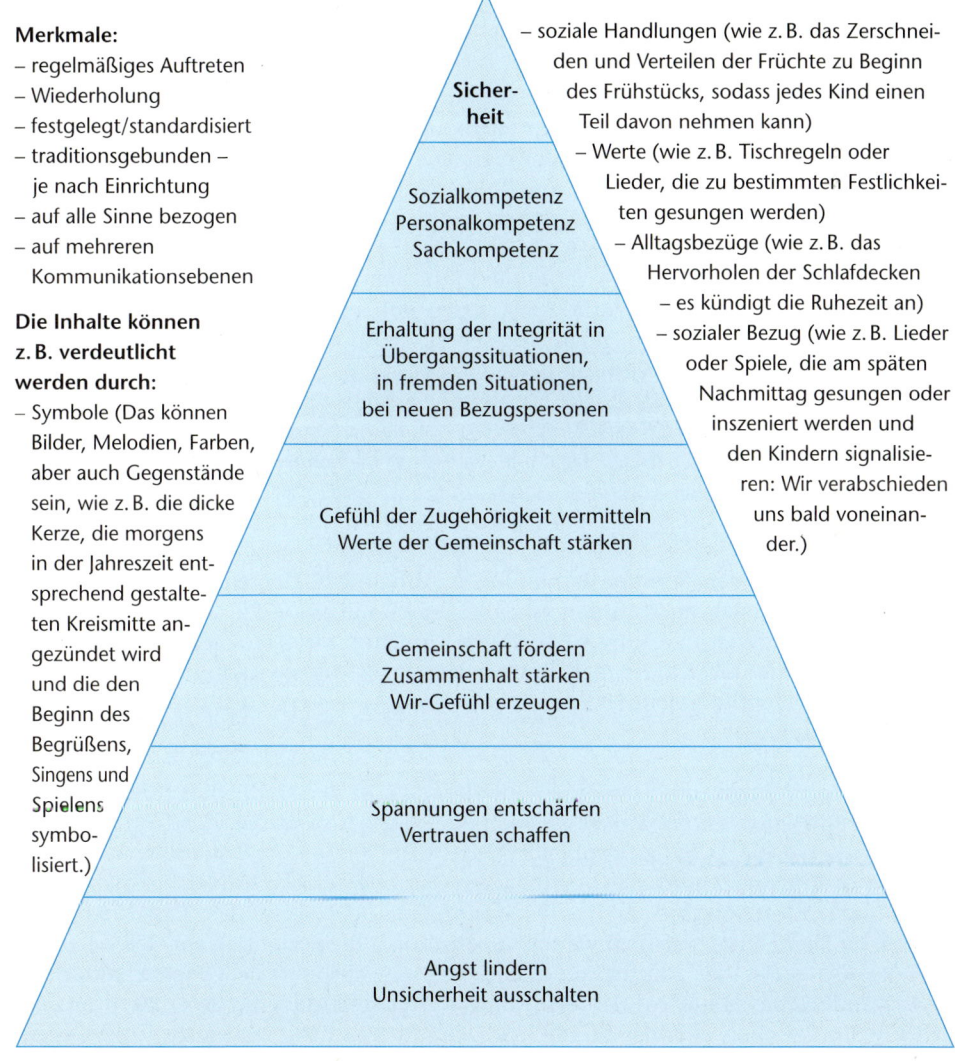

Merkmale:
– regelmäßiges Auftreten
– Wiederholung
– festgelegt/standardisiert
– traditionsgebunden –
  je nach Einrichtung
– auf alle Sinne bezogen
– auf mehreren
  Kommunikationsebenen

Die Inhalte können z. B. verdeutlicht werden durch:
– Symbole (Das können Bilder, Melodien, Farben, aber auch Gegenstände sein, wie z. B. die dicke Kerze, die morgens in der Jahreszeit entsprechend gestalteten Kreismitte angezündet wird und die den Beginn des Begrüßens, Singens und Spielens symbolisiert.)

Sicherheit

Sozialkompetenz
Personalkompetenz
Sachkompetenz

Erhaltung der Integrität in Übergangssituationen, in fremden Situationen, bei neuen Bezugspersonen

Gefühl der Zugehörigkeit vermitteln
Werte der Gemeinschaft stärken

Gemeinschaft fördern
Zusammenhalt stärken
Wir-Gefühl erzeugen

Spannungen entschärfen
Vertrauen schaffen

Angst lindern
Unsicherheit ausschalten

– soziale Handlungen (wie z. B. das Zerschneiden und Verteilen der Früchte zu Beginn des Frühstücks, sodass jedes Kind einen Teil davon nehmen kann)
– Werte (wie z. B. Tischregeln oder Lieder, die zu bestimmten Festlichkeiten gesungen werden)
– Alltagsbezüge (wie z. B. das Hervorholen der Schlafdecken – es kündigt die Ruhezeit an)
– sozialer Bezug (wie z. B. Lieder oder Spiele, die am späten Nachmittag gesungen oder inszeniert werden und den Kindern signalisieren: Wir verabschieden uns bald voneinander.)

Rituale haben in der Kita eine mehrfach bedeutsame Funktion.

Spiritualität

Rituale im Tagesablauf sind eine gute Möglichkeit, Kindern ein Verständnis von der Welt zu vermitteln: Jenseits dessen, was wir durch Wahrnehmen, Handeln und Denken erfassen können, gibt es **unsichtbare und stärkende Kräfte**, die unser Leben sinnvoll und bedeutsam machen können. Alle Religionen drücken ihre Verbundenheit mit dem Göttlichen aus – sie tun es auf verschiedene Weise und mit unterschiedlichen Bräuchen, aber alle geben geistige Orientierung. Sie weisen alle auf ähnliche Grundwerte hin, z. B. auf die Notwendigkeit, sich mit der Natur zu verbinden und sie zu achten und zu schützen, auf die Unterstützung, die dem Einzelnen durch die Verbundenheit mit den anderen Menschen zuteil werden kann und vor allem auf das Vorhandensein einer göttlichen Instanz. Auch Gerechtigkeit, Glück, Liebe, Treue, Gleichmut, Vertrauenswürdigkeit und Weisheit, Mitgefühl, Großzügigkeit und Toleranz, Ehrfurcht und Dankbarkeit, Respekt und Achtsamkeit gegenüber sich selbst und anderen Menschen finden sich als Werte in fast allen Religionen wieder.

Solche Vorstellungen und Ideen, verbunden mit dem **„Sinn und Geschmack für das Unendliche"** (Fey-Dorn u. a., 2008, S. 5), lassen sich auch in der Kita und schon den jüngsten Kindern übermitteln. Doch sie erleben die Auseinandersetzung eher indirekt und meistens nicht auf eine bestimmte Religion bezogen, vielmehr in Form einer gelebten ethischen Grundbildung, die die Erwachsenen durch ihr Beispiel vorleben.

„Bilder entstehen durch Vor-Bilder. Das sind Menschen in meinem Umfeld, die mir in ihrer religiösen Prägung zu einem Vorbild geworden sind, oder Geschichten von Menschen, die mir erzählt wurden und die sich mir als inneres Bild eingeprägt haben." (Fey-Dorn, 2008, S. 8)

Das drückt sich in den gelebten Beziehungen zu den Kindern selbst und zu anderen Erwachsenen aus, aber auch in den alltäglichen Handlungen der Menschen, in ihrer Achtsamkeit und Wertschätzung sowie ihrem Umgang mit den „kleinen" Dingen des Lebens. So erfahren die Kinder täglich, worauf es den Großen ankommt, wofür es sich lohnt, einzutreten und welche Haltung und Verhaltensweisen sie als erstrebenswert und kostbar erachten.

Aus ihren Erzählungen und Berichten entfaltet sich in der kindlichen Fantasie – von Religion zu Religion unterschiedlich – auch die Figur des Göttlichen als „inneres Bild". Dieses wirkt wie ein **„Übergangsobjekt"** (Fey-Dorn, 2008, S. 7). Donald W. Winnicott (englischer Kinderarzt und Psychoanalytiker, Wegbereiter der Kindertherapie, 1896–1971) und der Säuglingsforscher Daniel Stern haben herausgefunden, dass Übergangsobjekte für kleine Kinder ab dem vierten Lebensmonat die Beziehung zur ersten Bezugsperson, also meist der Mutter, repräsentieren. Greifbare, reale Objekte verbinden gegenständlich das subjektiv Erlebte, die innere Welt des Kindes mit der Außenwelt. Das geliebte Stoffhäschen oder das Kuscheltuch, das überall dabei sein muss, sind Gegenstände, die quasi mit einer Vielzahl guter Erfahrungen „betankt" wurden – günstigenfalls mit Geborgensein, Sattsein und Wohlbehagen als Erinnerung an mütterliches Verhalten.

Diese stärkenden Erfahrungen werden beim Anblick des Häschens oder Kuscheltuches unmittelbar wieder präsent und helfen dem Kind, eine schwierige Situation zu überstehen. Spiritualitätsforscher haben herausgefunden, dass das in früher Kindheit übernommene Gottesbild eine ähnliche Bedeutung annimmt und seine Funktion als Übergangsobjekt oft während des ganzen Lebens beibehält. In der frühen Kindheit bekommt es Form und Gestalt durch die Darstellungen und Erzählungen der Bezugspersonen. In späteren Jahren wird es dann durch eigene Erfahrungen erneuert und abgewandelt.

Während kleine Kinder beispielsweise auf dem Arm eines Erwachsenen dem **Ablauf einer Feier** folgen und daran Anteil haben, spüren sie: Hier geschieht etwas Außerordentliches und das ist meinen Bezugspersonen wichtig. Das erste Adventsfest in der Kindergemeinschaft mit seinen Ritualen wie das Anzünden der ersten Kerze sowie das Hören und Mitsprechen der Texte von Advents- und Weihnachtsliedern bereichern die Zeit bis zum Weihnachtsfest und gliedern sie auch. Das kleine Lied *„Advent, Advent, ein Lichtlein brennt. Erst eins, dann zwei, dann drei, dann vier, dann steht das Christkind vor der Tür"* ist bei kleinen Kindern in der Weihnachtszeit besonders beliebt, weil es auf ein Ziel, einen festlichen Höhepunkt hinweist, auf den die Kinder sich in der dunklen Zeit des Jahres freuen und den sie mit gestalten können. Im gleichen Monat feiern Kinder buddhistischen Glaubens das Bodhi-Fest, muslimische Kinder das Hijra-Fest und jüdische Kinder Hanukkah. Schon lange vor dem Dezember überlegen die Erzieherinnen mit *allen* Eltern zusammen, ob und wie die Vorbereitungen für diese großen religiösen Feste aus den Familien in die Kindergruppe hineingetragen werden können. Dabei gibt es für *alle* Kinder ständig etwas Neues zu erleben und zu begreifen. Wenn im Januar z. B. das Dreikönigsfest gefeiert wird, begehen Kinder, deren Eltern aus China kommen, ihr Neujahrsfest – und beides erleben alle Kinder der Gruppe als Höhepunkte im Jahr. Die Vorbereitungen auf Ostern fallen zusammen mit den Vorbereitungen auf das Pessachfest der jüdischen Kinder. In den Sommermonaten beginnt für muslimische Kinder der Ramadan[1].

Es versteht sich von selbst, dass Kinder bis zu drei Jahren die Unterschiede in den verschiedenen Religionen nicht zu erfassen vermögen. Es kommt in der Frühpädagogik nicht darauf an, Kleinkindern kognitiv religiöse Inhalte zu vermitteln, sondern dass sie aus dem Erleben der verschiedenen Rituale und Feste heraus eine Ahnung von Transzendenz entwickeln. Vor allem ist es wichtig, dass jedes Kind seine eigenen inneren Leitbilder von (Selbst-)Sicherheit und Selbstwirksamkeit entfalten und gestalten kann:

„Wie erkenne ich, wer ich bin?
Ich erfahre von dir, wer ich bin.
In deinen Augen sehe ich mich widergespiegelt.
Aus deiner Stimme höre ich, wie du mich siehst.
Du bist der Spiegel, in den ich blicke
Und der das Bild meiner selbst formt.
Ich spüre, wie du mich hältst
Und durch deine Berührungen
Fühle ich meine Gestalt, meine Form.
Und wenn mir gefällt, was ich sehe,
in deinen Augen,
in deiner Stimme,
in deiner Berührung,
antwortet mein Herz und öffnet sich.
Und während es sich immer weiter öffnet,
wächst es und wächst es,
bis ich mich als eigenständig erkenne.
Dieses eigenständige Selbst – wiederum –
Kann die Liebe erwidern.
Weil du mich gelehrt hast, wer ich bin
Und dass ich geliebt werde."
(Elam, 2009, S. 5)

---

[1] *Ein genaues Datum kann für den Beginn des Ramadan nicht angegeben werden; er wird in jedem Jahr neu berechnet.*

4.3 Ernährung und alles, was dazugehört

Die physische und psychische Entwicklung des kindlichen Körpers hängt maßgeblich von der Regulation des Essens ab. Mit Regulation ist die Menge und Art der Nahrung und das Ernährungsverhalten im sozialen Umfeld eines Kindes gemeint. Mängel in der kindlichen Ernährung in den ersten zwei Lebensjahren können ernste negative Folgen in allen Bereichen der kindlichen Entwicklung haben (vgl. Siegler u. a., 2005, S. 165).

Zu viel, zu fett und zu süß essen führt dazu, dass der Anteil der übergewichtigen und damit gesundheitlich gefährdeten Menschen in der Bevölkerung ständig steigt. In Deutschland sind gegenwärtig 10 bis 20 % aller Kinder übergewichtig, 7 bis 8 % leiden unter Adipositas, starkem Übergewicht (vgl. Siegler u. a., 2005, S. 167). Deshalb gehört der Bereich Ernährung in der Kita zu den bedeutungsvollen Arbeitsbereichen, an deren Vorbereitung, Durchführung und Reflexion alle Mitarbeiterinnen und Mitarbeiter mit unterschiedlichen Aufgabenschwerpunkten beteiligt sind und der auch die Eltern mit einbezieht. Hier müssen viele Erfordernisse zusammengeführt werden:
– die physiologischen Ernährungsbedürfnisse von Kindern unterschiedlichen Alters,
– der Charakter gemeinsamer Mahlzeiten als sozial-emotionales und kulturelles Lernfeld,
– die individuellen Gewohnheiten der Kinder, die auch vor dem Hintergrund der Gepflogenheiten von Familien unterschiedlicher Nationalität zu sehen sind,
– psychophysische Ausgangslagen der Kinder in puncto Ernährung,
– der Organisationsplan des Hauswirtschaftsbereiches,
– räumliche, materielle und pädagogische Planungsgesichtspunkte und
– der Arbeitsplan der Erzieherinnen und Erzieher.

Jedes Kind isst anders. Die Gründe für **verschiedene Essgewohnheiten** und Vorlieben sind vielfältig:

1. Die Vorliebe für bestimmte Geschmacksrichtungen ist auch angeboren: Alle Neugeborenen und Kleinstkinder der Welt bevorzugen Süßes, verziehen bei Saurem das Gesicht und lehnen Bitteres und Fauliges vehement ab. Der Grund: Das Gehirn braucht für die schnelle Neubildung von Neuronen, Dendriten und Synapsen Energie und Sauerstoff. Die Energie gelangt in Form von Zuckerverbindungen in den Blutkreislauf, die in der Muttermilch vorhanden sind. Muttermilch ist süß und für die Kinder ergibt sich bald eine prägende Erfahrung im Sinne klassischer Konditionierung: Hunger, Einsamkeit oder Schmerzen quälen das Kind, die Mutter erscheint, legt das Kind an die Brust und Hunger und Unwohlsein sind verschwunden. Diese Verkettung von Reiz und Reaktion ist nun untrennbar verkoppelt mit der Wahrnehmung „süß-warm".
2. Die Vorliebe für „süß" bietet Schutz gegen unverträgliche Nahrungsmittel: Was giftig ist, schmeckt fast immer sauer oder bitter. Verdorbenes schmeckt und riecht faulig und wird verabscheut.
3. Die Erfahrungen in der Familie sind von Anfang an nachhaltig geschmacksbildend und prägen sich als Geschmackspräferenz dauerhaft ein: Ob beispielsweise geröstete Kartoffeln, Kastanien oder Insektenlarven als Delikatesse verspeist werden oder ob sie als ekelerregend ausgespuckt werden, hängt von den kontinuierlich gemachten frühen Erfahrungen ab.

Untersuchungen Ende der 1990er-Jahre haben eine alte „Volksweisheit" bestätigt: „Zwischen den Mahlzeiten essen ist ungesund und verdirbt den Appetit." Im Gegensatz zu Erwachsenen stellen Kinder nämlich die **Menge**, die sie zu einem bestimmten Zeitpunkt essen, darauf ein, wie viel sie einige Zeit zuvor zu sich genommen haben, und werden bei der nächsten Mahlzeit entsprechend weniger zu sich nehmen. Kinder essen von Mahlzeit zu Mahlzeit unterschiedlich viel, aber innerhalb von 24 Stunden ist ihre aufgenommene Tagesmenge von Tag zu Tag relativ gleichbleibend.

Kinder können, was wir Erwachsenen häufig verlernt haben: die jeweils benötigte Nahrungsmenge und -zusammensetzung regulieren. Sie essen so viel und was sie brauchen. Wenn die Erziehungspraktiken von Eltern und Erziehungskräften dem nicht entgegenstehen (z. B. durch Ermahnungen wie: „Der Teller muss leer gegessen werden." oder „Gegessen wird, was auf den Tisch kommt."), werden sie diese angeborene **Fähigkeit zur Selbstregulation** nicht so leicht verlieren.

Wir Erwachsenen sind dafür verantwortlich, welche Nahrungsmittel zur Verfügung stehen, zwischen denen ein Kind wählen kann. Es liegt in unserer Hand, welche Essgewohnheiten ein Kind entwickelt und welche Lebensmittel es daraufhin bevorzugt wählt: fette und zuckerreiche oder ballaststoffreiche Nahrungsmittel mit geringem Zuckeranteil.

Fast regelmäßig stoßen **neu eingeführte Nahrungsmittel** bei den Kindern auf Ablehnung. Diese zu überwinden, ist ein Lernprozess für jedes Kind. Er gelingt (durch das Vorbild der anderen Kinder) in der Kita leichter als am Familientisch, wenn das Neue immer mal wieder in Variationen auf dem Tisch erscheint und das Kind ohne Druck ermutigt wird, es zu probieren. Individuellen Vorlieben, medizinisch begründeten Diäten und kulturell bedingten Ernährungsgewohnheiten der Kinder kann am ehesten entsprochen werden, wenn in der Kita eine Mischkosternährung mit hohem Frischkostanteil geboten wird (vgl. Bosche, 2008 S. 3). Die dabei anfallenden Investitions-, Energie- und Personalkosten sind höher als die von externen Großküchen angelieferte Tiefkühlkost, aber die Qualität der Ernährung und die Erfahrungs- und Lernchancen, die sich für die Kinder durch im Hause hergestellte Mahlzeiten ergeben, rechtfertigen die zusätzlichen Ausgaben allemal.

4.3.1 Was Kinder in welchem Alter brauchen

Im ersten Lebensjahr ändert sich der Ernährungsplan kleiner Kinder dreimal (vgl. Forschungsinstitut für Kinderernährung, 2007)

1. Zum Zeitpunkt der **Geburt** beginnt das Baby – wenn man es lässt – sofort zu saugen. Es nimmt dabei zunächst die besonders eiweißreiche und verdauungsfördernde Vormilch auf, die ihm hilft, seinen Stoffwechsel total umzuschalten. Diese Ernährungsform ist für die nächsten vier bis sechs Monate die geeignete, denn Trinkmenge und Mahlzeitenrhythmus sind individuell sehr unterschiedlich. In diesem Alter werden Kinder nach Bedarf gefüttert. Nach wie vor gilt: Stillen ist im ersten Halbjahr die angemessenste Ernährungsform für jedes Kind. Die Muttermilchbildung passt sich in ihrer Menge und Zusammensetzung dem wachsenden Energiebedarf und dem Trinkrhythmus des Kindes an und verändert sich daher kontinuierlich. Sie ist ständig verfügbar, enthält in wechselnden Anteilen alle Nährstoffe, die das wachsende Baby braucht, ist hygienisch und immer richtig temperiert und enthält Abwehrstoffe zum Schutz vor Infektionen im ersten Lebensjahr (vgl. Bosche, 2008, S. 10). Wenn Muttermilch nicht verfügbar ist, erhält das Kind Säuglingsmilchnahrung aus dem Fläschchen. Alle bekannten Produkte sind adaptiert, ihre chemische Zusammensetzung der von Muttermilch angeglichen. Wenn möglich, sollte die Kita Mütter darin unterstützen, eine Kombination aus Muttermilch und adaptierter Milch („Zwiemilchernäh-

rung") zu nutzen. Nicht nur aus physiologischen Gründen (Kuhmilch ist für Menschenkinder weniger geeignet als die auf die speziellen Bedürfnisse des wachsenden Organismus abgestimmte Zusammensetzung der Muttermilch), sondern insbesondere wegen der psychologischen Bedeutung: Beim Stillen gewährleistet die direkte Körpernähe eine umfassende Stimulation aller Sinne und gibt damit auch zur Entwicklung der emotionalen und sozialen Sicherheit mehr Input als das Fläschchenfüttern. Für Mütter, die stillen möchten, gibt es in der Kita einen ruhigen Raum, in dem sie sich mit ihrem Baby wohlfühlen können. Aus hygienischen Gründen bietet die Kita keine zu Hause selbst gekochte Nahrung an, sondern ausschließlich handelsübliche Fertigprodukte. Im ersten Halbjahr bekommt das Baby bei Fieber und Durchfall sowie an heißen Tagen zusätzliche Flüssigkeit über abgekochtes Trinkwasser oder ungesüßten Tee aus dem Fläschchen. Das Fläschchen-Geben ist eine erste wichtige Kontaktsituation zwischen Erzieher/-in und Kind: Jedes Baby signalisiert auf seine Weise, wie es gefüttert werden möchte, ob es mehr trinken möchte oder satt ist. Falls es das Gesicht angewidert verzieht oder den Kopf wegdreht, ist die Mahlzeit beendet – auch wenn noch ein Rest im Fläschchen ist.

Im **ersten Lebenshalbjahr** ist eine Gewichtszunahme von ca. 150–200 g pro Woche normal. Bei guter Entwicklung hat ein Baby sein Geburtsgewicht etwa nach 4–5 Monaten verdoppelt, nach einem Jahr verdreifacht.

Ab dem **3. Monat** lernen Kinder in kleinen Schritten, Obst- und Karottenbrei abwechselnd mit den Trinkmahlzeiten vom Löffel zu essen. Jetzt beginnen die ersten ungezielten Greifbewegungen und wir können sie unterstützen, indem wir dem Kind einen zweiten Löffel in die Hand geben. Um den 5. Monat herum und spätestens im 7. Lebensmonat essen alle Babys Brei vom Löffel. In diesem Alter können alle Kinder Kopf und Oberkörper sicher halten und beginnen mit Halt zu sitzen. Und sie haben gelernt, Vorlieben und Abneigungen deutlich durch Mimik und Gestik zu zeigen.

2. Ab dem **5. Monat** steigen der Energie- und Eisenbedarf und sind allein durch Milch nicht mehr zu decken. Jetzt schmecken nach und nach Milch- und ein Gemüsekartoffelbrei, allmählich, löffelweise gesteigert, Eigelb und Fisch sowie vielleicht (zuerst wenig) Fleischbeigaben. In diesem Alter bilden sich die „Trinkvorlieben" heraus. Babys, deren Durst zwischen den Mahlzeiten mit Wasser oder ungesüßtem Tee gestillt wird, bevorzugen diese auch später – im Gegensatz zu den Kindern, die zuckerhaltigen Tee oder Saft gewohnt sind.

Der Ernährungsplan für diesen Zeitraum sieht üblicherweise vier bis fünf Mahlzeiten vor, davon drei Still- oder Flaschenmahlzeiten und eine bis zwei Breimahlzeiten. Die Mahlzeiten können folgendermaßen verteilt sein: morgens vor der Kita eine Still- oder Flaschenmahlzeit, mittags ein Gemüse-Kartoffel-Fleisch-Brei, nachmittags eine Still- oder Flaschenmahlzeit und abends ein Vollmilch-Getreide-Brei oder eine Still- bzw. Flaschenmahlzeit. Viele Mütter wissen nicht, dass ihnen eine Stillpause während der Arbeitszeit zusteht.

3. Ab dem **10. Monat** gleicht sich die Babyernährung der Kleinkindernährung an. Die Kinder bekommen jetzt die gleichen Speisen wie die Älteren und es genügt das grobe Zerkleinern mit der Gabel, um die Kinder zum Kauen anzuregen. Für Kinder mit erhöhtem Allergierisiko gibt es besonders zusammengesetzte Babynahrung, z. B. gluten- oder lactosefreie Kost, auch in Gläschen, über die Kinderärzte Informationen geben.

Was gibt es für „Zähnchenbesitzer/-innen" zum Frühstück?

Die erste und zweite Mahlzeit sollen ein Drittel der gesamten Nahrungsaufnahme des Tages ausmachen. Grundsätzlich gehören dazu:
– Vollkornprodukte (Getreideflocken, feinkrumiges Vollkornbrot, Knäckebrot),

– pasteurisierte Milch (keine H-Milch oder entrahmte Milch),
– Milchprodukte (z. B. Quark mit Früchten, um den Bedarf nach Süßem zu befriedigen),
– frisches Obst, mit Schale, zerkleinert,
– Gemüsestücke, jedoch keine kleinen harten Nahrungsmittel wie Nüsse oder kleine Beeren, weil sie beim Essen unzerkaut in die Luftröhre gelangen können, und
– ungezuckerten Früchtetee oder verdünnte ungezuckerte Fruchtsäfte.

Ein Teil des Frühstücks wird möglichst mit den Kindern (als gemeinsames Vorhaben) in der Gruppe zubereitet. Sein Beginn wird ihnen angezeigt, wenn der Teewagen mit den vielen verschiedenen Zutaten hereingefahren wird.

Porzellangeschirr, Papierservietten und appetitlich angerichtete Zutaten: Voraussetzung für lustvolles Genießen und viele Lernerfahrungen zusammen mit anderen Kindern und Erwachsenen

Und was zum Mittag?

Mittagessen hat eine andere Erlebnisqualität als frühstücken, denn es findet während des „Mittagstiefs" statt – nicht während des Leistungshochs am Morgen. Die Kinder haben die längste, aktivste Spielphase des Tages hinter sich. Die Erfahrungen des Vormittags haben die Kinder sinnlich, gefühlsmäßig und körperlich stark beansprucht.

Wer am Mittag müde ist, braucht Ruhe und etwas Warmes und freut sich über abwechslungsreiche, appetitlich angerichtete leichte Kost, die zum konzentrierten Genießen anregt. So sind die Kinder gut vorbereitet auf das Mittagsschläfchen und den Nachmittag.

Das bedeutet: täglich in Farben und Zubereitungsform wechselnde Salate, Gemüse „am Stück" oder frisch gepresste Obst- und Gemüsesäfte. Alle Speisen sind mild gewürzt, enthalten wenig oder kein Salz und einen genau bemessenen Fettanteil. In der Kleinstkinderernährung verzichten wir weitestgehend auf blähende, schwer verdauliche Zutaten. Wenn Zeit und Personal es ermöglichen, werden die Gemüsemahlzeiten oder das Obstmus für die Babys deshalb selbst zubereitet, denn die Vielfalt im Angebot von Gläsernahrung täuscht Geschmacksvarianten vor und *trägt nicht zur Entwicklung eines differenzierten Geschmackssinns* bei. Vorgefertigte Tiefkühlgerichte ohne „Aufwertung" können mittags nicht gewährleisten, dass ernährungsphysiologische Bedürfnisse und Bedürfnisse nach vielfältigen Sinneserfahrungen zuverlässig erfüllt werden (vgl. Vereinigung Hamburger Kindertagesstätten gGmbH, 2006).

Nachmittags füllt nach dem Schläfchen eine Saft- oder Obstmahlzeit den Glucosespiegel wieder auf. Jede Gruppe gestaltet sie ihrem Bedarf entsprechend

Stellen Sie für sich und Ihre Lerngruppe nach unseren Vorschlägen ein Frühstück zusammen und essen Sie gemeinsam.
– Essen Sie mit Appetit?
– Können die Kinder sich an Ihnen als Vorbild orientieren?
– Wie werden Sie sich verhalten, wenn dieses Frühstück nicht Ihren Essgewohnheiten entspricht?

4.3.2 Gemeinsame Mahlzeiten als soziokulturelles Erlebnisfeld

Raum und Raumgestaltung

Wenige Einrichtungen haben einen separaten **Speiseraum**. Es gibt jedoch auch die Möglichkeit, eine vom übrigen Gruppenraum optisch und akustisch abgeschirmte Zone für Mahlzeiten einzurichten. Im Sinne des Signallernens ist es hilfreich für die Kinder, diesen Bereich optisch und akustisch (Glockenspiel, Glockenkette) kenntlich zu machen und behaglich zu gestalten.

Nicht nur für Kinder unter drei Jahren ist der Ausdruck „Kinderrestaurant" verfehlt. Denn es geht nicht darum, dass, wie in der Gastronomie, zahlende Kunden von höflich dienenden Erwachsenen à la carte verwöhnt werden oder in der Schlange stehend und ihr Tablett allein für sich füllen. Gemeinsame Mahlzeiten sind nicht nur ein bemerkenswertes soziales **Bildungselement**, weil sie die Gruppenkohäsion anregen und soziale Techniken wie gemeinsames Vorbereiten, Genießen und gegenseitige Rücksichtnahme sowie Unterstützung fördern. Gerade die Jüngsten, die sich nur zu gern beteiligen, eignen sich einen ansehnlichen Erkenntnisgewinn in allen Lernbereichen an. Jedes Kind hat die Chance, sich nach seinem Vermögen einzubringen und während des Essens mit darauf zu achten, dass jeder bekommt, was er braucht. Die Kombination: **Befriedigung** (Sattwerden, Lust am Essen) und **Freude am Kontakt** mit den anderen ergibt eine tragfähige Grundlage für neuartige Lernerfahrungen am Tag und fördert das Zusammengehörigkeitsgefühl.

Platzmangel kann gut mit **Wandklapptischen** für je fünf Kinder und einen Erwachsenen ausgeglichen werden. Stühle sind (außer für Kinder mit Handicaps) überflüssig, sie beanspruchen wertvollen Raum und beeinträchtigen die Stärkung der sich entwickelnden kindlichen Rückenmuskulatur. Größenangepasste **Stapelhocker** beugen Haltungsschäden vor, verhindern das „Kippeln" und verschwinden tagsüber in Regalen und Schränken, um den dringend benötigten Platz für großräumige Bewegungen zu schaffen. Ein **stabiles Wandregal** mit offenen Fächern unten für die täglich gebrauchten Utensilien zum Tischdecken sowie abschließbare Fächer weiter oben für Kerzen, Tischdekoration usw. ermöglicht es den Kindern, beim Tischdecken zu helfen. Bewährt haben sich Sets, auf deren Vorderseite die Anordnung von Teller, Löffel und Gabel aufgedruckt ist, sodass schon die Kleinsten stolz alles in der richtigen Anordnung präsentieren können. Individuell gestaltete Serviettenringe oder offene Schiebetaschen für jedes Kind vervollständigen das Inventar zum Tischdecken. Besonderer Tischschmuck, der zusammen hergestellt wurde, signalisiert den Kleinsten den Verlauf der Jahreszeiten und die aktuellen Besonderheiten oder Höhepunkte wie z. B. Geburtstage.

Weil „das Auge mitisst", sind die Auswahl der Farben, die Raumgestaltung und die Art, wie die Tische gedeckt werden, nicht nebensächlich. Wände können Blickfänger sein, die die Kreativität und Erlebnisse zum Thema „Essen" widerspiegeln. Kinder unter drei Jahren orientieren sich gern an einem großen, farbigen **Wochenplan** mit Fotos, die darauf hinweisen: Wer macht heute was? Wobei auch die Erwachsenen nicht fehlen dürfen! Was es zu essen geben wird, können die Kinder sich selbst aus der aus Fotos zusammengestellten Speisekarte erschließen.

Die Kinder essen. Was tun die Erzieherinnen?

Essen als Lernfeld

Frühstücken weckt die Lebensgeister. Für die Kinder bedeutet es: am Morgen satt werden, den Durst stillen, Lust und Energie tanken für den aktivsten Teil des Tages, Teile der Außenwelt in sich aufnehmen und zu einem Teil von sich werden lassen. Jedes Kind entscheidet, was ein Teil von ihm werden soll und was nicht. Frühstücken ist auch: schmecken, kauen, schlürfen, saugen und rechtzeitig schlucken, die Nahrung mit der Zunge abfühlen, abbeißen, reinbeißen und testen, wie viel in den Mund hineingeht – und sich das gegenseitig mitteilen. Die Hände begreifen, was Lippen und Zunge wahrnehmen: zerkrümeln, verschmieren, auf dem Tisch verteilen, platt drücken, zerreißen, festhalten und loslassen, vergleichen, abwägen, weglegen und ablehnen.

Auch die Kleinsten sollen Früchte und Brot in ihrer Ganzheit kennenlernen und sich von Anfang an auf „gesundes" Ernährungsverhalten einstellen können: es in die Hand nehmen, fühlen, vergleichen, riechen und hineinbeißen.

Jedes Lebensmittel, das auf den Tisch kommt, wird von Annie, zehn Monate, zerkrümelt, verschmiert, auseinandergezupft und zermatscht.
1. *Was empfinden Sie, wenn Sie dabei zusehen?*
2. *Falls es Ihnen unangenehm ist: Was tun Sie?*
3. *Wie lange wird sie damit fortfahren?*
(Nähere Informationen finden Sie in Kapitel 10)

Einige **Früchte** werden unter Mitwirkung der Kinder geschält. Die Kleinsten angeln sich die Bananen-, Apfelsinen- und Kiwischalen zum Untersuchen, während die älteren Kinder sich darin üben, die Früchte zu zerschneiden. Ganz nebenbei erweitern sich Wortschatz und Sprachverständnis über die Erfahrung von Eigenschaften, Begriffen und Arbeitstechniken.

> *Tommy, elf Monate, zieht sich den Teller mit Gemüsestücken heran.*
> 1. *Entdecken, wahrnehmen: Da liegt etwas, das ich kenne – oder doch nicht?*
> 2. *Ich sehe rot, rund, glatt, es riecht ungewohnt – wie Gras? Es fühlt sich glatt, feucht und kalt an.*
> 3. *Das muss ich genauer untersuchen: Wenn ich es in den Mund stecke, weiß ich es vielleicht: Wie schmeckt rotrundglattgraskaltfeucht? Antwort: Nanu – scharf, wie Wasser – befremdlich!*
> 4. *Fazit: „Scharf" riecht und fühlt man nicht. Wenn ich in etwas hineinbeiße, muss ich damit rechnen, dass ich etwas schmecke, was ich nicht sehen oder riechen, fühlen oder festhalten kann.*
> 5. *Da liegt noch etwas, das rund und feucht aussieht (Mirabelle). Worauf muss ich jetzt aufpassen? Schmeckt es auch scharf?*

Die **Zubereitung der Frischkost** ist die ideale Möglichkeit für Kinder „mitzumischen" und sich je nach Entwicklungsstand und Interessen an der Zubereitung von Babygemüsebrei, Salat oder Vollwertnachtisch zu beteiligen: zusehen, reichen, zupfen, waschen, mit dem Kindermesser zerschneiden, Quark oder Soßen rühren. Kinder können nur über Handeln verstehen, dass die Bestandteile der Mittagsmahlzeit ursprünglich andere Formen, Tastqualitäten, Farben und Aussehen hatten, sich mit der Zubereitung verändern und dass Lebensmittel in vielfältiger Weise verarbeitet werden müssen, damit sie schmecken.

Beim Auspacken ihres Frühstücks oder beim Tischdecken machen Kinder mathematische und physikalische Grunderfahrungen und lernen Eigenschaften verschiedener **Materialien** kennen, z. B.:
- Porzellan ist schwer, zerbrechlich und muss vorsichtig behandelt werden. Deshalb wird in der Kita kein Plastik-, sondern ausschließlich Porzellangeschirr angeboten. Einzige Ausnahme: Gläser. Wenn sie aus Verbundglas hergestellt sind, ist im Falle des Zerbrechens die Verletzungsgefahr gering. Wenn alle essen wollen, werden viele Teller benötigt. Für den Kuchen in der Mitte genügt ein Teller. Warum?
- Im Brotkorb liegen für jedes Kind am Tisch ein Brötchen und ein Knäckebrot. Wenn einer von ihnen zwei nimmt, bekommt ein anderes Kind keines. Ähnlich verhält es sich mit dem Saftkrug: „Wenn ich meinen Becher bis an den Rand fülle, bleibt Vincys Becher halb leer. Warum?"
- Bestecke sind hart, kalt und glatt. Sie bleiben heil, wenn sie auf den Boden scheppern, aber dann müssen sie abgewaschen werden. Warum?
- Einwickelpapier knittert, flattert und lässt sich in viele Einzelteile zerreißen. Die dünne Plastikfolie widersteht. Warum?
- Milch ist flüssiger als Quark – beide sind weiß. Warum?

Tischregeln lassen sich nachhaltiger und anschaulicher *vorleben* als *erklären*. Dass mit Lebensmitteln und Geschirr respektvoll und vorsichtig umzugehen ist, merken die Kinder, wenn ihnen ein Malheur passiert ist. Meist sind sie deshalb sehr betroffen und brauchen Trost. Wenn an jedem Kindertisch ein/e Erwachsene/r mitisst, kann er oder sie erklären, zeigen, begründen, bei der Konfliktbereinigung helfen und auf spezielle Bedürfnisse angemessen eingehen. Äußerungen wie „Pass auf!" oder „Was hast du jetzt schon wieder gemacht?" wirken demütigend und ebenso entwertend wie ein ironisches „Na, was hat unser kleiner Schmierfink denn nun schon wieder verkleckert?".

Kein Kind **muss** frühstücken. Für viele Kinder ist es die erste Mahlzeit des Tages und sie sind entsprechend hungrig. Andere haben zu Hause schon gegessen, sie brauchen nur noch eine Kleinigkeit oder haben gar keinen Appetit. Diese Kinder können aufstehen und spielen, denn sie werden von der anderen Erzieherin „aufgefangen".

4.3.3 Selbstständigkeit lernen ist kein Kinderspiel

Daniel (1;11 Jahre) will beim Tischdecken helfen. Er schnappt sich vom Teewagen so viele Frühstücksteller, wie er eben noch tragen kann, und einen Becher dazu. Alles schiebt er wahllos in die Mitte des Tisches und setzt sich erwartungsvoll hin. Aber irgendwas scheint nicht richtig zu sein. Keiner kommt. Statt des vertrauten gemeinsamen Essensbeginns, auf den er sich gefreut hat, beginnt ein Zetern, auf-den-Tisch-Klettern und Streiten um den Becher. Daniel steht auf und holt nacheinander für jedes Kind einen Becher, auch einen für Ella.

Mitmachen und Nachahmen wollen die Kinder ab 18 Monaten. Dabei prüfen, vergleichen und korrigieren sie ihre eigenen Handlungen und richten sie an denen der Erwachsenen aus. So lernen sie, einfache Handlungen nachzuvollziehen und Handgriffe sowie Gegenstände – vor kurzem noch unbekannt und deshalb interessant – zu meistern. Allein aus dem Becher trinken, allein essen, ein Ei abpellen, das Brot schmieren und das Müsli in eine Schüssel füllen sind Handlungen, die durch Beobachten sowie Versuch und Irrtum gelernt werden. Dazu gehört das Panschen im Becher der anderen (und deren entsprechenden Reaktionen) oder der Versuch, zu teilen und abzugeben: von der eigenen Milch etwas auf den Teller des Nachbarkindes zu gießen oder den eigenen Quark in das Nachbarschüsselchen zu löffeln. Dazu gehört auch, zu erfahren, wie der andere reagiert, wenn man ihm oder ihr etwas wegnimmt, und schließlich das gegenseitige Helfen und Voneinander-Abgucken.

Methodische Tipps:

- *Die Selbstständigkeit beim Essen können wir schon in den ersten Monaten anregen, indem wir den Löffel in die Nähe des Mundes führen und abwarten, bis das Baby ihn mit den Lippen ergreift. Der Breilöffel wird dem Baby also nicht in den Mund gesteckt.*
- *Das Kind sucht den Sauger oder Löffel, nicht der Sauger oder Löffel das Kind. So lernt es von Anfang an, sich an seiner Versorgung aktiv zu beteiligen – die früheste Möglichkeit zur Partizipation.*
- *Die empfindsame Umgebung des Mundes wird durch behutsames Abtupfen, nicht durch Abkratzen oder Reiben gereinigt.*
- *Alle Kinder entscheiden selbst, was und wie viel sie essen und trinken wollen und wie viel Zeit sie dazu brauchen. Kinder, die nicht essen möchten, werden nicht extra aufgefordert oder gar gezwungen.*
- *Der Nachtisch bleibt so lange außer Sichtweite, bis das Hauptgericht verspeist ist.*
- *Individuelle Essgewohnheiten werden schon bei Babys deutlich: Einige legen Tempo vor, andere lieben es, den Brei langsam vom Löffel zu saugen, wie sie es auch vom Trinken aus der Flasche kennen. Sie reagieren mit Unmut oder Widerstand, wenn es ihnen zu schnell geht. Sie lieben es, etwas Brei oder Tee danebenlaufen zu sehen und mit den Händen darin zu patschen. Wenn sie dies einige Male versucht haben, werden sie von allein damit aufhören.*

- *Selbst essen* beginnt ab dem dritten Monat mit einem zweiten Löffel und einem Kompromiss: „Ein Happen kommt von mir, einen fütterst du dir selbst.“
- *Allein „manierlich" essen* gelingt erst, wenn ein Kind alle dafür notwendigen Fähigkeiten und Handlungen beherrscht (um den 18. Monat): z. B. auswählen, welcher Teil des Essens auf dem Teller jetzt gegessen werden soll, davon eine angemessen große Portion auf den Löffel oder die Gabel laden, das Besteck halten, mit „Füllung" gezielt zum Mund führen und die Nahrungsreste auf dem Teller zusammennehmen, um sie besser transportieren zu können.
- *Selbst auffüllen* möchten Kinder ab etwa 18 Monaten und sollten wegen des hohen Bildungsgehaltes der Aktion unbedingt die Chance dazu erhalten, wenn es ihnen aus personellen Gründen ermöglicht werden kann. Hilfreich dabei ist es, wenn auf jedem Tisch genügend Schüsseln mit gut handhabbaren Auffüllbesteck stehen sowie ausreichend Zeit und Platz zum Üben vorgesehen ist. Erwachsene, die am Anfang die unvermeidlichen Riesenportionen erst einmal gelassen hinnehmen und weiteres Aufhäufen (z. B. durch Ablenken) dezent stoppen, haben es leichter, als solche, die die ersten Auffüllversuche mit dem abschreckenden Gebot verbinden: „Was auf dem Teller liegt, wird aufgegessen."
- *Die Kleidung* ist mit Riesenlätzchen geschützt, die nicht als „Fallschutz für Essen" unter den Teller geschoben werden (wie es noch vor wenigen Jahren gang und gäbe war. Man stelle sich vor, von einem Teller essen zu wollen, der samt Inhalt bei jeder Bewegung auf den Schoß kippen könnte).
- *Wenn die Mahlzeiten beendet sind*, sortieren die Kinder ihr Geschirr und Besteck in gekennzeichnete Gefäße.

Tommy räumt sein Geschirr auf den Teewagen.

„Hilf mir, es selbst zu tun" – dieser Leitspruch von Maria Montessori bewahrheitet seine Weisheit gerade bei den Mahlzeiten. Er ist gemeinsames Handlungsmotiv der oft schon ermüdeten (!) Kinder und gleichzeitig eine Aushalteprobe für Fantasie, Reaktionsgeschwindigkeit, Frustrationstoleranz und Geduld der Erwachsenen.

4.3.4 Zusammenarbeit mit den Eltern

Eine gute **Kooperation** bewährt sich beim Thema „Essen". Fehl- und Mangelernährung in den ersten drei Lebensjahren wirken sich unmittelbar auf die Entwicklung des Gehirns, des Stoffwechsels, der körperlichen Belastbarkeit, des Wachstums und der Infektabwehr aus. An dieser Stelle hat die Kita eine deutlich stützende und begleitende Aufgabe und Eltern sollten aus mehreren Gründen in der Eingewöhnungsphase bei den Mahlzeiten dabei sein.

1. Durch Beobachtung und anschließende Gespräche gewinnen die Erzieher/-innen Einblick in die Essrituale, -vorlieben und -abneigungen des „Neulings". Sie erfahren etwas über die Familienrituale und Gebräuche der Familien anderer Nationalität in puncto Kinderernährung.

2. Beim Essen erhalten Eltern anschauliche, allgemein verständliche und einleuchtende Informationen über den direkten Zusammenhang zwischen kindlicher Gesamtentwicklung und der Qualität der Ernährung. Sie können Fragen stellen, die ihr Kind und die Ernährungsgewohnheiten der Familie betreffen. Sie informieren sich über die pädagogischen Zielsetzungen, die Zusammensetzung der Nahrung sowie über den Stellenwert und Ablauf der Mahlzeiten.

3. Eltern anderer Kulturkreise berichten über die Gebräuche und Ernährungspraktiken ihres Landes und setzen sich mit unseren Gepflogenheiten auseinander. Erfahrungsaustausch und Zuhören entfalten die Gesprächsbereitschaft untereinander und sind häufige Grundlage gemeinsam organisierter Feste mit interessanten kulinarischen Beiträgen.

4. Unterschiedliche Sauberkeitsnormen, Ansichten über Selbstständigkeit und Ernährungsfragen (z. B. das „Nutella-Problem") können anschließend mit einzelnen Eltern diskutiert werden. Übrigens: Fragen, die von Eltern in der Eingewöhnungsphase gestellt werden, sind ein guter Diskussionsleitfaden für Elternabende.

Fast immer offenbaren sich während der Mahlzeiten Krankheiten im Anfangsstadium, chronische Erkrankungen und Entwicklungsstörungen. Aber auch **versteckte Probleme** (z. B. Beziehungsstörungen in der Familie und ungünstige psychosoziale Bedingungen) zeigen sich beim Füttern und Essen, beispielsweise als Verweigerung oder als „Fresslust". Erzieherinnen können durch eigenes Modellverhalten, Akzeptanz und Gelassenheit den Eltern helfen, in solchen Situationen nicht mit Zwang, Druck oder Überreden und Ablenken zu reagieren. Ein klärendes Gespräch ohne Zeitdruck und in geschütztem Rahmen nimmt sich der elterlichen Sorgen, ihrer Ängste und ihrem Bedürfnis, sich überfürsorglich zu verhalten, an. Im Teamgespräch wird „interdisziplinär" geplant, wie in der Kita mit den Ess- oder **Ernährungsstörungen** im Team und in Zusammenarbeit mit den Eltern umgegangen werden soll. Die Kitaleitung wird dann beratende Dienste hinzuziehen, damit sowohl die medizinische Diagnostik als auch psychologische Abklärung, Entwicklungsdiagnostik und tiefenpsychologisch fundierte Begleitung eingeleitet werden können. Elterngespräche in einer Atmosphäre von Annahme und Wärme sind hilfreich bei der Suche nach Unterstützung durch Arzt oder Therapeut, sodass das Aufdecken und die Bearbeitung von Schwierigkeiten möglich werden können. Erst wenn dort eine Erleichterung in Sicht ist, wird sich die Essstörung des Kindes verringern. Denn sie ist – sofern es sich nicht um organisch bedingte Krankheiten handelt – fast immer ein Symptom für die Schwierigkeiten der Eltern.

4.3.5 Kooperation mit den Hauswirtschaftskräften

Das Thema „Essen" erfordert aus mehreren Gründen die enge Zusammenarbeit und Arbeitsteilung zwischen dem hauswirtschaftlichen und dem pädagogischen Personal. **Hauswirtschaftskräfte sind verantwortlich** für die Beschaffung, Lagerhaltung, Vor- und Zubereitung der Lebensmittel, für die Einhaltung von Qualitätsstandards und für die Pflege des Geschirrs (vgl. Vereinigung Hamburger Kindertagesstätten gGmbH, 2006). Deshalb sind Absprachen notwendig, wenn mehr Geschirr anfällt (z. B. weil die Kinder anfangen, sich das Essen selbst aufzufüllen) oder bei Anfängern im Selbst-Essen mehr gekleckert wird.

Die Vorbereitung und appetitliche Darbietung der Speisen – auch in Zusammenarbeit mit den Kindern – ist **Aufgabe der Pädagoginnen und Pädagogen**. Dazu gehört auch das Einkaufen, Tischdecken, Salat-Schneiden und Abwaschen. Die Hauswirtschaftsleitung übernimmt hierfür die fachliche Beratung, gibt Tipps sowie Anregungen und sorgt für einen reibungslosen Kommunikationsablauf zwischen den Erwachsenen.

Werden pädagogische Konzeptionen verfasst oder geändert, ist das Einbeziehen der Hauswirtschaftsleitung unverzichtbarer Teil der gemeinsamen Planung. Das „Zusammenspiel der Kräfte" und kontinuierliche Überprüfen des Istzustandes sind selbstverständliche Voraussetzungen für den reibungsarmen Ablauf aller Fixpunkte im Alltagsgeschehen und Jahresablauf.

Hauswirtschaftskräfte wollen rechtzeitig informiert sein über situativ bedingte Veränderungen, Möglichkeiten gegenseitiger Unterstützung bei Engpässen und spezielle Fragen der Arbeitsverteilung. **Teamkonferenzen** bieten den Rahmen und die zeitlichen Möglichkeiten für die Verständigung über Reibungsflächen und Krisenherde.

Hauswirtschaftskräfte stellen den Kindern den Bezug zur Alltagswelt her. Zusammen mit den Erzieherinnen und Erziehern vermitteln sie den Kindern, wer wie wann und warum das Essen kocht, bekleckerte Kleidung wäscht und geduldig täglich aufs Neue die Quark- und anderen Spuren an den Türklinken wegwischt. Sie verschaffen den Kleinsten Einblick und vielleicht Zutritt in die große Küche, organisieren Haushaltsgeräte und ermöglichen die **Beteiligung an Erwachsenentätigkeiten**.

Einzelne Kinder entwickeln oft eine intensive Zuneigung zu hauswirtschaftlich tätigen Erwachsenen und gewinnen in ihnen eine zusätzliche Bezugsperson. Deshalb ist es im Zusammenhang mit der pädagogischen Qualitätssicherung eine wichtige Frage, ob externe Firmen für hauswirtschaftliche Tätigkeiten in der Kita – insbesondere in Gruppen für Kinder unter drei Jahren – tätig werden sollen.

4.4   Pflegen

4.4.1   „Pflegehandlungen" und eigene Einstellungen

Als die ersten „Krippen" Ende des 19. Jahrhunderts eingerichtet wurden, hatten **Hygienemaßnahmen** in der Gestaltung der Kleinstkinderziehung absoluten Vorrang, wahrscheinlich aus dem begründeten Bedürfnis heraus, die Kinder vor Infektionen zu schützen und Epidemien vorzubeugen. Bis etwa 1980 war Körperpflege in Gruppen für Kinder unter drei Jahren in erster Linie Sauberkeitserziehung, Versorgen und Durchsetzen von Hygienemaßnahmen, die wegen der großen Kinderzahl in den „Kinderbewahranstalten" oft routinemäßig ausgeführt wurden.

Heute haben Waschen, Baden, Zahnpflege, Haut- und Haarpflege sowie Babymassage eine **Mehrfachfunktion**:

– Pflegesituationen sind die entscheidenden Momente im Tagesablauf der Kindergruppe, in denen Erzieherinnen sich persönlich und ausschließlich um einzelne Kinder kümmern können.
– Beim Wickeln, Waschen und Baden wachsen Nähe und Bindungsverhalten, gewinnen Kinder ein Bild von sich selbst und wächst ihr Potenzial an Zuwendungsbereitschaft, konstruktiven Kräften und Autonomie.
– Die Phasen der Körperpflege sind Maßnahmen, die Kinder in Zusammenarbeit mit den Eltern vor Krankheiten schützen und für ihr körperliches Wohlergehen sorgen.
– Mit den Kindern in Fühlung sein, heißt, Aufschluss über ihre Befindlichkeit und ihren Gesundheitszustand zu erhalten und gegebenenfalls notwendige medizinisch-therapeutische Maßnahmen einzuleiten.

Pflegen und den Körper entdecken braucht vor allem Ruhe und Aufmerksamkeit vonseiten der Erwachsenen – auch für sich selbst. Besonders in Pflegesituationen sind Erwachsene gefragt, die **vier Grundhaltungen** in der Beziehung zu den Kindern zu verwirklichen (vgl. Tausch/Tausch, 1998; siehe dazu auch Kapitel 2.4):

1. Wertschätzung und Achtung der kindlichen Persönlichkeit,
2. Empathie oder der Versuch, das Kind in seinen Gefühlen, Strebungen und Bedürfnissen zu verstehen,
3. Kongruenz und Klarheit: Übereinstimmung von eigenem Erleben, Denken, Handeln und Ausdruck sowie
4. Verzicht auf restriktive Lenkung und Bewertung.

Bedingungslose **Wertschätzung** und Respekt vor den individuellen Lebensäußerungen der Kinder sind, – weil jeder Mensch auf andere angewiesen ist –, eines der grundsätzlichen psychologischen Bedürfnisse jedes Kindes und der Ausgangspunkt der Entwicklung von Selbstachtung. Ein positives Selbstbild kann nur entwickeln, wer sich vorbehaltlos angenommen fühlt mit seinen individuellen Eigenheiten. Es bedeutet, dass das Kind sich mit seinem Körper – auch wenn die Windel voll ist, die Nase läuft oder die Haut rot und fleckig ist – von den Erwachsenen akzeptiert fühlt. Deutlich gezeigte Gefühle des Unbehagens beim Anblick des kindlichen Körpers oder auch Widerwillen und Abscheu, verbunden mit schnellem Wickeln und raschem Wegspülen des Windel- oder Töpfcheninhalts, erwecken das Gefühl beim Kind: „Ein Teil von mir ist eklig und nicht liebenswert – und zwar genau der Teil, der mir selbst angenehm und lieb ist."

Vincy entwickelt im Alter von 14 Monaten deutliches Interesse für den Inhalt seiner Windel. Mit Begeisterung fasst er hinein und verteilt ihn auf der Wickelunterlage. Ella erklärt ihm daraufhin nachdrücklich und deutlich, warum sie dieses Verhalten nicht akzeptieren kann. Als Ausgleich bietet sie ihm am Vormittag öfter Ton und Rasierschaum an. Vincy wirkt nach der Ansage zuerst etwas betreten – aber als gleichberechtigter Konfliktpartner begnügt er sich jetzt damit, die Windel einige Tage lang jedes Mal vom Wickelplatz zu kicken und lacht Ella dabei fröhlich an. Ella hebt sie auf und fordert ihn auf, sie in den Windeleimer zu werfen. Das tut Vincy gern. Nach einigen Tagen hat sich das Problem aufgelöst.

Achtung und Wertschätzung drücken sich auf verschiedene Weise aus:
- in der Aufmerksamkeit, mit der das Kind sich wahrgenommen fühlt und im herzlichen Blick bei seinem Anblick
- im Verstehen der vom Kind ausgedrückten Gefühle, Bedürfnisse oder Absichten,
- im Trösten und Ermutigen, falls etwas „danebengegangen" ist

Empathie, auch einfühlsames Verstehen, Perspektivenübernahme, oder der Versuch, die Welt mit den Augen des Kindes zu sehen, ermöglicht uns, die Bedingungen für ein individuelles körperliches Wohlbefi nden der Kinder herzustellen. Kleine Kinder, die noch nicht sprechen können, zeigen oft Verhaltensweisen oder Bedürfnisse, die wir nicht verstehen, die uns irritieren oder die wir falsch deuten – was wir an den Reaktionen der Kinder sofort merken. Wer auf ein unverständliches Verhalten angemessen eingehen und reagieren möchte, sollte versuchen, „in die Haut des Kindes zu schlüpfen". So können wir das Verhalten (z. B. die Windel sofort nach dem Wickeln wieder „füllen" – und das dreimal täglich) aus einem anderen Blickwinkel heraus sehen. Empathie äußert sich darin, dass Erzieherinnen
- genau beobachten und ihre Beobachtungen untereinander mitteilen.
- die Signale der Kinder zu entschlüsseln suchen und wahrgenommene Gefühle oder Absichten dem Kind mitteilen und zurückspiegeln. Das Widerspiegeln seines inneren Erlebens gibt dem Kind das Gefühl, beachtet und ernst genommen zu werden.
- Statt Gefühle wie Angst, Abwehr und Schmerz zu leugnen („Ist doch gar nicht so schlimm") oder wegzutrösten („Tut doch gar nicht weh" oder „Guck mal, die anderen Kinder weinen auch nicht!") sollten sie anerkannt werden („Ich merke, der wunde Po tut weh, du magst nicht, dass ich dich eincreme").

Kongruenz oder *Übereinstimmung* von Erleben und Verhalten zeigt sich darin, dass Erwachsene offen sind für eigenes Fühlen, Wahrnehmen, Wollen und die eigene Befindlichkeit und diese den jeweiligen Sozialpartnern in angemessener Form mitteilen. Kongruenz hat viel mit Echtheit, Aufrichtigkeit und Authentizität zu tun und ist im Zusammensein mit jungen Kindern unverzichtbar. Denn je jünger die Kinder, desto feiner sind ihre Antennen

für „falsche Töne" und desto größer die Gefahr, dass ihr Vertrauen in neue Bezugspersonen erschüttert wird. Kongruenz zeigt sich darin, dass Erwachsene
- mitteilen, wie es ihnen geht.
- ihre Freude oder Betroffenheit zeigen.
- in der Gestik/Mimik nicht etwas anderes ausdrücken, als in ihnen vorgeht

Verzicht auf restriktive Lenkung und Kontrolle zeigen sich darin, dass Erzieherinnen und Erzieher die Situation überblicken, wissen, was zu tun ist und gleichzeitig auf die Impulse der Kinder achten, ohne vorschnell, für das Kind überraschend, zu handeln.

Die Erkenntnisse, die die ungarische Kinderärztin Emmi Pikler (1902–1984) in den fünfziger Jahren des letzten Jahrhunderts in ihrem Kinderheim Lózcy in Budapest gewann, liefern uns heute noch wichtige Hinweise für die Gestaltung von Beziehungen zwischen Erwachsenen und Kindern, insbesondere in Fragen der Gesundheitsvorsorge und Pflege. Ihre Erfahrungen gewann Emmi Pikler aus ihrer Zeit als beratende Hausärztin von Familien mit Kindern und als Leiterin eines Säuglingsheims in Budapest, dem heutigen Pikler-Institut.

Der Kern der Botschaft Piklers ist, dass Situationen wie z. B. Baden, Pflegen und Füttern die volle Präsenz und ungeteilte Aufmerksamkeit der jeweiligen Bezugserzieherin für ein Kind beanspruchen und sie dafür freigestellt ist von jeder anderen Aufgabe. Ohne Zeitdruck wendet sie sich dem einzelnen Kind zu. Nähe, volle Konzentration, Einfühlsamkeit, Achtung, Wärme und Respekt für die situative Befindlichkeit des Kindes schaffen einen geschützten Raum für intensiven und lebendigen Austausch zwischen Kind und Erwachsenem, in dem Bindung und Beziehung wachsen können. Zuwendungsbedürfnisse anderer Kinder leitet sie während dieser Zeit um. Diese wissen und vertrauen darauf, dass sie eine ähnlich sichere und ausschließliche Zweisamkeit zu „ihrer" Zeit erfahren werden. Sie beschäftigen sich anderweitig und können warten, bis ihre Bezugsperson sich ihnen zuwendet.

Von Anfang an wirkt jedes Kind seinen Interessen und Fähigkeiten entsprechend bei allen Verrichtungen mit. Mehrere Male am Tag macht es während der gesamten Zeit, die es in der Kleinstkindergruppe verbringt, eine wichtige Erfahrung, die sein Selbstbewusstsein immer neu prägt:
- dass neue Aufgaben (z. B. den Kopf und die Hände durch die Öffnungen des Pullovers stecken, das Hemd herunterziehen, am Reißverschlussschieber ziehen, einen Knopf schließen, die Hose hochziehen, den Fuß für die Strümpfe und Schuhe ausstrecken oder die Windel abnehmen) etwas Spannendes und Motivierendes sind;
- dass es sich lohnt, sie anzugehen;
- dass jedes bewältigte Problem zu neuen Fragestellungen führt, die es in Begleitung und mit genügend Zeit selbst beantworten kann.

Vor allem erfährt jedes Kind: „Meine Problemsicht und meine eigenen Lösungsversuche werden wahrgenommen und respektiert. Niemand lacht, wenn ich versuche, meinen Kopf durch den Ärmel zu zwängen oder die Hose wie eine Mütze über den Kopf zu stülpen. Schließlich muss ich ausprobieren, ob auch das ‚geht'. Ich habe die Möglichkeit, die Brauchbarkeit meiner Lösungsversuche selbst zu testen, sie möglicherweise zu verwerfen und nach neuen Lösungen zu suchen."

In diesem Austausch erfährt das Kind echte Anteilnahme, das Bewusstsein seiner Einmaligkeit und die Offenheit der Bezugsperson für seine momentanen Bedürfnisse, für seine Befindlichkeit, Gefühlslage, Absichten und Fragen.

In Piklers Kinderheim äußerten viele Kinder noch bis ins vierte Lebensjahr hinein das Verlangen nach dieser Form von liebevollem Gepflegt-Werden. Offenbar hatten sie in der Zeit vor ihrem Aufenthalt in Lóczy lange und nachhaltig darauf verzichten müssen. Ihren Bedürfnissen wurde so lange entsprochen, bis die Kinder sich selbstständig aus der schützenden Nähe entfernten und ihre Körperpflege allein bewerkstelligen wollten und konnten.

So fanden viele Kinder einen Ausgleich zu erlebter Vernachlässigung und Beziehungsverlusten. Im Gegensatz zu fast allen anderen Säuglingsheimen in Europa wuchsen die Kinder in Lóczy ohne Hospitalismusschäden auf, weil Emmi Pikler in der Erziehung zwei wesentliche Grundprinzipien verfolgte: beziehungsvolle Pflege und eine freie Bewegungs- und Spielentwicklung.

> *Jasmin kündigt ihr Handeln vorher an. „Jetzt nehme ich dich auf den Arm. Dann gehen wir zum Wickeln." Das tut sie auch dann, wenn sie nicht sicher sein kann, dass das Kind sie genau versteht. Aber es entspricht ihrer respektvollen Haltung dem Kind gegenüber. Sie würde nie ein Kind aus dem Spiel einfach hochheben, prüfen, ob es gewickelt werden muss, und dann ins Bad gehen.*

Sammeln Sie – möglichst aufgrund von Beobachtungen – Situationen beim Füttern und Waschen kleiner Kinder.
Beschreiben Sie den Umgang mit dem Kind entsprechend den oben beschriebenen Haltungen.
Wenn Sie Gelegenheit dazu haben, üben Sie diesen Umgang mit kleinen Kindern. Falls nicht: Auch Erwachsene sind empfänglich für diese Art von Umgang miteinander.

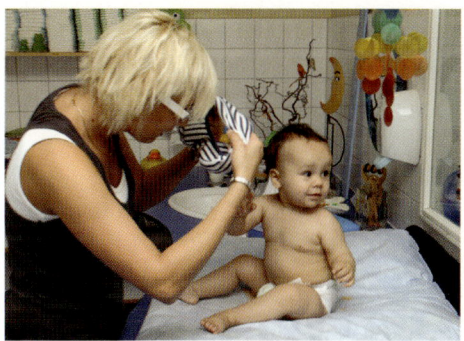
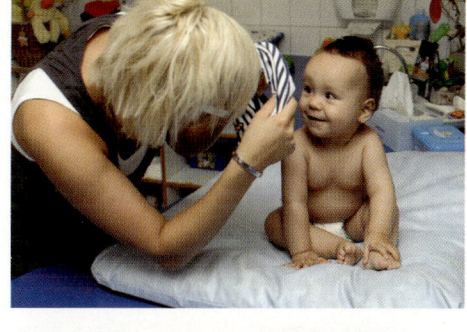
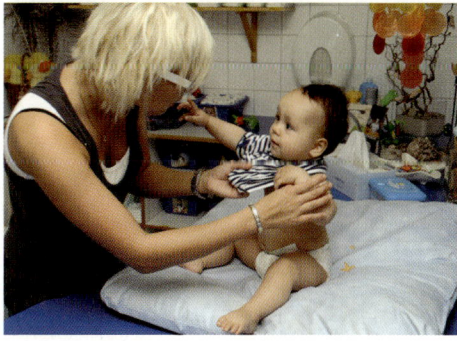
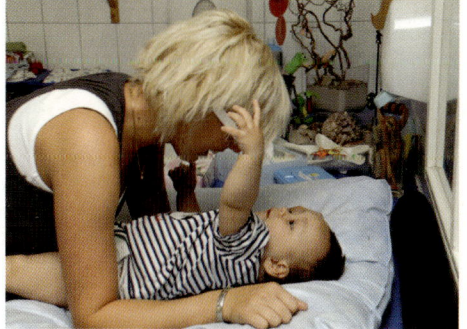

Interaktion beim Pflegen und Anziehen

Die Pflegezeiten wie die gemeinsamen Mahlzeiten gehören zu den wichtigsten Lernanlässen im Tagesablauf. Ihre pädagogischen Möglichkeiten liegen in der **Förderung aller Persönlichkeitsbereiche** der Kinder und in der Art und Weise, wie es gelingt, Körperpflege möglichst individuell zu gestalten. Alle Sinne, besonders die Nahsinne, werden in der Beziehung zu sich selbst und anderen angesprochen. Körperpflegegewohnheiten (Händewaschen vor den Mahlzeiten und nach der Toilette, Zähneputzen nach den Mahlzeiten) werden auch schon für Babys zur Regel.

4.4.2 Sich in der Haut wohlfühlen …

… können Kinder durch zuverlässig am Tag wiederkehrendes fürsorgliches Handling. (Damit sind alle Abläufe gemeint wie Halten, Tragen, Bewegen und Drehen.) Beim Waschen, Baden, Einölen und Windelwechseln sind Sorgfalt, Respekt vor den Äußerungen des Kindes, Wärme und Einfühlungsvermögen unerlässlich. Hautpflege kann zur Linderung von Angst und Spannung beitragen und verunsicherten Kindern das Gefühl vermitteln: „Menschliche Nähe ist etwas Schönes, das ich angstfrei genießen kann. Ich weiß, wo ich hingehöre und wem ich vertrauen kann." Die Haut ist das größte, am frühesten funktionierende Sinnesorgan (vgl. Wahrnehmung, Kapitel 8). Sie atmet, scheidet aus und stimuliert Atmung, Kreislauf sowie Stoffwechsel. Sie hält den Körper zu-

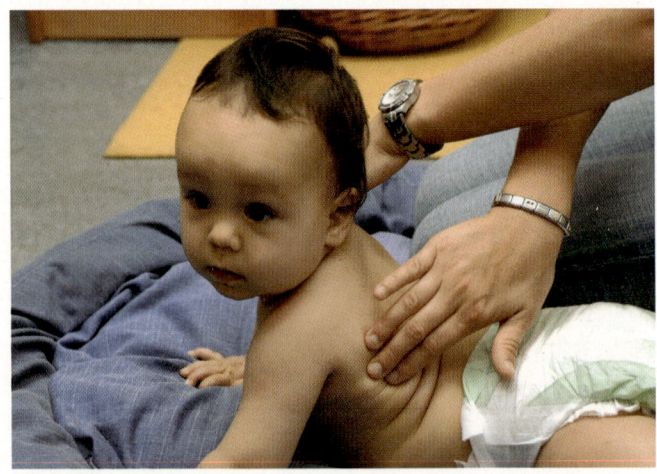

Babymassage als Kontaktform

sammen, ermöglicht ihm das Aufrechtgehen, schützt ihn gegen äußere Einflüsse und sammelt Temperatur- und Druckerfahrungen. Sie ist gleichzeitig durchlässig und undurchlässig, robust und überaus zart und empfindlich.

Sie wird zur **ersten Hilfsquelle** eines Kindes, weil Hautschäden in der Regel als Erstes die Aufmerksamkeit der Erwachsenen wecken. Sie signalisiert gesundheitliche Beeinträchtigungen, Mängel oder ein Übermaß an Spannung. Gänsehaut, Schwitzen und fahle Blässe können inneres Frieren und Angst ausdrücken, Rötungen zeigen Erregung an. Kratzen und „An-sich-Herumpulen" können ein Zeichen für Ratlosigkeit und Verzweiflung sein. Kindliche Haut kann trocken, spröde und schuppig werden, sodass andere Menschen das Kind nicht mehr berühren mögen. Hinter einem solchen „Panzer" kann ein Kind sich vor weiteren Belastungen schützen.

Haut kann sich aber auch, besonders im Windelbereich, zum aufgequollenen, feuchten Nährboden für Hautpilze oder Bakterien entwickeln, der dringend der Pflege und Versorgung bedarf. Die Haut nässt, bildet Bläschen und wunde Flächen – so lange, bis das Kind körperliche Zuwendung bekommt.

4.4.3 Wickeln

Erst seit 200 Jahren verwenden wir **Windeln**. Vorher wurden Kinder rechtzeitig „abgehalten"; dazu mussten Mütter und Ammen mit den Kindern sehr gut in Fühlung sein, um ihren Stoffwechselablauf genau zu erkennen. Zuerst gab es Stoffwindeln, die schon bald in Verbindung Gummihöschen aus gummiertem Stoff vor dem „Auslaufen" schützten. In den 1950er-Jahren brachten Schweden die ersten Plastikwindelhöschen auf den Markt, die durch die Einführung der **Höschenwindeln** mit Klebestreifen ab 1970 allmählich verschwanden.

Seit ihrer Einführung wurden Höschenwindeln immer leichter und dünner. Der „Superabsorber", eine Gelschicht in der inneren Viskoseschicht der Windeln, nimmt große Mengen Flüssigkeit auf, ohne dass das Kind (und die Erwachsenen) die zunehmende Nässe spürt. Ein Trockenvlies an der Oberfläche sorgt dafür, dass Feuchtigkeit sofort nach innen abgeleitet wird. Kinder merken also nicht sofort, wenn ihre Windel nass ist: „Voll" ist sie dann noch lange nicht. Das ist für viele Erwachsene ein Grund, mit dem Windelwechsel noch ein wenig zu warten. (Höschenwindeln sind teuer.) Für Kinder bedeuten Trockenvlies und Absorberschicht in der Windel eine Erschwernis der Wahrnehmung der eigenen Körperfunktionen und damit möglicherweise eine Verzögerung des Sauberwerdens.

Seit Einführung der Vlieswindel geht der Einsatz von **Stoffwindeln** ständig zurück. Sie sind weniger saugfähig, zeigen aber den Grad von Nässe und Kälte zuverlässig an. Stoffwindeln aus Mull oder Molton sind bei 95 °C waschbar. Sie werden als Dreiecktuch gefaltet, um den Unterleib des Kindes gelegt und mit Windelhosen gehalten. Es gibt neue Ausführungen mit Klettverschluss oder Druckknöpfen, die wie Höschenwindeln gehandhabt werden.

Ein wahrnehmungsfreundlicher und dennoch kosten- und wäschesparender Mittelweg sind einfache **Vlies- oder Flockenwindeln**: Sie werden in eine Wickelfolie oder ein Windelhöschen eingelegt. Leider sind sie nicht mehr überall erhältlich.

Für Kinder, die kurz vor dem Sauberwerden sind, gibt es **Einwegwindeln**, die sie wie Unterhöschen selbst an- und ausziehen können.

Erwachsene in der Kita sorgen dafür, dass sie alle Kinder „gut riechen können". Kinder mit schlechtem Pflegezustand, die öfter mit lange gebrauchten Windeln in die Kita kommen, haben es schwer, Menschen für sich einzunehmen. Geruchsrezeptoren nehmen nämlich auch unangenehme Gerüche unterhalb der Wahrnehmungsschwelle auf. Von dort gelangen sie direkt in das limbische System und werden in der Großhirnrinde als störend abgespeichert. Und obwohl körpereigene Gerüche absolut natürlich sind, beeinflussen sie maßgeblich die Sympathie oder Antipathie. Sie sind ein wichtiger Bestandteil der (nonverbalen) Kommunikation und damit der Beziehungsbildung.

Die Haut ist bei jedem **Windelwechsel** zu reinigen und gut abzutrocknen (kein Fältchen vergessen!), damit Rötungen, wunde Stellen oder gar Windeldermatitis keine Chance haben. Dabei sollten fließendes warmes Wasser und nur wenig Reinigungs- und Pflegeprodukte eingesetzt werden, die pH-neutral sind, den Säureschutzmantel der Haut schonen, rückfettende Substanzen enthalten und so das Austrocknen der Haut verhindern. Feuchttücher enthalten Stoffe, die einen Schutzfilm auf der Haut bilden und Hautreizungen eigentlich verhindern sollen, aber sie können Allergien auslösen. Nach Möglichkeit sollten alle Babys nach dem Reinigen eine Weile nackt strampeln, spielen und sich selbst spüren dürfen. In dieser Zeit kann Frischluft die Haut trocknen und es wird dem Wundsein ohne Cremes und Puder vorgebeugt.

4.4.4 Zahnen und Zahnpflege

Das Zahnen wird von Eltern gespannt erwartet und ihm werden eine Reihe belastender **Begleiterscheinungen** zugeschrieben: erhöhte Infektanfälligkeit, Fieber, Weinerlichkeit, Schmerzen, Wundsein, Unruhe und Schlaflosigkeit. Die Erfahrung zeigt: Je aufmerksamer solche Begleiterscheinungen verfolgt werden, desto häufiger treten sie auf. Bei den meisten Kindern gibt es außer vermehrtem Speichelfluss keine Probleme, einige reagieren mit Durchfall. Nach den ersten drei Monaten haben Babys normalerweise bis zu zehnmal im Jahr Schnupfen und oft wird dies fälschlicherweise mit dem Zahnen in Verbindung gebracht. Gleichwohl ist das Zahnen eine körperliche Umstellung und Babys können **folgende Unterstützung** gut brauchen:

- anstatt mitleidigen Bedauerns liebevollen Zuspruch und Aufmerksamkeit schenken;
- das Zahnen beobachten und bei Schwellungen und Fieber den Kinderarzt befragen;
- Zahnungshilfen geben: Alles, was schadstofffrei, elastisch, hart und so groß ist, dass es nicht verschluckt werden kann, eignet sich zum Draufbeißen – und das verringert Zahnungsbeschwerden.

Wann die ersten Zähnchen durchbrechen, ist von Kind zu Kind sehr unterschiedlich. Hier eine kurze Übersicht:

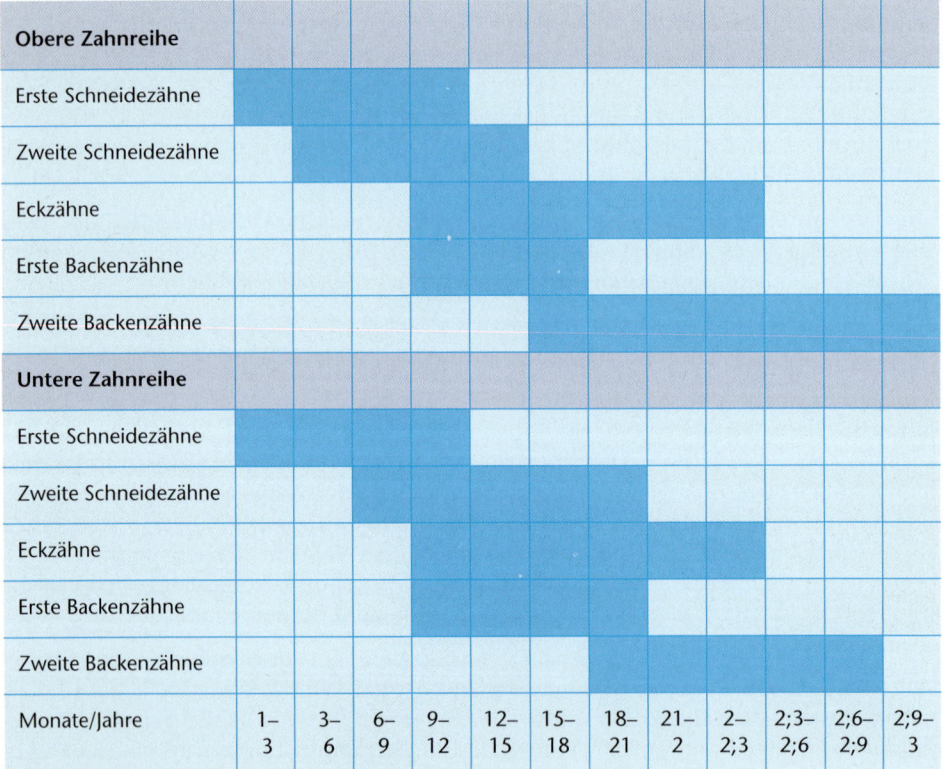

Entwicklung des Milchgebisses (vgl. Largo, 2007, S. 459)

Ein Schwerpunkt in der Zusammenarbeit von Familie und Kita ist die Abstimmung in puncto **Kariesprophylaxe**. Das Zähneputzen nach den Mahlzeiten sollte von Anfang an zu den Tagesritualen gehören, ist aber allein kein wirksamer Schutz. Wichtig sind eine altersgerechte Fluorprophylaxe (mit dem Kinderarzt absprechen) und vor allem eine möglichst **zuckerfreie Ernährung**. Alle Monosaccharide, nicht nur raffinierter weißer Zucker, Schokolade und Bonbons, sondern auch Honig, Trockenfrüchte, Fruchtzucker und brauner Zucker werden von der natürlichen Mundflora zu Milchsäure abgebaut, die den Zahnschmelz massiv angreift.

Da auf Zucker in der kindlichen Ernährung kaum verzichtet werden kann, hier **einige Faustregeln**:

- Zuckerhaltige Nahrungsmittel nur während der Hauptmahlzeiten anbieten, dort richten sie kaum Schaden an. Zwischenmahlzeiten sind die eigentlichen Kariesverursacher. Deshalb auf Milchschnitten, Früchteriegel oder Fruchtjoghurts verzichten. Stattdessen Obstsorten geben, die nicht an den Zähnen kleben (wie z.B. Bananen, Feigen oder Datteln), und appetitlich angerichtete Gemüsestücke.
- Gegen Durst Mineralwasser und zuckerfreien Tee reichen.
- Alle Kinder nuckeln gern. Das Lutschen ist eine Form von Eigenaktivität in der Selbstversorgung; das Kind lernt, sich selbst zufriedenzustellen. Es dauert meist über das zweite Lebensjahr hinaus und nimmt dann allmählich ab. Mit drei Jahren lutschen noch fast 70 % aller Kinder, mit vier Jahren noch über die Hälfte zumindest gelegentlich. Ob sie den Daumen, den Schnuller oder Bettzipfel vorziehen, hängt von ihren ersten positiven Lutscherfahrungen ab.
- Schnuller wirken der Zahnfehlbildung günstiger entgegen als der Daumen. Sie haben aber den Nachteil der sofortigen Verfügbarkeit, sodass Erwachsene versucht sind, ihr Kind damit bei jedem Unwohlsein ruhigzustellen, ohne auf dessen Ursachen näher einzugehen. Der Daumen fällt bei Müdigkeit bald aus dem Mund, Bettzipfel sind nicht so leicht verfügbar wie eine Schnullersammlung und beide führen dazu, dass das Kind eher aufhört zu nuckeln. Trinkfläschchen als Beruhigungshilfe sind strikt abzulehnen, besonders dann, wenn sie mit Milch, Fruchtsaft oder Kindertee gefüllt sind. Fast alle Kariesschäden an den vorderen Schneidezähnen wurden durch die Babyflasche verursacht, die immer mitgeschleppt und ständig neu gefüllt wurde.

4.4.5 Raum für Wassererfahrungen, Pflege und Hygiene

Sie erhalten als Erzieherin der Kita „Pusteblume" den Auftrag, zusammen mit einigen Kolleginnen und Kollegen für Ihre Einrichtung einen neuen Bereich für Kinder unter drei Jahren zu planen. Bisher werden dort 90 Kinder im Alter von drei bis zwölf Jahren in vier Gruppen betreut. Eine Schulkindgruppe im Erdgeschoss wird aufgelöst, dort soll zu ebener Erde ein Bereich für zwölf Kinder unter drei Jahren entstehen. Zunächst kümmern Sie sich um die Bereiche mit dem größten Veränderungsbedarf. Sie nehmen als Erstes den Sanitärbereich in Augenschein.
Bevor Sie weiterlesen überlegen Sie:
Wie würden Sie selbst vorgehen?

Wir schlagen zur Vorbereitung ihres Veränderungsprojektes folgende fünf Planungsschritte vor:
1. *Klären:* Wie sieht es in unserer eigenen Einrichtung aus?
2. *Klären:* Wie sieht es in anderen Einrichtungen aus? Wie wird dort gearbeitet? Wie ist der Sanitärbereich eingerichtet und ausgestattet?
3. *Sich informieren:* Welche Qualitätskriterien gibt es für den Sanitärbereich für die Arbeit mit Kindern unter drei Jahren?
4. *Sich informieren:* Was brauchen die Kinder?
5. *Entscheiden:* Was müssen wir bei uns verändern? Was kann so bleiben?

Informationen zur Frage: Wie sieht es in unserer eigenen Einrichtung aus?

Sie vermessen den Waschraum und stellen fest: Er ist 20 qm groß, bei einer Deckenhöhe von 2,60 m. Die Heizkörper erzeugen eine Raumtemperatur von 25 °C. Der Fußboden ist durchgehend grau gefliest. Die Wände sind mit hellgrüner Lackfarbe auf Zement gestrichen.

Sie überprüfen die Ausstattung. Vorhanden sind
– drei Kindertoiletten, Sitzhöhe 40 cm, abgeteilt vom übrigen Bereich durch eine Trennwand (Höhe 1,80 m) mit Schwingtüren,
– vier Handwaschbecken, Breite je 50 cm, Höhe 60 cm, und
– ein Wandschrank mit einer Garderobenstange und drei Fächern für Handtücher.

Der bisherige Waschraum

Informationen zur Frage: Wie sieht es in anderen Einrichtungen aus?

Als Nächstes um sich über die Arbeitsabläufe im Sanitärbereich zu informieren, besuchen Sie zwei benachbarte Kindertageseinrichtungen. Dort beobachten Sie die Kinder und Erzieherinnen während der Pflegephasen. Sie stellen fest, dass es in jeder Kita andere Arbeitsschwerpunkte gibt.

Kita Alpha
Einige der angekommenen Kinder werden am frühen Morgen nach der Begrüßung sofort sorgfältig und zügig gewickelt und eingeölt, sofern ihre Haut wund und trocken ist. *„Wir tun das, weil wir schon öfter beobachtet haben, dass die Kinder morgens die gleiche Windel anhaben wie am Abend zuvor"*, erklärt eine Erzieherin.

Nach den Mahlzeiten gehen alle Kinder gemeinsam in den Waschraum. Die Kleinsten bekommen eine neue Windel, die Kinder ab 18 Monaten gehen auf ihr Töpfchen und die Älteren auf kleine Toiletten. Damit sie Bodenkontakt haben, steht jeweils ein Plastikbänkchen für die Füße davor.

„Alle unsere Kinder sind begeistert vom Waschraum, besonders vom Wasser. Wir würden ihnen gern viel mehr Möglichkeiten geben, aber wir haben zu wenig Waschbecken und wenig Zeit", erklärt die Erzieherin. Nach dem Töpfchen- oder Toilettengang fordert sie die Kinder ab 18 Monaten zum Händewaschen auf. So lange wie möglich behauptet jedes Kind seinen Platz am Waschbecken. Lebhaft drehen sie am Wasserhahn, prüfen die Veränderung des Wasserstrahls, lassen ihn über die Hände laufen und erkunden den Verlauf der Tropfen auf den Händen, den Armen, im Becken. Sie spritzen sich selbst und die neben ihnen stehenden Kinder an und bekommen dafür eine Zurechtweisung von der Erzieherin. Da es zu wenig Waschbecken gibt, warten einige Kinder. Sie schubsen einander; es gibt Streit.

Der Waschraum in der Kita Alpha – Lara möchte mit Seife experimentieren.

Kita Beta

Der Waschraum wird fast den ganzen Tag über für unterschiedliche Aktivitäten genutzt. *„Unsere Sanitärräume sind Erlebnisräume, nicht nur um für das Wohlfühlen, für Gesundheitspflege und Sauberwerden zu sorgen, sondern eines unserer wichtigsten Erfahrungsfelder für alle Sinne und die Gefühle der Kinder"*, erklärt die Leiterin.

Während der Pflegezeiten vor und nach den Mahlzeiten wird jedes Kind nach Ankündigung und Bedarf gewindelt oder auch gebadet. Die Kinder ab dem zweiten Lebensjahr benutzen die Minitoiletten. *„Wir haben keine Töpfchen"*, berichtet die Erzieherin. *„Die Jüngeren gucken von den Älteren ab und weil jedes Kind groß werden will, wollen sie alle sehr bald auch auf die Toilette gehen."*

In der Kleinstkindergruppe wird auch Robby betreut, ein Kind mit motorischer und mentaler Entwicklungsverzögerung. Warmes Wasser ist sein Lieblingselement, deshalb bietet die Erzieherin ihm so oft wie möglich die Gelegenheit zum Planschen. Wenn Robby sich in der Wanne sicher gehalten fühlt, strampelt, krabbelt und rudert er mit Armen, Beinen, Händen und Füßen. Er genießt den Hautkontakt im entspannten Spiel mit der Erzieherin, strampelt, quietscht und blubbert. Er lässt sich gern hin und herwiegen und stemmt sich gegen die haltenden Hände. Seine Bewegungen sind im Wasser deutlich flüssiger, vielseitiger und geschickter als „an Land". Das Tun der anderen Kinder beobachtet er aufmerksam und versucht es zu imitieren.

Während der Angebotsphase am Vormittag schöpfen die Kinder Wasser, füllen und leeren Sprühflaschen aus Plastik und prüfen, was mit der Gießkanne anzustellen ist. Sie lassen Wasser durch transparente Plastikschläuche laufen und benutzen diverse Trichter, Siebe, Becher und Schüsseln verschiedenster Größen, um es aufzufangen und woanders hinlaufen zu lassen. Sie lassen Wasser in eine kleine Wanne laufen und werfen Gegenstände hinein: Sie erforschen, welche davonschwimmen oder sich niederdrücken lassen und welche nicht.

Der Waschraum in der Kita Beta: Erfahrungen mit Seife im Planschbecken

Zusammen mit der Erzieherin experimentieren sie mit Dingen, die sich wegblasen oder durch Pusten verändern lassen.

Sie benutzen dazu Windräder, Seifenblasen, Strohhalme und flüssige Farben. Aus einem tiefen Teller schlürfen sie Wasser: laut und leise, mit Lippensprudeln und Zungenschnalzen, mit und ohne Stimme. Sie spielen „Baby-Sein": Sie saugen Wasser aus der Babyflasche und aus engen oder weiten Strohhalmen. Sie gurgeln mit Wasser um die Wette. Das Spielrepertoire ist groß. Die Erzieherin hat das jeweils benötigte Material übersichtlich sortiert auf Regalen in der Nähe des Waschraums, sodass sie es situationsgerecht einbringen kann.

Wenn es Zeit zum Wickeln ist (einige Kinder erhalten vor, die anderen Kinder nach dem Mittagessen frische Windeln), ermuntern die Erwachsenen einzelne Kinder, zur Wickelkommode zu kommen. Die Kinder ab dem achten Lebensmonat krabbeln selbstständig hinauf. Beim Aus- und Anziehen ergibt sich ein lebhaftes Zwiegespräch. Die Erzieherinnen verbalisieren Gefühle, Absichten, Wahrnehmungen und Tätigkeiten der Kinder. Sie nehmen sich möglichst viel Zeit für jedes Kind und bieten Babymassage und Fingerspiele an. Die Kinder werden zur Eigenaktivität angeregt und helfen mit, soweit es von ihrem Entwicklungsstand her zu erwarten ist.

Am Vormittag während der Spielphase bietet eine Erzieherin ungefärbten, unparfümierten Rasierschaum an. Mit einem Baby auf dem Arm als Zuschauer spritzen die Zweijährigen Tupfer und „Schlangen" auf den Spiegel, die Kacheln und den Matschtischdeckel.

Am Nachmittag spielen einige Kinder im aufblasbaren, mit warmem Wasser gefüllten Planschbecken. Weil der Platz darin nicht für alle reicht, stehen mehrere große Wannen daneben. Die Kinder wälzen aufblasbare Bälle, füllen Fahrradschläuche mit Wasser und klettern auf schwimmende Gummireifen.

Informationen zur Frage: Welche Qualitätskriterien gibt es für den Sanitärbereich?

Sie fragen beim Jugendamt nach den Ausstattungsmerkmalen für den Pflegebereich in Gruppen für Kinder unter drei Jahren.
Sie erhalten dort folgende Angaben:
Größe: keine Angabe
Ausstattung: Wickeltisch, Dusche, ein Waschbecken für acht Kinder, eine Toilette für zwölf Kinder

Informationen zur Frage: Was brauchen Kinder?

Sanitärräume für Kinder unter drei Jahren sind nicht nur Orte der Hygiene und Sauberkeit. Sie gehören zum Bereich der Kindergruppe als ein angenehmer Aufenthaltsraum, in dem Kinder das Umsorgt-Werden genießen, aber auch spielen, entdecken und experimentieren können. Sie sind behaglich, anheimelnd, anregend und funktionell gestaltet.

Sie haben genügend Platz und Möglichkeiten, um das mehrmals täglich wiederkehrende Pflegeritual (Waschen, Zähneputzen, Baden, Massieren) für Kinder und Erzieherinnen entspannend gestalten zu können. Arbeitsschutzbestimmungen (z. B. die richtige Höhe für das Heben und Bücken) sind ein wichtiger Planungsgesichtspunkt.

Ohne aufwendige Vor- und Nachbereitung können Erzieherinnen ermöglichen, was Kinder unter drei Jahren am meisten interessiert und begeistert: das eigenständige Experimentieren und Spielen mit Wasser, den freien Umgang mit flüssigen oder formbaren Materialien.

Sanitärräume sind Pflege- und Erfahrungsräume. Deshalb sind folgende Punkte zu beachten:
a) Größe, Beleuchtung und Temperatur
b) Orte zum Pflegen
c) Toilette oder Töpfchen?
d) Erfahrungen mit Wasser, Gefäßen und Materialien

a) Größe, Beleuchtung und Temperatur

Um den Aktivitäten mit mehreren Kindern gleichzeitig gerecht zu werden, sollte der Raum nicht kleiner als 16 qm sein. Er sollte vom Gruppenraum aus leicht erreichbar bzw. mit ihm verbunden sein.
– Der Raum sollte hell, aber nicht kalkweiß gekachelt sein und wegen der Akustik eine Schallschutzdecke haben.
– Ein Bodenabfluss in der Mitte ist notwendig zur Minimierung der Arbeitsabläufe und zur Vorbeugung des Kräfteverschleißes beim Reinigen.
– Der Raum sollte gut zu belüften sein (Feuchtigkeitssperren) und möglichst freie Sicht nach außen zulassen.
– Damit sich Krabbelkinder auf dem Boden nicht erkälten, sollte, wenn irgend möglich, eine Fußbodenheizung eingebaut sein.
– Die Raumtemperatur beträgt – je nach Bekleidung und Aktivität – 22 bis 25 °C.

b) Orte zum Pflegen (vgl. zu diesem Thema auch von der Beek, 2007, S. 118–125)

Der Pflegeplatz ist ein Ort, an dem Kinder mit sich selbst in Kontakt kommen. Er ist auch ein intimer Ort und braucht einen ruhigen, abgeschirmten Bereich, an dem Erzieherinnen die Sicht zur Gruppe trotzdem nicht versperrt ist.

Damit aber nicht nur einzelne Kinder uneingeschränkt die Zuwendung der Erzieherinnen genießen können, sondern auch Zugucken und Mitmachen möglich sind, muss genügend Raum zum An- und Ausziehen sowie für Schmusespiele da sein.

Wickelmöbel sollten mindestens 1,80 m x 1 m groß und, um Haltungsschäden der Erwachsenen vorzubeugen, höhenverstellbar sein. Unmittelbar daneben oder besser noch in den Wickelplatz integriert, befindet sich ein ausreichend großes Waschbecken mit Warmwasseranschluss und Handdusche. Um das anstrengende Heben zu verringern und Kinder zur Eigenständigkeit anzuregen, ist der Wickelplatz über eine rutschgesicherte Treppe zu erklettern. Über und neben dem Pflegeplatz sind Regale leicht erreichbar angebracht:

Wickeltisch mit Waschbecken und Platz für drei Kinder

– für Wechselwäsche und Windeln von zu Hause (jedes Kind hat einen eigenen Kasten mit Foto),
– für Pflegeutensilien,
– für Handtücher und Papiertücher sowie
– für einen doppelten Satz Cremedosen und Plastikflaschen zum Hantieren für die Kleinsten.

Regal über dem Wickeltisch – Kästen für Wechselwäsche

Spiegel über und neben dem Wickelplatz sind beliebt; sie geben Kindern (und Erwachsenen) Gelegenheit, sich selbst und die anderen zu beobachten, zu imitieren und über das Spiegelbild hinweg zu kommunizieren.

Damit Kinder ungehindert Arme und Beine, Bauch, Brust und Po bewegen, sich herumrollen sowie sich selbst und andere spüren können, empfehlen sich 2 m x 2 m große, feste Schaumstoffmatten mit Baumwollüberzug. Hier können die Babys auch zusammen mit den älteren Kindern unbekleidet spielen, je nach Wetterlage auch draußen im Halbschatten. Die Matte ist gleichzeitig ein „mobiler Wickeltisch",

wenn sie in der Nähe eines Pflegeutensilienregals liegt. Kein Kind kann herunterfallen und sich verletzen, aber mehrere Kinder können die Pflege des kleinsten Babys gespannt beobachten, kommentieren, dabei helfen und das schon erreichte Maß eigener Unabhängigkeit in Beziehung zur Unterstützungsbedürftigkeit der Kleineren setzen.

c) Toilette oder Töpfchen?

Die Kontrolle über die Schließmuskeln (siehe Kapitel 4.5.2) ist eine Leistung, die mit wachsender Ausdifferenzierung des Nervensystems einhergeht. Die Fähigkeit, sich selbst als den Verursacher von Handlungen wahrzunehmen und das Bedürfnis, größere Kinder in ihrem Verhalten zu imitieren, sind vom ersten Geburtstag an deutlich. Die willkürliche Kontrolle über die Schließmuskeln entwickelt sich ab ca. 1;6 Jahren. Ab dem zweiten Lebensjahr ist das Kind in der Lage, Handlungen auf später zu verschieben. Erst dann ist ein Kind motiviert, die Toilette bzw. das Töpfchen aufzusuchen. Zunehmend kann es den Problemlöseprozess von der Wahrnehmung „Ich muss aufs Klo gehen" bis zum Gang zur Toilette und zu notwendigen Tätigkeiten – wie Öffnen und Herunterziehen der Hose – selbstständig lösen. Gleichzeitig differenzieren sich Gefühle wie Scham und Stolz. Ein erfolgreicher, dauerhafter Verzicht auf Windeln ist erst gegen Ende des dritten Lebensjahres zu erwarten.

Diesen Voraussetzungen trägt der Sanitärbereich Rechnung:
- Kinder können wählen, ob sie den Topf oder die Toilette benutzen wollen. Dazu muss beides in ausreichender Menge vorhanden sein. Sie werden bald die Toilette wählen.
- Zwei Kindertoiletten mit Brillen entsprechen der Körpergröße zweieinhalbjähriger Kinder. Sie sind 26 cm hoch. Für ältere Kinder kann es eine weitere, etwas höhere Toilette geben.
- Toiletten und Töpfchen sind für Kinder und Erwachsene leicht zu erreichen, haben genügend Raum für Hilfestellung der Erwachsenen und liegen in einem sichtgeschützten Teil des Waschraums.
- Ein Bord für Ersatzwindeln und Reinigungstücher ist leicht erreichbar.

d) Erfahrungen mit Wasser, Gefäßen und Materialien

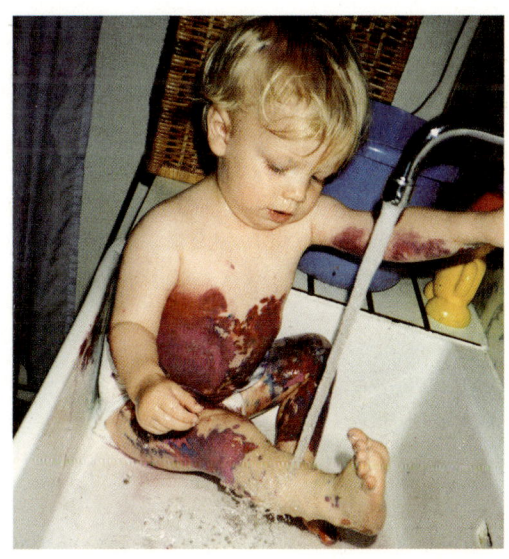

Wenn kein separater Nassraum zur Verfügung steht, braucht der Waschraum einen Bereich zum Planschen. Die klassischen Babybadewannen sind zu klein. Planschbecken sollten mehreren Kindern zugleich Platz bieten, denn gemeinsame Wassererfahrungen ermöglichen Kooperation, Imitation, Zusammenspiel und Vergleich. Dazu eignen sich
- eine Dusche mit großer Tasse (Tiefe 25 cm, Größe 1 m x 1 m),
  ein Kachelbecken als Planschbecken,
- ein aufblasbares Planschbecken und
- drei große Wannen als Notlösung[1].

Erfahrungen mit Wasser

---

[1] *Eine anregende Vielfalt von Angeboten für den Nassbereich und für das körperliche Wohlbefinden der Jüngsten finden Sie in den Buchreihen „Aktivitäten für den Entwicklungsbereich ‚Gesunde Kinder'" und „Entwicklung unterstützen von 0 bis 3", Troisdorf: Bildungsverlag EINS.*
Hier sind besonders zu empfehlen: Ich entdecke meinen Körper; Kleistern, Kleben, Kritzeln; Fühlen, Schmieren, Matschen.

Um das *Material* für Wasserexperimente und -erfahrungen in erreichbarer Nähe zu haben, hängen tiefe Borde in der Nähe des Planschbeckens: Sie enthalten durchsichtige Plastikkästen, in denen die Kinder alles finden (und nach Gebrauch selbsttätig wieder einräumen) können, was sie für ihre Forschungen brauchen. Dazu gehören:
– aufblasbare Reifen und Gummitiere,
– Bechersätze und Förmchen,
– Eimer von klein bis mittelgroß,
– transparente Plastikschlauchstücke (10 cm bis 1 m, verschiedene Durchmesser),
– Trichtersätze,
– Siebe in verschiedenen Lochstärken und Durchmessern,
– ineinander passende Plastikschüsseln,
– Verschlusskappen,
– Gießkannen und
– Sprühflaschen.

Ein Waschraum soll eingerichtet werden.
1. Wie würden Sie vorgehen?
2. Welche unterschiedlichen Erfahrungsmöglichkeiten bieten die Sanitärräume den Kindern in den beiden beschriebenen Kitas?
3. Welche Schwerpunkte setzen die Erzieherinnen bei ihrer Arbeit?
4. Entwerfen Sie einen Grundriss und die Einrichtung für einen Sanitärraum in der Kita „Pusteblume". Berücksichtigen Sie dabei die erarbeiteten Gesichtspunkte.

4.5 Entwicklungsphasen des Sauberwerdens begleiten und unterstützen

Es ist noch nicht lange her, da galt das Trockensein eines Kindes als erster sichtbarer Erziehungserfolg der „guten Mutter". Noch heute ist es ein gut gehütetes Geheimnis in vielen Familien, dass die Kinder in puncto Sauberwerden nicht so wollen wie die Eltern. Es gibt Probleme, aber man spricht nicht darüber und findet auch in den Medien wenig Hilfreiches. Dabei wissen wir heute, dass die Frage, wann Kinder sauber werden, weniger wichtig ist als die Frage, wie sie sauber werden.

Eigentlich müssen wir nur abwarten. Denn wenn Sie bedenken, was die Kinder Ihrer Gruppe von Geburt an bis heute schon alles gelernt und erfahren haben, und zwar aus eigenem Willen heraus, können Sie auch darauf vertrauen, dass sie aus eigenem Antrieb sauber werden wollen – Schritt für Schritt. Alle Kinder wollen groß werden. Ihre Motivation zum Sauberwerden ist der Wille, es den älteren Kindern gleichzutun. Bevor sie dazu in der Lage sind, müssen bestimmte Voraussetzungen erfüllt sein.

4.5.1 Voraussetzungen zum Sauberwerden

In den ersten drei Lebensmonaten gibt die Blase ca. 30-mal in 24 Stunden Harn ab. Die Blasenentleerung erfolgt auch, wenn diese noch lange nicht voll ist. Die Rezeptoren geben schon bei sehr geringer Füllung Impulse. Diese werden an eine Schaltstelle im Rückenmark geleitet und lösen direkt von dort den Entleerungsreflex aus.

Je mehr Arbeit die Großhirnrinde durch Bildung von Verschaltungen übernimmt, desto seltener werden die Entleerungen. Nach etwa sechs Monaten sind es nur noch 20 in 24 Stunden. Die Blasenwand zieht sich jetzt seltener reflektorisch zusammen, die Blase wird voller und seltener entleert.

Um den **ersten Geburtstag** herum nimmt das Kind offensichtlich **Druckgefühle** in der Blase und im Anus wahr. Wie mit allem anderen beginnt es, mit der Empfindung „Festhalten und Loslassen" zu experimentieren. (Beispiel: Die Windel wird kurz nach dem Wickeln nass.) Im Verlauf dieser grundlegenden Selbsterkennungsphase „ertasten" sich Kinder eine ungefähre Vorstellung von sich selbst – mit der gleichen Intensität, mit der sie sich ihren vertrauten Menschen und den Dingen in ihrer Umgebung zuwenden. In diesem Alter ist alles von besonderem Interesse, was flüssig, matschig, klebrig, pappig und weich ist. Damit diesem Interesse entsprochen werden kann, ohne dass die Ausscheidungsprodukte Gegenstand des Experimentierens sind, können Sie von jetzt an auf Erfahrungsangebote (z. B. Sand, Knete) zurückgreifen.

Erst mit **18 Monaten** hat das Nervensystem einen Reifungsgrad erreicht, der die bewusste Wahrnehmung „Blase voll" ermöglicht. Jetzt beginnt das Kind zu realisieren, dass es zwischen den Empfindungen „Blase voll" und „nasse, kalte, schwere Windel" eine Verbindung gibt. Das Erkennen von Zusammenhängen zwischen Wahrnehmung und der Entleerung als Verknüpfungsleistung des Nervensystems ist die Voraussetzung für das aktive Sauberwerden.

4.5.2 Der Prozess des Sauberwerdens

Der nächste Schritt ist das **Signalisieren des Bedürfnisses**. Jetzt ist es wichtig, dass Bezugspersonen die Meldezeichen wahrnehmen und entsprechend reagieren. Ob das Kind auf dem Weg ist, erkennen Sie z. B. daran, dass es
- Aa sagt und drückt,
- plötzlich im Spiel innehält und einen versonnenen Gesichtsausdruck bekommt,
- während des Tages längere Zeit trocken bleibt oder nach dem Mittagsschlaf noch trocken ist,
- seine Windeln mit einer gewissen Regelmäßigkeit voll oder nass macht,
- sich *ohne* volle und nasse Windeln wohler fühlt,
- das Höschen allein hoch- und hinunterziehen kann und
- der Ausscheidungsvorgang als solcher interessant und die Ausscheidungsprodukte zum Forschungsobjekt werden.

Wenn einige der Voraussetzungen zutreffen, können Sie beginnen, das Kind mit der **Toilette** oder dem Töpfchen vertraut zu machen. Wenn in der Familie oder Kita größere Veränderungen ins Haus stehen oder das Kind in anderer Weise überfordert ist (z. B. neue Erzieher/-innen in der Gruppe, Krankenhausaufenthalt, ein neues Baby, Umzug), sollten Sie dies noch aufschieben.

Da kleine Kinder alles Neue mit Beharrlichkeit ausprobieren wollen, kann es vorkommen, dass sie jetzt alle zehn Minuten in den Waschraum gehen möchten. Das kann aufwendig werden, aber Sie sollten den Lerneifer der Kinder jetzt möglichst nicht bremsen. Das übermäßige Interesse legt sich nach einigen Tagen von allein.

Die **eigenständige Kontrolle** über die Schließmuskeln von Blase und Darm ist ab etwa zweieinhalb Jahren erreicht. Dann spürt das Kind die Füllung der Blase, bevor diese ganz voll ist, und lernt, die Druckempfindung richtig einzuschätzen. So kann es zwischen dem Auftreten des Bedürfnisses und dem Toilettengang einen zeitlichen Abstand einlegen und das Austreten so lange hinauszögern, bis Toilette oder Töpfchen erreicht, die Windel/Hosen unten sind und es sicher sitzt.

Nun gilt es, eine **Reihe von Abläufen** regelhaft zu lernen und einzuüben:
– Harn- oder Stuhldrang willentlich zurückzuhalten,
– zur Toilette zu gehen oder das Töpfchen zu holen,
– die Kleidung aufzuknöpfen, Reißverschlüsse zu öffnen und das Höschen herunterzuziehen,
– sich auf die Toilette oder das Töpfchen zu setzen,
– die Schließmuskeln erst zu öffnen, wenn alle Vorbereitungen abgeschlossen sind,
– sich allein den Po abzuwischen (Mädchen von der Scheide zum Anus – nicht umgekehrt) und
– sich anschließend die Hände zu waschen.

Bei diesen Abläufen brauchen Kinder so lange Unterstützung, bis sie sich zutrauen, alles selbst zu tun. Das wird etwa um den **dritten Geburtstag** herum der Fall sein.

4.5.3 Schritt für Schritt Neues lernen

Zuerst kommt der Darm, …

Die meisten Kinder können eher die Ausscheidungen des Darms kontrollieren als die der Blase. Üblich ist ein- oder zweimal Verdauung pro Tag und normalerweise verstreicht einige Zeit zwischen dem Wahrnehmen des Stuhldrangs und der Entleerung.

Wenn das Kind sich meldet, machen Sie ihm den Vorschlag, die Windel im Waschraum abzunehmen und sich auf das Töpfchen oder die Toilette zu setzen. Wenn ein Kind dabei allein sein will, sollten Sie das respektieren.

Viele Kinder haben regelmäßig Stuhlgang, z.B. nach den Mahlzeiten. Sie sollten nur einige Minuten auf der Toilette oder dem Töpfchen verbringen – auch wenn sie dem Beispiel der Älteren folgen und länger dort sitzen wollen. Längeres Stillsitzen und Warten-Müssen oder rote Druckstellenringe am Po sind unangenehme Erfahrungen in Verbindung mit dem Sauberwerden.

Drücken Sie Enttäuschung oder Ärger nicht als Schimpfen oder Strafen aus, wenn das „Groß" statt im Töpfchen in der Windel landet. Wahrscheinlich war das Kind während der „Sitzung" noch angespannt. Sobald es die vertraute Windel spürt, lockert sich die Spannung und es kann loslassen.

Schimpfen, Bespötteln oder Bemängeln wirken als Entwertung und verursachen Druck. Druck bewirkt, dass das Kind spürt: „Hier wird etwas von mir gefordert, dem ich mich entziehen kann". So kommt es zur ungewollten Verzögerung des Lernprozesses durch einen **Machtkampf**. Abwehr und Verkrampfung sind unvereinbar mit Angstfreiheit und Entspannung und verhindern aktives Loslassen zum Öffnen der Schließmuskeln.

 *Kinder, die unter Druck sauber werden, entwickeln oft Einstellungen wie: „Ich kann nichts allein bewirken – andere (Mächtigere als ich) entscheiden für mich. Ich schaffe nicht, was von mir erwartet wird. Ich muss mich wehren. Ich will meinen Standpunkt be- und festhalten."*

Auf dieser Entwicklungsstufe zeigen Kinder großes Interesse an allem, was sie produziert haben: „Da ist etwas aus meinem Körper gekommen, das habe ich ganz allein vollbracht!" Weil sich Kinder in diesem Alter als Verursacher eigener Handlungen wahrnehmen können, entwickeln sich am Thema „Sauberwerden" grundlegende Einsichten wie: „Ich bin in Ordnung so wie ich bin. Ich kann selbst über mich entscheiden. Ich will etwas und schaffe es. Mein Körper funktioniert gut und macht alles richtig."

Erfahrungen mit glitschigen, formbaren Materialien: Rasierschaum

… dann die Blase …

Wenn Kinder keinen Stuhlgang mehr in Hose oder Windel machen, dauert es durchschnittlich noch sechs Monate, bis sie auch die Blase zuverlässig „unter Kontrolle" haben. Das ist schwieriger, weil, anders als beim Stuhldrang, zwischen dem gefühlten Harndrang und dem tatsächlichen Wasserlassen nur eine kurze Zeitspanne liegt und Kinder zuerst nicht lange genug einhalten können.

Wenn das Kind zusammen mit dem „Groß" auch „Klein" gemacht hat, zeigen und erklären Sie es ihm, damit es versteht, dass beides zusammen in den Topf gehört.

Lassen Sie das Kind die Spülung bedienen, den Inhalt des Töpfchens selbst in die Toilette leeren und helfen Sie dabei, dass nichts daneben geht. Das Kind entscheidet selbst über die „Entsorgung" seiner Produkte.

Kleine Rückschritte, verursacht durch aufregende Ereignisse oder Überforderungssituationen, verunsichern jedes Kind. Es braucht dann mehr Zuwendung und Stärkung des Selbstvertrauens. Demütigungen oder Erinnerungen wie „Das ging doch schon mal viel besser" erreichen das Gegenteil.

… und dann der Abschied von der Windel

Am längsten dauert es, bis das Kind auch nachts trocken ist. Das ist dann der Fall, wenn die körperlichen und geistigen Voraussetzungen dafür erfüllt sind. Dazu gehört auch, dass die Blase altersentsprechend gewachsen ist, um die sich über Nacht sammelnde Flüssigkeit aufzunehmen. Im dritten bis vierten Lebensjahr ist das Fassungsvermögen der Blase etwa doppelt so groß wie beim zweijährigen Kind. Erst dann kann es lernen, die Körpersignale „Blase voll" auch im Schlaf wahrzunehmen und davon aufzuwachen. Das ist in der Regel aber nicht nötig: Kinder schlafen tiefer als Erwachsene und sind schwerer zu wecken. Im Schlaf entspannt sich die Blase und hat mehr Aufnahmekapazität.

Wenn die Kinder nach jeder Mahlzeit sowie vor und nach dem Schlafengehen angeregt werden, sich für einen Augenblick auf das Töpfchen oder die Toilette zu setzen, bildet der kindliche Organismus sein eigenes Signal- und Regelsystem aus.

Beim Aufnahmegespräch ist es wichtig, dass Eltern zum Sauberwerden ihres Kindes berichten und erklären, wie das Kind sich verhält und was es sagt, wenn es auf die Toilette oder das Töpfchen möchte.

4.5.4 Tipps für den Elternabend

Aus vielen guten Gründen wird auch in einer Kindertageseinrichtung heute abgewartet, bis Kleine es den Großen gleichtun und selbst trocken werden wollen. Gleichzeitig trifft das Thema das große Informationsbedürfnis vieler Eltern. Hier einige Punkte, die Sie auf Elternzusammenkünften (siehe auch Kapitel 14.4.2) gemeinsam diskutieren können:

Nächtliches Sauberwerden

Nächtliches Wecken und Trinkverbot am Abend beschleunigen das Sauberwerden nachts nicht. Im Gegenteil: Ein durstiges Kind kann sich nicht entspannen und es lernt genau das, was Eltern eigentlich vermeiden wollen: nämlich im Schlaf Wasser zu lassen.
Eltern sollten nicht zu früh versuchen, die Nachtwindel wegzulassen. Erst wenn es öfter nachts trocken geblieben ist, sollten sie dem Kind vorschlagen, auf die Windel zu verzichten, und dies nur mit seinem Einverständnis tun. Die Angst, nachts ins Bett zu machen, könnte bewirken, dass genau dies tatsächlich passiert.

Ein Nachtlicht, das Töpfchen oder die Toilette in der Nähe und die Gewissheit, von Papa oder Mama gegebenenfalls verlässlich Unterstützung zu erhalten, erleichtern das nächtliche Sauberwerden.

Probleme beim Sauberwerden

Sprechen Sie mit den Eltern über das Thema „**Kleidung**": Die Kinder sollten sie allein und problemlos an- und ausziehen können.

In Ausnahmesituationen oder im vertieften Spiel vergisst jedes Kind, auf die Signale seines Körpers zu achten. Sobald ein Kind einmal trocken ist, ist es über Missgeschicke unglücklicher als die Erwachsenen. Eltern sollten hier Mitgefühl zeigen und versichern, dass eine Panne nichts Schlimmes ist.

Wenn ein Kind nach dem vierten Geburtstag tagsüber noch häufig in die Windeln macht, ist ein Gespräch mit dem Kinderarzt hilfreich. Er schließt organische Gründe aus. In Stresssituationen neigen manche Kinder dazu, Stuhl und Urin krampfhaft zurückzuhalten, was Bauchschmerzen und Verstopfung verursacht. Andere müssen bei Aufregung ständig Wasser lassen oder bekommen Durchfall. Wenn sie dann nicht rechtzeitig die Toilette erreichen, wird ihre Angst noch größer. **Stress und Angst** bewirken, dass ein Kind nicht entspannt loslassen kann: Der Körper gehorcht dem Kind nicht. Manche Eltern interpretieren dies fälschlicherweise als Machtspiel, welches das Kind bewusst gegen sie einsetzt.

Die meisten Kinder zeigen mit einer **stark verzögerten Sauberkeitsentwicklung**, dass sie noch Zeit brauchen. Sie drücken auf diese Weise grundlegende Probleme aus:

– „Ich möchte noch nicht groß werden."
– „Ich möchte genau so umsorgt werden wie mein kleines Geschwisterchen, brauche mehr Zuwendung und Geborgenheit."
– „Ich stehe unter Leistungsdruck und habe Angst, etwas nicht zu schaffen."
– „Ich will nicht, was du willst."
– „In der Familie gibt es genug Stress und Probleme, das Sauberwerden ist jetzt für mich nicht ‚dran'."

4.5.5 Sauberwerden und Sexualität

Urogenitalbereich und Anus liegen eng beieinander und werden in der Vorstellung der unter Dreijährigen noch als **Einheit** begriffen. Jedes Mädchen und jeder Junge erlebt vom frühesten Alter an beim Erkunden seines Körpers Lustempfinden. Wenn sie oder er nicht durch Verbote, Pfui-Rufe oder rigide Einschränkungen an der Nachforschung gehindert wird, ist die Neugier bald befriedigt. Andernfalls verknüpft das Nervensystem des Kindes schon früh die Erfahrung „Neugier und Forschungsbedürfnis führen zu positiven Gefühlen" mit der Erfahrung: „Alles ‚da unten' und insbesondere der Teil von mir, der mich interessiert und sich gut anfühlt, ist negativ zu bewerten." Diese Kombination hat Einfluss auf die Entwicklung des Körpergefühls und – wenn sie nicht korrigiert wird – möglicherweise später auch auf die Einstellung zur eigenen Sexualität.

Eltern und Erzieher/-innen in der Kita spielen dabei die entscheidende Rolle. Ein gutes Körpergefühl beginnt mit engem (Haut-)Kontakt. Wenn ein Baby am Körper getragen, in den Schlaf gewiegt, gestillt, bei Angst und Einsamkeit von haltenden Armen umschlossen, gestreichelt und getröstet wird, setzt es das Empfinden des Körpers der Bezugsperson mit dem eigenen Körperempfinden in eine positive Beziehung. Damit ein Kind sich ernst genommen fühlen kann, braucht es darüber hinaus die fortgesetzte Erfahrung, dass seine Körperempfindungen nicht ignoriert, sondern wahr- und ernst genommen werden. Dazu gehören auch die Reaktionen der Erwachsenen auf Lust und Abwehr, auf Neugier und das sich allmählich entwickelnde Schamgefühl.

Der Prozess des Sauberwerdens konfrontiert viele Erwachsene mit der eigenen Lebensgeschichte, mit vielleicht unbewusst gebliebenen bzw. nicht verarbeiteten schlechten Erfahrungen. Erwachsene haben ein Recht darauf, eigene Widerstände ernst zu nehmen. Widerstand schützt sie selbst erst einmal vor Überforderung und damit auch die Kinder vor Erziehungspersonen, die sich zwiespältig ausdrücken und wenig eindeutig verhalten. Ein eindeutiges „Nein" ist für ein Kind hilfreicher als das Erleben einer erwachsenen Person, die gewähren lässt und dabei gleichzeitig spürbar Abwehr, Ablehnung oder sogar Ekel ausdrückt – in Mimik, Gestik oder Tonfall. Solange solche Gefühle nicht bearbeitet werden können (z. B. im Verlauf einer Supervision), sollten andere Kollegen oder Kolleginnen die Pflege des Kindes übernehmen und seine Bezugsperson sein.

4.6   Ausruhen und Schlafen

Ungefähr ein Drittel unseres Lebens verbringen wir mit Schlafen. Schlaf ist so lebensnotwendig wie Nahrung und dient der Regeneration unserer Kräfte sowie der Verarbeitung des Erlebten. Im Schlaf ändern sich die Körperfunktionen: Einige schalten auf Ruhe (z. B. Kreislauf, Verdauung), andere sind besonders aktiv (Wachstum). Schlafen besteht wie der Wachzustand aus mehreren unterschiedlichen Funktionszuständen des Gehirns, die jeweils in mehreren unterschiedlichen Stadien verlaufen.

Im Wesentlichen sind zwei Zustände zu unterscheiden:
– der oberflächliche, aktive REM-Schlaf (vom Englischen: Rapid-Eye-Movement) der an einer unregelmäßigeren Atmung, vermehrten Bewegungen und schnellen Bewegungen des Augapfels zu erkennen ist. Er ist beim Säugling viel häufiger und die REM-Phasen sind länger als bei älteren Kindern und Erwachsenen.
– der Non-REM-Schlaf oder Tiefschlaf, erkennbar an tiefer Ruhe, regelmäßiger Atmung, wenig motorischer Aktivität und Fehlen von Bewegungen des Augapfels.

Beide wechseln sich während der Nacht und der Ruhephasen am Tag in mehreren Schlafzyklen ab. Zu einem Schlafzyklus gehören der schläfrige Wachzustand, der REM-Schlaf und der Non-REM-Schlaf (vgl. dazu auch Kapitel 9.2.1). Wir sind also auch während der Nacht öfter für einige Minuten wach.

Unsere Schlafzyklen verändern sich während des Lebens. Während des ersten Lebensjahres dauert ein Schlafzyklus etwa 50 Minuten, in der Kindheit und im Erwachsenenalter steigt er auf eine Länge von bis zu 120 Minuten an, um sich im Alter wieder zu verkürzen.

Kleinstkinder brauchen also zur Ausreifung des Nervensystems einen **anderen Schlaf-Wach-Rhythmus als ältere Kinder oder Erwachsene**. Sie nehmen in kurzen, intensiven Wachphasen eine Fülle von Sinnesreizen auf, die sie in darauf folgenden Schlafphasen ordnen und zu Erinnerungen und Vorstellungen verarbeiten. Im Schlaf – und besonders in den intensiven Traumphasen – sind bei erhöhter Hirndurchblutung alle anderen Körperfunktionen herabgesetzt.

4.6.1 Schlafbedarf von Kindern

Die Schlafdauer ist bei jedem Menschen unterschiedlich und angeboren. Schon Neugeborene schlafen unterschiedlich lange: Einige kommen mit 14 oder 15 Stunden aus, andere brauchen bis zu 20 Stunden am Tag. Auch die Schlafdauer verändert sich mit zunehmendem Alter: Sie wird kürzer. Einige Erwachsene brauchen nur noch fünf bis sechs Stunden Schlaf, um fit zu sein, andere schlafen acht bis neun Stunden. Die hier angegebenen Werte sind also Durchschnittswerte.

Wie viel Schlaf jedes Kind in der Kita tatsächlich braucht, hängt von seinem individuellen Bedarf ab. Diesen zu ermitteln, ist eine wichtige Aufgabe von Erzieherinnen und Eltern in der Eingewöhnungsphase. Durch dokumentierte Beobachtung erhalten wir Aufschluss über die **Schlafdauer jedes Kindes**. Diese ist für jedes einzelne Kind unveränderlich. Die Zeitspanne, die ein Kind in der Kita mit Schlafen verbringt, wird es in der Nacht weniger schlafen (vgl. Largo, 2007, S. 174 ff.).

> *Vincy schlief kurz nach seinem Eintritt in die Kita mit sechs Monaten am liebsten bis zu fünf Stunden am Tag, verteilt auf mehrere Nickerchen zwischendurch. Am Abend war es fast unmöglich, ihn vor 22:30 Uhr zur Ruhe zu bringen. Nach längerer, intensiver Beobachtung der Erzieherinnen und der Eltern sowie der Führung eines Schlafprotokolls (vgl. Largo, 2007, S. 287) wurde deutlich, dass sein Gesamtschlafbedarf niedrig war und er insgesamt nur 14 Stunden brauchte. So war es nicht verwunderlich, dass er zu Hause spät einschlief und früh wieder aufwachte.*
> *Ella begann, seinen Schlaf-Wach-Rhythmus zu verändern, indem sie ihn tagsüber länger spielen ließ. Das brauchte seine Zeit: Um die innere Uhr umzustellen, benötigt der kindliche Organismus etwa 14 Tage. Nach dieser Zeit nahmen Vincys Abendaktivitäten zunehmend ab und er ließ sich nach einiger Zeit bereits gegen 20:00 Uhr ins Bett bringen. Nach seinem gewohnten Schlafritual behielt er diesen Rhythmus bei.*

Bis zum dritten Lebensmonat schlafen Kinder durchschnittlich etwa 16 Stunden, verteilt auf eine längere und mehrere kurze Schlafphasen. Die meisten Kinder haben jetzt noch kein Verständnis für die Besonderheiten von Tag und Nacht. Durch die „passive Teilhabe am aktiven Leben Erwachsener", d.h., indem sie überall dabei sind und an den Aktivitäten Erwachsener über Zusehen und Hinhören beteiligt sind, erfahren sie am ehesten, was die Charakteristik des Tages im Gegensatz zur Ruhe der Nacht ausmacht. Dennoch schläft kaum ein Baby dieses Alters durch; fast alle sind **nachts** nach ein bis vier Stunden **wieder hellwach**, meist, weil sie Durst haben, viele auch deshalb, weil sie ausgeschlafen haben und aktiv sein wollen. Kinder, die in diesem Alter in die Babygruppe eintreten, sind gerade dabei, sich den Schlafrhythmus zu erarbeiten, und kommen deshalb oft mit gestressten, weil unausgeschlafenen Eltern an.

Einige sehr junge Kinder sind es gewohnt, zu Hause während des Tages zu schlafen und auch die Mahlzeiten im Halbschlaf zu verbringen. Hier ist der Alltagsrhythmus in der Kita hilfreich: Er unterstützt das einzelne Kind, seinen individuellen Tag- und Nachtrhythmus dem der anderen Kinder anzugleichen. Dennoch ist ein unflexibler Zeitplan, der sich nicht an den Schlafbedürfnissen dieser Altersstufe ausrichtet, absolut unangebracht.

Im Alter von **vier Monaten** schlafen Kinder leichter ein und durch. Wenige schaffen bereits acht bis zehn Stunden in der Nacht und brauchen am Tag zwei Zwischenschläfchen. In diesem Alter sind Babys erstmals sehr aufmerksam für die „Einschlafroutine" in der Kindergruppe. Mit einem halben Jahr hat sich bei den meisten Kindern ein charakteristischer Schlafrhythmus herausgebildet. Sie schlafen etwa elf Stunden in der Nacht ohne Aufwachen durch und brauchen in der Kita eine Ruhepause am Vormittag sowie eine nach dem Mittagessen.

Vom **neunten bis zum 18. Monat** machen alle Kinder auf allen Gebieten große, aufregende Entwicklungsschritte. Das selbstständige Sich-weg-bewegen-Können durch Robben, Rutschen, Krabbeln und Laufen-Lernen verändert ihr Selbstbewusstsein, ihre Dimensionen von Raum und Zeit sowie die Beziehungen zu anderen Kindern. An der Dynamik ihrer REM-Schlaf-Phasen ist dies ablesbar und besonders augenfällig: Offenbar verarbeiten sie die neuen Erfahrungen durch vermehrtes Träumen. Einige Kinder wachen jetzt öfter auf, rufen nach ihren Eltern und vermitteln den Eindruck, als wollten sie ihre Schlafgewohnheiten aus der Neugeborenenzeit wieder aufnehmen. Das wirkt sich auch auf die Mittagsruhe in der Kita aus: Plötzlich zeigen sie durch Nuckeln, Sich-auf-den-Boden-Legen und Augenreiben, dass sie nicht mehr können. Sie schalten auf ihre Weise durch reduzierte Eigenaktivität von der Realität ab und gleiten allmählich in den Schlaf. Einige sacken mitten im Spiel plötzlich weg und brauchen dann jemanden, der sie zu ihrem Schlafplatz trägt. Ein bis zwei Schläfchen pro Tag von je ein bis zwei Stunden sind jetzt immer noch angebracht, sollten aber nicht überschritten werden, um den dringend benötigten Nachtschlaf nicht zu verkürzen.

Mit **18 Monaten** pendelt sich der Schlafzyklus wieder ein: Jetzt sind 13 Stunden Schlaf in der Nacht nicht ungewöhnlich. In der Kita ist dann nur noch eine Schlafpause von einer Stunde notwendig. Vom **zweiten bis dritten Lebensjahr** benötigen die meisten Kinder nachts noch elf Stunden Schlaf und ein Mittagsschläfchen in der Kita.

Schlafrhythmen nähern sich einander an.

4.6.2 Schlafen und Ruhen in der Kita

Jedes neu aufgenommene Kind bringt seinen **individuellen Schlafrhythmus** mit und stellt auf seine Weise Anforderungen an die Flexibilität der Betreuungspersonen. Die individuellen Schlaf- und Rückzugsbedürfnisse zu respektieren, ist die Voraussetzung für ein annehmendes Gruppenklima, in dem die Kinder Wärme und Akzeptanz spüren und für einander entwickeln können. Kinder, die **nach Bedarf schlafen**, sind selten gereizt oder übermüdet.

Kleinkinder halten sich zunächst nicht an feste Tageszeiten, wenn sie abgespannt sind. Sie nicken plötzlich ein: draußen oder drinnen, auf der Krabbelmatte, im Arm oder im Bett. Jeder erzwungene Übergang vom Wachsein zum Schlafen ist für Kleinstkinder ein Problem. Können sie von Anfang an schlafen, wenn sie müde sind, wird das Einschlafritual zukünftig kaum Probleme aufwerfen. Sie erleben, dass das Zurückziehen, Entspannen und Einkuscheln schöne Beschäftigungen sind und keine zwanghafte Strafveranstaltung.

Während ältere Kinder und Erwachsene sich durch angenehme Erinnerungen und Gedanken von Außenweltreizen abschirmen und das Stammhirn auf „Schlafen" einstellen, brauchen Babys das „Einwiegen" oder charakteristische **Hinweisreize von außen** – sie haben ja noch nicht so viele beruhigende Erinnerungen zum Abrufen gespeichert.

Jedes Kind kommt auf seine Weise zur Ruhe, kaum jemand liegt sofort still. Beim Einschlafen wühlen, drehen und rollen sich Kinder hin und her: auf, über und unter der Decke, bis sie die richtige Schlafposition gefunden haben. Wenn die Schlafplätze auf der Hochebene angesiedelt sind oder aus eng beieinanderliegenden Matratzen bestehen, schmiegen die Kinder sich an- und übereinander und holen sich damit die benötigte Körpernähe.

Sich beim Einschlafen sicher fühlen und Bewegungsfreiheit haben, sind die Voraussetzungen für Tief- und Aktivschlafphasen und sorgen für optimale Erholung des ganzen Körpers. Drucksituationen führen dagegen zu Aufregung und erhöhter Aktivität durch Angst, also zum Gegenteil von Entspannung.

Jede/r findet das richtige Nest zum Schlafen: unten die Jüngsten, in der Mitte die „Krabbler" und oben die kletterfreudigen Kinder.

4.6.3 Wie Eltern mitwirken können

Die meisten Kinder quengeln oder weinen beim Übergang vom Schlafen zum Wachsein. Sie brauchen für die Umgewöhnung etwas Zeit und sollten nicht sofort aus dem Bett genommen werden, sondern wissen, dass die Eltern da sind. Die meisten Kinder beruhigen sich dann. Damit ihnen das Erlernen des Tag- und Nachtrhythmus erleichtert wird, sollte auch im Elternhaus eine klare Unterscheidung zwischen der Aktivität des Tages und der Nachtruhe erlebbar sein.

Wenn das Baby aus der Kita kommt, braucht es für zwei bis drei Stunden die Teilnahme an Familienaktivitäten und am gemeinsamen Abendbrot, auch wenn es Müdigkeit anzeigt. Das Zubettgehen sollte regelmäßig gegen 19 Uhr mit einem möglichst gleichbleibenden Schlafengeh-Ritual eingeleitet werden: Baden, Wickeln, Hinlegen, Singen. Ab dem sechsten Monat sollte Vorlesen täglich zur gleichen Zeit und auf dieselbe Art und Weise Sicherheit geben und entspannen.

Ein Schlafsack wärmt durchgehend, auch wenn das Baby nachts die Decke wegstrampelt oder sich herumrollt. Ein gleicher Schlafsack sollte für die Kita gekauft werden.

Eltern sollten rechtzeitig ein oder mehrere „**Übergangsobjekte**" vorbereiten, die das Kind in der ersten Zeit täglich von zu Hause mitnimmt und wieder dorthin zurückbringt (vgl. dazu auch Kapitel 4.2, Thema „Spiritualität"). „Übergangsobjekte" sind stoffliche oder abstrakte Gebilde, die auf zweierlei Weise wirken: in der Stabilisierung von Sicherheit und im Aufbau von Symbolverständnis. Das können Gegenstände sein wie Kuscheltücher, Bettzipfel, Schmusetiere oder bestimmte Materialien, die Kinder immer bei sich haben wollen. Es sind *„Objekte, die mit einem Stück guter innerer Erfahrung ‚aufgeladen' sind." (Schäfer, 1995, S. 120)*

Im Gespräch mit den Eltern während der Eingewöhnungsphase erfahren die Erzieherinnen und Erzieher, welche **Einschlafgewohnheiten** die Kinder haben und auf welche Art sie sich geborgen fühlen können: mit dem vertrauten Teddy, mit bestimmten Liedchen oder Versen und durch welche Art von liebevollem Körperkontakt. Viele Kinder schlafen gut in ihrer Bettwäsche oder ihrem Schlafsack von zu Hause.

Auch zu Hause brauchen Kinder einen **festen Schlafplatz** und konsequente Routine als Unterstützung beim Ein- und Durchschlafen. Erzieherinnen können Eltern mit einigen **Tipps** unterstützen:
– Essen, Toben und Spielen sollten nicht zum gewohnten Ablauf des Schlafengehens gehören. Erstens sind sie aktivitätsbetont und nicht entspannend. Zweitens erwartet das Kind zur Beruhigung den gleichen Ablauf, wenn es nachts aufwacht. Das gilt besonders für „Betthupferl" oder das abendliche Beruhigungsfläschchen: Wenn ein Kind sich daran gewöhnt hat, kann es zum Einschlafen nicht mehr darauf verzichten.
– Am Abend sollten alle zur Ruhe kommen. Fernsehen und laute Musik regen eher an.
– Baden, Zähneputzen und Töpfchen sollten regelmäßig und von kurzer Dauer zur gleichen Zeit stattfinden – ohne Stress oder Druck. So schaltet der Körper automatisch auf „Ruhe".
– Wenn Kinder nicht schlafen gehen wollen, ist es wichtig, herauszufinden, was sie beunruhigt und möglicherweise ängstigt. Ab zwei Jahren, wenn Kinder anfangen, ihre Erfahrungen in Vorstellungen und Fantasien umzuwandeln, entwickeln sie oft Ängste oder Sorgen, zu deren Verarbeitung sie ihre Eltern brauchen. Damit das Durch-

schlafen nicht gestört wird, sollte der abendliche Erfahrungsaustausch für Kinder ab zwei Jahren im gewohnten Einschlafritual seinen festen Platz haben. Ein Nachtlicht wirkt ebenfalls angstmindernd.
– Kinder, die morgens früh aufwachen, beschäftigen sich für eine Weile allein, wenn sie ein Lieblingsspielzeug oder ein Bilderbuch vorfinden.

4.6.4 Planungsgesichtspunkte

Das „**Schlafen nach Bedarf**" stellt viele Erzieherinnen und Erzieher aus Gründen räumlicher Beengtheit vor Organisationsprobleme, weil nicht für jede Gruppe ein separater Schlafraum zur Verfügung steht.
Es gibt in vielen Einrichtungen interessante und fantasievolle Lösungen, die Räume schlaffreundlich durch eingezogene kindersichere Hochbetten umzugestalten. Oder einzelne kleine Nebenräume sind zum Matratzenraum mit Kissen, Decken und Fellen zum Einkuscheln umfunktioniert worden. So können einige Kinder ungestört schlafen, während andere gleichzeitig hellwach sind und spielen können, ohne auf ruhebedürftige Kinder ständig Rücksicht nehmen zu müssen.
Zum Schlafen und Spielen den gleichen Gruppenraum vorzusehen, ist nur dann günstig, wenn mit Raumteilern eine optisch und akustisch getrennte **Ruhezone** geschaffen werden kann.

Schlafplätze zum Kuscheln und Geschaukelt-Werden

Um zwischendurch mal „abzuschalten", zu entspannen und im Liegen passiv einfach nur zuzugucken und dabei vielleicht einzuschlafen, gibt es viele bequeme Möglichkeiten:
– in Hängematten, Hängekörben, flachen Körben mit Fell ausgelegt, auf Matratzen,
– in der „Schlafhöhle" im Erker oder unter der eingezogenen Spielebene,
– im seitlich gekippten, am Fußboden befestigten, mit Matratzen und Decken ausgelegten Gitterbett,
– in der Bilderbuchecke, wenn das Regal mit Decken und Kissen in greifbarer Nähe ist, und
– auf Decken und Fellen in der Kuschelecke.

Wenn ein Kind spontan dort eingeschlafen ist, kann es nach einigen Minuten ins Bett in den Ruheraum gebracht werden. Wenn es dort wieder aufwacht, spielt es mit den anderen Kindern weiter.

Die Ein- bis Eineinhalbjährigen haben schon eine recht genaue Vorstellung von sich selbst und den Dingen, die zu ihnen gehören. Sie erwarten ihre eigene Bettwäsche mit den unverwechselbaren Motiven. Jedes Kind ab zwölf Monaten sucht sich zu Beginn seinen Schlafplatz und bringt dort sein Kuscheltier oder seine Schmusedecke unter. Jedes Kind hat auch eine Bezugsperson, die in erster Linie für „ihre" Kinder und deren Schlafgewohnheiten zuständig ist.

Zunehmend legen sich Erwachsene nach dem Mittagessen zusammen mit den Kindern hin, ohne dabei selbst fest einzuschlafen. Das hat mehrere Vorteile:
- *Erwachsene gewinnen dabei genaue Informationen über die (Ein-)Schlafgewohnheiten jedes Kindes und teilen diese den Eltern und dem Team mit.*
- *Sie entspannen sich selbst und werden damit aufnahmebereiter für die Kinder am Nachmittag.*
- *Sie übertragen Ruhe und vermitteln Sicherheit.*

Wenn Kinder im Schlaf weinen oder beim Aufwachen schreien, hat dies in aller Regel einen Grund, der sofortiges Reagieren erfordert. Auslöser sind oft Trennungs- oder Verlassenheitsangst oder Alpträume. Wenn Kinder erfahren, dass ihre Hilferufe immer ernst genommen werden, entwickeln sie ihrerseits die Bereitschaft, auf die Signale anderer Kinder zu achten und hilfsbereit zu reagieren. Sie lernen auch, selbst einmal zu warten und eigene Bedürfnisse kurz aufzuschieben, bis einem anderen Kind geholfen worden ist.

Für Vertretungen oder die Übergabe bei Dienstwechsel ist gegenseitige Information unerlässlich. Sie trägt zu einem reibungslosen Ablauf bei, vermindert Unsicherheit, bringt alle Mitarbeiterinnen und auch die Eltern auf den „neuesten Stand" und kann als Dokumentation die Portfolioarbeit ergänzen. Hierzu empfehlen sich
- eine Korktafel oder Pinnwand im Schlafraum, auf der die Schlafgewohnheiten der Kinder notiert sind,
- ein Mitteilungsbuch in den Eigentumsfächern der Kinder und
- ein Gruppentagebuch, das auch Eltern zugänglich ist. Es kann von allen mit Fotos, Randnotizen und Zwischeneintragungen ergänzt werden und wird damit zum unersetzlichen Erinnerungsdokument für Kinder und Erwachsene.

4.7 Zehn Prinzipien einer feinfühligen und respektvollen Grundhaltung

Unsere Fähigkeit, Kleinstkindern mit Feinfühligkeit und Respekt zu begegnen, ist nicht „naturgegeben", sondern kann durch Aufmerksamkeit und Übung geschult werden. Zu diesem Zweck wurde ein Ausbildungsprogramm entwickelt, dessen zehn Prinzipien wir hier vorstellen wollen (Gonzalez-Mena/Widmeyer Eyer, 2008, S. 33 f.):

1. *„Beteiligen Sie Säuglinge und Kleinkinder an Dingen, die sie betreffen."*
   Wenn Kinder dazu in der Lage sind, lassen Sie sie z. B. selbstständig auf den Wickeltisch krabbeln und heben Sie sie nicht hoch, weil das schneller gehen würde.
2. *„Investieren Sie in Zeit von besonderer Qualität, in der Sie einzelnen Säuglingen oder Kleinkindern voll und ganz zur Verfügung stehen."*
   Wenn Sie sich beim Wickeln oder Füttern ganz auf das Kind konzentrieren, mit dem Sie gerade beschäftigt sind, so wird dieses Kind nach einiger Zeit Vertrauen gewin-

nen: „Auch wenn ich jetzt noch nicht gleich drankomme – meine Zeit kommt. Ich muss nicht jammern, um Aufmerksamkeit zu erregen."

3. *„Lernen Sie die einzigartigen Kommunikationsformen eines jeden Kindes kennen [...] und vermitteln Sie Ihre eigenen."*
Wenn ein Kind beispielsweise gelernt hat, dass es mit einer bestimmten Geste von der Bezugsperson sein Schmusetier erhält, ist es entmutigend, wenn diese Geste von einer anderen Betreuungsperson **nicht** verstanden wird.

4. *„Investieren Sie Zeit und Energie, um an der Entwicklung des vollständigen Menschen zu arbeiten."*
Anstatt uns auf bestimmte Defizite, z.B. in der motorischen Entwicklung, zu konzentrieren, besinnen wir uns auf seine Stärken, wenn wir dem Kind Unterstützung anbieten.

5. *„Respektieren Sie Säuglinge und Kleinkinder als würdige Menschen. Behandeln Sie sie nicht wie Objekte. [...]"*
Wenn Sie immer ankündigen, was Sie vorhaben und dem Kind Zeit lassen, sich darauf einzustellen, respektieren Sie damit sein Tun. Das Gegenteil ist der Fall, wenn Sie ein Kind aus dem Spiel heraus hochheben und seiner Mutter in den Arm geben, weil es abgeholt wird.

6. *„Seien Sie hinsichtlich Ihrer Gefühle ehrlich [...]."*
Wir können kleinen Kindern nichts „vormachen". Sie haben feine Antennen, um den Unterschied zwischen unserem Verhalten und unseren Gefühlen zu erahnen, und sind verwirrt, wenn beides nicht zusammenpasst.

7. *„Führen Sie das Verhalten, das Sie den Kindern beibringen möchten, modellhaft vor. Predigen Sie nicht."*
Zeigen Sie beispielsweise dem Kind, wie es eine zerbrechliche Tasse anfassen kann, statt ihm einen Vortrag über Zerbrechlichkeit und die Gefahr von Scherben zu halten.

8. *„Erkennen Sie Probleme als Lerngelegenheiten und lassen Sie Säuglinge und Kleinkinder versuchen, ihre Probleme selbst zu lösen."*
Selten müssen Kinder, die hingefallen sind, von Erwachsenen aufgehoben werden. Wenn sie trotzdem darauf warten, ist dies ein Zeichen, dass sie gelernt haben: „Schwierigkeiten kann ich nicht allein lösen." Wenn Sie einem Kind möglichst viele Probleme aus dem Weg schaffen, kann es kein Zutrauen zu seinen eigenen Fähigkeiten entwickeln, mit Schwierigkeiten umzugehen.

9. *„Bauen Sie Sicherheit auf, indem Sie Vertrauen vermitteln."*
Wenn Sie ankündigen: „Jetzt habe ich Zeit für Dich.", sollten Sie sich auch nicht ablenken lassen und einem anderen Menschen zuwenden. Seien Sie da, wenn Sie erwartet werden. Versprechen Sie nichts, was Sie nicht halten können. Kündigen Sie im Vorhinein kein Ereignis an, wenn Sie nicht sicher sind, dass es auch eintreten wird.

10. *„Kümmern Sie sich um die Qualität der Entwicklung in jeder einzelnen Phase. Drängen Sie Säuglinge und Kleinkinder nicht dazu, Meilensteine der Entwicklung zu erreichen."*

Zum Weiterlesen:

- **Beswick, Clare/Featherstone, Sally:** Buchreihe „Aktivitäten für den Entwicklungsbereich ‚Gesunde Kinder'". Troisdorf: Bildungsverlag EINS, 2007.

- **Bodenburg, Inga/Grimm, Gunhild:** Was will das Kind denn bloß? Kleine Kinder verstehen und ihnen mehr Erfahrungen ermöglichen. Reinbek: Rowohlt, 1983.

- **Bodenburg, Inga/Grimm, Gunhild:** So werden Kinder sauber. Schwierigkeiten und Erfolge. 14. Auflage, Reinbek: Rowohlt, 2005.

- **Bosche, Heidegret:** Essen und Trinken als Qualitätsmerkmale. Tagung: Zukunftsprojekt „BiostadtBremen", 21. November 2008, Bremen.

- **Dornes, Martin:** Der kompetente Säugling: Die präverbale Entwicklung des Menschen. Frankfurt/Main: Fischer, 1993.

- **Forschungsinstitut für Kinderernährung (Hrsg.):** Empfehlungen für die Ernährung von Klein- und Schulkindern. Broschüre Nr. 2 – Ernährung von Säuglingen. Dortmund: Eigenverlag, 2007.

- **Gonzalez-Mena, Janet/Widmeyer Eyer, Dianne:** Säuglinge, Kleinkinder und ihre Betreuung, Erziehung und Pflege. Ein Curriculum für respektvolle Pflege und Erziehung. Freiburg: Arbor Verlag, 2008.

- **Hassenstein, Bernhard:** Verhaltensbiologie des Kindes. Münster: M & V Verlags- und Vertriebsgemeinschaft, 2007.

- **Haug-Schnabel, Gabriele:** Wie Kinder sauber werden können. 2. Auflage, Ratingen: Verlag Oberste Brink, 2003.

- **Largo, Remo:** Babyjahre: Die frühkindliche Entwicklung aus neurobiologischer Sicht. 14. Auflage, München: Piper, 2007.

- **Malaguzzi, Loris:** Wenn das Auge über die Mauer springt, in: Senatsverwaltung für Jugend und Familie Berlin (Fortbildungsinstitut für die pädagogische Praxis), Berlin: Selbstverlag, 1992.

- **Pikler, Emmi/Tardos, Anna/Falk, Judit/Vincze, Maria/Hevesi, Katalin/Strub, Ute/Török, Katalin/Pottel-Teinert, Anna Dorothea:** Miteinander vertraut werden. Wie wir mit Babies und kleinen Kindern gut umgehen – ein Ratgeber für junge Eltern. 10. Auflage, Freiburg: Verlag Herder, 2010.

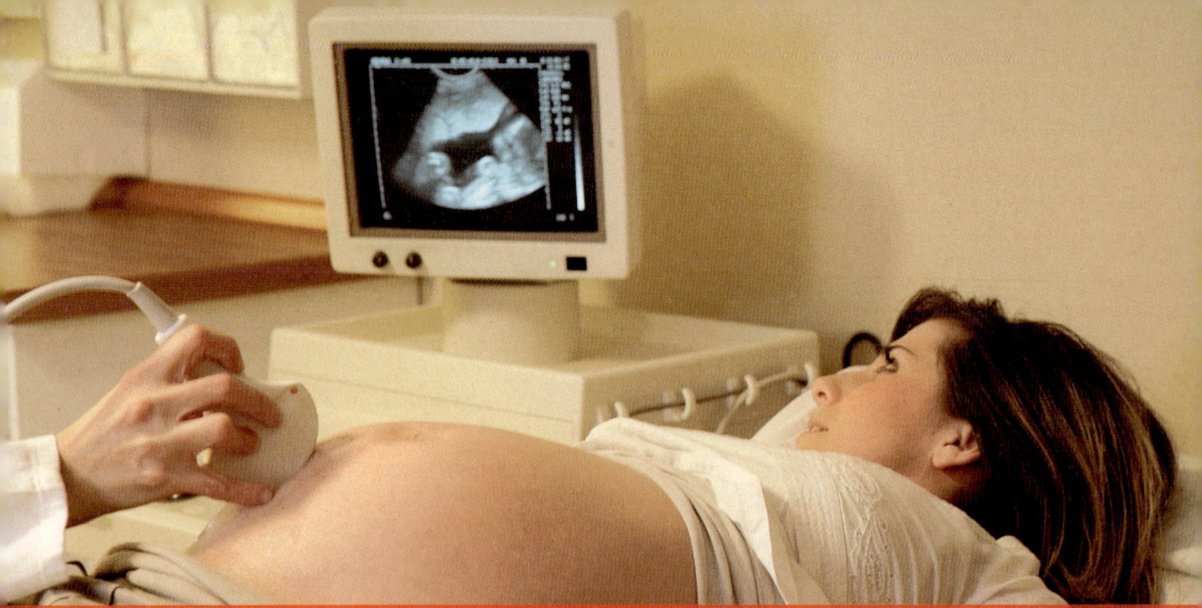

5 Erfahrungen der vorgeburtlichen Entwicklung einbeziehen

5.1 Der Anfang

 *Suchen Sie Erzieherinnen auf, die Erfahrung mit der Betreuung von Säuglingen haben. Fragen Sie sie, ob sie Verhaltensweisen beobachtet haben, die sich mit Erfahrungen des ungeborenen Kindes während der Schwangerschaft erklären lassen.*

Vincys Wissen von der Welt aus seinen ersten Lebensmonaten entstand aus vielen einander ergänzenden und aufeinander aufbauenden Erfahrungen. Um seinen Lernprozess von den Anfängen her verstehen zu können, machen wir einen Abstecher weit zurück in Vincys Entwicklungsgeschichte.

Diese beginnt bereits vor der Zeugung. Neurobiologen haben herausgefunden, dass Partnersuche und Partnerwahl nicht zufällig erfolgen. Vorstellungen eines geeigneten Partners oder einer geeigneten Partnerin werden schon früh durch die Einflüsse der Herkunftsfamilie als neuronale Verschaltungen im kindlichen Gehirn begründet. Wer als idealer Lebensgefährte oder ideale Lebensgefährtin zur Familiengründung gilt, hängt außerdem ab von den ökologischen und ökonomischen Lebensbedingungen im jeweiligen Kulturkreis von Mann und Frau. Sexualität und Fortpflanzung sind darauf ausgerichtet, Genmaterial so zu vermischen und zu kombinieren, dass Nachkommen sich bestmöglich an ihre Lebensbedingungen anpassen und diese optimal bewältigen können, sodass Nachteile ausgeglichen und für die Nachkömmlinge günstigere Genkombinationen geschaffen werden können (vgl. Hüther, 2007, S. 38–43).

Pränatale Entwicklung ist der Entwicklungsprozess eines Kindes von einer einzigen Zelle nach der Befruchtung zu einem Embryo und später Fetus. Diese Zeit dauert in der Regel 39 Wochen. Während dieser Zeit entwickelt sich die befruchtete Eizelle in einer Reihe aufeinanderfolgenden Phasen in ein voll entwickeltes, lebensfähiges Kind.

5.2 Befruchtung

Die Keimzellen (Gameten) von Mann (Spermium) und Frau (Ovum) enthalten jeweils die Hälfte des genetischen Materials. Die Eizelle ist der größte Zelltyp des Menschen. Sie ist mit dem bloßen Auge sichtbar, stecknadelkopfgroß, während das Spermium zu den kleinsten Zellen gehört.

Einmal im Monat wird aus den Eierstöcken (Ovarien) ein einziges Ei ausgestoßen. Das Ei wird von den trichterförmigen Ausläufern eines der beiden Eileiter (Tubus, Tuben) aufgefangen. Die Tuben sind mit Milliarden feiner Flimmerhärchen ausgestattet und tragen das Ei in wellenförmigen Bewegungen in Richtung Gebärmutter (Uterus). Währenddessen sendet das Ei über das Hormonsystem gesteuerte Signale aus, die den Spermien die Richtung angeben, in die sie sich bewegen müssen, um das Ei zu befruchten. Diese müssen ihren Weg aus der Vagina in den Uterus finden und von dort in den Tubus, wo das befruchtungsfähige Ei sich befindet. Von den Millionen Spermien, die nach erfolgter Ejakulation in die Vagina der Frau gelangen, erreichen nur wenige die Nähe der Eizelle. Dieser Prozess dauert etwa zehn Stunden. Bei der Berührung der Spermien mit der äußeren Membran (Zona pellucida) des Eies setzt eine Serie chemischer Prozesse ein, die verhindern, dass mehr als ein Spermium die Membran durchdringt. Die Befruchtung ist erfolgt, wenn ein Spermium die Membran passiert hat.

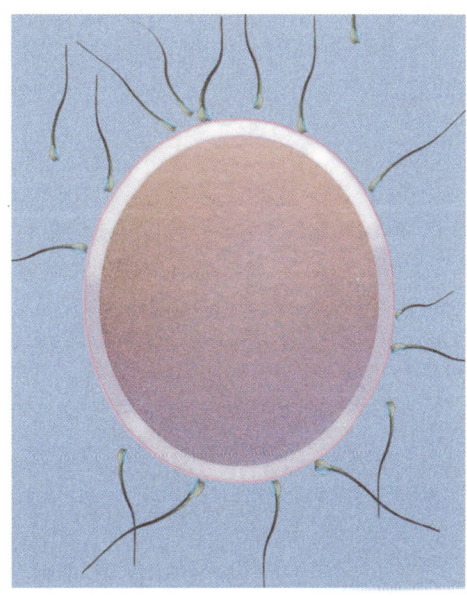

Mögliche Grunderfahrungen
Ovum und Spermium machen vor der Befruchtung völlig gegensätzliche (polarisierende) Erfahrungen: Getragen-Werden (Eizelle) und Aktiv-gegen-unterschiedliche-Widerstände-Anarbeiten (Spermium). Es ist noch nicht geklärt, ob und auf welche Weise diese Grundzustände als Erinnerungsspuren im werdenden Menschen erhalten bleiben.

Gamete (Keimzelle) kurz vor der Befruchtung

5.3 Germinalstadium (Befruchtung bis 14. Tag)

Das erste Stadium (Germinalstadium) beginnt mit der Befruchtung des Eies durch ein ausgewähltes Spermium. Das genetische Material von Spermium und Ei kombiniert sich und formt eine einzige Zelle (Zygote). Diese beginnt sich bald schnell und stürmisch zu teilen: zuerst in zwei identische Zellen, dann in vier, dann in acht Zellen usw. Die sich fortwährend teilenden Zellen werden in Richtung Uterus getragen. Etwa 60 Stunden nach der Befruchtung heißt die Zellkugel, die nun aus 16 Zellen besteht, Morula. Drei Tage später erreicht die Morula den Uterus. Die Zona pellucida verschwindet und es entsteht eine Keimblase. Das ist eine Hohlkugel aus zwei Schichten von Zellen. Die innere Schicht sind die Zellen, aus denen sich der Embryo entwickeln wird. Die äußere Schicht wird später zu den Unterstützungssystemen des wachsenden Menschen, z. B. zum Mutterkuchen (Plazenta). In diesem Stadium hat die Keimblase bereits 200 bis 300 Zellen und bereitet sich auf die Einnistung vor. Diese vollzieht sich etwa sechs Tage nach der Befruchtung. Hormone, die von den Ovarien ausgeschieden werden, und chemische Substanzen aus der äußeren Schicht bereiten die Gebärmutterwand auf die Einnistung vor. Wenn diese abgeschlossen ist, etwa am 14. Tag nach der Befruchtung, beginnt das Embryonalstadium.

Mögliche Grunderfahrungen

Ob der werdende Mensch in diesem Stadium der schnellen Zellteilung wohl Grunderfahrungen macht und sie in seinen Zellen speichert, wie z. B.:
– sich entfalten,
– wachsen,
– sich erweitern und
– sich ausdehnen?

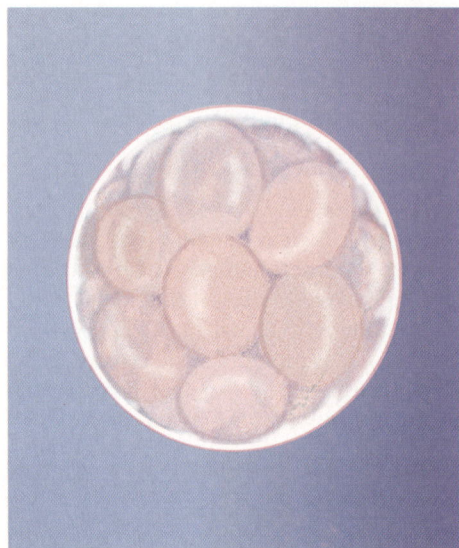

Morula, bestehend aus 16 Zellen

5.4   Embryonalstadium (14. Tag bis 8. Woche)

Das Embryonalstadium dauert sechs Wochen. Es beginnt wieder mit einer schnellen Zellteilung, wobei bestimmte Zellgruppen anfangen, sich auf bestimmte Funktionen hin zu teilen. Jetzt entsteht ein dreiblättriger Keim, aus dessen einzelnen Schichten sich verschiedene Funktionen und Strukturen entwickeln werden. Das äußere Keimblatt (Ektoderm) ist der Zellbereich, aus dem später Haut, Nägel, Haare, Gehirn, Nervenbahnen und Sinneszellen entstehen. Aus dem inneren Keimblatt (Entoderm) werden die Lungen und die meisten inneren Organe. Das mittlere Keimblatt (Mesoderm) entwickelt sich später zu Herz, Lymphsystem, Muskeln, Bindegewebe und Skelett. Der Prozess der Differenzierung bewirkt, dass sich gleichzeitig unterschiedliche Strukturen bilden. Differenzierung geschieht durch Zellteilung, Spezialisierung und durch das Absterben von Zellen. Auch hormonelle Einflüsse sind daran beteiligt.

Im nächsten Schritt sieht das Kind wie ein lanzettförmiger Fisch aus. Jetzt schon entwickelt sich das Neuralrohr, eine u-förmige Furche, die sich aus der oberen Schicht der Zellen des Embryos bildet und die zum Gehirn und zum Rückenmark wird.

Bald entsteht auch die Plazenta, ein Gebilde aus dicht gepackten Blutgefäßen, die den Austausch von Stoffen zwischen den Blutkreisläufen der Mutter und des Kindes ermöglichen. Beide Kreisläufe sind einerseits voneinander unabhängig, andererseits stehen sie in Wechselwirkung zueinander. Die Nabelschnur verbindet das Kind mit der Plazenta wie eine Versorgungsleitung. Hier laufen die Blutgefäße vom Kind zur Mutter und zurück.

Auch die Ansätze der Fruchtblase sind jetzt erkennbar. Das ist eine mit einer klaren wässrigen Flüssigkeit gefüllte Membran, in der das Embryo und später der Fetus schwimmt und die den Fetus beschützt.

3. Woche:
Gehirn, Herz, Blutgefäße, Kreislauf, Verdauungssystem und Rückenmark beginnen sich zu entwickeln. Das Herz schlägt ab dem 21. Tag.

Mögliche Grunderfahrungen
In diesem Stadium sind wir lang und schlank, grazil und vibrierend **wie ein Fisch oder ein Wurm**. In uns beginnt das Herz zu schlagen, das Blut zu pulsen und wir bekommen ein Rückgrat.

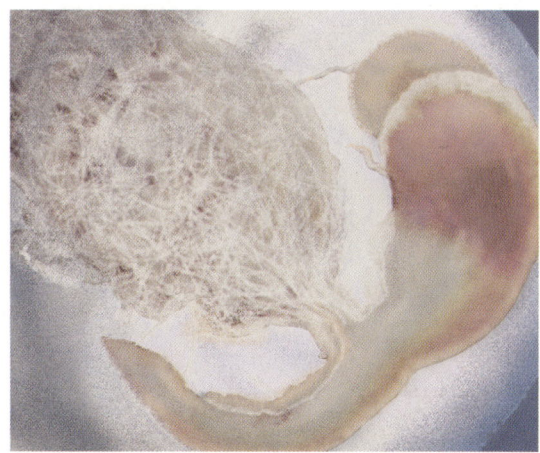

4. Woche:
Der Embryo nimmt eine gekrümmte Haltung ein. Kopf und Körperende berühren sich. Die vier Falten vor dem Kopf des Embryos werden zum späteren Gesicht. Die Anlage der Augen als Teil des sich entwickelnden Gehirns ist erkennbar, ebenso die Anlagen für die Gesichtszüge. Arm- und Beinknospen und die Anlage der Knochen entstehen. Das Gehirn und die Nervenbahnen entwickeln sich weiter.

5. bis 6. Woche:
Der Embryo schwimmt frei im Fruchtwasser. Die schnelle Gehirnentwicklung zeigt sich am Wachstum des Kopfes und der vorgewölbten Stirn. Das Gehirn speichert Raum-Lage-Empfindungen. Anfänge des Auges und der Nase sind erkennbar. Nieren, Lungen und Herzkammern bilden sich. Erste spontane Bewegungen beobachten wir, wenn der Embryo seinen Rücken krümmt. Hände und Füße sind noch wie Teller geformt.

7. Woche:
Die Haut als das am frühesten funktionstüchtige Sinnesorgan ermöglicht Reaktionen auf Berührungsreize, z.B. Wegdrehen des Kopfes. Erstmalig können Gehirnaktivitäten gemessen werden. Es bilden sich die Haarfollikel, Augenlider und inneren Genitalien.

8. Woche:
Die Gesichtszüge differenzieren sich aus, alle inneren Organe sind entwickelt, sie müssen nur noch voll ausgebildet werden. Das Gehirn gibt Signale an die Muskeln, sodass willkürliche Bewegungen möglich werden. Diffuse Lichtreize, Töne, Geräusche und der Geschmack des Fruchtwassers hinterlassen Erinnerungsspuren im wachsenden Gehirn. Die Entwicklung des Herzens ist abgeschlossen, die äußeren Genitalien sind ansatzweise erkennbar. Alle wichtigen inneren und äußeren Strukturen sind geformt. Das Fetalstadium beginnt.

Mögliche Grunderfahrungen

Mit sieben Wochen sind unsere Raum-Lage-Sinne und Tastrezeptoren aktiv und leiten Informationen an das sich schnell entwickelnde Gehirn des Kindes weiter. Im körperwarmen Fruchtwasser des Uterus können Kinder sich schwerelos bewegen: Dabei entsteht möglicherweise ein grundlegendes Empfinden und gespeichertes Wissen für **Raumlage und Berührung, für Temperatur und Druck.** Temperaturreize wie die Wärme im Uterus oder Berührungen durch die Zotten des Chorions[1] nehmen wir in diesem Alter wahr und speichern sie ab, ohne dass sie uns bewusst werden.

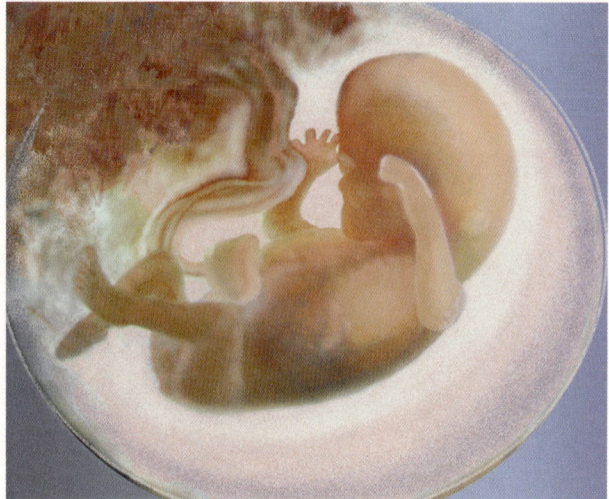

5.5 Fetalstadium

Auch im Fetalstadium verläuft die Entwicklung schnell und effektiv. Effektiv heißt in diesem Zusammenhang:

1. Alle im Embryonalstadium angelegten Nervenzellen werden jetzt auf ihre Bedeutsamkeit für spätere Anpassungsprozesse hin überprüft. Die Funktion der nicht mehr benötigten Nervenzellen erlischt.

2. Die fertig angelegten Organe wachsen und differenzieren sich aus, d. h., es gibt hier weiterhin eine schnelle Zellteilung.

3. Die Entwicklung folgt dem Trend, dass das Wachstum im Bereich des Kopfes früher erfolgt als das der weiter entfernten Körperteile (z. B. die Entwicklung verläuft vom Kopf zu den Füßen). Weiterhin vollzieht sie sich von innen nach außen (z. B. Schultern und Arme entwickeln sich vor den Fingern).

4. Alle Sinne, besonders das Gehör, verarbeiten fortlaufend Reize von außen und dem Körperinneren der Mutter. Die fortgesetzte Entwicklung der körperlichen Strukturen und schnelles Körperwachstum bewirken vielfältigere sensorische Erfahrungen, die zur Ausdifferenzierung des Gehirns führen und damit eine rapide fortschreitende Entwicklung bewirken.

5. Erste Konditionierungen finden statt: Beispielsweise werden gravierende Umweltgeräusche, z. B. Lachen, Musik oder Streit, mit Empfindungen der aktuellen Befindlichkeit gekoppelt. Die Stimme der Mutter begleitet jeden Wahrnehmungseindruck und wird als „Begleitmelodie" abgespeichert. So ist es zu erklären, dass Babys sich beim Hören der mütterlichen Stimme schnell beruhigen.

---

[1] *Chorion (griech.: Zottenhaut) ist die erste Hülle, die den Embryo schützt und später zur Fruchtblase wird. Auf ihrer Oberfläche entstehen zunächst kleine Ausstülpungen, die später wie Tentakel oder „Bäumchen" aussehen. Sie entwickeln sich in der Schleimhaut des Uterus und bilden die Grundlage für die spätere Plazenta (Mutterkuchen). Über die Plazenta erfolgt der Stoffwechsel mit dem mütterlichen Körper.*

9. bis 12. Woche:
8 cm. Der Kopf nimmt die halbe Länge des Körpers ein. Ohren und Zahnbett bilden sich. Die Atembewegungen werden sichtbar. Ellbogen, Finger und Zehen mit Nägeln sind erkennbar; das Kind kann jetzt die Finger einzeln bewegen. Einige Reflexe (Greifen, Schlucken, Saugen) sind als Verhaltensmöglichkeit vorhanden. Arme und Beine sind jetzt ständig in Bewegung, aber dies nimmt die Mutter noch nicht wahr. Die geschlechtliche Unterscheidung ist ab der 8. Woche möglich. Die Leber produziert rote Blutkörperchen. **Ab der 11. Woche** werden die Augen fest verschlossen.

13. bis 15. Woche:
15 cm. Der Körper, beginnend am Kopf, überzieht sich mit zarten Haaren, vielleicht ein Relikt aus der „tierischen" Vergangenheit in der Entwicklungsgeschichte der Menschheit? Schweißdrüsen, Muskeln und Knochen formen jetzt den typisch menschlichen Körper. Das Kind nutzt seinen Saugreflex.

16. bis 20. Woche:
20 cm. Die Behaarung bedeckt den ganzen Körper, die Produktion von Körperfett beginnt. Die Gesichtszüge verfeinern sich, Augenbrauen und Augenlider prägen die Gesichtszüge. Die Aktivität des Kindes nimmt stark zu, sodass die Mutter erstmals seine Bewegungen spürt. Die Kommunikation zwischen Kind und Mutter bekommt jetzt eine neue Qualität.

Mögliche Grunderfahrungen
Das Kind macht vielerlei haptische (Tast-) Erfahrungen als Ergebnis seiner eigenen Aktivität. Beim Strampeln z. B. stoßen die Füße auf den flexiblen Widerstand der Fruchtblase. Bald „übt" das Kind die verschiedenen Möglichkeiten, die sich aus dem Strampeln gegen die Wand der Fruchtblase ergeben: Sich-Stemmen, Abstützen, Variieren des Drucks der Füße und **Spielen mit Spannung und Gegendruck.** Der Widerstand, den die Füße jetzt spüren, ist die Grundlage zum Ausprobieren neuer Bewegungsformen: sich drehen und wälzen, seitwärts, diagonal, vorwärts und rückwärts. Alle Erfahrungen speichern sich im Kleinhirn sowie im motorischen Feld der Großhirnrinde und regen die Hirnstrukturen zum Wachstum an.

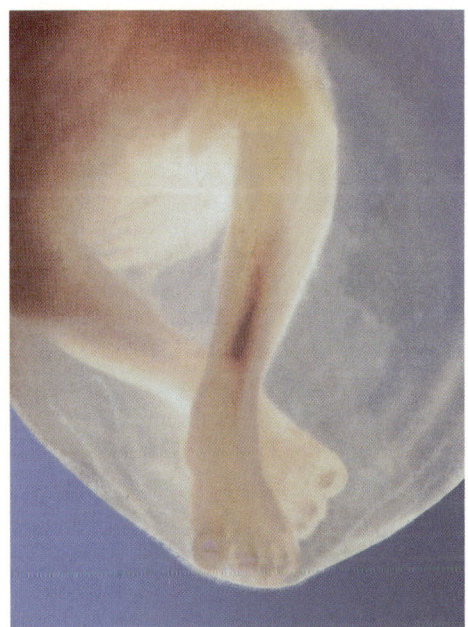

21. bis 24. Woche:
28,5 cm. Das Kopfhaar wird fülliger, Gesichtszüge formen sich weiter aus. Die Lungenbläschen entwickeln sich. Erstmals ist der Schreckreflex (Moro-Reflex, vgl. dazu auch Kapitel 6.2.2) beobachtbar. Es erschrickt bei lauten Geräuschen und heftigen Berührungen von außen und nimmt dann eine Schutzhaltung ein. Der Bewegungsfreiraum der Hände wird bewusster. Das Kind berührt sein Gesicht und spürt die Berührung als aktiv erlebte Verbindung mit sich selbst: seiner Hautoberfläche, den Wölbungen und der Mundhöhle. Wenn der Daumen in den Mund hineingerät, wird der Saugreflex ausgelöst.

25. bis 28. Woche:

38 cm. Gehirn und Nervenbahnen entwickeln sich rasch weiter, sodass das Kind seine Bewegungen zunehmend bewusster einsetzen kann. Die Lungen sind so weit entwickelt, dass das Kind selbstständig atmen könnte, falls es jetzt geboren würde. Die Hirnareale für Tiefensensibilität bekommen nun viele Anregungen. Das Wachstum des Kindes bedeutet Abnahme von Bewegungsfreiraum und ganzkörperliches Spüren von Grenzen beim Drehen.

Mögliche Grunderfahrungen:

Geschmacks- und Geruchssinn trainiert das Kind, indem es fortlaufend Fruchtwasser trinkt. Dieses enthält eine Fülle von Geschmacks- und Geruchsstoffen, die auch aus der Nahrung der Mutter hineingetragen werden. Das Wichtigste: Der Körpergeruch der Mutter prägt sich ab dem 4. Monat als unverwechselbarer Sinnesreiz ein und hilft nach der Geburt, die Mutter zu erkennen.

29. bis 32. Woche:

38–43 cm. Die Lungen atmen noch keine Luft, machen als Vorübung aber Atembewegungen. Das Skelett ist vollständig ausgebildet, aber noch nicht ausgehärtet. Der kindliche Organismus setzt sich mit dem Gegendruck des ihn umgebenden mütterlichen Organismus auseinander. Habituation, die erste und einfachste Form des Lernens, ist ab der 32. Schwangerschaftswoche beobachtbar. Sie ist erkennbar daran, dass das Kind auf Reize von außen reagiert. Einige Reaktionen (z. B. die Verlangsamung des kindlichen Pulses) treten öfter auf, wenn spezielle Reize (z. B. die Stimme der Mutter, ein oft gehörtes Musikstück) öfter auftreten. Sie werden also erkannt und behalten (vgl. Siegler u. a., 2005, S. 70–82). Gelernt sind auch die Vorliebe für bestimmte Stimmen, Laute und Nahrungsbestandteile: Das Kind hat sie vor der Geburt nachweislich oft wahrgenommen.

33. bis 36. Woche:

41–48 cm. Alle Organsysteme funktionieren und sind aufeinander bezogen. Die Behaarung verschwindet meistens alle Sinne sind aktiv und das Kind hat einen hohen Grad an Kontrolle über seine Körperfunktionen erreicht. Schon vor dem 6. Monat hat das Kind damit begonnen, die Hände zu gebrauchen und den Daumen in den Mund zu stecken.

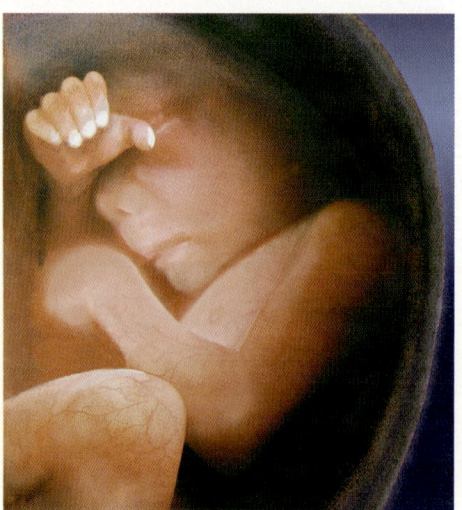

Vier Wochen vor der Geburt:

Lageveränderung im Uterus, der Kopf stellt sich im Becken ein. Für Drehen und Wälzen ist kein Raum mehr, nur Strampeln und Beine-Strecken sind möglich. **36. bis 38. Woche:** 48–53 cm

Mögliche Grunderfahrungen

Aus dieser Zeit stammen unsere ersten Erinnerungen an **Umschlossensein und Grenzen von allen Seiten** – auch wenn sie noch nicht in das Bewusstsein gelangen. Rücken, Popo, Kopf und Beine sind von außen fest umspannt und gestützt. Das Kind muss Kraft aufwenden, um sich dagegen zu bewegen. Dieser Gegendruck wird gegen Ende der 38. Woche unangenehm. Bewegungen der Arme und Beine sind kaum noch möglich. Was empfindet ein kraftvolles, bewegungsfreudiges Baby wohl in dieser Körperhaltung und Lage?

5.6 Geburt

Die Geburt setzt (durchschnittlicher Wert: plus/minus 14 Tage) am 280. Tag nach der Befruchtung ein. Sie ist ein vielschichtiger Prozess, an dem verschiedene Hormone und Signalstoffe beteiligt sind. Zur Geburt kommt es durch ein optimal aufeinander abgestimmtes Zusammenwirken von Gebärmuttermuskulatur, Geburtskanal und Kind. Nach aktuellem Forschungsstand produziert die fast vollständig ausgebildete Lunge des Kindes einen Eiweißstoff, der für die Sauerstoffaufnahme der Lungenbläschen wichtig ist. Dieser gelangt in die Gebärmutter und löst erste Wehen aus. Die Geburtsdauer beträgt bei Erstgebärenden im Durchschnitt 10–12 Stunden, bei Mehrgebärenden 6–8 Stunden. Die Geburt beginnt, wenn mütterliche Hormone freigesetzt werden. Diese bewirken eine unklare Empfindung der Mutter, dass die Geburt unmittelbar bevorsteht. Es kommt zu einem rötlichen Ausfluss aus der Scheide und dem Ausstoßen des Schleimpfropfes, der den Gebärmutterhals verschließt.

Stadium	Mögliche Grunderfahrungen
Im **ersten Stadium**, der **Eröffnungsperiode**, entwickeln sich erst in sehr langen, dann in immer kürzeren Abständen die Wehen (rhythmische Spannungen der Gebärmuttermuskulatur, die sich in ihrem oberen Bereich aufbauen und sich wellenförmig nach unten bis zum Muttermund ausdehnen). Beobachtbar sind wiederum zwei Abschnitte: Im ersten beginnt der Gebärmutterhals sich durch das Tiefertreten des Kopfes langsam zu weiten; im zweiten bewirken heftige Wehen die vollständige Öffnung. Die Gebärmutterwand zieht sich über dem Kopf des Kindes nach oben zurück, ihr unterer Bereich erweitert sich.	Das Kind spürt unregelmäßige Zusammenziehungen der umgebenden Gebärmutterwand. In **immer kleiner werdenden Abständen werden Druck und Spannung** auf Kopf und Rumpf ausgeübt. Das Kind wird voranbewegt und versucht, mit Armen und Beinen dem Druck etwas entgegenzusetzen. Es zieht sie an den Körper, um den eigenen Widerstand zu verringern. Damit hilft es, seine Geburt voranzutreiben. Sein Kopf drängt stärker nach unten, während das umgebende Gewebe nach oben zurückgezogen wird. Als Folge des Zusammenziehens und Zurückweichens der Gebärmutterwand öffnet sich dem Kind der Geburtskanal. Gleichzeitig werden die Kontraktionen stärker und der Druck sehr unangenehm. Damit der Kopf durch das Becken seiner Mutter stoßen kann, muss das Kind sich im rechten Winkel drehen.

Das **zweite Stadium**, die **Austreibungsperiode**, setzt die vollständige Dehnung und Öffnung des Muttermundes voraus. Es beginnt mit dem Einsetzen der kräftigen Presswehen bzw. mit dem Eintritt des Kopfes in das kleine Becken. Der tief im Geburtskanal steckende Kopf des Kindes drückt auf den Darm der Mutter und löst das Gefühl aus, überaus dringend pressen zu müssen. Sie setzt dazu die Bauchmuskeln ein und löst damit das Springen der Fruchtblase aus.	Die Kontraktionen kommen jetzt schnell und heftig. Der gesamte Wehendruck trifft direkt auf den von der Fruchtblase nicht mehr geschützten Kopf – so heftig, dass das Kind an seine Grenzen kommt und sein Herzschlag sich verlangsamt. Das Kind braucht mehr Sauerstoff als das mütterliche Blut jetzt noch bereithält. In dieser Situation kommt Hilfe von außen: Die Hebamme drückt nach und umspannt stützend die Austrittsöffnung. Damit erleichtert sie das Herausgleiten. Das Kind macht wiederum eine prägende Erfahrung: „Am Tiefpunkt kann ich auf Unterstützung hoffen." Nach weiteren drei oder vier Wehen ist das Kind vom Druck befreit und hat aktiv an seiner Befreiung mitgearbeitet. Jetzt beginnt ein gewaltiger Anpassungsprozess: vom Umschlossen- und Gehaltenwerden in einer gewärmten Umgebung mit diffusem Licht zu einer unbegrenzten, hellen Weite.
Das **dritte Stadium**, die **Nachgeburtsperiode**, leitet die endgültige Trennung des mütterlichen vom kindlichen Organismus ein. Nachwehen veranlassen das Ausstoßen der Plazenta und die Verkleinerung der Gebärmutter. Das Abklemmen und Durchtrennen der Nabelschnur (wenn sie aufgehört hat, zu pulsieren) ist ein großer Moment.	Atmung und Kreislauf stellen sich um und **das Kind atmet spontan**. Es muss Bedürfnisse (z. B. Hunger und Durst, Wärme oder Kälte) selbst wahrnehmen und **mitteilen**, wie ihnen entsprochen werden soll. Stoffwechselvorgänge wie Atmung und Ausscheidung muss das Neugeborene von jetzt an selbst **bewältigen**. Dazu ist es gut gerüstet: Die Entwicklung des Nervensystems ist so weit gediehen, dass Atmung, Körpertemperatur und Reflexe funktionstüchtig sind – als Basis für die weitere Entwicklung in den ersten Lebenswochen.

Aus der Entwicklung des ungeborenen Kindes können wir den Schluss ziehen, dass nicht nur genetisch bedingte Prädispositionen und Erfahrungen nach der Geburt den Menschen beeinflussen. Auch die Erfahrungen während der Schwangerschaft hinterlassen Spuren und führen zu bestimmten Erwartungshaltungen, wie z. B. getragen, gewiegt und versorgt zu werden. Aber möglicherweise erfährt das Ungeborene auch: „Ich werde abgelehnt und Stress ausgesetzt, ich mache mich daher so wenig wie möglich bemerkbar."

Gehen Sie die beschriebenen Grunderfahrungen noch einmal durch und überlegen Sie, welche davon Sie bei der Betreuung von Babys aufgreifen könnten.
In welcher Form?

Beispiel: Ungeborene haben akustische Reize wahrgenommen und verarbeitet und „erwarten", dass diese Erfahrung fortgesetzt wird. Eine ganz ruhige Umgebung irritiert das Kind eher, als dass sie schützt.

> Tommy ist zwei Jahre alt und seit einem Vierteljahr bei Ella in der Gruppe. Er wirkt sehr munter und lebhaft, schreckt aber oft aus dem Schlaf auf und schläft auch schwer ein. Immer wieder wacht er auf und vergewissert sich, dass alle bekannten Gesichter noch um ihn sind. Beim Betrachten von Bilderbüchern sieht er ein Kalb und fragt: „Wo ist seine Mama?"
>
> Ella teilt Tommys Mutter ihre Beobachtungen mit, worauf diese berichtet, dass Tommy adoptiert wurde. Er ist zwar schon im Alter von einer Woche zu ihr gekommen, zeigt aber häufig Angst vor dem Verlassenwerden, und zwar weniger durch ängstliches Verhalten am Tag, jedoch mehr durch nächtliches Weinen und Schreien, das sich kaum beruhigen lässt.

Versuchen Sie, sich in Tommys Lage zu versetzen (Empathie zu üben):

– *Was fehlt ihm eventuell aufgrund vorgeburtlicher Erfahrungen?*

– *Was braucht er und was kann Ella tun, um ihm mehr Sicherheit zu geben?*

Zum Weiterlesen:

– **Hüther, Gerald/Krens, Inge:** Das Geheimnis der ersten neun Monate: Unsere frühesten Prägungen. 5. Auflage, Düsseldorf: Patmos, 2007.

– **Tallack, Peter:** Wie ein Baby entsteht. Die Entwicklung von der Empfängnis bis zur Geburt in sensationellen Bildern. München: Nymphenburger, 2008.

6.1   Bewegen, Wachsen, Lernen

Jede Bewegung ist eine tätige wechselseitige Auseinandersetzung mit der dinglichen und sozialen Welt, die uns umgibt. Durch Bewegung verändern wir uns und unsere Umwelt. Ohne Bewegung wissen wir nichts von der Welt, können wir nicht aktiv unser Leben gestalten, zu anderen Menschen in Beziehung treten, nicht denken, ruhen und träumen. Dabei ist uns die beständige Erfahrung der Schwere unseres Körpers in Beziehung zur Anziehungskraft der Erde die verlässliche Größe, die uns Halt und Orientierung gibt. Über Wahrnehmen und Handeln gleichen wir von Anfang an bewusst und unbewusst fortwährend den Zug der Erdanziehungskraft aus.

Alle Kinder der Welt entwickeln mit geringen Unterschieden charakteristische Veränderungen der Steuerungs- und Funktionsprozesse bei der Koordination von sensorischer Information (Wahrnehmung) und motorischer Aktion (Bewegung). Muskeln, Sehnen und Skelett können nur dann sinnvoll zusammenarbeiten und die Körperbewegungen regulieren, wenn sie laufend und möglichst über alle Sinne gleichzeitig Informationen zur jeweiligen Körperstellung im Raum und über die Genauigkeit der Ausführung erhalten.

Im ersten Lebensjahr lernen alle Kinder, sich gegen die Schwerkraft aufzurichten und in aufrechter Haltung handlungsfähig zu werden, d. h. die Hände zu gebrauchen. Die Fähigkeit, Körperteile bewusst zu steuern, Bewegungen zu planen und sinnvoll aufeinander abzustimmen entwickelt sich „von oben nach unten", also vom Kopf abwärts zu den Füßen. Das ist eigentlich paradox, denn im Verhältnis zum übrigen Körper eines Babys ist sein Kopf unverhältnismäßig groß und schwer (siehe Kapitel 3.1). Kein Wunder, schließlich enthält er die „Steuerzentrale". Besonders deutlich wird diese Entwicklung beim Aufrichten aus der Bauchlage heraus. Deshalb wollen wir im folgenden kurzen Überblick einige Gesetzmäßigkeiten dazu vorstellen.

Bei Kindern aller Kulturen erscheinen **Entwicklungsfortschritte** und **Bewegungsbedürfnisse** in etwa der gleichen Reihenfolge und etwa im gleichen Alter. Unterschiede ergeben sich aus den Herausforderungen und Bewegungsimpulsen, die ein Kind in seiner Kultur erhält. Das Auslassen einer Entwicklungsphase hat zur Folge, dass das Kind sein Potenzial nicht voll entfaltet. Dem Organismus und dem Gehirn fehlen dann wichtige Informationen.

Alle grundlegenden Bewegungsmuster sind schon vor der Geburt als Reflexe vorhanden: Der Schreitreflex bereitet das spätere Gehen vor, der Kriechreflex beinhaltet das Grundmuster des Krabbelns (**0. bis 3. Monat**).

Ab dem 3. Monat werden hintereinander Schultern und Brust gehalten und zuerst die Unterarme, dann die Hände zum Aufstützen benutzt (**3. bis 6. Monat**).

Wenn ein junges Baby auf dem Bauch liegt, zieht es Arme und Beine reflexartig an.

Mithilfe des Handstützens lässt sich der Rundumüberblick erheblich verbessern. Wenn dazu Oberschenkel und Po gehoben und die Knie unter den Bauch gezogen werden, entsteht – bei jedem Kind auf einmalige Weise – das Robben und Krabbeln (**7. bis 9. Monat**).

Irgendwann plumpst ein Kind beim Schaukeln auf Händen und Knien seitwärts. So wird das Drehen vom Bauch auf den Rücken gelernt. Bald darauf wälzt und dreht sich das Kind zurück: vom Rücken auf den Bauch. Rotation ist die wichtigste Voraussetzung zum Aufstehen (**6. bis 9. Monat**).

Schließlich benutzen alle Kinder das bewährte Krabbelmuster, um an einer stabilen Seite Halt zu suchen, und um sich hochzuziehen. Sie wollen „auf die Füße" und zum aufrechten Gang gelangen (**10. bis 15. Monat**).

Wichtig sind jetzt alle Bewegungsabläufe, in denen Kinder Kreuzbewegungen automatisieren können. Beim Strampeln haben sie schon vorgeübt. Beim Krabbeln und Laufen werden zur gleichen Zeit und gegenläufig Arme, Beine, Hände und Finger auf beiden Körperseiten bewegt. Dies fördert die Zusammenarbeit von rechter und linker Gehirnhälfte und sind die Grundlage für Gedächtnisleistungen.

Krabbeln schult die bilaterale Koordination der beiden Hirnhälften. Es gibt mindestens zehn Varianten.

Im Zusammenwirken mit der Entwicklung der Grobmotorik entwickelt jedes Kind dieser Welt seine Fähigkeiten „von innen nach außen": Es probiert die „gröberen" vor den „feineren" Bewegungen der Arme, Hände und Finger sowie Beine, Füße und Zehen. Es differenziert seine Fähigkeiten immer weiter aus – je nach „angeborenen" Fähigkeiten sowie den Anforderungen und Angeboten seiner kulturellen und sozialen Umwelt.

Weil Kinder zuerst nicht anhalten, ausweichen oder steuern können, wirken die ersten selbstständigen Schritte breitbeinig und unkontrolliert. In dieser Phase kann ein Kind sich nur auf einen Aspekt seines Tuns konzentrieren: So setzt es sich hin, wenn es etwas beobachten oder ergreifen will, und läuft erst nach Beendigung des Vorgangs weiter. Mit steigendem Training wird die Sicherheit größer (15. bis 18. Monat).

Wenn Laufen, Aufstehen und Hinsetzen sicher gelernt sind, fangen alle Kinder an, mit der Schwerkraft der Erde zu experimentieren: Das Erklimmen von Hindernissen, Hüpfen, Schaukeln und Balancieren sind Bewegungsmuster, die die Schnittstellen zum haltenden Untergrund immer weiter verringern. Sie setzen voraus, dass das Kind Sicherheit aus sich selbst entwickelt hat und gut „geerdet" ist (**18. bis 24. Monat**).

Die letzte Stufe der motorischen Entwicklung ist mit der Ausführung komplizierter, asymmetrischer Bewegungsmuster erreicht, wie Klettern, Treppensteigen mit Wechselschritt, Rollerfahren, Seilspringen und Stelzenlaufen (**2. bis 3. Lebensjahr**).

Jedes Kind ist einmalig: **Unterschiede** bleiben nicht nur auf die körperliche Entwicklung beschränkt, sondern werden in allen anderen Reaktionen bemerkbar: beim Spielverhalten, beim Krabbeln- und Laufen-Wollen, beim waghalsigen Klettern und Balancieren. Aber auch beim Spielen- und Sprechen-Lernen entfaltet sich jedes Kind anders und „richtig" – auf der Basis seiner Anlagen bei entsprechender Anregung. Denn die Entwicklung jedes Kindes ist ein individuelles, kontinuierliches Voranschreiten, bei dem sich jede Fähigkeit und Erkenntnis aus der anderen heraus entfaltet. Auch durch intensivstes Einwirken wird kein Kind einen wichtigen Entwicklungsschritt tun, bevor nicht sein Nervensystem signalisiert, dass es emotional, geistig und körperlich dazu fähig ist.

Nichts muss nach einem festen „Fahrplan" beigebracht, erzwungen oder anerzogen zu werden; aber ohne eine bewegungsfreundliche Umwelt und durchdachte Unterstützung seiner Bewegungsabsichten kann kein Kind sein Potenzial entfalten. Dazu gehört das Zugeständnis von individueller Zeit für die eigene Entwicklung ebenso wie angemessene Herausforderungen durch Bewegungs(frei)raum und Materialien.

6.2 Bewegungsbedürfnisse und Planungsgesichtspunkte

6.2.1 Erfahrung durch Bewegung

In den beobachtbaren Bewegungsbedürfnissen und Handlungen eines Kindes spiegeln sich die Inhalte und der Aufbau seines Erlebens und seiner Erkenntnisse wider.

Schrittweise erarbeitet sich das Kind in den ersten sechs Monaten sein **Körperschema**. Das ist das Wissen um Ausdehnung, Grenzen, Belastbarkeit, sensible Bereiche, Stärken und Schwächen des eigenen Körpers (vgl. auch Kapitel 7.2.2). Es begreift sein Selbst im Unterschied und in der Beziehung zur dinglichen Umwelt.

Es gewinnt (Selbst-)Sicherheit. Ein positives Selbstgefühl scheint so etwas wie verinnerlichter äußerer Halt zu sein. Redensarten „wie das Leben in der Hand haben", „mit beiden Füßen auf der Erde stehen",

„sich durch-setzen", „seine Meinung vertreten", „über-legen sein", „für etwas gerade-stehen" und „seinen Mann/ihre Frau stehen" beschreiben exakt den Zusammenhang zwischen elementaren Bewegungserfahrungen in der Auseinandersetzung mit der Welt und der inneren Sicherheit.

Weltwissen erwirbt jedes Kind bereits vor der Geburt und während der ersten Lebensjahre durch Bewegung. Die Gewissheit, dass Lebewesen, Objekte, Mengen und Größen unveränderlich vorhanden bleiben, auch wenn sie kurzzeitig verschwinden oder in anderer Anordnung auftreten, entsteht erst durch das Zusammenspiel von Wahrnehmung sowie Grob- und Feinmotorik.

Die Vielfalt an Begriffen und Worten, also das Sprechen und Verstehen, aber auch Kategorien bilden (das ist die Fähigkeit, Oberbegriffe zu formulieren und Zuordnungen zu treffen), hängen im weitesten Sinne damit zusammen, wie vielfältig unsere Bewegungserfahrungen im ersten und zweiten Lebensjahr waren.

Ohne aufrecht zu sitzen und zu gehen, sich nach allen Seiten zu drehen und Bewegungen wendig und geschickt zu beschleunigen, fällt das Verständnis für Zeitdimensionen, Maße, Gewichte, Längen und Raumtiefe schwer. Das Gespür für Raumdimensionen und Zeitabläufe erwächst aus der Befähigung, sich in Raum und Zeit eigenständig zu orientieren.

Wendigkeit, Kraft, Ausdauer und Geschicklichkeit sind Eigenschaften, die ein Kind nicht nur beim Klettern braucht – in allen anderen Bereichen der Lebensbewältigung sind sie Grundlage für Flexibilität und Gestaltungskraft im Handeln und Denken.

6.2.2 Bis zum 3. Monat: berühren und gehalten werden

In den ersten Monaten empfangen, speichern und ordnen Babys Berührungserfahrungen und bringen sie mit den Erfahrungen des Hörens, Sehens, Tastens, Schmeckens und Riechens in Zusammenhang. Sie lernen schnell zu unterscheiden, wann sie auf dem Arm gehalten, in ein Bett gelegt oder, von den Händen Erwachsener gehalten, im warmen Wasser liegen. Sie zeigen Unsicherheit, wenn der stützende Halt zu gering ist oder als unklar empfunden wird, z. B. zu wenig Stütze in der Badewanne und auf dem Arm zu wenig sicherer Halt, besonders für den Kopf.

Sie liegen ungern auf einer Unterlage, die so weich und nachgiebig ist, dass sie nirgendwo Widerstand bietet. Schon sehr junge Babys wollen diesen spüren und nicht in Watte gebettet sein. Sanfte Hände sind im Umgang mit Menschen aber genauso unverzichtbar wie fester „Rückhalt". Was jeweils richtig ist, finden wir über Beobachtung heraus (vgl. Kapitel 13). Fortwährend registriert der Körper eines kleinen Babys Berührungsempfindungen, die durch den Druck der Unterlage und an der Seite entstehen. Dabei bevorzugt es bald eine der drei Grundpositionen: die Rückenlage mit Blick nach oben und zu den Seiten, die Seitenlage mit Blick nach oben und nach vorn sowie die Bauchlage mit Blick nach vorn, oben, rechts und links.

Und während es gut „geerdet" im Liegen den unmittelbaren Berührungskontakt erfährt, versucht es, seinen **Erfahrungsradius** zu **erweitern**, mehr zu sehen und mehr zu hören, als es ihm im Liegen möglich ist. Und dazu muss es sich aufrichten und seinen – im Vergleich zur Körperlänge unglaublich großen und schweren – Kopf als Erstes in Bewegung bringen. Stellen Sie sich vor, Sie hätten einen Kopf in Babyausmaßen: Er betrüge ein Viertel Ihrer Körperlänge und wäre so breit wie Ihre Schultern und etwa so schwer wie Sie selbst. Es gehört viel Unternehmungslust dazu, dass Kinder vom Augenblick der Geburt an unermüdlich versuchen, den Kopf gegen die Schwerkraft der Erde anzuheben, um ihn sicher auf den Schultern balancieren zu können.

Ralf ist mit seinen zweieinhalb Monaten das jüngste Kind der Gruppe. Am liebsten hält er sich am Körper eines ihn tragenden Erwachsenen auf: Po und Rücken von unten sicher gestützt mit freier Sicht nach allen Seiten. Wenn der Erzieher oder die Erzieherin ihn ins Bett legen wollen, protestiert er laut, außer, wenn er müde ist. Und da er so klein und leicht ist, ist es nicht schwierig, ihn überall mit hinzunehmen. Deutlich signalisiert er: „Ich möchte sehen und hören, was um mich herum vorgeht, und nicht allein, ohne die anderen Kinder, in meinem Bett sein."

Ralf erobert auch später noch seine Umwelt aus der Sicherheit des Körperkontaktes.

Kinder, die wie Ralf in der ersten Zeit viel am Körper Erwachsener getragen werden, haben mit dem gesamten Körper Kontakt zu einem anderen lebendigen, beweglichen Organismus und vollziehen dessen Bewegungen mit. Diese Stellung ist sicher und beruhigend. Die Bauch-, Rücken- und Armmuskeln arbeiten mit und die Atmung wird vertieft. Die Nackenmuskulatur kräftigt sich schnell, weil Ralf dauernd angeregt wird, den Kopf zu drehen, um herumzuschauen. Diese Kopfarbeit stärkt, anders als bei uns Erwachsenen, die Wirbelsäule und fördert deren Flexibilität. Arme, Hände, Beine und Füße finden ständig wechselnde, anregende Berührungswiderstände am Körper desjenigen, der das Kind trägt. Rückenlage-Babys im Bett haben es schwerer: Sie sind passive Empfänger von Spielangeboten und darauf angewiesen, dass jemand sich die Zeit nimmt, an ihr Bettchen zu treten, in ihr (von beiden Seiten eingeschränktes) Blickfeld. Sie müssen warten, bis jemand etwas *mit* ihnen *macht,* bis anregende Dinge gezeigt und hingehalten werden. Und meist haben sie nicht genug Zeit, ihre Erfahrungen zu einem Abschluss zu bringen, denn die Geduld der Spielpartner ist viel schneller erschöpft als die des Babys. Bevor es mit dem Begreifen fertig ist, ist das Objekt seiner Lernbegierde oft schon verschwunden.

> *Anders ist es, wenn Ralf auf der Krabbelmatte die anderen Kinder in der Nähe hat. Dann können seine Augen und Kopfbewegungen sich auf andere Kinder richten, die seine Aufmerksamkeit erregen. Oder sein Blick folgt den eigenen Händen, er „übt" die Koordination von Kopf, Augen, Arm und Handbewegungen. Erst durch diese Bewegungen erfährt er, in welchem Verhältnis seine Gliedmaßen und Körperteile zueinander stehen. Er fängt an, selbst die Hände in Richtung interessanter und erreichbarer Objekte zu strecken.*

Babys bis zu drei Monaten verfügen über eine Fülle von Bewegungsmöglichkeiten, die sie allerdings noch nicht bewusst und gezielt einsetzen. Dazu gehören die *Impulsivbewegungen* wie Strampeln, Strecken der Arme und Beine sowie insbesondere die *Reflexe.*

Reflexe sind die ersten wichtigen Verhaltensformen des Neugeborenen. Sie entstehen schon weit vor der Geburt und sind in den ersten Lebenswochen und -monaten jedes Kindes zu beobachten. Reflexe laufen ohne Beteiligung der Großhirnrinde und des Kleinhirns stets in gleicher Weise ab. Sie werden durch bestimmte Reize (Schlüsselreize) ausgelöst und können in ihrem Ablauf nicht unterbrochen werden. Die meisten frühkindlichen Reflexe werden nach und nach im Rahmen der Gehirnentwicklung durch bewusstes, gezieltes Bewegungsverhalten ersetzt. Das ist wichtig, denn kein Kind könnte beispielsweise das gezielte Greifen erlernen, wenn der Greifreflex noch besteht. Deshalb ist es wichtig, zu beobachten, ob Kinder nach dem dritten Monat noch Reflexverhalten zeigen: Das kann ein Anzeichen für eine Behinderung sein, die neurologisch abgeklärt werden und therapeutisch beeinflusst werden muss.

– Der **Hand- und Fußgreifreflex** wird durch Druck auf die Handinnenfläche beziehungsweise die Fußsohle ausgelöst: Sofort krümmen sich Finger und/oder Zehen. Entwicklungsgeschichtlich liegt seine Bedeutung im Festklammern an der Mutter. Er sollte bis zum Ende des vierten Monats verschwunden sein.

– Der **Suchreflex** entsteht durch die Berührung der Wange. Das Baby dreht den Kopf in Richtung der Berührung, bis seine Lippen die Berührungsquelle spüren.

– Der **Saugreflex** löst sich bei Berührungsempfindungen des Lippen- und Mundbereiches und der Zungenspitze aus. Das Baby beginnt zu saugen. Dieser Vorgang setzt den Schluckreflex in Gang.

– Der **Schluckreflex** entsteht, sobald die Milch in die Mundhöhle gelangt und den Rachenhintergrund, das „Zäpfchen" und den Zungengrund berührt. Er bewirkt die Nahrungsaufnahme, ohne dass Fremdkörper in die Atemwege gelangen. Der Saugreflex verschwindet nach einiger Zeit, spätestens aber mit zwölf Monaten, während der Schluckreflex als Schutzreflex weitgehend erhalten bleibt.

- Der **Moro-Reflex** ist ein Schreckreflex, der durch plötzliche, unerwartete Reize (die das Kind über den Sehsinn, Hörsinn, Geruchs- und Gleichgewichtssinn erfährt) ausgelöst wird. Wie alle Reflexe wird auch der Moro-Reflex über das Stammhirn gesteuert. Er bewirkt eine Freisetzung von Adrenalin und Cortisol, die wiederum zur Erhöhung von Puls- und Atemfrequenz führen. Spontane Lageveränderungen, grelles Licht oder plötzliche laute Töne führen dazu, dass das Baby den Mund öffnet, tief einatmet und die Arme nach außen reißt. Wenn der Mund geöffnet ist, atmet das Kind aus (möglicherweise mit einem Schrei), die Arme beugen sich und die Fäuste schließen sich fest. Die ursprüngliche entwicklungsgeschichtliche Bedeutung dieses Reflexes liegt darin, dass Kinder sich in bedrohlichen Situationen am mütterlichen Körper anklammern konnten. Der Reflex erweitert den Torax (Brustkorb) und stimuliert die Atemmuskulatur, sodass der erste Atemzug nach der Geburt ermöglicht wird. Der Moro-Reflex ist schon ab der neunten Schwangerschaftswoche nachweisbar und verschwindet mit der Reifung des Nervensystems etwa bis zum vierten Lebensmonat. Ein persistierender Moro-Reflex[1] kann bewirken, dass ein Kind sich in ständiger (organisch bedingter) Alarmbereitschaft befindet. Ergotherapeuten sprechen dann von einem Kind mit „niedriger Reizschwelle", d.h., das Kind empfängt Reize ungefiltert und reagiert darauf oft unangemessen heftig. Solche Kinder entwickeln von Anfang an eine auffällige Abneigung gegen Veränderungen und plötzliche Ereignisse. Außerdem verbrauchen sie, da sie sich ständig auf hohem Erregungs- und Spannungsniveau befinden, viel Energie, die ihnen für die Konzentration und Ausdauer beim Spielen und in der Entwicklung sozialer Kontakte verloren geht. Überempfindlichkeit, Hyperaktivität, Impulsivität und Aufmerksamkeitsschwankungen können sich durch die fortwährende „sensorische Überladung" entwickeln; Ängstlichkeit und emotionale Instabilität sind als Folge zu beobachten.
- Dreht man den Kopf eines Neugeborenen zur Seite, streckt es den Arm in Blickrichtung und beugt den anderen. Dieser ATNR **(atonischer Nackenreflex)** entwickelt sich ab dem vierten Schwangerschaftsmonat und verschwindet mit etwa einem halben Jahr. Der Reflex erleichtert dem Baby das Passieren des Geburtkanals, weil es seine Körperhaltung dessen räumlichen Bedingungen besser anpassen kann. Wenn der Kopf in eine andere Richtung gedreht wird, dreht sich der ganze Körper mit. Außerdem übt der Reflex Streck-, Arm- und Handbewegungen ein und gibt Impulse an die Gleichgewichtsverarbeitung im Innenohr und Kleinhirn. In der Bauchlage sorgt er dafür, dass die Atemwege freibleiben. Der ATNR ist besonders wichtig für den Aufbau der Körperspannung. Erlischt er nicht rechtzeitig, hat das gravierende Folgen für die psychomotorische Entwicklung. Sie können es leicht an sich selbst feststellen: Begeben Sie sich in Rückenlage in die Haltung des ATNR und stellen Sie sich vor, sie möchten sich hinsetzen, drehen und aufstehen. Was fällt Ihnen dabei auf?
- Auch der tonische **Labyrinthreflex (TLR)** beeinflusst die motorische Entwicklung nachhaltig. Wir unterscheiden zwei Formen: den nach vorn und den nach hinten gerichteten TLR. Der nach vorn gerichtete TLR wird durch die Beugung des kindlichen Kopfes nach vorn ausgelöst: Der Rumpf und die Extremitäten beugen sich gleichzeitig und automatisch. Er erscheint in der zwölften Schwangerschaftswoche und muss mit drei bis vier Monaten erloschen sein. Der nach hinten gerichtete TLR zeigt sich, wenn der Kopf des Kindes nach hinten gebeugt wird: Der Körper streckt sich bogenförmig. Dieser Reflex sollte nach zwei Monaten nicht mehr auszulösen sein. Die ursprüngliche Bedeutung der beiden Reflexe liegt in ihrer Übungsfunktion: Alle Muskeln werden stimuliert, das Aufrichten und die **„Stellreaktionen"** im Raum werden geübt. Wenn insbesondere der nach

---

[1] *Persistierend bedeutet: Der Reflex erlischt nicht zum „normalen" Zeitpunkt; das Nervensystem differenziert sich langsamer aus, die Großhirnrinde übernimmt ihre steuernde Funktion später oder gar nicht. Deshalb gehört die Prüfung des Moro-Reflexes zu jeder kinderärztlichen Vorsorgeuntersuchung.*

hinten gerichtete TLR nicht erlischt, werden das Sitzen, das Aufrichten gegen die Schwerkraft und Laufen unter erschwerten Bedingungen, nämlich im „Streckmuster"[1], gelernt. Das verzögert alle Entwicklungsvorgänge, insbesondere den Aufbau eines sicheren Körperschemas, weil der Gleichgewichtssinn und die anderen Raum-Lage-Sinne sich nur unzureichend entfalten. Das Wissen um Raumdimensionen, insbesondere um Entfernungen und Tiefe, bleibt rudimentär. Zeitgefühl, Bewegungsplanung und Selbstorganisation werden für diese Kinder lebenslang ein Problem bleiben.

– Der **Babinsky-Reflex** wird auch bei Vorsorgeuntersuchungen Erwachsener regelmäßig geprüft: Durch kräftiges Bestreichen des Außenrandes der Fußsohle von der Ferse zum kleinen Zeh hin hebt sich die Großzehe und die anderen Zehen spreizen sich nach unten und außen. Der Reflex entwickelt sich im ersten Schwangerschaftsdrittel nach der Ausbildung der Zehen und Finger. Seine ursprüngliche Bedeutung ist wahrscheinlich allein die der „Funktionsprüfung" der Füße. Nach zwölf Monaten muss er verschwunden sein. Bei älteren Kindern und Erwachsenen ist er ein Zeichen für Funktionsstörungen des Nervensystems. Sie können es an sich selbst ausprobieren: Niemand kann laufen (und Babys können das Laufen nicht lernen), wenn die Füße im Babinsky-Reflex verspannt sind.

Paddy ist eines der älteren Kinder in der Gruppe, er ist etwas über zwei Jahre alt. Wegen einer Schädigung des Zentralnervensystems muss er, wie Ralf, noch lernen, seinen Kopf sicher oben zu halten. Er bekommt von der Krankengymnastin, die regelmäßig in der Kita arbeitet, die Unterstützung, ohne die er nicht sitzen und gehen lernen kann. Obwohl Paddy über zwei Jahre alt ist, sind einige Reflexe auch jetzt noch auslösbar. Wenn er beispielsweise seine Hand willentlich zum Loslassen öffnen will, um ein Spielzeug hinzulegen, oder wenn er den Löffel beim Essen mit der Gabel vertauschen möchte, streicht der Erzieher leicht über seinen Handrücken und Paddy öffnet seine Faust. Wenn er den Arm zu einer Seite streckt, um ein Spielzeug zu ergreifen, dreht sein Kopf sich automatisch mit: Er braucht Hilfe, damit er es mit gebeugtem Arm halten, betrachten und damit spielen kann. Wenn Paddy sich vom Rücken in die Seitenlage drehen möchte und dafür den Kopf zur Seite nimmt, streckt sich sein Arm mit und macht das Rollen unmöglich. Paddys Erzieher und Erzieherin arbeiten eng mit der Krankengymnastin zusammen. Sie hat ihnen gezeigt, wie man spielerisch solche Reflextätigkeiten unterlaufen oder auflösen kann, sodass Paddy lernt, Bewegungen auszuführen, die den Reflexen entgegengesetzt sind. So hat er die Chance, allmählich bewusst gesteuerte Bewegungen zu erlernen.

Planungsgesichtspunkte: Raum und Material

Bewegung im Wasser

Warmes Wasser ist Paddys und Ralfs Element und sie dürfen so oft wie (personell) möglich darin planschen. Die Wäschewanne ist gut geeignet, weil die Kinder sicher gehalten werden können und genügend Bewegungsraum zum Strampeln, Planschen und Rudern für Arme und Beine haben. Dazu sind die traditionellen Babybadewannen zu klein. Wenn Ralf und Paddy sich sicher gehalten fühlen, aalen sie sich im warmen Wasser. Sie strampeln, krabbeln, rudern mit den Armen und sind rundum zufrieden. Ralf bringt so etwas wie „Schwimmbewegungen" hervor, worüber seine Eltern sehr froh sind. Das „Babyschwimmen" gehört zu den angeborenen reflektorischen Spontanbewegungen und bleibt lange erhalten, wenn das Baby den Kontakt zum Wasser nicht verliert.

---

[1] *Im „Streckmuster" laufen Kinder oft auf Zehenspitzen mit einwärts gedrehten Großzehen. Sie legen dabei manchmal den Kopf in den Nacken und breiten beim Laufen die Arme bei gebeugten Ellenbogen aus – damit halten sie ihre Balance aufrecht. Denn bei dieser Art des Laufens können sie den Fußboden nicht so gut sehen und ihre eigenen Bewegungen schlecht kontrollieren.*

Bewegungsräume für Babys unter drei Monaten

Diese Angebote befriedigen das Bedürfnis nach rhythmischem Geschaukelt-Werden mit Hängematte, Hängekorb, Wiege, „Kuschelhöhle" in einer Nische, Nest sowie Ein- und Ausblicken von Liegeflächen mit elastisch-fester Unterlage. Sie sollten von zwei, besser von drei Seiten begrenzt werden. Lammfelle dienen der Temperaturregelung.

Für Erzieherinnen und Erzieher, die mit den Kindern auf der Matte spielen, sind feste Rückenpolster, Sessel ohne Beine, ein großer Ball oder Meditationshocker entlastend und wohltuend. Wenn man bequem und im Rücken gestützt sitzen kann, ist es leichter, vielen Kindern gleichzeitig Aufmerksamkeit und Körpernähe zukommen zu lassen. So können die Erwachsenen mit einem Baby im Arm sitzen, mit ihm singen oder sprechen, gleichzeitig das Gruppengeschehen überblicken und dabei größere Kinder in Körpernähe zum Erzählen und Vorlesen haben.

Bewegungsmaterialien

Neben der Matte an der Wand befinden sich Spiegel, Bilder- und Fotoleisten sowie Hängematte (damit auch die älteren Kinder angeregt werden). In Babygreifhöhe aufgehängt lassen sich verschiedene Gegenstände anbringen: durch Antippen bewegliche, klingende, klappernde und farbige Spielsachen aus verschiedenen Materialien, die einzeln angeboten und öfter gewechselt werden:
- Klangstäbe aus Holz in verschiedenen Formen/Farben zum Aufhängen über der Krabbelmatte;
- Klangmobiles, japanische Windglocken, weiche und harte bunte Klapper- und Glockenbälle, Rasselbänder, Ringe aus Holz, Holzrasseln, Glockenbänder/-würfel/ -walzen, Mobiles aus Holz mit plastischen Figuren, Spielspiegel, Wagenketten mit tanzenden Figuren aus Stoff und Holz, Spieluhren, auf/in denen sich etwas bewegt.
- zum Be-greifen: Greifringe/-kugeln, Kullerkugeln mit Saugnapf, Schlüsselbund, Großperlenketten.

„Ist dieses Angebot angemessen?"

6.2.3 Vom 4. bis zum 7. Monat: Umfassen, Begreifen, Aufrichten und Drehen

Im Alter von etwa drei bis sieben Monaten testen Kinder alle nur möglichen Bewegungsarten (und die damit verbundenen Aha-Erlebnisse) aus:

Anja kann mit ihren vier Monaten den Kopf sicher halten, wenn sie aus der Rückenlage hochgenommen wird oder auf dem Arm sitzt. Damit verfügt sie über die erste und wichtigste Voraussetzung zum Aufrichten gegen die Schwerkraft der Erde und über die erste Voraussetzung zum Sitzen-Lernen. Physiotherapeuten nennen sie „Kopfkontrolle". Sie nimmt von nun an die Welt aus der (typisch menschlichen) senkrechten Körperhaltung und Perspektive heraus wahr: Die Erde ist für Kleinkinder „unten", der Himmel ist „oben". Aus diesen grundlegenden Erkenntnissen baut Anja zunächst ihre Vorstellung von Raumdimensionen auf, als Basis für Orientierung im Raum und für eigenes Handeln und Kommunizieren. Anja kann jetzt bewusst zufassen. Egal, ob es sich um Lichtflecken an der Wand oder Mobiles und Glöckchen über der Kuschelhöhle handelt, sie versucht, sie zu ergreifen. Das tut sie mit der ganzen Hand und gestreckten Fingern, wobei sich der Daumen in Opposition zu den anderen Fingern befindet. So kann Anja größere Gegenstände halten; für feinere muss sie die entsprechenden Greifbewegungen erst entwickeln. Diese Form des Greifens heißt „palmares Greifen". Sie kann auf diese Weise zweckgerichtet handeln, z.B. sich ein Spielzeug heranholen, um damit zu klappern, oder das Fläschchen, um den Schnuller in den Mund zu schieben. Aber sie hat noch nicht begriffen, dass der Löffel ein Esswerkzeug ist. Sie dreht ihn forschend vor ihren Augen und schiebt ihn leer in den Mund, um darauf herumzukauen.

Wenn Anja mit den anderen Kindern am Tisch auf dem Schoß der Erzieherin sitzt und gefüttert wird, verbinden sich für sie mehrmals täglich das Gefühl des Zusammenseins mit den anderen Kindern ihrer Gruppe, die sie als zu ihr gehörig erkannt hat, das vertraute Gewiegt-Gewärmt- und Sattwerden und das eigene Tun: Saugen, Fläschchen-Halten, Strampeln. Das sind äußerst angenehme Erfahrungen. Anja ist überzeugt: Essen ist eine sehr erstrebenswerte Beschäftigung. Das veranlasst sie, alle erreichbaren Dinge in den Mund zu stecken, sie mithilfe ihres einen Zahnes zu zerbeißen, daran zu saugen und sie mit der Zunge abzufühlen. Sie spürt dabei den unterschiedlichen Widerstand, den harte und weiche Dinge ihren Kieferbewegungen entgegensetzen. Sie fängt an, zu vergleichen und Dinge mit ihrer Person in Beziehung zu setzen. Über die Gegenstandserfahrung beginnt sie ihr „Selbst" zu entdecken, indem sie zwi-

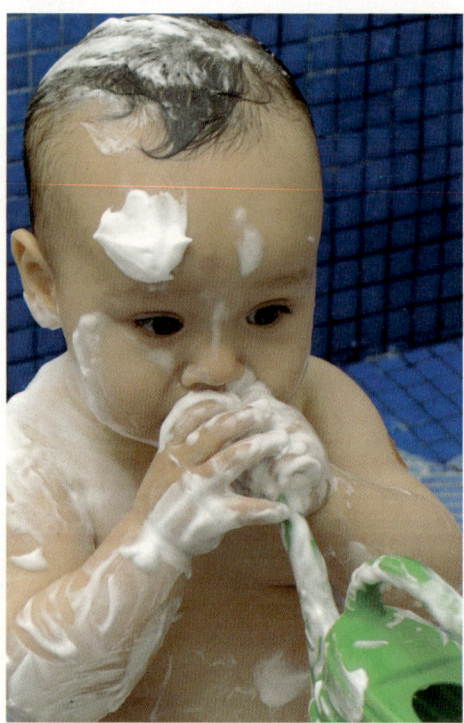

Palmares Greifen ist die erste und einfachste Form des Er- und Be-greifens.

schen Ich und Nicht-Ich zu unterscheiden lernt. Nach wie vor sind für Anja die am leichtesten erreichbaren Dinge die eigenen Gliedmaßen: Das Spiel mit den eigenen Händen beginnt. Und wie interessant sind erst die Füße, die sie jetzt auch ertastet hat: Anja hebt, dreht und untersucht sie mit großer Geschicklichkeit und fühlt die Zehen im Mund ab. Ganz nebenbei trainiert sie währenddessen die zweite zentrale Grundvoraussetzung zum Sitzen und Aufstehen: die Hüftbeugung.

Anja ist neugierig. Wenn sie im Kinderwagen liegt, versucht sie, über den Rand zu gucken. Um das zu schaffen, muss sie sich durch Aufstützen der Unterarme „größer machen". Wie? Indem sie die Hände zum Hochstemmen benutzt. Sie will den Kopf so weit wie möglich hochkriegen, um ungehindert herumschauen zu können.

Sie reckt den Hals, kommt höher und höher – und plumpst zur Seite. Anja ist verblüfft. Das irritiert und ist erst einmal unangenehm. Trotzdem reizt es zur Wiederholung. So schafft Anjas Neugier die Voraussetzung dafür, dass sie das Rollen lernen kann. Sie versucht es gleich noch einmal: höher und höher und mit Schwung vom Bauch auf den Rücken. Anja hat wieder einen wichtigen Schritt gemacht: Rotation mit seitlichem Abstützen ist die dritte unverzichtbare Voraussetzung zum Hinsetzen und Aufstehen. Als ob sie es wüssten, üben alle Kinder emsig das Herumdrehen je nach Temperament. Sie entdecken dabei, dass sie auf diese Weise Spielzeug außerhalb ihrer Reichweite ergattern können. Und Anja geht ein Licht auf: Sie kann sich selbstständig von dem Ort entfernen, wo die Erwachsenen sie hingelegt haben.

Auf diese Weise vergrößern sich Bewegungssicherheit, Aktionsradius und Erfahrungsschatz von Tag zu Tag. Es ist direkt beobachtbar, wie Anja zunehmend zweckgerichteter und sinnvoller mit den Dingen umgeht. Entsprechend größer muss ihr Bewegungsund Handlungsfreiraum jetzt sein: Nicht nur auf der Krabbelmatte, sondern überall im Gruppenraum will Anja sich in Zukunft aufhalten.

Warmes Wasser im Pool oder in der großen Wanne ist nach wie vor ihr Lieblingselement: Sie genießt den Hautkontakt im entspannten Spiel mit der Erzieherin, strampelt, quietscht, blubbert und lässt sich gern hin- und herwiegen. Wenn andere Kinder mitplanschen, beobachtet sie aufmerksam deren Tun.

Anjas Bewegungen im Wasser sehen fast wie Schwimmstöße aus. Aber weil das reflektorische Schwimmen vorbei ist und sie in ihrem Alter noch keine koordinierten Bewegungen vollführen kann, mit dem Ziel oben zu bleiben, würde sie sehr erschrecken, wenn jemand sie ohne Vorbereitung untertauchte. Der Wassergenuss wäre ihr für lange verleidet.

Planungsgesichtspunkte: Raum und Material

Dass die **Einrichtung eines Raumes** Bewegungsimpulse von Kindern fördern oder auch hindern kann, ist sinnfällig: Ein Raum für Erwachsene oder Schulkinder ist so eingerichtet, dass er dem Bedürfnis nach Arbeit oder Entspannung entspricht. Er erlaubt kleinen Kindern ausschließlich die Nutzung der untersten Ebene, des Fußbodens, weil das Beklettern höherer Ebenen zu gefährlich ist, da etwas kaputt gehen oder schmutzig werden könnte. Um das Kind herum „türmen" sich – Geheimnisse verheißend, aber verboten – die Erwachsenenmöbel. Aber auch der Gruppenraum in einer Kindertagesstätte kann mit vielen Tischen und Stühlchen, Kästen oder Großspielzeug zugestellt und gleichzeitig so leer sein, dass er den Bewegungsbedürfnissen dieser Altersstufe nicht entspricht.

Räume für bis Dreijährige müssen Anregungen und Herauforderungen bieten, aber auch so übersichtlich und zugänglich sein, dass ein Kind sie annehmen und gernhaben kann. Dem entspricht *nicht* der einheitlich gestaltete Gruppenraum, der die Erzieherin oder den Erzieher mit einem Blick das Geschehen erfassen (und kontrollieren) lässt.

Es hat sich als günstig erwiesen, am Rand des Gruppenraums eine etwa 2 m x 3 m große, rutschsichere, feste, elastische Matte auszulegen und einen Wandteppich als Wärmeisolierung an der Wand zu befestigen. Diese Matte ermöglicht interessante Ausblicke auf das Geschehen und erleichtert das Aufstützen, Beobachten, Herumgucken-Wollen und die ersten Rotationsversuche. Praktisch ist es, neben der Matte an der Wand im Regal Greifspielzeug in unterschiedlichen Formen und aus verschiedenen Materialien in gekennzeichneten oder durchsichtigen Behältern aufzubewahren.

Falls die Matte auch zum Wickeln oder Massieren gebraucht wird, sollten dort auch Windeln und Pflegeutensilien (doppelter Satz: einer gefüllt, einer leer – für die Kinder) einen Platz bekommen. Tücher und Schals eignen sich gut zum Verstecken oder Kuckuck-Spielen. Falls die Krankengymnastin in ihre Arbeit mit den entwicklungsverzögerten Kindern auch die anderen Kinder der Gruppe einbezieht, kann sie hier Material (z. B. zur Wahrnehmungsförderung) aufbewahren.

Eine Matte, verschiedene Tastempfindungen und Höhen auf dem Boden bieten Bewegungsimpulse für Kinder unter zwei Jahren.

6.2.4 Vom 8. bis zum 12. Monat: Ursachen und Wirkungen erkennen, krabbeln und gehen lernen

Ole (0;9 Jahre) und Annika (0;10 Jahre) liegen bäuchlings in der „Bilderbuchecke". Die Erzieherin versteckt eine reizvolle, blaugrüne, durchsichtige Riesenglasmurmel unter einem Kissen. Ole hat das genau beobachtet. Er stützt sich mit einem Arm auf, während er mit dem anderen das Kissen wegzieht. Strahlend angelt er sich die Murmel und steckt sie in den Mund. Gleich will er das Spiel wiederholen. Also versteckt die Erzieherin erneut eine große Glaskugel, aber diesmal hat sie das Kissen außer Reichweite gezogen. Um es zu erreichen, muss Ole sich mit Händen und Armen vorwärts stemmen. Zuerst ist er ratlos. „Komm, Ole!", ermuntert die Erzieherin. Er versucht es mit Seitwärts-Rollen. Aber das ist die falsche Richtung. Also zurück. Mühsam setzt Ole eine Hand nach vorn und zieht den Körper nach. Fast hat er das Kissen erreicht. Nun die andere Hand: Er hat es geschafft. Zwei schöne Murmeln hat er jetzt. Er setzt sich hin und klopft sie aneinander.

Annika hat kürzlich herausgefunden, dass sie die Knie unter den Bauch ziehen und dann mit dem Po hochkommen kann. Jetzt „steht" sie auf Händen und Knien und schaukelt begeistert vor und zurück. Annika will mitmachen. Aber die Erzieherin ist zu weit weg. Annika streckt probeweise einen Arm aus, aber der ist zu kurz. Sie jammert. „Komm her, mach mit!", ermutigt die Erzieherin, denn sie weiß, dass Annika schon robben kann. Annika verharrt unschlüssig, auf Händen und Knien wackelnd, an ihrem Platz. Fasziniert von dem Spiel mit der verlockend schimmernden Murmel merkt sie nicht, wie sie plötzlich mit ausgestrecktem Arm ein Knie ein Stück vorsetzt. Damit sie nicht das Gleichgewicht verliert und umkippt, muss sie sich rasch mit beiden Händen abstützen. Jetzt zieht sie das entgegengesetzte Knie gleichfalls nach vorn. Annika steht wieder fest und merkt, dass sie gleichzeitig den anderen im Raum ein Stückchen nähergekommen ist. Deshalb versucht sie das Gleiche noch einmal mit der linken Hand und dem rechten Knie … Und noch einmal rechts …

Diese Fähigkeit ist ein wichtiger Meilenstein in der Bewegungsentwicklung. Arme und Beine der jeweils entgegengesetzten Seite müssen dazu, harmonisch aufeinander abgestimmt, abwechselnd bewegt und der Kopf jeweils in die Richtung des vorne befindlichen Arms gedreht werden. Es ist eine komplizierte **Über-Kreuz-Bewegung** und sie erfordert, dass beide Gehirnhälften fein aufeinander abgestimmt Wahrnehmung und Körpermuskulatur zum richtigen Zeitpunkt zusammenarbeiten lassen. Diese Koordinationsfähigkeit beider Gehirnhälften bereitet jede differenzierte Alltagsverrichtung vor, insbesondere aber ist sie wichtig für das Erlernen des Schreibens und Lesens.

Annika entwickelt und vervollkommnet in den folgenden Wochen ihren **eigenen Krabbelstil**: Sie bewegt sich schräg, seitwärts und im Rückwärtsgang. Manche Babys in der Gruppe haben, anders als Annika, früher (noch vor dem Robben) damit angefangen, andere erst nach dem Hochziehen zum Stehen. Einigen Kindern scheint das Bedürfnis zu krabbeln zu fehlen, sie laufen stattdessen gleich. Damit überspringen sie Erfahrungen, die sie später beim Laufen-Lernen nachholen. Kinder in Annikas und Oles Alter, aber auch der schon ältere Paddy, brauchen jetzt viel Platz und Bewegungsfreiraum: schmale und breite Flächen draußen und drinnen, glatt und rau bis holperig, gerade und schräge, kühlere oder wärmere, weiche und harte Bodenbeläge.

Wenn das Wasser in der Schwimmhalle auf 30 °C erwärmt ist, gehen die Kinder zum Baden. Bäuchlings auf den Armen des Erziehers oder der Erzieherin „krabbeln" sie, sicher gehalten, im Wasser. Dabei platschen sie mit den Händen, dass es spritzt und Wellen gibt, und strampeln und treten mit den Beinen und Füßen das Wasser weg. Ab und zu halten sie auch mal das Gesicht neugierig hinein und gucken, wie es „unten" aussieht.

> *Paddy ist im Wasser viel entspannter als „an Land". Er lacht und kreischt, seine Bewegungen werden zunehmend gelöster. Wie die anderen Kinder der Gruppe will er wissen: Welches Spielzeug schwimmt, welches schwimmt nicht? Welche Gegenstände kann ich unter Wasser drücken? Mit einer Hand? Mit beiden Händen? Und lässt der Wasserball sich nicht doch untertauchen, wenn ich mit dem Bauch drauffliege?*

Planungsgesichtspunkte: Raum und Material

Kinder dieses Alters brauchen vergrößerte Bewegungsflächen zum Robben und Krabbeln mit *unterschiedlichen Oberflächenstrukturen* der Fußböden in verschiedenen Räumen:

1. Glatt und kühl sind Linoleum, Naturstein, Terrazzo, PVC und eine auf den Boden geklebte Spiegelfolienbahn.

2. Rau und kühl fühlen sich Tonfliesen und geriffelte Kacheln an.

3. Glatt und warm sind splitterfreie Dielenfußböden, Parkett- oder Korkbelag.

4. Rau, weich und warm sind Teppichböden, Flokatis (dicht gewebte, waschbare griechische Hirtenteppiche; sie müssen am Rand befestigt werden, am besten mit Teppichklebeband) und Flickenteppiche (müssen ebenfalls rutschsicher gelegt werden).

5. Taststraßen werden von Kindern und Erwachsenen gemeinsam hergestellt: Verschiedene flache Materialien werden auf große Pappflächen nebeneinander geklebt: Eierkartons (plattgedrückt), Fellstücke, Samt, Jutegewebe, Massagehandschuhe, Seide, Plüschstoff, Schmirgelpapier. Das sind überraschende und faszinierende Berührungserfahrungen beim Barfuß-Laufen.

Hindernisse auf dem *Boden* sowie *Barrieren* brauchen die Kinder als Gelegenheit zum Umkrabbeln, Darüberhinweg-Robben, Sich-drunter-durch-Winden, Zwischen-Hineindrücken oder Entlangkrabbeln. Dazu eignen sich

1. ein Spiegelhaus, innen und außen mit Spiegelkacheln beklebt;

2. ein „Klangtunnel", bestehend aus einer Reihe offener Kisten oder Kartons ohne Boden, die hintereinanderstehen und in denen oben eine Reihe klingender Gegenstände herabhängen, die beim Durchkrabbeln angestoßen und dadurch zum Klingen gebracht werden können;

3. Wände aus Sperrholz oder ähnlichem Material, die Spielbereiche trennen, mit Durchschlupflöchern unterschiedlicher Form und Größe;

4. Schwebebänke, große und feste Kissen, Falttunnel, Schaumstoffquader oder -würfel;

5. Maxi-Wippe (sie kann als Wippe, Treppe und Kriechtunnel benutzt werden und klemmt Füße und Hände nicht ein);

6. Stufen zum Hinauf- und Hinunterkrabbeln, z. B. Podeste, Treppchen, Absätze, stufenförmig angeordnete Schaumstoffpolster, schräg gelegte Leitern;

7. Baumstammabschnitte, geschält.

Stufen und Hindernisse ermöglichen Erfahrungen mit Widerstand und Schwerkraft.

Weiterhin regen Spiegelfolien an oder Poster mit bekannten Motiven (z.B. Fotos der Kinder), die, mit Transparentfolie geschützt, eine Weile auf dem Boden kleben bleiben können, bis sie bekannt sind und gewechselt werden müssen. Spiegel in Babyhöhe, nicht nur im Waschraum, sondern an vielen unerwarteten Orten, auch in der Kuschelhöhle, laden ein, in der Bewegung innezuhalten, auf sich selbst aufmerksam zu werden und sich selbst im Zusammensein mit anderen zu betrachten.

Für Wassererfahrungen dieser Altersgruppe ist es günstig, im Waschraum ein aufblasbares Planschbecken bereitzuhalten, das ohne große Mühe zentimeterhoch mit warmem Wasser gefüllt werden kann (ungefähr ein Eimer voll genügt den Kindern) und das in „Trockenphasen" Aufbewahrungsort für schwimmendes Greifspielzeug sein kann.

6.2.5 Vom 12. bis zum 18. Monat: laufen und die Welt verändern

Vincy kann, wie wir eingangs gesehen haben, bereits die Höhe und Tiefe, das Oben und Unten zueinander in Beziehung setzen. Das Hochziehen an Gegenständen ähnelt zunächst im Bewegungsablauf dem Krabbeln.

Wenn ein Kind in sich selbst genügend Halt gefunden hat, um die Seitenstütze loslassen zu können, beginnt es zu laufen. Das Bedürfnis zum Laufen erwächst aus der Erfahrung des sicheren Kontaktes beider Füße zur Erde. Beine und Füße sind wie empfindungsfähige Wurzeln des Körpers, die sensibel auf die Beschaffenheit und Temperatur des Untergrundes reagieren und Kindern den zuverlässigen Eindruck vermitteln, auf festem

Boden oder unsicherem Terrain zu stehen. Kleine Kinder sind noch in sicherer Verbindung mit dem stützenden Untergrund und versuchen, mit dem ganzen Fuß und dem ganzen Körper zu reagieren. In der jetzigen Phase erreichen Kinder eine weitere Hochleistung in der Integration beider Hirnhälften: Mit jedem Schritt stehen sie auf einem Bein, das andere ist in der Luft. Halt-Unsicherheit-Halt-Unsicherheit – dieser Wechsel bewirkt selbstständiges Gehen. Die Flexibilität, Kraft und Geschmeidigkeit der Knie- und Fußgelenke entscheidet darüber, wie sicher das Kind stehen und sich fortbewegen kann.

Die Knie sind die größten und am kompliziertesten gebauten Gelenke und leiten zusammen mit den Sprung- und Zehengelenken das gesamte, sich ständig bewegende Körpergewicht auf den Boden ab. Gehen, Laufen, Steigen und Balancieren, abwechselnd mit Krabbeln und Stufen-Erklettern, sind die Favoriten der Kinder in Vincys Alter – sehr zum Verdruss der meist sitzenden Erwachsenen.

Vincy ist fast von allein zum selbstständigen Laufen gekommen. Paddy braucht Unterstützung erwachsener Spielpartner, um die gleiche Entwicklungabfolge zu durchlaufen, die Vincy aus sich heraus vollziehen konnte. Er bekommt erst einmal Unterstützung darin, sein ganzes Gewicht selbst zu tragen. Gemeinsame Spiele in der Gruppe („integrative Therapie") festigen sein Stehvermögen:
- aufstehen aus der Hocke und wieder hinsetzen,
- wippen und hopsen,
- sich bücken und etwas aufheben,
- aufstehen, ohne sich festzuhalten,
- die Stemm- und Stützfähigkeit erproben und weiterentwickeln,
- den richtigen Krafteinsatz zum Hochziehen lernen und
- Widerstand leisten.

Vincy fühlt sich im Wasser so sicher, dass er ohne Bedenken allein hineingeht und sogar im flachsten Teil des Planschbeckens mit dem Gesicht untertaucht. Gemeinsam mit den anderen erfindet er neue Spiele: Ball-Schubsen, Wasser-Gießen, Schiffchen-schwimmen-lassen. Er freut sich über Schwimmflügel, die den Halt durch die Erziehungspersonen zum Teil ersetzen. Und er geht erfahrungsgemäß nur so tief ins Wasser, wie er selbst es sich zutraut.

Planungsgesichtspunkte: Raum und Material

Zum Hochziehen und Stehen mit Stütze sind standsichere Hocker und Tische sowie ein Sofa mit festem Angriffspunkt geeignet, auf dem sich Erwachsene und Kinder wohlfühlen. Haltestangen kann man in Babyhöhe an der Wand eindübeln (und Spiegelfolie zum Selbst-Beobachten dahinter ankleben). Taue mit dickem Knoten sollten, sicher an der Decke befestigt, in unterschiedlichen Stärken vorhanden sein. Ein auf die Seite gelegtes Kinderbett mit Sprossen zum Festhalten kann gleichzeitig Kuschelhöhle und Aufrichtehilfe sein. Geländer (Sprossenweite nicht über 80 mm!) an Podesten, Treppchen, Leitern, eingezogenen Spielebenen und Nischen sowie die seitlichen Stützen an den Mehrzweckgeräten in der Halle oder auf dem Flur sind weitere Hochzieh-Unterstützer.

Schräge Ebenen reizen die Kinder, sich krabbelnd quer zum Boden gegen die Schwerkraft eine Fläche hochzuarbeiten. Sie sind in vielen Variationen über Kindermöbelhersteller zu beziehen.

Weil Ziehen, Rollen und Schieben den Kleinsten so nachhaltig das Gefühl vermitteln, etwas bewirken zu können, lohnt es sich, Fantasie zu aktivieren.

Hier eine kleine Auswahl von Anregungen:
- *auf Schnüre gefädelte oder daran gebundene Metallstäbe, Blechlöffel, Holzstücke, Glocken, Dosen, Gardinenkugeln, Joghurtbecher zum Hinterherziehen;*
- *kleinste bis größere Kisten (splitterfrei) und belastbare Großkartons;*
- *Rollbretter;*
- *ein großer schwerer Medizinball;*
- *durchsichtige, aufblasbare Riesenbälle und Walzen (wenn innen farbige Bälle herumkullern, ist das sehr faszinierend), die Krankengymnastin braucht sie auch;*
- *eine selbst genähte Schlange, mindestens 1,50 m lang,*
- *eine Schlenkerpuppe im Erwachsenenformat (selbst genäht aus ausgestopftem Pullover, Hose und Socken – alles aneinandergenäht, mit Kopf und Perücke versehen).*

6.2.6 Vom 18. Monat bis zum Ende des zweiten Lebensjahres: allein können und erfinden

In allen Körperstellungen verbessern sich Geschicklichkeit und Ausdauer. Kinder laufen zwar noch oft auf der ganzen Fußfläche und breitbeinig, aber jetzt können sie ihren Lauf willkürlich stoppen. Wenn sie etwas aufheben oder suchen wollen, setzen sie sich in Hockstellung. Dass die grob- und feinmotorische Koordination weit fortgeschritten ist, zeigen Kinder, wenn sie Kleidungsstücke allein ausziehen. Am Ende des zweiten Jahres können sie freihändig aufstehen und schnell laufen, ohne hinzufallen. Treppen werden nicht mehr „erkrabbelt", sondern im abgestellten Schritt bewältigt, zuerst noch mit Halt. Zwischen eineinhalb und zwei Jahren entwickeln Kinder einen auffälligen Eifer darin, sich selbst vor möglichst schwierige Bewegungsaufgaben zu stellen und diese einfallsreich zu lösen, ohne die Hilfe der Erwachsenen.

Katja (1;8 Jahre) bemüht sich mit konzentriertem Kraftaufwand, eine große Kiste mit Holzbausteinen quer durch das Zimmer zu ziehen. „Sie geht mit den Schaumstoffwürfeln um wie ein Möbelpacker", meint Ella. Davon profitiert Paddy: Wenn er in seinem Buggy sitzt, schiebt sie ihn quer durch alle Räume, den Flur entlang und möglichst sogar auf der mit Gehwegplatten gepflasterten Terrasse herum. Das genießt Paddy. Für Katja scheint es eine wichtige Erfahrung zu sein, sich immer wieder selbst zu bestätigen: „Ich kann etwas Schwieriges bewirken. Ich kann Dinge bewegen und bewältigen, die größer sind als ich."

Katjas zweite Lieblingsbeschäftigung ist das Klettern: Wo immer möglich, steigt sie hinauf: auf Stufen, Schemel, auf niedrige Trittleitern oder die Sprossenwand, auf Stühle, auf die Fensterbank. Das sieht manchmal recht waghalsig aus und die Erzieherin möchte am liebsten eingreifen. Aber erstaunlicherweise nimmt Katja nur Hindernisse in Angriff, die sie bewältigen kann.

Planungsgesichtspunkte: Raum und Material

Im Gruppenraum auf Entdeckungsreise gehen und seinen Rückzugsbereich finden zu können, setzt eine Raumgliederung durch unterschiedliche Materialien (mit abgestimmten, nicht zu „lauten" Farben) und durch die **Variation von Höhen und Tiefen** voraus.
- So lassen sich in Gruppenräumen Ecken, Nischen, Höhlen, Wege und abgegrenzte Flächen schaffen.

- Unterschiedliche Ebenen durch den Einbau hoher und niedriger Podeste vergrößern die Bewegungsfläche und schaffen unterscheidbare Bereiche.
- Als Verbindung zwischen ihnen bieten sich Stufen, Treppen, Absätze, Leitern und schiefe Ebenen an: Sie sind für die Kinder Herausforderung und alltägliches Übungsfeld.
- Um von einem Bereich in den nächsten zu gelangen, lassen sich Durchschlupfwände aufbauen, Vorhänge aus verschiedenen Materialien anbringen, große oder kleine Öffnungen und Durchblicke schaffen.

Nischen, Höhlen, Durchschlupfe – Erfahrungsräume im Raum

- Raumaufteilung und Raumangebot müssen für die Bewegungsbedürfnisse dieser Altersstufe so variabel sein, dass Einrichtungsgegenstände bei Bedarf zu Hindernissen, Kletterleitern, Schaukeln, Balancierbalken, Hangelstangen und Rutschbahnen umfunktioniert werden können.
- Schlupfwinkel, Nischen, Erker und die große Krabbelmatte werden gern von Kindern aufgesucht, die sich bäuchlings fortbewegen, die robben oder kriechen, dabei in Ruhe spielen und nicht ständig gestört, überrannt und umgeschubst werden wollen.
- Jüngere Kinder brauchen einen Bereich, in dem nicht die Gefahr besteht, dass der Zweijährige aus der Hängematte oder Schaukel auf die Babys plumpst, wenn er sich einmal wagemutig austesten möchte.
- Vielerlei Objekte wie Kisten, Riesenkartons und Medizinbälle brauchen Kinder jetzt zum Heben, Ziehen, Schieben und Tragen.

Als „Verkehrsflächen" geplante Flure und Verbindungsräume sind unverzichtbar, wenn man dem Bewegungsbedürfnis der Kinder auch bei schlechtem Wetter entsprechen will, und müssen in die Nutzung für alltägliche Aktivitäten einbezogen werden. Sie bieten

Platz zum Rennen, für Mehrzweckgeräte, Go-Karts, Rollbretter, Dreiräder und Rutschautos – falls das Herumtoben und -fahren keine anderen Kinder belästigt oder im Spiel stört.

- Der hintere oder vordere Teil eines Flurs oder ein gesonderter Raum ist in manchen Häusern zum Kletter-Hangel-Schaukel-Eldorado geworden: Den Boden haben die Mitarbeiter gut mit Matten gepolstert und darüber an der Decke in entsprechendem Abstand voneinander alles befestigt, was zum Klettern und Schwingen reizt, mit entsprechend großem Sicherheitsabstand zwischen den Schaukeln.
- An der Seite von Fluren lassen sich Kletterwandkombinationen mit Sprossen, Kletterstangenteil, Netzkasten und Rutsche anbringen.
- Sehr attraktiv sind „Activity-Wände" im Flur. Eine Holzplatte, bunt bemalt, wurde von handwerkbegeisterten Eltern mit rotierenden Scheiben, Knöpfen zum Drehen, Hupen, Hebeln, Scharnieren, Klingeln, Klappen und aufgespannten Saiten zum Zupfen versehen. Und eine Fläche, die beidseitig der Wand mit klingenden Gegenständen bestückt ist, regt die Kinder an, sich mithilfe von Tönen und Geräuschen zu unterhalten.

Kreuzgriff und Drehbewegungen an einer Activity-Wand

Zusätzlich kann die Wand mit einer Maltafel und verschiedenen Klappspiegeln beklebt werden, sodass die Kinder sich und andere bei ihrem Tun beobachten können.

6.2.7 Im dritten Lebensjahr: Fertigkeiten anwenden

Im dritten Lebensjahr sind die Grundfähigkeiten Greifen, Sitzen, Laufen, Kriechen und auch das Klettern gut entwickelt. Die Kinder fühlen sich auf ihren Beinen sicher. Und wie es immer geschieht, wenn Kinder (und Erwachsene) sich irgendwo gleichbleibend sicher fühlen, wird die Sicherheit zur Gewohnheit – und damit langweilig. Es entstehen also neue Bewegungsbedürfnisse. Entwicklungsforscher nennen diesen Vorgang **Habi-**

tuation. Kinder fangen bewusst an, das Sicherheitsgefühl auf die Probe zu stellen und mit dem Gleichgewicht und der Schwerkraft ihres Körpers zu experimentieren. Für Momente geben sie bewusst die sichere Stütze des Untergrundes auf und bringen sich selbst aus der Balance. Sie gehen ein Risiko ein – mit ungewissem Ausgang, aber in der Regel dosieren sie es entsprechend ihrem Leistungsvermögen. Auf dem Bewegungsparcours ist trotzdem immer eine Begleitung durch Erwachsene nötig.

Ella beobachtet die Kinder beim Erproben ihrer Bewegungsmöglichkeiten.

> *Arnim springt ab und herunter, wo und wann immer möglich: Die Mäuerchen rund um die Kita, jeder Bordstein, der Sandhügel auf der Baustelle vor dem Haus und die untersten Stufen des Klettergerüstes sind für ihn Herausforderungen. Auch Podeste, Absätze oder Stufen in den Innenräumen sind Arnim willkommen. „Das nervt!", stöhnt die Erzieherin. „Irgendwann bricht er sich noch den Arm!" Und so baut sie Arnim eine Geräterunde zum Springen auf: einen Kreis aus feststehenden Hockern, der Schwebebank und einem niedrigen sowie einem etwas höheren Kasten, mit Matten zur Sicherheit zwischendrin. Trotzdem bevorzugt Arnim die Möbel im Gruppenraum: Liegen, Hocker, Fensterbank oder Tisch. Mit Anlauf hopst er über ein auf der Erde liegendes Tau, von einer Bodenfliese zur nächsten, vom Podest auf das fünf Zentimeter entfernte Kissen, über ein Auto auf dem Fußboden …*

Wenn Kinder die ersten Sprünge versuchen, landen sie zuerst auf Füßen und Händen. Allmählich lernen sie, das Körpergewicht auf den Fußsohlen abzufangen. Ella achtet genau darauf, dass der Junge nur von niedrigen Geräten springt. Erst muss er das federnde Hüpfen lernen, müssen Sprunggelenk und Beine an Muskelkraft gewinnen. Federndes Hüpfen ist die Voraussetzung, um schnell zu laufen, auf einem Bein zu hinken, seilszuspringen und später von Turngeräten zu springen.

Arnim spielt gern mit Katja und Vincy auf dem Rasen. Er kugelt kopfüber. Zuerst passierte das zufällig, als er sich tief vorbeugte, um einmal durch die Beine nach hinten zu gucken und dabei plötzlich das Gleichgewicht verlor. Er purzelte über Kopf vornüber, schnappte kurz nach Luft und wiederholte das Spiel sofort. Nach kurzer Zeit erfand er Variationen, seitwärts, vor- und rückwärts, einen kleinen Abhang hinunter oder mit den Erwachsenen als Spielpartner. Er versuchte zwischendurch, eine Weile auf einem Bein zu stehen und ohne umzukippen im Gleichgewicht zu bleiben. Er versuchte dabei sogar zu hopsen.

Im Winter kommen die ältesten Kinder wie Arnim schon mit Gleitschuhen auf dem Eis oder mit kurzen Kinderskiern auf dem Miniabhang des Kindertagesstättengeländes zurecht. Dabei fallen sie wieder und wieder hin und rappeln sich unermüdlich, auch auf einer glatten Fläche oder an einem Schräghang, wieder hoch, um gleich weiter zu schlidern.

Übrigens:
Eine methodisch gut aufbereitete Vielfalt von Anregungen für Erfahrungsangebote zur Bewegungsförderung und -begleitung finden Sie in der Buchreihe „Entwicklung unterstützen von 0 bis 3" von Sally Featherstone und Liz Williams (Troisdorf, Bildungsverlag EINS, 2007).

Planungsgesichtspunkte: Raum und Material

Rampen sind ideale Rutschen: Am liebsten gleiten die Kinder bäuchlings, mit dem Kopf voran. Rampen motivieren dazu, gegen die Schwerkraft hochzulaufen und dabei noch etwas mitzunehmen, was man herunterrollen lassen kann. Jeder große Kindergartenmöbellieferant stellt Mehrzweckgeräte her, die verschiedene schräge Ebenen (Leitern, Rutschen, Bretter zum Einhaken) enthalten. Wenn wir die „Bewegungslandschaft" im Gruppenraum planen, sollten schräge Ebenen in verschiedenen Höhen unbedingt mit eingeplant werden. Hier sind Grenzsetzungen erforderlich: Arnim und Katja werden wahrscheinlich die Rollbretter darauf starten wollen. Es bedarf eines Modellversuches – vielleicht mit dem Teddy oder einer Puppe, wenn sie verstehen sollen, weshalb sie damit sich und andere Kinder gefährden könnten. Mit einem anschaulichen Versuch begreifen sie am ehesten, warum dies nicht erlaubt ist.

Balanciermaterialien und -geräte regen an, immer von neuem das Gleichgewicht wiederherzustellen. Das ist besonders dann wichtig, wenn ungünstige Wetterverhältnisse die Kinder zum Drinnen-Spielen zwingen. Schwebebalken, Kletterlaufbretter, „Wackelbretter", von denen es inzwischen mehrere Variationen gibt, runde Scheiben mit Gumminoppen unten, Balancierkreisel aus Kunststoff, Balancierwippen für zwei Kinder und Balancierhalbkugeln aus poliertem Massivholz trainieren außer Gleichgewicht und Sicherheit auch die Fußmuskulatur. Pedalos mit Haltegriffen für mehrere Kinder sind als Übungsfeld für Zusammenarbeit und Bewegungskoordination gleichzeitig geeignet. „Dosenstelzen" sollten einen breiten Durchmesser und für Kleinstkinder entsprechend gekürzte Halteseile haben.

Hüpfen und **Springen** lässt es sich beispielsweise auf einem Trampolin mit Sicherheitshaltebügel. Trampolins brauchen Fallschutzplatten oder Matten als Rundherumpolsterung und mindestens einen Meter Sicherheitsabstand. Zauberschnur, Zauberkreis und Ziehtau (elastische Schnüre für Bewegungsspiele) regen ebenfalls zum Hüpfen an. Hüpfsäcke mit seitlichen Haltegriffen, deren Boden innen profiliert und aus festem PVC gemacht ist, sind sicherer als Plastik- oder Jutesäcke und ein begehrtes Spielgerät für die älteren Kinder. Sie können zur „Selbstbedienung" auf dem Flur aufgehängt werden, genau wie Hüpfbälle. Sie sollten so klein gewählt werden, dass auch Zweijährige sie benutzen können.

Die Aufhängevorrichtung zum **Schaukeln** sollte in jedem Raum eine stabile Balkenkonstruktion mit mehreren Haken sein. So können Schaukeln zum Vorwärts-, Rückwärts- und Seitwärts-Schaukeln aufgehängt und öfter ausgewechselt werden. Beispiele für Geräte zum Schaukeln und Schwingen sind:

– Hängematten für mehrere Kinder gleichzeitig zum Einhängen an Sprossenwände,
– aufblasbare Schaukelkissen aus PVC-Folie für mehrere Kinder,
– feste Schaumstoffrollen, eingenäht in Segeltuch und an beiden Enden mit Haltetauen zu befestigen,
– Therapieschaukeln zum Schaukeln in verschiedene Richtungen, variabel mit 4-Punkt-, 3-Punkt- oder 1-Punkt-Aufhängung versehen,
– Tellerschaukeln,
– Reifenschaukeln,
– Schaukeln mit Segeltuchsitz, mit und ohne Rückenlehne,
– Netzschaukeln zum Schaukeln in Bauch-, Seit- und Rückenlage,
– Strickleitern und
– Hangelstricke mit dicken Knoten.

Die einfachsten Schaukeln sind die begehrtesten. Aber Variation im Angebot ist noch wichtiger.

Bälle zum Hinterherlaufen, Greifen, Fangen und Werfen: Es gibt kein vielseitigeres und wirkungsvolleres Übungsgerät für alle Sinne gleichzeitig. Der Blick folgt automatisch der Bewegungsrichtung des Balles, die Auge-Hand-Koordination übt sich ganz nebenbei. Das Geräusch beim Aufprallen informiert das Kind über die Entfernung des Balles und den Zeitpunkt, wann es die Arme und Hände zum Fangen öffnen muss. Die Handinnenflächen werden stimuliert (wichtig für berührungsempfindliche Kinder). Deshalb sollte jede Gruppe eine große Ballsammlung besitzen: große, kleine, mittlere, kleinste, schwere und leichte Bälle, aus weichen, festen, rauen und glatten Materialien, auch mit Glöckchen oder Rasseln darin, in vielen Farben, selbst gemacht und gekauft. Dazu gehören beispielsweise: Medizinball, Handball, Rugby-Ball (selbst genäht ist er kleinkindgerechter), Gummibälle mit Glocken verschiedener Tonhöhe darin, Softbälle in mehreren Größen, Noppenbälle, Igelbälle und Igelringe, durchsichtige Riesen-PVC-Bälle und feste Riesenluftballons in allen Regenbogenfarben.

Im „Kugelbad" (aufblasbares Plansch-becken oder eigens angefertigter Holzpool mit mindestens 1.000 viel-farbigen elastischen Polyäthylenbäl-len von 5 cm Durchmesser) lassen sich vielerlei Bewegungen erproben:
– hineinspringen und hindurch-„schwimmen";
– sich wälzen, verstecken;
– einfach drin liegen und sich ent-spannen und beruhigen;
– Gegenstände darin ertasten oder verstecken;
– die Kugeln umfüllen, herausschüt-ten, wieder einsammeln.

Bälle, klein genug für die Hände der Jüngsten

Die Erzieherin kann aber auch alle Kugeln in einen Bettbezug einnähen und zum Dar-über-Krabbeln anbieten. Wenn das Kugelbecken mit einem Rundumnetz abgeschirmt ist, gehen die Bälle nicht so schnell verloren und das Aufräumen und Sauberhalten ist leichter.

Für gemeinsame Bewegungsspiele derjenigen Kinder, die schon sicher stehen und laufen können, gibt es auf dem Markt leicht handhabbare Spielgeräte für ein gemeinsames Bewegungsspiel in der Kleingruppe:
– Riesen-Ring-Band aus festem PVC, 50 cm breit. Im Inneren des Bandes können die Kinder sich gemeinsam fortbewegen. Damit das gelingt, müssen sie ihre Bewegungen geschickt aufeinander einstellen.
– Schwungtuch und Ballontuch (mit einem Loch in der Mitte), große Knautschsäcke zum Kuscheln, Schieben, Ziehen,
– Spielfässer zum Durchkriechen, Wippen, Drüberrollen oder zum Verstecken, Riesen-mikado aus langen Rundholzstäben.

Zwei- bis Dreijährige halten sich mit Vorliebe im (etwa 10 cm flachen) **Wasser** auf: Weit-springen vom Rand in das hoch aufspritzende Wasser des Planschbeckens, Drehen auf dem Gummitier und Herunterplumpsen finden ohne Zuspruch und Ermunterung, aber unter achtsamer Beobachtung der Erwachsenen statt, die sicherheitshalber mitspielen. Wie beim Klettern und Springen brauchen die Kinder jetzt anschaulich dargebrachte Informationen über mögliche Gefahrenquellen. Es ist deutlich zu sehen, wie diese in ihrem Kopf „arbeiten" und in gegenseitige Hinweise münden. Die meisten Kinder der Gruppe verhalten sich sehr vorsichtig: Kinder, die sich ihrer selbst sicher sind, haben selten Unfälle.

Bei der genauen Betrachtung der Bewegungsbedürfnisse dieser Entwicklungsstufe fällt auf, dass die Kinder aufgrund ihrer bisher erworbenen Fähigkeiten in der Lage sind, Bewegungsspiele mit steigendem Schwierigkeitsgrad und ersten Regeln zu erfinden und zu planen. Das ist nur möglich, weil sie bisher in der Kita einen reichen Schatz an Er-fahrungen gesammelt haben, den sie jetzt variieren und neu kombinieren können. Sie können bereits überlegen, wie eine Bewegungsabfolge (z. B. das Erklettern eines steilen Hügels, um etwas hinaufzutransportieren) zu planen und zu meistern ist, ohne erst praktisch zu probieren. Mit konzentrierter Anspannung und erstaunlicher Geschicklich-keit überwinden sie Schwierigkeiten mit den ihnen zur Verfügung stehenden Mitteln.

Das gilt auch für Kinder mit Entwicklungsverzögerungen wie Paddy. Die Phasen seiner Entwicklung verlaufen in der gleichen Reihenfolge wie die der anderen Kinder seiner Gruppe, aber viel langsamer. Doch auch Paddy weiß, was er sich zumuten kann und was nicht. Er ist genauso abenteuerlustig und vorsichtig wie die anderen Kinder. Da er in seiner Gruppe nicht das Gefühl hat, besonders „tolle" Leistungen hervorbringen zu müssen, um anerkannt zu werden, wird Paddy sich von selbst nur an solche Aufgabenstellungen heranwagen, die er bewältigen kann. Für ihn wie für die anderen Kinder bestätigt sich immer neu: Das Lösen von Problemen ist reizvoll, Schwierigkeiten sind überwindbar. Und: In einer Gruppe von Kindern kommt man auf mehr Ideen und die Umsetzung macht mehr Spaß.

Dieses Kapitel enthält sehr viele Informationen. Überlegen Sie sich eine Form, in der Sie den Inhalt für sich festhalten und veranschaulichen können (Vorschläge: Tabelle, Mind-Map, Zeichnung).

Ein klassischer Kindergartenraum für Drei- bis Sechsjährige

Auf dem Foto ist der Elementargruppenraum einer dörflichen Gemeindekita abgebildet. In wenigen Wochen soll er in eine Unter-Drei-Gruppe umgewandelt werden. Vier Kinder unter drei Jahren sind schon aufgenommen. Der Gemeinderat hat den Antrag auf Kostenübernahme für Änderungen in der Raumeinteilung und -gestaltung mit der Begründung abgelehnt, es sei für Kleinkinder alles vorhanden. Er verweist dabei auf das Raumprogramm des Landes Schleswig-Holstein. Machen Sie begründete Vorschläge für Veränderungen, damit der Raum für diese Altersgruppe noch besser geeignet ist.

Sie haben vieles über die Entwicklung der Kinder erfahren und welche Voraussetzungen sie benötigen. Stellen Sie noch einmal zusammen, welche Aufgaben die Erzieherinnen während dieser Phasen haben.

Zum Weiterlesen:

– **Affolter, Felicie:** Wahrnehmung, Wirklichkeit und Sprache. Villingen-Schwenningen: Neckar-Verlag GmbH, 1991.

– **Bodenburg, Inga/Stoltenberg, Ute:** Erfahrung durch Bewegung. Berlin: FiPP, 1993.

– **Pikler, Emmi:** Lasst mir Zeit: Die selbstständige Bewegungsentwicklung des Kindes bis zum freien Gehen. Untersuchungsergebnisse, Aufsätze und Vorträge. München: Pflaum Verlag, 2001.

– **Schneider, Kornelia:** Krippenbilder: Gruppen-Erfahrungs-Spielräume für Säuglinge und Kleinkinder. Berlin: Fortbildungsinstitut für die pädagogische Praxis, 1989.

– **Zimmer, Renate:** Handbuch der Sinneswahrnehmung. Grundlagen einer ganzheitlichen Erziehung. Freiburg: Verlag Herder, 1995.

7.1 Was Kinder unter drei Jahren lernen

Vincy hört, wie die Praktikantin einen Gartenstuhl von der Terrasse hereinschiebt. Neugierig betrachtet er das unbekannte Ding und windet sich vom Arm der Erzieherin herunter. Breitbeinig trappelt er darauf zu. Es scheint viel größer als er selbst, weiß, eckig, mit einer abgerundeten Sitzfläche, die interessant durchbrochen ist. Der Lamellengartenstuhl hat Vincys Neugierde geweckt. Er berührt ihn zuerst vorsichtig, dann stärker. Er drückt dagegen und merkt: Das unbekannte Ding hält dem Druck seiner Hand stand. Seine Finger ertasten die Oberfläche, gleiten über eine Kante, umfassen und umgreifen ein Plastikbein. „Na, Vincy, das schmeckt doch nicht!“, sagt Ella, als er mal kurz hineinbeißt. Nein, es schmeckt langweilig. Vincy wendet sich Interessanterem zu.

Jetzt probiert er aus, wie viel Druck er mit den Fingern aufwenden muss, damit das Ding sich deformieren oder anderweitig verändern lässt (so wie er es mit Matsch, Pappstücken oder Bananen macht). Vergeblich. Er hat es mit einem harten Gegenstand zu tun. Der übt Gegendruck aus und blockiert damit die Bewegungen seiner Hand. Also muss er viel Energie und die übrigen Körperteile einsetzen, um weitere Erkenntnisse gewinnen zu können und zu begreifen, um welche Art von Objekt es sich hierbei handelt.

Da er jetzt weiß, dass der Gartenstuhl unverrückbar steht, klammert er sich fest und traut sich, ein Bein hochzuheben und das Knie gegen die Sitzfläche zu stemmen. Er hat jetzt nur einen Fuß als Haltepunkt auf dem Boden, aber dafür einen auf der Seite. „Willst du etwa auf den großen Gartenstuhl klettern?“, fragt die Erzieherin.

Das scheint Vincys Wagemut zu beflügeln. „Tuhl", antwortet er aufgeregt. Höher und höher das Knie ... bis auf die Sitzfläche ... prüfen, ob er hält ... und Vincy hat sich eine stabile Unterlage eine Ebene höher erarbeitet. Er kniet jetzt auf der Sitzfläche, rüttelt prüfend an der Rückenlehne und befindet diese als zuverlässige Stütze. Jetzt zieht er sich ganz hoch, zum Stehen. Vorsichtshalber hält Ella den Gartenstuhl fest. Breitbeinig und triumphierend steht Vincy da. „Vincy Tuhl!", ruft er glückstrahlend. „Ja, du bist oben auf dem Stuhl!", antwortet Ella.

Als Nächstes dreht er sich um und rutscht vorsichtig mit dem Po an der Lehne herunter in eine Ecke. Wieder eine neue Erfahrung: Der Gartenstuhl umschließt ihn jetzt von unten und von den Seiten. Vergnügt strampelt er mit den Beinen und hält nach neuen Spielmöglichkeiten Ausschau. Mit dem Ding lässt sich nicht schaukeln. Wippen geht auch nicht. Was geht dann?

Vincy legt den Kopf auf die Lehne. Jetzt erscheint die Welt schräg. Er hält sich fest und beugt den Kopf nach vorn, tiefer und tiefer. Weit unten kann Vincy den Boden sehen. „Guck mal, da unten liegt Teddy", sagt Ella.
Vincy streckt sich. „So groß bist du jetzt, viel größer als ich!", lacht die Erzieherin. Stolz antwortet Vincy: „Vincy – Tuhl! Drooß!"
Viel höher als der Kopf der Erzieherin ist jetzt sein eigener, und viel weiter weg als eben auf ihrem Arm. Gerade war er noch ganz nahe an ihrem Körper, jetzt ist er weit weg – getrennt. Aber er kann die Trennung aufheben, wenn er sich vorbeugt und die Erzieherin berührt.

Vincy dreht den Kopf. Ella ist weg. Er wendet sich freudestrahlend wieder um und erreicht damit, dass sie wieder erscheint. Ella greift das Spiel auf. Sie kniet sich hinter die Gartenstuhllehne. Nun kann Vincy sie durch die Querholme sehen – hinter dem Sessel! „Siehst du mich, Vincy?", ruft sie. „Da!", antwortet Vincy. Unverdrossen wiederholt er dieses Spiel so lange, bis er sicher ist: Ella bleibt Ella und bleibt da – auch dann, wenn ich sie vorübergehend nicht mehr sehe.

Jetzt merkt er: Seine Finger lassen sich durch die Ritzen zwischen den Holmen stecken. Wie weit, wie tief? „Au!" Das klemmt und tut weh. Vincy hat die Finger zu weit hineingesteckt. Jetzt will er auf den Arm der Erzieherin zurück.

Vincys Gartenstuhlerlebnis ist für unbeteiligte Erwachsene vielleicht ein überflüssiges, völlig unspektakuläres, möglicherweise sogar tadelnswertes Ereignis: „Was hat ein so kleines Kind auf so einem hohen Gartenstuhl zu suchen? Es könnte herunterfallen und sich verletzen!" oder „Stühle sind zum Sitzen da, nicht zum Herumklettern!" Für Vincy stimmt das (noch) nicht. Bevor er den Gartenstuhl in seiner Zweckbestimmung erkennen kann, ist dieser zunächst eine Sensation, ein **faszinierendes Objekt**: Von innen heraus wird er „getrieben", es auf dem direkten und einfachen Weg seiner Erfahrung in seiner dinglichen und sozialen Umwelt zu erproben und zu untersuchen. Wir können das beobachten. Vincy bewegt sich auf etwas Neues zu, das nicht zu neu ist, aber seine Neugier anstachelt. Er berührt es und wird berührt. Er bewirkt etwas und es geschieht etwas mit ihm. Und dabei vervollkommnet er nicht nur seine Fertigkeiten, sich geschickt und sicher zu bewegen, sondern er **erwirbt handelnd weiteres Wissen** über sich selbst in der Beziehung zu den Dingen und Personen in seiner Welt. Bewegungsabläufe und Wahrnehmungsprozesse haben sich gemeinsam zu neuen Erkenntnisprozessen verdichtet. Neue Prinzipien hat Vincy be-griffen, verstanden, er-fasst, durch-blickt, er-fühlt und damit seinen Schatz an Begriffen erweitert, für die er einige Zeit später die richtigen Worte lernen wird:

- unten – oben,
- schräge – gerade,
- höher – tiefer,
- weiter weg – näher dran,
- getrennt – zusammengehörig,
- dahinter – davor,
- verschwunden – wieder da,
- durch – darunter – darüber – dazwischen,
- schnell – langsam,
- groß – klein.

Vincy konnte dies alles aufnehmen, behalten und lernen, weil in seinem Zentralnervensystem eine **Fülle einzelner Wahrnehmungserfahrungen** aufgenommen, miteinander verbunden, weitergeleitet und verkoppelt gespeichert wurden. Bei Bedarf, also bei der nächsten Kletterpartie oder Auseinandersetzung mit einem neuen faszinierenden Objekt, wird er diese wieder abrufen, mit den neuen Eindrücken vergleichen, durch neue Erfahrungsaspekte bereichern und verwerfen, was sich als überflüssig erweist.

7.2 Wie Kinder unter drei Jahren lernen

Unser Nervensystem besteht aus dem Zentralnervensystem und dem peripheren Nervensystem. Das Zentralnervensystem umfasst Gehirn und Rückenmark, das periphere System besteht aus Nervenbahnen und Sinneszellen. Wenn irgendwo ein Impuls entsteht, teilt sich dieser dem ganzen System mit.

Im Folgenden gehen wir den Weg nach, den Vincy vom ersten erregenden Anblick des fremdartigen Gegenstandes bis zur Aussage „Tuhl! Drooß" zurücklegt.

7.2.1 Lernen auf vielen Kanälen

Visuelle Wahrnehmung: Zuerst nimmt Vincy den Gartenstuhl über das Sehen wahr. Das Bild des Stuhls wird durch Lichtwellen auf die Netzhaut auf dem Hintergrund des Augapfels abgebildet, die von Gegenständen ausgehen oder reflektiert werden. Wenn Vincy neugierig den Blick auf den bisher unbekannten Gartenstuhl richtet, wird der Bereich des schärfsten Sehens gereizt. Auf der Netzhaut wurden durch Lichtwellen „Stäbchen" und „Zapfen"[1] erregt und veranlassen einen starken, aber kurzzeitigen, schnell

---

[1] Stäbchen sind die Fotorezeptoren auf der Netzhaut des Auges, die für die Hell-Dunkel-Wahrnehmung zuständig sind. Zapfen dagegen ermöglichen die Wahrnehmung von Farben.

vorübergehenden Eindruck von Umrissen, Formen und Farben im sogenannten sensorischen Gedächtnis, dem „Ultrakurzzeitgedächtnis".

Vincy sieht den Gartenstuhl nicht nur, er hört ihn auch, als er hereingeschoben wird. Als auditive oder **akustische Wahrnehmung** bezeichnet man die Sinneseindrücke, die von Schallwellen erzeugt werden. Diese werden in der Schnecke des Innenohres als Schwingungen mit unterschiedlicher Frequenz wahrgenommen und durch Luft und Wasser als Wellen oder über den Boden, auf dem Vincy steht, oder die Wand, an die er sich lehnt, als Vibration übertragen. Jede Faser der Hörnerven wird dabei mit bestimmten Informationen über einen speziellen Frequenzbereich versorgt. Vincy braucht zwei Ohren, damit er hören kann, aus welcher Richtung und wohin der Stuhl geschoben wurde. Außenohr und Mittelohr dienen der Schallaufnahme und -weiterleitung, das Innenohr verwandelt die Schallreize in elektrische Impulse. Diese werden vom Hörnerv in das Gehirn weitergeleitet. Dort werden sie erst aufbereitet und gefiltert und später in verschiedenen Zentren der Großhirnrinde aufgenommen, ausgewertet und gespeichert. Unsere „Hörschwelle" liegt zwischen den Punkten der tiefsten hörbaren Frequenz von 20 Hz und der höchsten hörbaren Frequenz bis maximal 20 kHz.

Vincy nimmt beim Heraufklettern nebenbei auch den Plastikgeruch des Stuhles wahr. An der **olfaktorischen Wahrnehmung** sind Geruch und Geschmack gleichermaßen beteiligt und beeinflussen sich gegenseitig. Riechzellen sind über die ganze Nasenschleimhaut verteilt und sind sensibel für chemische Substanzen. Alle 60 Tage werden diese Sinneszellen erneuert. Dabei sterben die Riechzellen ab. Die neuen zum Gehirn führenden Nervenbahnen (Axone) wachsen an den Stellen, die durch die alten frei werden. Die gustatorische oder Geschmackswahrnehmung entsteht auf den Rezeptoren für süßen, sauren, bitteren und den Geschmack, der durch Glutamate erzeugt wird. Sie befinden sich auf der Zunge und in den Schleimhäuten der Mundhöhle. Etwa ein Viertel der Geschmacksknospen sind auf dem vorderen Teil, eine Hälfte auf dem hinteren Drittel der Zunge gruppiert. Das letzte Viertel finden wir am Gaumensegel, im Nasenrachen und in der oberen Speiseröhre. Kleine Kinder haben auch Geschmacksrezeptoren auf dem harten Gaumen, in der Zungenmitte sowie in der Lippen- und Wangenschleimhaut.

Mithilfe der haptischen oder Oberflächensensibilität (vom Griechischen haptikos = greifbar) kann Vincy die **Oberflächenbeschaffenheit**, Größe, die Konturen und auch die Temperatur des Sessels erfassen. Dabei hilft ihm zunächst seine **taktile Wahrnehmung**, also der Tastsinn. Er liefert Informationen darüber, ob der Sessel warm oder kühl, rau oder glatt ist. Wenn Vincy den Stuhl berührt oder sich stößt, melden die Tastrezeptoren passive Reizeinwirkungen wie z. B. sanfte Berührung, Druck und Schmerz. Wenn er über die Oberfläche streicht oder darauf drückt, das Stuhlbein umfasst oder die Konturen der Sitzfläche erkundet, erhält das Gehirn Meldungen über aktive Reizeinwirkungen. Die Gesamtheit der **haptischen Wahrnehmungen** erlaubt es Vincys Gehirn, mechanische Reize, Temperaturreize und Schmerz zu lokalisieren und zu bewerten.

Jede der eben geschilderten Einzelwahrnehmungen ist ein wichtiges Element im Bereich „Gartenstuhlerkundung". Jede für sich genügt als einkanalige Erfahrung, aber noch lange nicht, um als bleibende, vollständige und nachhaltige Lernerfahrung im Langzeitgedächtnis gespeichert werden zu können. Dazu braucht es noch viele weitere Sinneseindrücke:

Die wichtigsten sind dabei Vincys Gleichgewichts- und Muskelempfindungen. Der Gleichgewichtssinn, auch **vestibuläre Wahrnehmung** genannt, gibt Vincy Aufschluss über seine Körperhaltung und Orientierung im Raum, für das Oben und Unten, für den Neigungswinkel, den sein Körper beim Klettern jeweils einnimmt, für die Neigung seines Kopfes beim Blick nach unten und die Drehung seines Kopfes in die richtige Richtung. Die Sinneszellen (Rezeptoren) für den Gleichgewichtssinn liegen in der Schnecke im Innenohr, dicht neben den Rezeptoren für das Richtungshören. So kann Vincy seine Körperhaltung optimal auf Geräusche einstellen, die aus einer bestimmten Richtung kommen.

Die **Tiefensensibilität** macht den wichtigsten Anteil von Vincys **Eigenwahrnehmung** aus. In der Fachsprache heißt dieser Teil auch *kinästhetischer* Sinn oder *Raum-Lage-Sinn*. Damit Vincy weiß, wie sich die aktuelle Position seines Körpers im Raum in Verbindung mit der gerade notwendigen *Muskelspannung* verhält, setzt er unbewusst seinen *Stellungssinn* ein. Der *Bewegungssinn* sendet ihm fortlaufend Botschaften darüber, wie viel Kraft er beim Forschen und Experimentieren jeweils aufwenden, wie stark er seine Muskeln anspannen und mit welcher Reichweite er Bewegungen ausführen muss, um sein aktuelles Projekt, z. B. das Erklettern des Stuhls, erfolgreich abzuwickeln. Der *Kraft- und Widerstandssinn* gibt ihm ständig Aufschluss darüber, wie viel *Druck* und *Zug* notwendigerweise in den Muskeln miteinander in Einklang zu bringen und zu dosieren sind.

Die **Reize**, die für spezielle Bewegungen und Bewegungskorrekturen die passenden Informationen und Rückmeldungen liefern, kommen fortlaufend über verschiedene Rezeptoren (Sinneszellen). Diese liegen an den Ursprungsstellen jedes Muskels (*Muskelspindeln*) und an den Enden der mitarbeitenden Sehnen (in den *Sehnenspindeln*). Außerdem gibt es sensible Rezeptoren in den Gelenkkapseln, Bändern und in der Knochenhaut.

Vincys Gehirn empfängt und verarbeitet pausenlos optische, akustische, taktile, olfaktorische, kinästhetische und vestibuläre Eindrücke. Beim Drücken, Sich-Hochziehen, Klettern und besonders dann, wenn es um abgezirkelte, differenzierte Bewegungen geht, geben sie dem Wahrgenommenen erst Bedeutung und Sinn. Sie sagen ihm, wie schwer, wie fest, wie umfänglich der untersuchte oder erkletterte Gegenstand in Beziehung zu ihm selbst ist, wie weit entfernt oder wie nahe er ist. Blitzschnell erfährt Vincy, in welche Richtung er sich drehen oder strecken, wie stark er seine Bewegungen beschleunigen oder zurücknehmen muss, damit er zum Ziel kommt. Besonders sein Tastsinn ist an der Wahrnehmung seiner Eigenbewegungen beteiligt. Das reibungslose **Ineinandergreifen** der Raum-Lage-Sinne mit den anderen Wahrnehmungen (sensorische Integration) entscheidet, wie harmonisch, flexibel und geschickt seine Bewegungen auf das angepeilte Ziel hinarbeiten. In jeder Sekunde erhält er Rückmeldung darüber, wie viel Anspannung, Gegendruck, Konzentration und Kraft er einsetzen muss, um einen gesehenen oder gehörten Gegenstand riechen, in den Mund stecken, auseinandernehmen und untersuchen zu können.

Seine *Nase* erschnuppert gleichzeitig Plastik und Metall; und wenn Vincy (was Kinder in seinem Alter meist tun) die Stuhllehne einer *Geschmacksprüfung* unterzieht kann er die Geruchsempfindungen nur dann wirklich einordnen, wenn er seine Nase nahe genug an den Gegenstand der Erkenntnis heranbringt und seine Körperhaltung konzentriert darauf einstellt.

Wie werden nun aber die verschiedenen Sinneserfahrungen in Vincys Gehirn geleitet, auf welche Weise verarbeitet, wo gespeichert, wie abgerufen? Und wie kommen Vorstellungen und Wissen über den Gartenstuhl zustande, die sich schließlich in der sprachlichen Formulierung „Vincy-Tuhl! Drooß!" ausdrücken?

7.2.2 Wie aus Sinneserfahrungen Tätigkeiten und Vorstellungen werden

Unser Gehirn sieht – von oben betrachtet – wie eine geschälte Walnuss aus. Es ist in der Mitte durch einen Einschnitt in zwei stark gefurchte **Hälften** geteilt. Verbunden sind die beiden **Hemisphären** durch die Brücke (lat.: pons), einen dicken Strang aus Nervenfasern und weiteren kleineren Verbindungen.

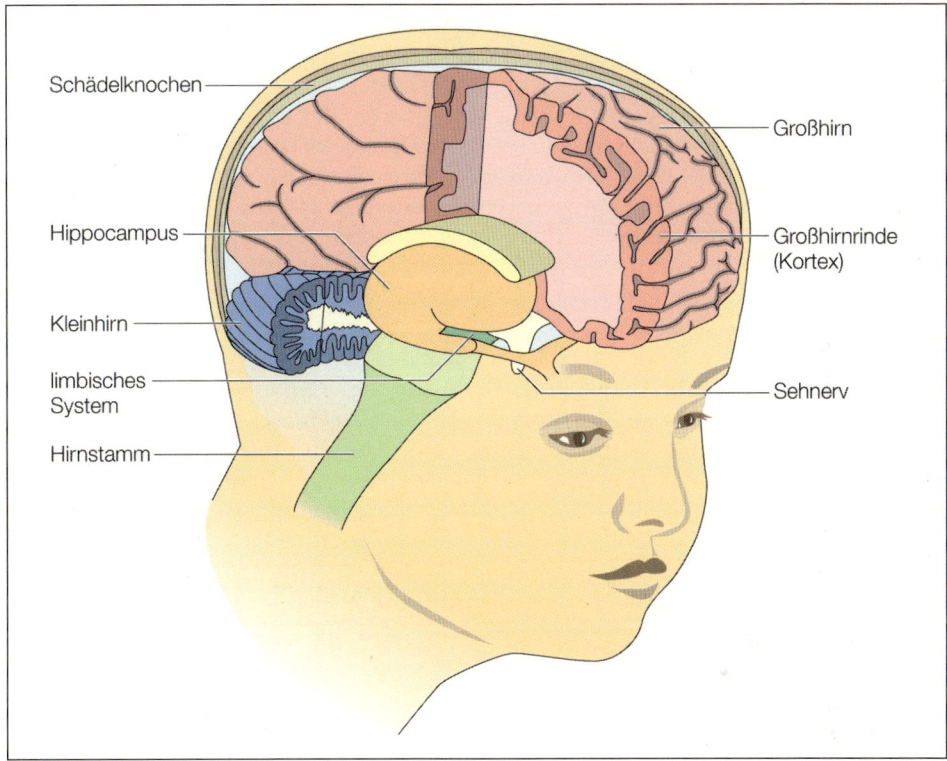

Vincys Gehirn

Betrachten wir Vincys Gehirn im Seitenlängsschnitt, können wir fünf verschiedene Bestandteile unterscheiden, die an der Aktion „Gartensessel interessiert betrachten" beteiligt sind:

Der **Sehnerv** leitet die visuellen Informationen über die Sehbahnkreuzung in den Hinterhauptslappen weiter. Von dort aus werden die Seheindrücke an weitere Zentren im Gehirn verteilt.

Der **Hirnstamm** ist in die Regulierung von Schlafen und Wachsein, Herzschlag, Atmung und Stoffwechsel einbezogen. Auch wichtige Reflexe sind hier lokalisiert wie z.B. der Saug- und Schreitreflex, der Moro-Reflex oder der atonische Nackenreflex (vgl. Reflexe in Kap. 6.2.2), aber auch reflektorisches Gähnen, Husten oder Niesen.

Das **limbische System** liegt in der Mitte des Gehirns und umgibt das Stammhirn wie ein Saum (lat.: limbus), der als doppelter Ring geformt ist. Das limbische System selbst reichert die Wahrnehmungseindrücke mit Gefühlsinhalten an. Es wirkt wie ein „Filter", der jedem weitergeleiteten Reiz eine Bewertung mitgibt – etwa in der Form „gut für den Organismus" oder „schädlich für den Organismus". Mit welcher Gefühlstönung Vincy in Zukunft den Gartensessel untersuchen wird, hängt entscheidend von der aktuellen Beurteilung durch das limbische System ab.

Spiegelneurone sind Nervenzellen, die sowohl im Bewegungszentrum als auch im sensomotorischen Bereich und unter dem Sprachverarbeitungszentrum der Großhirnrinde gefunden wurden. Der italienische Forscher Giacomo Rizzolatti entdeckte sie in den 1990er-Jahren bei Tierversuchen in den Gehirnen von Makaken. Sie wirken folgendermaßen: Wenn ein Mensch einen Vorgang beobachtet, arbeiten sie in der gleichen Weise, als wenn der Mensch nicht Beobachter, sondern selbst aktiv wäre. Der Begriff „Spiegelneuron" verdeutlicht die spiegelbildliche Aktivierungsform dieser Nervenzellen. Beispiel: Jon, 4 Monate alt, beobachtet Ella, während sie den Kopf zur Seite neigt und ihn anlacht. Daraufhin neigt Jon ebenfalls seinen Kopf und lacht Ella an. Forscher, die sich mit der Funktion der Spiegelneurone befassen, sehen in ihnen den Ursprung für die Entwicklung von *Empathie* (Feinfühligkeit, Interesse am Anderen), für *Sprachkompetenz* und sogar für spezifische kulturelle Entwicklungen. Symptome von *Gefühlskälte* oder sogar *Autismus*, einer umfassenden Beziehungsstörung, werden von einigen Forschern damit erklärt, dass Kinder aus organischen Gründen Spiegelneurone nicht entwickeln konnten. Auch Lerntheoretiker gehen davon aus, dass ein Kind prosoziales Verhalten nicht erlernen kann, wenn es in den ersten beiden Lebensjahren nicht die entsprechenden Inputs durch seine Bezugspersonen für seine Spiegelneuronen erhält. Das Kind wird sich nicht in die „innere Welt" seines Gegenübers hineinversetzen können und kein Verständnis für dessen Absichten, Wahrnehmungen und Emotionen entwickeln können. Forscher nehmen heute an, dass Spiegelneurone auch in anderen Hirnregionen vorhanden sind und somit alle menschlichen Gefühle imitiert werden können.

Eine zentrale Schaltstation des limbischen Systems ist der **Hippocampus.** „Wann immer wir etwas Besonderes lernen, ist der Hippocampus beteiligt." (Spitzer, 2007, S. 34) In Vincys Beispiel signalisiert dieser Teil des Gehirns, dass es sich um etwas Neuartiges handelt, dass dieser Stuhl sich von all denen unterscheidet, die Vincy schon kennengelernt hat. Und Dinge, die neu, aber nicht zu neu sind, haben für Vincy hohen Aufforderungscharakter. Der Hippocampus lässt uns Orte wiedererkennen und ein Gefühl für die Zeit entwickeln, er steuert also die zeitliche und räumliche Orientierung. Er ist für das nachhaltige Lernen verantwortlich. Je mehr er beansprucht wird, desto mehr wächst er. Alte und neue Eindrücke aus den verschiedenen Sinneskanälen zu einem bestimmten Themenkomplex (z. B. „Sitzmöbel") werden im Hippocampus zusammengeführt und vorsortiert. Sie gelangen von dort aus zur Großhirnrinde. Hier entsteht aus den vielfältigen Einzelinformationen im Laufe der Zeit eine ganzheitliche und differenzierte Erkenntnis. Der Hippocampus ist also der Teil des Gehirns, der unsere Erinnerungen vorbereitet. Vincy weiß bald genau, was ein weißer Gartenstuhl ist, wo er sich befindet, was damit zu machen und wie er beschaffen ist. Jede Hirnhälfte hat einen Hippocampus.

Das **Mittelhirn** gehört auch zum Hirnstamm. Es enthält den Hypothalamus, der u. a. das Hormonsystem steuert. Die Amygdala (Mandelkern) liegt im Schläfenlappen und ist für die Stabilisierung von Vincys Gemütslage, für die Entstehung von Angst und für die Entwicklung seiner sozialen Intelligenz die entscheidende Schaltstelle im Gehirn.

Damit Vincy den Stuhl genau an der richtigen Stelle besteigen kann, ohne umzukippen oder gar herunterzufallen, muss er eine Fülle zielgerichteter Bewegungen ausführen. Jede einzelne für sich erfordert das Zusammenspiel fast aller Einzelelemente des Zentralen Nervensystems. Gesteuert wird das Ganze von der Großhirnrinde und dem Kleinhirn als Erfahrungs- und Fertigkeitsspeicher.

Das **Großhirn** besteht aus den beiden Großhirnhälften, die über den Balken verbunden sind und deren Oberfläche aus stark gefälteten Windungen besteht. Die 2–4 mm dicke Oberfläche heißt **Großhirnrinde oder Kortex.** Der vordere Teil heißt Frontallappen, der Parietallappen liegt im mittleren Teil, der Temporallappen seitlich und der Okzipitallappen hinten. Der Kortex hat eine graue Färbung und enthält Milliarden von Hirnzellen (Neurone), die unser bewusstes Verhalten steuern. Etwa 19 Milliarden finden sich im weiblichen Gehirn, etwa 23 Milliarden im männlichen. 90 % aller Zellen sind bei der Geburt bereits vorhanden. Ein großer Teil davon geht in den ersten Lebensjahren zugrunde, wenn er nicht genutzt wird.
Dass das Babygehirn um so viel kleiner ist als das Gehirn Erwachsener liegt daran, dass sich die Hirnzellen im Laufe der ersten zwei Jahre milliardenfach miteinander verschalten und damit erst die „Hirnmasse" bilden. Unter der Großhirnrinde, im Inneren des Großhirns, verlaufen die Abermillionen weißer, langer Nervenfortsätze von den Neuronen des Kortex und verbinden die einzelnen Teile des Großhirns mit anderen Teilen des Nervensystems. Jeder eingehende sensorische Input wird blitzschnell weitergeleitet und mit anderen Nervenzellen verkabelt.

Wie auf einer Landkarte lassen sich für jeden sensorischen Bereich primäre und sekundäre kortikale Felder ausmachen. Ein primäres Feld ist z. B. der **visuelle Kortex.** Dort münden die Projektionen der Sehbahn und werden zu umfassenden Sehinformationen (in diesem Fall zum weißen Gartenstuhl). Der visuelle Kortex liegt im letzten unteren Abschnitt des Gehirns. Ein anderes Beispiel ist der **auditorische Kortex,** dessen primärer Teil z. B. Geräusche des Gartenstuhls und die Worte der Erzieherin aufnimmt. Diese werden im sekundären Hörfeld verarbeitet, mit den Wahrnehmungen des Kleinhirns verdrahtet und im vorderen Teil des Gehirns zum plastischen Begriff „Gartenstuhl" und „Ellas Stimme" verarbeitet. Ellas überraschtes Lob wird Vincy noch lange im Gedächtnis bleiben.

Wenn eine Lernerfahrung mit angenehmen Gefühlen gekoppelt ist (z. B. mit Stolz und der Freude über den unerwarteten Erfolg der ersten Stuhlbesteigung), so wird dies das Lernen beflügeln.

Kortikale Felder wachsen, wenn Inputs aus den Sinnesorganen hereinkommen und zu verarbeiten sind. Sie wachsen nicht, wenn kein „Sinnesfutter" ankommt. Nur bei genügend häufigem Input durch Stimulation der zugehörigen Sinne entwickeln sie ihr Potenzial. Werden Wahrnehmungsareale größer, vergrößern sich auch die sekundären Areale. Bleiben sie selten genutzt, bleiben auch die sekundären Areale klein. Jedoch ermöglicht nicht ein einzelnes Rindenfeld (z. B. das Feld für das Sehen) allein eine Funktion (z. B. das genaue Hingucken zum interessanten Objekt Gartenstuhl), sondern erst das genaue Zusammenspiel in einem Netzwerk aus verschiedenen Nervenbahnen aus wiederum verschiedenen Feldern ermöglicht es Vincy, sich ein „Bild" davon zu machen. **Assoziative Felder** findet man im vorderen Teil des Gehirns. Hier haben Denken, Abstrahieren, Gedächtnis, Pläne-Entwerfen, Handlungsstrategien-Entwickeln und Fantasien ihren Ursprungsort.

Was Vincy erfühlt, gesehen und gehört hat, gelangt blitzschnell in das **Kleinhirn**, das auch zwei Hälften hat. Es setzt in jeder Sekunde die jeweils passende Bewegungsplanung in Handlungen um. Das Aufrechterhalten des Gleichgewichts und des Muskeltonus (Muskelgrundspannung) sowie die Koordination aller Muskelbewegungen sind Aufgabe des Kleinhirns. Daneben wird dem Kleinhirn auch ein wichtiger Anteil beim Spracherwerb, in der Verfeinerung der Sprechmotorik, zugeschrieben. Während seiner Entdeckungsaktion kann Vincy sich nicht selbst beobachten und seine Teilbewegungen nicht kontrollieren. Er kann in seinem Alter die Aufmerksamkeit nur jeweils auf *einen* Aspekt seiner Aktion richten. Trotzdem laufen seine Bewegungen – dank der im Kleinhirn bereits gespeicherten Bewegungsprogramme und -entwürfe – so harmonisch ab, dass seine Muskeln seinem Entwicklungsstand entsprechend koordiniert arbeiten und er die Stuhlbesteigung schafft.

Wie wir gesehen haben, sind **Sinneseindrücke** der Input, den das Gehirn braucht, um zu lernen und sich auszubilden. Sie kommen zustande durch **elektrische Impulse** (in der Fachsprache Aktionspotenziale), die durch spezifische Reizung der besonderen Sinneszellen (**Rezeptoren**) in jedem der Wahrnehmungsorgane entstehen. Die Impulse werden von Nervenfasern aufgenommen und zu anderen Nervenfasern geleitet. An diesen wird der Impuls an den sogenannten **Synapsen** durch verschiedene chemische Überträgerstoffe von der Nervenfaser auf das nächste Neuron übertragen (vgl. Spitzer, 2007, S. 41). **Neurone** sind Nervenzellen, von denen wir in der Großhirnrinde und im Kleinhirn Milliarden besitzen. Sie unterscheiden sich von den anderen Körperzellen dadurch, dass sie kleinere Abzweigungen (in der Fachsprache **Dendriten**) und lange Fortsätze (**Axone**) besitzen. Die Dendriten erhalten Informationen von anderen Nervenfasern, verarbeiten diese und senden über ihr Axon einen Impuls in das entsprechende Organ.

Unser Gehirn ist bei jeder neuen Erfahrung bestrebt, sich über **alle Sinneskanäle gleichzeitig** möglichst viele Informationseinheiten zu verschaffen, sie miteinander verkoppelt, als vieldimensionales Erleben in eine **umfassende Erfahrung** zu verwandeln und abzuspeichern. Das ist **Lernen:** Und das geht, wie wir gesehen haben, nur mit *vielerlei* verschiedenen Einsichten in ein- und dieselbe Sache. Nur so – können neue Verknüpfungen in Vincys Gehirn fundiertes, nachhaltiges Lernen ermöglichen. Das erklärt auch, warum wir uns beim Riechen eines bestimmten Duftes plötzlich und genau in eine längst vergangene Situation versetzen können. Wer immer nur auf zwei Kanälen empfängt, kriegt wenig mit vom Programm „Leben"!

Abhängig davon, wie lange Informationen gespeichert werden, wird das Gedächtnis unterschiedlich bezeichnet: Das **Sensorische – oder Ultrakurzzeitgedächtnis** erfasst sinnlich erfahrbare äußerliche Merkmale eines Objektes für Millisekunden bis Sekunden. Danach wird alles wieder vergessen. Das **Arbeitsgedächtnis**, auch Kurzzeitgedächtnis genannt, speichert Eindrücke über mehrere Minuten und das **Langzeitgedächtnis** behält sie über Jahre.

Wenn **Sinneseindrücke „verfälscht"** werden (z. B. eine Windel, die, auch wenn sie nass ist, durch ein besonderes Einlagevlies trotzdem noch „schön trocken" wirkt) oder wenn sie nicht zuzuordnen sind (wie z. B. die Musikberieselung im Einkaufszentrum), kann daraus keine integrierte Lernerfahrung erwachsen. Leider produziert unsere Welt mehr und mehr solcher Fehlererfahrungen für kleine Kinder – und wir wundern uns, wenn sie vom Lernen Abstand nehmen! Die nachfolgende Grafik zeigt Vincys Gehirn, während seines Gartenstuhl-Forschungsprogramms. Alle Hirnzentren arbeiten auf Hochtouren.

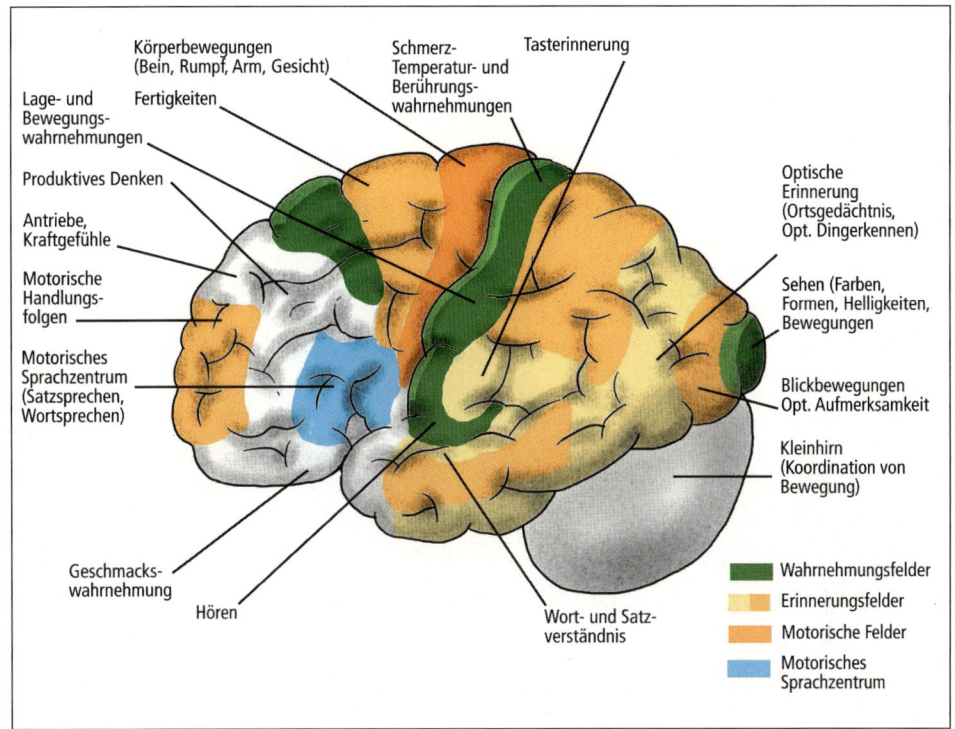

Alle Zentren der Großhirnrinde sind gleichzeitig in Aktion, wenn Vincy eine ganzheitliche Lernerfahrung macht.

*Stellen Sie sich vor, die Erzieherin hätte Vincy den Gartenstuhl lediglich **erklärt**. Oder: er hätte ihn in einer Kleinkindersendung im **Fernsehen** gesehen. Wie sähe es dann mit der Aktivität seines Gehirns (und mit dem nachhaltigen Lernen) aus?*
Nehmen Sie die oben stehende Grafik zuhilfe, um zu entscheiden, welche Teile des Gehirns z. B. bei der Fernsehsendung nicht mitarbeiten würden.

Nach Flehmig (1990) ist das Lernen von Kindern in ihrer Alltagswirklichkeit erschwert durch andauernde, überfordernde und dadurch schwächende Inanspruchnahme der Fernsinne (Sehen und Hören) bei gleichzeitiger kontinuierlicher Unterforderung der Nahsinne und daraus resultierender mangelhafter Entwicklung der kinästhetischen Systeme (Wahrnehmung von Raum-, Zeit-, Kraft- und Spannungsverhältnissen des eigenen Körpers in der eigenen Bewegung im Raum). Denn Kinder entwickeln vorwiegend über kinästhetische Eigenwahrnehmung ihr **Körperschema**.

Hierzu zählen handlungssteuernde Kenntnisse über Ausdehnung und Begrenzung einzelner Teile sowie ihres gesamten Körpers, über dessen Empfindungsqualitäten, Nutzungsmöglichkeiten und Belastbarkeitsgrenzen.

Diese **Eigenwahrnehmung** ist wegen des Bewegungsmangels in den Wohnungen und zunehmender Gefährdung in der wachsenden Verkehrsdichte eingeschränkt.

Auf dem Bild sehen Sie Alina bei ihrem ersten Kontakt mit einem Hund. Welche Erfahrungen macht Alina? Was nimmt sie dabei wahr?

Was lernt sie über den Dackel und über den Umgang mit Tieren?

7.2.3 Die Kita als Erfahrungsfeld für die Sinne

Felicie Affolter, eine Schweizer Psychologin, Psychotherapeutin und Schülerin Jean Piagets (vgl. Kapitel 8.4), und Jean Ayres, Physiotherapeutin und Entwicklungspsychologin, erforschten Auffälligkeiten in der Verarbeitung von Sinneswahrnehmungen und im Aufbau eines realitätsgerechten Weltverständnisses von Kindern. Sie entwickelten ein vielseitiges Instrumentarium therapeutischer Möglichkeiten, mit deren Hilfe diese in Alltagssituationen grundlegende Verarbeitungsmechanismen neu erlernen können. Beide gingen davon aus, dass alle Erkenntnis- und Ausdrucksformen, das Umgehen mit Unsicherheit und Unvertrautem und jede Form von (emotionaler) Bewertung und Interaktion auf der Basis eines gelingenden **Zusammenwirkens von Wahrnehmung und Bewegung** entstehen. Daraus ist die Forderung abzuleiten, dass in einer Zeit, in der den Kindern ihr Lebensumfeld nur sehr eingeschränkt körpersinnlich erfahrbar ist, authentische Erfahrungen und Gelegenheiten, die „Wachheit der Sinne" zu erhalten und wiederzubeleben, Priorität haben müssen. Insbesondere gilt dies für Erfahrungen des freudvollen Umgangs mit dem eigenen Körper. Kindertagesstätten sollten daher ein lebendiges Erfahrungsfeld für die Sinne sein, das Kindern ermöglicht, in *„anschaulich erfahrbaren Zusammenhängen Wissen über die Natur, über sich selbst und die Zusammenhänge zwischen Natur und Mensch kennenzulernen. [...] [Frühpädagogik sollte] auch Zugänge zu physikalischen Gesetzmäßigkeiten eröffnen und Zusammenhänge greifbar machen, wo der Alltag sie immer mehr vorenthält."* (Zimmer, 1995, S. 176)

Wenn nur ein kleiner Teil des Gehirns aktiv ist (wie beim Fernsehen, nur Seh- und Hör-zentrum sind aktiv, während alle anderen Teile „schlafen"), geräten sie gleichzeitig in einen Überforderungs- und Unterforderungszustand. Wenn dies häufig vorkäme, wäre es für Vincys Entwicklung fatal.

Denn der Aufbau von Wissen um die Welt, von Fertigkeiten und schöpferischen Fähig-keiten, von Fantasie und Intelligenz im Gehirn geschieht ähnlich wie die Entfaltung von Anmut, Flexibilität und Geschicklichkeit beim Sport: Auch Muskeln werden nur durch Training kräftiger und sorgen dafür, dass die Bewegungen des Körpers zunehmend ko-ordinierter und ausdauernder werden. Der Spruch „Use it or loose it" gilt besonders für unser Gehirn: Zellverbände, die nicht stimuliert und „gefordert" sind, bilden sich zurück. Ein Plus: Unser Gehirn ist plastisch und flexibel. Durch ein besonderes Training, z. B. in der Ergotherapie, können die benachbarten Zellsysteme veranlasst werden, die Funktion der zugrunde gegangenen teilweise zu übernehmen.

Vincy ist an diesem Morgen wieder innerlich gewachsen, indem er sich durch Handeln mit neuartigen Umweltbedingungen vertraut gemacht und sein Verhalten in angemes-sener Weise darauf eingestellt hat. Gleichzeitig hat er dabei seine Umgebung in Bewe-gung gebracht: den Gartenstuhl und die Aufmerksamkeit der Erzieherin, die seine Klet-teraktion respektvoll und unterstützend verfolgt hat. Glücklicherweise fühlte sie sich frei genug, ihm in Ruhe zu erlauben, sein Forschungsprogramm zu beenden, uneinge-schränkt durch Verbote, Erklärungen und unnötige Vorsichtsmaßnahmen.
So hat Vincy sich nicht nur der Umwelt angepasst, sondern auch diese veranlasst, auf seine Bedürfnisse angemessen zu reagieren. Vincy hat einen Ausschnitt davon erfahren, dass und wodurch eigenes Handeln in Beziehung zu dem anderer Menschen und zur dinglichen Umgebung steht. Und er wird einiges von dem, was er heute gelernt hat, für immer behalten.

Vincys Mutter kommt zu Ihnen als Erzieherin und fragt, wann es mit dem „richtigen Lernen" losgeht. Sie stellt sich z. B. vor, dass Sie morgens Farben und Formen üben.

Was antworten Sie?

Wir schlagen vor, dass Sie dieses Gespräch in Form eines Rollenspiels führen.

7.3 Neugier wahrnehmen und zulassen

7.3.1 Oh, diese Neugierde!

Wie wir gesehen haben, ist Vincy kompromisslos entschlossen, unter Einsatz aller Kräf-te Vorstellungen über den Gartenstuhl und seine Möglichkeiten zu sammeln. Er hat reichlich zu tun, um sich auf das Objekt seiner Neugierde zu hieven und es von allen Seiten zu untersuchen. Warum nimmt er diese Anstrengungen freiwillig auf sich, anstatt sich gemütlich in den Stuhl hineinheben und vielleicht ein Bilderbuch präsentieren zu lassen?

Weil er wieder, wie schon so oft, Auftrieb durch das Unternehmen selbst bekommen hat. Wieder einmal bestätigte sich für ihn, dass man lernen kann, mit dem Widerstand des Ungewohnten fertig zu werden und Hindernissen durch Handeln beizukommen.

In der frühkindlichen Entwicklung können wir von Anfang an zwei Antriebskräfte erkennen, die gegensätzlich wirken und sich gegenseitig bedingen: das Verlangen nach sicherem Gebundensein an Bezugsmenschen einerseits und den Willen, unabhängig und autonom zu handeln, andererseits. Die primären Bezugspersonen sind beides: der haltende Schutz, zu dem das Kind in beängstigenden Situationen flüchten kann, und die Plattform, von der es abspringen kann, um seine Lebenswelt zu erkunden. Wenn ein Kind sich sicher und geborgen weiß, überwindet es die Furcht vor dem Risiko des Neuen und kann sich auf bisher unbekanntes Terrain wagen (vgl. Sachser, 2004, S. 475–486). Es kann darauf vertrauen, dass Bindungspersonen bereit sind, Unerwartetes zu erklären, schwierige Hindernisse bewältigen zu helfen, Fremdes durchschaubar zu machen und emotionale Unruhe aufzufangen.

Oh, diese Neugierde! Physikalische Grunderfahrungen mit Trichter, Sieb, Sand und Reis. Welche?

Jedes Kind braucht das Spannungsfeld der Bedürfnisse nach Gehaltenwerden und Fortstreben, um sich aus der begrenzten dyadischen (auf die Zweisamkeit bezogenen) Beziehung zu den primären Bindungspersonen heraus zu entwickeln, seinen Erfahrungshorizont zu weiten und sich neue Lernchancen zu eröffnen. Der Konflikt zwischen **Bindungsbedürfnis und Entdeckerlust** wird im Alter von etwa sechs Monaten erstmals deutlich, wenn das Kind zeigt, dass es vertraute von nicht vertrauten Personen sicher unterscheidet.

Von Anfang an zeigt jedes Kind auf seine Weise *Neugierverhalten*. Darunter versteht man einen Zustand der Aktivierung aller Sinne, die konzentrierte Zuwendung zu einem Gegenstand oder einer Situation mit starkem Anreizcharakter. Unbekannte Gegenstände regen die Neugier an. Das ist ein menschheitsgeschichtlich notwendiges Verhalten, um sich in seiner Umwelt orientieren und darin überleben zu können. Neugier veranlasst Kinder, sich auf die Welt zuzubewegen und Kontakt aufzunehmen. Direkt und gleichzeitig erfahren sie, dass sie etwas bewirken. Sie zeigen Interesse (lat.: inter esse = dazwischen sein), d. h.: die Perspektive zu wechseln, in eine neue Beziehung zu dem kontaktierten Objekt zu treten und zu handeln. Neue Reize sind also Ansporn, etwas zu tun. Und das tun kleine Kinder von sich aus fortlaufend, wenn man sie lässt.

Wir wenden uns dem zu, was neu ist, aber nicht zu neu. Jedes Ding muss einen gewissen Bekanntheitsgrad aufweisen, damit es nicht das Gegenteil von Experimentierfreudigkeit auslöst, nämlich Desorientierung oder Angst. Um das Neue einordnen und verarbeiten zu können, will und muss das Kind auf bisherigen Erfahrungen aufbauen können.

7.3.2 Neugier und Lernen

Neugier ist der Motor für das Lernen. Sie schafft die Verbindung zwischen dem Kind und den noch unbekannten Dingen seines Lebensraumes. Sie provoziert, dass das Kind sich seine Umwelt erobert, aneignet und verfügbar macht. Neugier ist das typische Verhalten in aktiven Phasen, so wie Daumenlutschen oder Einschlafen typische (Rückzugs-)Verhaltensweisen in passiven Phasen sind.

Wenn Vincy erlebt, dass ein bisher vertrautes Gefüge, eine Situation oder ein Gegenstand ungewohnte, komplexe Elemente enthält (also plötzlich verzwickt oder kompliziert erscheint), erregt das in der Regel sein Interesse. Aber Achtung: Wenn der **Neuheitsgrad** zu groß ist, ist Vincy verwirrt und bekommt Angst. Das ist z. B. der Fall, wenn zum Fasching der Gruppenraum und die Erzieher/-innen verkleidet sind oder Mama eine neue Brille trägt.

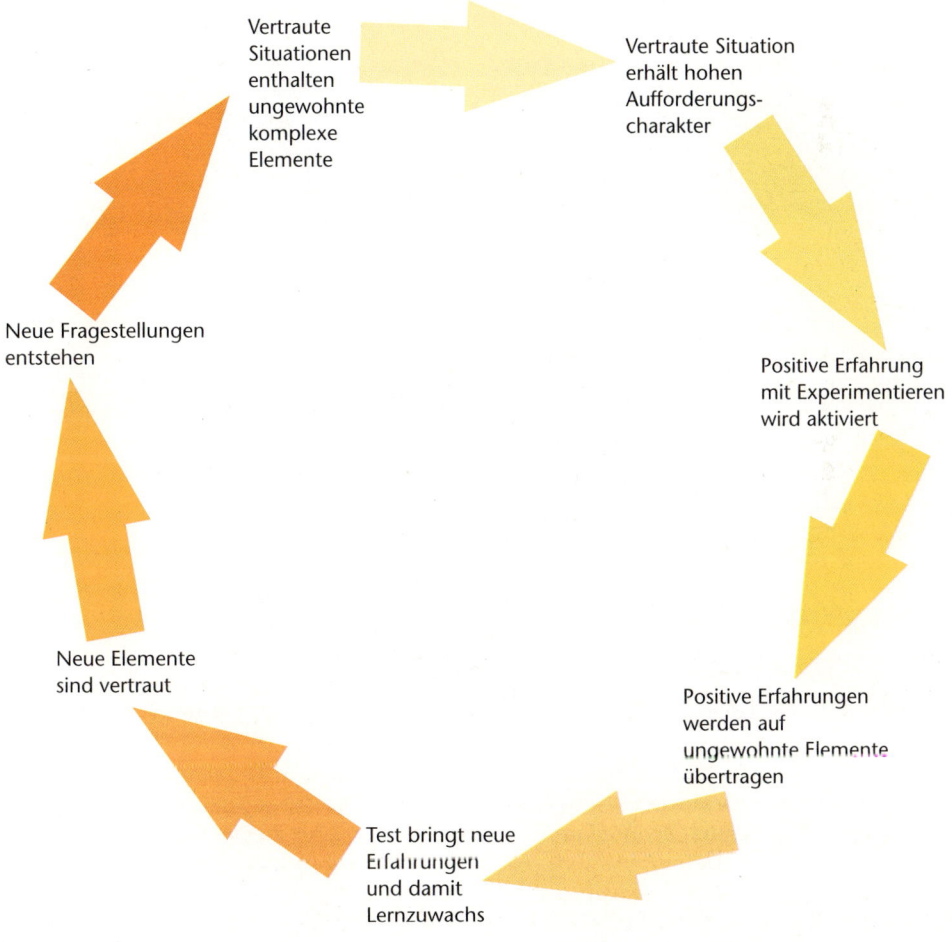

Wenn am Altgewohnten etwas plötzlich fragwürdig oder klärungsbedürftig erscheint (z. B. ungewohnte, überraschende oder irritierende Geräusche, Farben, Tastempfindungen oder Bewegungen), weckt das die kindliche Wissbegierde. Und wenn sich die interessante Situation zudem als ungewiss oder konfliktreich offenbart, ist dies ein idealer Auslöser für das Erkundungsverhalten. Besondere Faszination gewinnen Forschungsvorhaben, bei denen Vincy genau merkt, dass sie den Interessen der Erwachsenen zuwiderlaufen:

> *Vincy erspäht eine rote Tulpe in der Vase, klettert auf den Stuhl, um heranreichen zu können, und zieht sie tropfend nass heraus, sodass das kühle Wasser auf die Knie rinnt. Er umfasst die Blüte, ertastet die zarten roten Blütenblätter, drückt und zerpflückt sie. Plötzlich wird Vincy energisch gebremst, nämlich bei dem eifrigen Versuch, die Blume in den Mund zu stecken, um den knackigen Stiel zu zerkauen.*

Was wie ein reines Naturforschungsexperiment begann, ist von Vincy beharrlich erweitert worden zu einem gleichzeitig ablaufenden, komplexen zwischenmenschlichen Erfahrungsprozess: „Was tolerieren die Menschen, die mir wichtig sind? Was nicht? Und warum nicht? Wie verhalten sie sich, wenn ich mich ganz gezielt auf bestimmte Weise verhalte?"

 *Hier sehen Sie Vincy bei einem anderen Experiment: Eben hat er Lina (2;3 Jahre) beim „Kochen" in der Rollenspielecke beobachtet. Nachdem er ihrem Tun einige Zeit zugesehen hatte, angelte er sich entgegen Linas Protest den Topf vom Kinderherd, um ihn einer Prüfung zu unterziehen. Betrachten Sie die beiden Fotos und versuchen Sie, sich in Vincy zu versetzen.*
- *Was hat vermutlich Vincys Neugier geweckt?*
- *Welche Tests kann Vincy machen?*
- *Zu welchen Schlüssen kommt er vermutlich?*
- *Wo würden Sie Grenzen setzen?*
- *Können Sie sich erinnern, ob Ihre Umgebung eher positiv oder eher negativ auf Ihr neugieriges Forschen reagiert hat?*

Vincy hat durch sein Neugierverhalten zwei wichtige Bereiche miteinander verkoppelt: **Erfahrungen über die dingliche Welt** und **soziales Lernen**. Der ganze Vorgang, auch das „Nein", sorgt dafür, dass viele Reize gleichzeitig über alle Sinneskanäle ins Gehirn gelangen. Sie werden dort miteinander verbunden und als nachhaltige Eindrücke und Erinnerungen gespeichert und bilden so eine Menge neuer Bausteine – auch für die Kenntnis von Normen und Regeln in Vincys Welt.

7.3.3 Neugierkiller

Wenn ein Kind seine Umgebung erforscht, gehen die Sinne – anders als technische Sensoren – aktiv auf Reizsuche. Gleichgewichts- und Muskelsinne, Haut, Augen, Ohren, Zunge und Nase sind also keine passiven Empfänger wie eine Radioantenne, die jede elektromagnetische Schallwelle auffängt, die in ihren Frequenzbereich passt. Das ist wichtig zu wissen, denn die Sinne der Kinder können bei Bedarf, z. B. bei Überforderung, auch „abgeschaltet" werden. Dann erlöscht Vincys Neugier, z. B. bei Reizüberflutung oder störendem Verhalten der Erwachsenen.

Neugierkiller 1: Reizüberflutung

– **Fernsehen** in der sensomotorischen Phase (siehe Kapitel 8.4.3) verwirrt, weil es nur zweidimensional statt dreidimensional ausgestrahlt wird. Begreifen, Umfassen, Drücken, Ziehen und Zerlegen verbieten sich. Überschneidungen, Totale, Zoomeffekte und Ausschnittvergrößerungen zeigen den Ablauf oder Gegenstand mal groß, mal winzig, von der Seite, von oben und in Dimensionen, die an Vincys individuellem Forschungsinteresse vorbeigehen. Sie geben ihm ein verwirrendes, möglicherweise auch falsches Weltbild. Handlungsabfolgen werden durch Schnitte unterbrochen und er verliert schnell den roten Faden. Hinzu kommt, dass ihm die meisten Inhalte von Fernsehsendungen in der gezeigten Form nicht zugänglich und daher nicht sinnlich erfahrbar sind. Fernsehen erzieht, sofern Vincy die gezeigten Inhalte nicht vorher mit allen Sinnen hautnah selbst erfahren hat, zum Weghören und Wegsehen aus Selbstschutz.

– Gleichmäßige **Musikberieselung** bewirkt Ähnliches und desensibilisiert das Gehör. Ununterbrochen laufende Radios zu Hause oder Musikuntermalung beim Einkaufen im Supermarkt oder Kaufhaus stumpfen das differenzierte Unterscheiden von Klängen, Geräuschen und Rhythmen ab und nehmen wegen ihrer Perfektion den Mut, selbst Musik zu machen. Vincy kann die Schallquelle nicht ausmachen, die Instrumente nicht zuordnen und nicht sehen, wer da singt. Er hört etwas, hat aber nicht die Möglichkeit, das Gehörte wiederzuerkennen und zuzuordnen. Seine Sinne sind ständig in Anspruch genommen, aber sie treffen ins Nichts und sind schließlich überfordert.

– **Chipgesteuertes Spielzeug**, das zuerst kurzzeitig aufregt und fasziniert, dann aber schnell seinen Reiz verliert, da es sich nicht auseinandernehmen, untersuchen und verschiedenen Zustandsprüfungen unterziehen lässt. Häufig tötet es durch Gleichartigkeit des Materials und der Farben sowie durch wenige, vorgegebene Funktionen die Neugierde, wird nach kurzer Zeit langweilig und weckt den Bedarf nach Neuem.

Neugierkiller 2: Verhalten der Erwachsenen

Aber auch dann, wenn das **Erforschen** ständig **begrenzt, bestraft oder missachtet** wird, hören Kinder auf, etwas wissen und lernen zu wollen. Strafen und Missachtung wirken wie zu hoher, nicht zu bewältigender Widerstand: Das aktive Auseinandersetzen wird zu schwer. Ständig und stereotyp angewandt, bewirken sie, dass kleine (und auch große) Kinder still und passiv werden.

Äußerungen wie „Lass das sein, fass das nicht an, dafür bist du noch zu klein!" können aber auch erst recht dazu reizen (siehe oben) sich mit dem Verbotenen zu befassen. Schließlich wird damit das Groß-Sein in Aussicht gestellt! Und groß sein will Vincy möglichst bald.

Dass die Erzieherin Vincy das Experimentieren mit dem Gartenstuhl erlauben konnte, hat viel damit zu tun, wie sie selbst mit ihrer **eigenen Neugier** umzugehen gelernt hat. Hinter dem Satz „Ich bin dafür verantwortlich, dass die Kinder meiner Gruppe keine negativen und gefährlichen Erfahrungen machen" steht möglicherweise zweierlei:

- die Ängste der Eltern, geäußert als Kritik am pädagogischen Verhalten der Erzieherinnen, und
- eigene Ängste vor Neuem.

Niemand kann Kindern mehr Erfahrungsmöglichkeiten einräumen, als er durch eigene Vorerfahrungen selbst gewonnen hat. Aber wer (z. B. durch Einschränkungen und Einengung in der eigenen Kindheit) wenige Chancen hatte, die eigene Neugier zu stillen, kann auch noch als Erwachsener (z. B. durch Fortbildung) Schritt für Schritt experimentierfreudiger werden – und das teilt sich unmittelbar den Kindern mit.

Neugier kann nicht „gemacht", sondern höchstens geweckt werden, wenn sie eingeschläfert ist. Das Einschläfern geschieht z. B. durch Reizmonotonie oder -überflutung, langweilig ausgestattete Räume, einen starren Tagesablauf, durch „geschmacksneutrales" Spielzeug, Tiefkühlkost ohne fantasievolle Anreicherung, immer gleiche Bilder an der Wand – oder/und durch negatives Bewerten oder Unterbrechen einer Tätigkeit, auf die ein Kind gerade eben „versessen" ist.

Vincy weiß, dass er nur aus triftigen Gründen gebremst wird: wenn er in Gefahr ist, sich oder andere zu verletzen, und wenn er die Grenzen anderer Menschen überschreitet. Dann wird ihm klar und deutlich erklärt, wann und warum Schluss ist. Er hat in der Kita noch nie erlebt, dass eines seiner Unternehmen als Unart oder Ungezogenheit verboten wird. Die Erwachsenen in der Kita beobachten die Kinder, unterbrechen ihre Erkundungen nicht und geben nur bei Bedarf Unterstützung. Vincy fühlt sich sicher: „Ich kann mich und ich kann etwas bewegen. Ich bin der Situation nicht hilflos ausgeliefert. Ich bin handelndes Subjekt, nicht passives Objekt."

Zum Weiterlesen:

- **Bauer, Joachim:** Warum ich fühle, was du fühlst. Intuitive Kommunikation und das Geheimnis der Spiegelneurone. 3. Auflage, München: Heyne, 2005.
- **Beswick, Clare/Featherstone, Sally:** Buchreihe „Aktivitäten für den Entwicklungsbereich ‚Aktiv lernende Kinder'". Troisdorf: Bildungsverlag EINS, 2007.
- **Bostelmann, Antje:** Praxisbuch Krippenarbeit. Leben und lernen mit Kindern unter 3. Mülheim/Ruhr: Verlag an der Ruhr, 2008.
- **Gopnik, Alison/Kuhl, Patricia/Meltzoff, Andrew:** Forschergeist in Windeln. Wie Ihr Kind die Welt begreift. Kreuzlingen/München: Hugendubel, 2000.
- **Hauf, Petra/Klein, Annette:** Schauen, Staunen, Handeln – das Weltwissen der Babys. Freiburg: Verlag Herder, 2008.
- **Papousek, Hanus:** Anfang und Bedeutung der kindlichen Musikalität, in: Keller, Heidi: Handbuch der Kleinkindforschung. Bern: Huber, 1997.
- **Pauen, Sabine:** Was Babys denken. Eine Geschichte des ersten Lebensjahres. München: Verlag C. H. Beck, 2006.
- **Stern, Daniel:** Die Lebenserfahrung des Säuglings. Stuttgart: Klett-Cotta, 2003.

8 Kinder in ihrer kognitiven Entwicklung beobachten und fördern

8.1 Kleine Kinder denken anders

Je kleiner ein Kind ist, desto schwerer fällt es uns manchmal, sein Verhalten zu verstehen, seine Absichten zu erkennen und die dahinterliegende geistige Arbeit nachzuvollziehen. Wenn das Benehmen der Kleinsten uns unverständlich erscheint oder sogar irritiert oder „nervt", neigen wir dazu, es als „unentwickelt", „kleinkindhaft" oder „dumm" zu bezeichnen. Seitdem wir in der Lage sind, über technische Medien genau zu beobachten und große Mengen an Beobachtungsdaten statistisch auszuwerten, ist es möglich, genauere Aussagen über die geistige Entwicklung der frühen Lebensjahre zu machen. Schon zu Beginn der 1920er-Jahre haben Entwicklungspsychologen sich auf den Weg gemacht, den Lernprozessen kleiner Kinder auf die Spur zu kommen. Ihre Arbeiten gaben bereits wichtige Einblicke in das faszinierende Geschehen frühkindlicher Entwicklung. Auch wenn die Forschungsgegenstände heute vielfältiger und die Befunde genauer und aussagekräftiger sind, wenn wir in einigen Teilbereichen auch zu anderen Ergebnissen gekommen sind und Alterszuordnungen heute anders gelegt werden – trotzdem zeigen es frühere Arbeiten deutlich:

Kleine Kinder sind nicht „dümmer" als Erwachsene. Sie bewältigen ihre Lernerfahrungen anders. Genauer gesagt: Es gibt keine „dummen" Kinder.

Auch Kinder mit mentalen Entwicklungsverzögerungen sind nicht dumm, sondern befinden sich auf einer **anderen (nicht „niedrigeren") Entwicklungsebene** als Gleichaltrige ohne Behinderung. Die Auseinandersetzung mit der Lebenswelt jedes einzelnen Kindes ist auf der einen Ebene ebenso wirkungsvoll wie auf der anderen. Auch die neueren Entwicklungstheorien erklären unsere Beobachtungen in Alltagssituationen; sie formulieren elementare Grundgedanken über das Wesen des Menschen. Und sie regen dazu an, neue Fragen zu stellen und zu neuen, spannenden Erkenntnissen über das Lernen kleiner Kinder zu kommen.

Alle haben sie eines gemeinsam: Von Anfang an sehen sie jedes Kind als ein aktiv lernendes und sich auf unterschiedliche Weise erinnerndes Kind. Weil die frühkindliche geistige Entwicklung ein sehr vielschichtiger und unterschiedlich verlaufender Prozess ist, kann keine Theorie allein sie erklären. In der folgenden Grafik finden Sie eine Übersicht über die wichtigsten Theorien geistiger Entwicklung:

Entwicklungstheorien

Entwicklungstheorien erforschen die Veränderung menschlichen Verhaltens über die Zeit. Sie behandeln Fragen der Bedeutung von Anlage und Umwelt, von Kräften, die Veränderung bewirken, und den Stellenwert soziokultureller Einflüsse. **Lerntheorien** begründen Veränderungen in unterschiedlichen Bereichen des Handelns und Denkens. Einigkeit besteht darin, **dass jedes Verhalten gelernt ist, wenn es auf Erfahrung und Übung beruht. Was gelernt wurde, kann auch wieder verlernt werden.** Nur angeborenes Verhalten (wie z. B. Reflexe) ist nicht gelernt, kann aber durch Lernen verändert werden.

Behaviorismus: Lernen ist eine Reaktion des Menschen auf Umweltreize. Es wird von außen gesteuert. Individualität und Bewusstsein werden in den Untersuchungen zum menschlichen Lernen nicht als Forschungsgegenstand einbezogen. **Beispiele:** – Klassisches Konditionieren – Operantes Konditionieren	**Kognitionstheorien** beschäftigen sich mit Lernprozessen, in denen der Mensch durch aktives Denken, Erinnern und Planen Informationen sucht, verarbeitet, sich Wissen aneignet und Entscheidungen fällt. **Beispiele:** – Habituation – Wahrnehmungslernen – Visuelle Erwartung – Beobachtungslernen	**Konstruktivistische Theorien** beschreiben Lernen als einen von Person zu Person unterschiedlichen Prozess, in dem der Mensch sich sein Wissen aktiv und selbstgesteuert konstruiert – bezogen auf seine eigene Wirklichkeit. **Beispiele:** – Kind als Konstrukteur seines Weltwissens – Theorien des Kernwissens – Soziokulturelle Theorien

Im Folgenden stellen wir einige der Forschungsansätze vor, die große Beachtung gefunden haben und, obwohl sie vor mehr als einem halben Jahrhundert formuliert wurden, in ihren Kernpunkten heute noch Gültigkeit haben. Sie sind Ausgangspunkt für die heutige Kleinkindforschung. Es handelt sich um Theorien der kognitiven Entwicklung und Lerntheorien, die zusammen die Vielschichtigkeit des kindlichen Lernens erklären können. Besonders ausführlich werden wir uns mit der Theorie von Jean Piaget (1896–1980) befassen. Die Übersicht verdeutlicht die Schwerpunkte und Zusammenhänge dieser Theorien.

8.2 Lerntheorien

8.2.1 Klassisches Konditionieren

Sandra, 1;2 Jahre alt, kommt seit einigen Tagen mit ihrer Mutter in die Kita. Jedes Mal beginnt sie zu weinen und klammert sich an die Mutter, wenn die Tür der Kita in Sicht kommt. Es ist erst möglich, sie zu beruhigen, wenn sie mit der Mutter, den Kindern und der Erzieherin am Frühstückstisch sitzt.

Das von Iwan Petrowitsch Pawlow (1849–1936) entdeckte klassische Konditionieren (klassisch, weil es die erste Arbeit zu den Lerntheorien war) spielt im Lernen von Babys schon vor der Geburt eine sehr wichtige Rolle. Es begründet, warum die frühe (meist zufällige) Verknüpfung von Umweltgegebenheiten sich manchmal überraschend im Erleben und Verhalten der Kleinsten auswirkt. In seinen Arbeiten zum klassischen Konditionieren unterschied Pawlow zwischen unkonditioniertem (auch natürlich genannt) und konditioniertem Verhalten (das durch Lernen erworben wird). Pawlow stellte fest, dass Hunde eine Assoziation zwischen dem Klang einer Glocke und der Gabe von Futter lernen, wenn der Glockenton regelmäßig während der Futterdarbietung ertönt. Später regt allein der Glockenton die Speichelsekretion an.

Viele emotionale Reaktionen werden vermutlich über das klassische Konditionieren gelernt. Zu den ersten Forschungsergebnissen gehören die Arbeiten John Watsons (1878–1958), der einen neun Monate alten Jungen namens Albert dazu brachte, eine vormals geliebte Ratte zu fürchten. Wenn Albert Kontakt mit dem Pelztier aufnehmen wollte, ertönte ein schreckerregendes lautes Geräusch. Nach kurzer Zeit hatte Albert nicht nur Angst vor dem Tier, sondern auch vor dem weißen Kittel des Arztes. Es dauerte lange, bis die gelernten Ängste Alberts gelöscht wurden: durch andere, positivere Erfahrungen mit der Ratte, die er schrittweise und in seinem Tempo machen konnte. Obwohl der Versuch ethisch anfechtbar und heute umstritten ist, kennen viele Menschen ähnliche Erfahrungen aus vergleichbaren Situationen.

Das Bedürfnis, in Situationen des Alleinseins oder Unwohlseins (Ersatz-)Befriedigung über das Essen zu erhalten, wird möglicherweise auch über klassisches Konditionieren gelernt, nämlich über die Verbindung zwischen Saugreflex und dem Verschwinden unangenehmer Gefühle durch die Anwesenheit der Bezugsperson. Viele Mütter sind beim geringsten Anzeichen von Unbehaglichkeit ihres Kindes mit Flasche, Sauger oder Schnuller zur Stelle. Das Kind lernt: „Schmerz oder Einsamkeit verschwinden sofort, wenn ich etwas in den Mund bekomme."

8.2.2 Operantes Konditionieren

Jan, zwei Monate alt, liegt in seinem Bettchen. Vom Mobile, das darüber hängt, hat sich ein Faden gelöst und in seinen Zehen verfangen. Nach einigen Minuten strampelt Jan häufig und mit Freude: Er hat entdeckt, dass er das Mobile durch Zappeln in rasante Bewegungen versetzen kann.

Was ist passiert? Wenn ein Kind zufällig eine Handlung ausführt und diese Handlung positive Konsequenzen hat, wird es diese in Zukunft häufiger ausführen. Die Bewegung des Mobiles ist ein positiver Verstärker: Jan lernt schnell den Zusammenhang zwischen Handlung und Belohnung.

Es gibt verschiedene Formen von Verstärkung. **Positive Verstärkung** bedeutet: Die Auftretenswahrscheinlichkeit eines Verhaltens steigt, wenn eine angenehme Konsequenz erfolgt (z. B. der Schnuller, der pünktlich nach jeder Unmutsäußerung in den Mund gesteckt wird). **Negative Verstärkung** bedeutet: Die Auftretenswahrscheinlichkeit eines Verhaltens steigt, wenn eine negative Konsequenz nicht mehr auftritt, wenn sie verschwindet. Das Kind beruhigt sich beispielsweise, wenn die kalte, nasse Windel entfernt wird. Es beruhigt sich nicht, wenn es mit nasser Windel warm zugedeckt ist. Negative Verstärker und *Bestrafung* werden häufig miteinander verwechselt! Schimpfen ist erst dann ein negativer Verstärker, wenn es aufhört. Dazu ein Beispiel:

Ole, zwei Jahre alt, schlägt und beißt jüngere Kinder, sobald er sie im Gruppenraum oder auf dem Spielplatz trifft. Die Erwachsenen sind ratlos. Als sie Ole genau beobachten, merken sie, dass er das Ausschimpfen „Ole, hör auf, das tut Tommy doch weh!" offenbar als (dringend benötigte) Zuwendung erfährt. In den nächsten Tagen signalisieren sie Ole jedes Mal, wenn er schlägt oder beißt, in ruhigem Ton: „Das ist nicht in Ordnung, Ole." Dann wenden sie sich sofort ab und trösten das geschlagene Kind. Im umgekehrten Fall, wenn Ole spielt oder sich freundlich anderen Kindern gegenüber verhält, bekommt er direkt Aufmerksamkeit, Zuwendung und Resonanz auf sein Spiel. Nach einiger Zeit beginnt Ole sein Verhalten allmählich zu verändern. Öfter streichelt und tröstet er andere und erhält sofort Aufmerksamkeit.

Babys reagieren prompt auf und gewöhnen sich leicht an **materielle Verstärker** (z. B. wenn die Flasche pünktlich nach jedem Schrei erscheint), denn sie stimulieren das Belohnungssystem im Gehirn, das mit einer erhöhten Ausschüttung des Botenstoffs Dopamin reagiert. Verstärkungslernen basiert also auf der Verknüpfung zwischen dem Verstärkerreiz (der warmen Milch im Fläschchen) und dem belohnenden Gefühl.

Weniger als Ersatzbefriedigung wirken soziale Verstärker: Zuwendung, Anlächeln, Körperkontakt als Reaktion auf das Schreien. Sie entsprechen eher den momentanen Anliegen und Grundbedürfnissen eines Kindes. Entscheidend für alle Verstärker ist, dass sie sofort gegeben werden. Wenn sie stark zeitverzögert eintreten, sind sie wirkungslos.

Klassisches und operantes Konditionieren sind die „Urform" und Grundlage des Assoziationslernens (vom Lateinischen: associare = verbinden): Das Kind bringt unterschiedliche Wahrnehmungen und Erfahrungen miteinander in einen Zusammenhang. Diese Form des Lernens existiert bereits vor der Geburt. Neugeborene erinnern sich an den Geruch des Fruchtwassers und die Farbe dunkelrot – wahrscheinlich die erste vorgeburtliche Farberfahrung. Sie erkennen die mütterliche Stimme wieder und reagieren mit erhöhter Aufmerksamkeit, wenn ihnen Melodien vorgespielt werden, die die Mutter während des letzten Drittels der Schwangerschaft regelmäßig hörte. Diese Fähigkeit zur Verknüpfung von Reizen ist in der ersten Lebenszeit nach der Geburt besonders wichtig: Eine Fülle neuer Erfahrungen muss nach dem langen Aufenthalt im begrenzten Raum Gebärmutter aufgenommen und zueinander in Beziehung gesetzt werden. Neue Wahrnehmungen werden mit eigenen Handlungen in Verbindung gebracht, sodass das Baby schon bald nach der Geburt lernen kann, Veränderungen in seiner Umgebung aktiv herbeizuführen, etwas zu bewirken sowie die eigenen Ressourcen zu entdecken und zunehmend gezielter einzusetzen. Diese ersten Erinnerungsleistungen erleichtern ihm das Erlernen neuer Sachverhalte, z. B. das Erkennen der einzelnen Abschnitte im Tagesablauf der Kita.

Jeder Abschnitt hat idealerweise für jedes Kind eine gesicherte positive Bedeutung und ist mit charakteristischen Handlungen und Wahrnehmungen verknüpft. Die immer gleiche Abfolge dieser Handlungen (z. B. vor dem Mittagessen für ein einjähriges Kind) könnte folgendermaßen aussehen:
1. eine entsprechende freundliche Ankündigung hören,
2. gemeinsam mit den anderen Kindern und der Hilfe der Erzieherin die Hände waschen und dabei genussvoll planschen,
3. die Löffel zum Tisch tragen,
4. beobachten, wie der Speisewagen hereingefahren wird,
5. sehen, wie die Erzieherin Schüsseln mit verschiedenen Nahrungsmitteln auf den Tisch stellt,
6. die Kelle ergreifen und sich selbst auffüllen; wenn etwas daneben geht, Hilfe erhalten,

7. einzelne Nahrungsmittel genießend vergleichen,
8. teilen und etwas vom Nachbarn bekommen,
9. beobachten, wie der Teller sich langsam leert,
10. das Geschirr zum Speisewagen tragen und an den dafür vorgesehen Platz stellen sowie
11. in den Nebenraum zum Spielen gehen.

Jeder Abschnitt dieses Rituals bildet zusammen mit den anderen eine Erfahrungshandlungskette, die jedes der Kinder mit dem Oberbegriff „gemeinsames Mittagessen" verbindet. Und für alle unterscheidet sich das Mittagessen vom gemeinsamen Frühstücken durch spezielle Wahrnehmungen und Handlungsketten.

Überlegen Sie für drei der oben beschriebenen Elemente eine weniger positiv erlebte Möglichkeit, z. B. anstelle von Nr. 5: erleben, wie ein Lätzchen stramm um den Hals gebunden und unter den Suppenteller gelegt wird; oder von Nr. 6: einen vollen Teller hingestellt bekommen und gefüttert werden. Wie könnten die dann folgenden Handlungselemente sich von den oben beschriebenen unterscheiden? Welche nachhaltigen Erfahrungen würden sich für ein Kind unter diesen Bedingungen mit dem Thema „Mittagessen" verbinden?

8.3   Kognitionstheorien

Zu Beginn der 1960er-Jahre bahnten sich nicht nur gesellschaftspolitische Umwälzungen in der sich schnell wandelnden Industriegesellschaft an (wie z. B. die Forderung nach Chancengleichheit, wachsende Konkurrenz, Qualitätsanforderungen und Leistungsvergleiche), sondern auch ein gewaltiger Umschwung in der Sicht auf Kinder. Kinder, bisher wenig beachtet, wurden plötzlich vom passiven **Forschungsobjekt** zum aktiven, intelligenten **Subjekt.** Das Interesse richtete sich vor allem auf die kognitiven Funktionen des Kindes (wie Sprachkompetenz, Umweltwissen, problemlösende Orientierung, Konzentrations- und Wahrnehmungsleistungen sowie motorische Kontrolle). Plötzlich nahmen Wissenschaftler/-innen die *Quantität* und *Qualität von Anregungen durch die Umwelt* unter die Lupe. Die psychologische Forschung interessierte sich besonders für ihre Auswirkungen auf den Entwicklungsverlauf eines Kindes. Die ersten Kleinkindertests entstanden und mit ihnen bahnbrechende Feststellungen, die bis heute gelten. Von Anfang an ist das Kind **kein passiver Empfänger** von Zuwendung und Pflege, sondern gestaltet und bahnt von Geburt an aktiv Kontakt und Interaktion an. Im Sinne von „Selbst-Sozialisation" sorgt es dafür, dass es die ausschlaggebenden Impulse für seine individuelle seelische und geistige Entwicklung bekommt.

Aussagen von Forschern dieser Zeit sind z. B.:
– Jedes Individuum hat zu fast jedem Lebenszeitpunkt Wahlmöglichkeiten und die, wenn auch oft eingeschränkte, Aussicht, sich passende Umfeldbedingungen auszusuchen (vgl. Rogers, 1976, S. 189–195).
– Der Mensch trifft seine Wahl auf der Basis vorausgegangener Bestimmungen und Interpretationen seiner Umwelt und entscheidet dabei, was wichtig ist und was nicht (vgl. Rogers, 1974, S. 250–289).
– Jedes Kind modifiziert von Beginn an aktiv seine Umwelt auf vielfältige Weise und nimmt Einfluss auf das Selbstbild, die Einstellungen und Handlungen seiner Interaktionspartner (vgl. Rogers, 1974, S. 250–289).
– Schon früh spielen Aufmerksamkeit, Wissen und auf manchmal sehr eigene Weise auch das subjektive Interpretieren eine Rolle in der Übernahme sozialen Verhaltens.

8.3.1 Habituation

Habituation (Reizgewöhnung) ist die einfachste und grundlegende Form des Lernens und schon lange vor der Geburt beobachtbar: Ertönt in der Nähe des mütterlichen Bauches mehrmals hintereinander ein lautes Geräusch, reagiert das Kind bei den ersten Malen offensichtlich mit Stressreaktionen. Es blinzelt und bewegt sich heftiger und sein Herzschlag beschleunigt sich deutlich. Wird das Geräusch oft und lange wiederholt, nehmen die Stressreaktionen deutlich ab, bis sie ganz verschwinden. Lässt man das Geräusch einige Zeit später wieder ertönen, bleibt die Aufregung aus. Je häufiger ein solcher Reiz dem Kind geboten wird, desto weniger Stressverhalten ist erkennbar. Jeder von uns kennt das: Was häufiger vorkommt, wird langweilig, und wir wenden uns Neuem zu – hier haben wir einen entscheidend wichtigen Motor des Lernens. Alltägliche Erfahrungen müssen wir nicht jedes Mal neu machen und in einer neuen Situation müssen wir uns nicht jedes Mal mit Altbekanntem auseinandersetzen, sondern können gleich zum Neuen übergehen. Habituation bewirkt also die Anpassung der Aufmerksamkeit an neue Situationen. Schon ab der 30. Woche zeigen uns Kinder, wann sie etwas gelernt haben, nämlich durch verringerte Aufmerksamkeit für eine bekannte Situation oder ein vertrautes Objekt.

Dazu ein Beispiel:
Lotta zeigt seit Tagen großes Interesse an einer rot gepunkteten Rassel. Ella legt sie neben sie auf die Krabbelmatte und bemerkt, dass Lotta die Rassel nur kurz ansieht und die Aufmerksamkeit dann auf das Stofftier von Jan lenkt.

Das Kind hat die Merkmale der Situation oder des Gegenstandes gespeichert und ist bereit, auf Neues zu achten und sich mit Neuem auseinanderzusetzen. Auf Altvertrautes reagieren Kinder dann seltener bis gar nicht mehr. Ein bestimmtes Verhalten wird zur Gewohnheit (vgl. Pauen, 2006, S. 91–93).

Das Wissen um das Lernen über Reizgewöhnung hat für die pädagogische Arbeit Konsequenzen. So sollten wir regelmäßig überprüfen, ob im Tagesablauf „leere" Rituale, sinnlose und immer gleiche Abläufe durch sinn-volle ersetzt werden sollten, ob die Raumgestaltung noch den aktuellen Bedürfnissen der Kinder entspricht oder vielleicht eintönig und langweilig geworden ist, ob Dekorationen ausgewechselt werden oder das Spielmaterial (nach dem Motto: lieber weniger, aber interessant!) ausgetauscht werden sollte. Es lohnt sich auch, die Fingerspiele, Tischlieder oder die Angebote öfter auf ihre Aktualität hin zu überprüfen und die Art und Weise, wie Kinder mit neuen Situationen vertraut gemacht werden, einmal unter die Lupe zu nehmen.

Betrachten Sie den Gruppenraum in Ihrer Praxiseinrichtung: die Aufteilung, die Ausstattung, die Dekoration, die Beleuchtung. Wo könnte etwas geändert werden, um Reizmonotonie entgegenzuwirken?

Überprüfen Sie den Tagesablauf: An welchen Stellen nehmen Sie Überdruss oder Langeweile der Kinder durch allzu viel Gewohntes wahr? Wie könnte das geändert werden?

8.3.2 Wahrnehmungslernen

In jeder Alltagssituation nimmt das Kind gleichzeitig visuelle, auditorische, taktile und kinästhetische Reize auf, bewertet, speichert, ordnet sie und macht über sein Gehirn eine vollständige Erfahrung daraus. Dazu müssen alle Sinneswahrnehmungen miteinander vernetzt werden. Nach Schäfer (1995) ist dieser Lernprozess über viele Kanäle eine komplexe Umwandlung von wichtigen Teilen der Wirklichkeit in die Sprache des Gehirns. Deshalb hat Wahrnehmungslernen eine Schlüsselstellung im Prozess kindlichen Lernens. Nichts wird gelernt, was nicht vorher durch alle Sinne gegangen ist. *„Sinnliche Erfahrung ist selbst ein Denk- und Verarbeitungsprozess." (Schäfer, 1995, S. 108)*

Über sensorische Integration der Sinneswahrnehmungen im Zentralnervensystem gelangt das Kind zu einer zweckmäßigen und passenden Auseinandersetzung mit seiner Umgebung. Lernen ist abhängig von der Qualität und Wiederholung von Sinnesreizen. Für das Kind gehen von jedem Menschen, jedem belebten und unbelebten Objekt besondere Wahrnehmungsqualitäten und Botschaften aus. Es speichert sie als Erinnerungen an tatsächliche Erfahrungen und versieht sie mit Sinngehalten. Ein besonders wichtiger Teil des Wahrnehmungslernens ist das Entdecken von Affordanzen: Das sind die Handlungsmöglichkeiten, die jeder Gegenstand Kindern anbietet – in Beziehung zu ihrem eigenen Körper und ihren eigenen Fähigkeiten:

> *Jan, 18 Monate alt, tapst im Bewegungsraum zwischen vielen ausgekippten Bällen umher. Er guckt sie alle an, hebt aber nur einige auf, um damit zu spielen: den kleinen Tennisball, den Stoffball, den Schaumgummiball. Den Medizinball und den großen Gummiball lässt er liegen.*

Einige Entwicklungspsychologen (vgl. Affolter, 1991, S.17–84) beschreiben Lernen sogar ausschließlich als aktive Veränderung der durch taktil-kinästhetisches „Wahr-Nehmen" gewonnenen Erfahrung, auf deren Grundlage alle anderen Wahrnehmungsmodalitäten erst bedeutsam werden. Eine wichtige Rolle spielt in ihrem Modell die aktive Auseinandersetzung mit Widerstand als wichtigstem Motor des Lernens.

„Ich bewege mich so lange, bis ich einen Widerstand spüre, der meinen Bewegungen entgegensteht. Ich erhalte den Eindruck, etwas zu berühren. Wir sprechen von Kon-takt („Mit-Spüren"). Indem ich berühre, stoße ich auf Widerstand. Dieser Widerstand ist die Grundlage der Erkenntnis." (Affolter, 1991, S. 19)

Die Wahrnehmung der „stabilen Unterlage" beim Liegen, Aufrichten und Gehen, der „stabilen Seite" beim Hochziehen an Gegenständen, des Wechsels von Stabilität und Instabilität beim Laufenlernen und des „Umschlossen-Seins" im Arm der Bezugspersonen in Verbindung mit den anderen Sinnesqualitäten (wie Tasten, Sehen und Hören, Riechen und Schmecken) führen nach Affolter zur Bildung erster „Grundregeln" über die Wirklichkeit. Da Kinder unablässig auf Wissenszuwachs aus sind, werden Berührungserfahrungen bewusst verändert, um eine Variation von Erfahrungsqualitäten zu erreichen.

Um Wahrnehmungsimpulse zu empfangen, zurückzumelden, zu festigen, zu überprüfen und zu erweitern, benutzt jedes Kind das Mittel des Kommunizierens über Signalsysteme: zunächst über Blickkontakt und vielfältige Vorformen der Lautsprache, Mimik und Körpersprache, später über Sprache, Zeichnen und formendes Gestalten. Schließlich entwickelt es die Fähigkeit, Lautsprache in Schriftzeichen zu verwandeln und sie so für andere abrufbar zu machen.

8.3.3 Beobachtungslernen

Eine Sonderform des Wahrnehmungslernens ist das Beobachtungslernen, auch *Nachahmungs-* und *Imitationslernen* genannt (ab dem 8. Monat). „Echtes" Nachahmungslernen setzt – im Gegensatz zum unwillkürlichen Nachahmen, das durch Resonanz über die Spiegelneurone erzeugt wird (vgl. die Kapitel 7.2.1 und 9.3.2) – einiges voraus. Kinder können

- die beobachtete Handlungsweise gedanklich erfassen, also verstehen, was der Beobachtete da tut,
- die Handlungsabsicht erkennen, also verstehen, warum er es tut, und
- registrieren, dass die beobachtete Person positive Konsequenzen für ihr Verhalten erhält. Insofern hat Beobachtungslernen auch etwas mit operanter Konditionierung zu tun.

Wie alles im Leben, muss auch das Nachahmen gelernt werden. Die Anfänge sind schon kurz nach der Geburt zu beobachten: Babys scheinen die Mimik ihrer Bezugsperson zu imitieren. Sie strecken z. B. die Zunge heraus, spitzen die Lippen oder legen den Kopf schief, wenn sie die gleichen langsam und wiederholt vorgemachten Bewegungen beim Erwachsenen beobachten. Dieses Verhalten ist möglich, weil Spiegelneurone in verschiedenen Zentren des Gehirns auf bestimmte Reize hin aktiv werden und das kindliche Gehirn zum spiegelbildlichen Ablauf eines „Reaktionsprogramms" veranlassen, das im menschlichen Gehirn wahrscheinlich bereits vorgebahnt ist (vgl. Pauen, 2006, S. 94, und Kapitel 7.2.1 dieses Buches). Dieses „Imitieren" bereitet das spätere bewusste Nachahmen vor und dient der Anpassung an soziale Verhaltensweisen zwischen Bezugspersonen und Kind. Es ist einem Reflex nicht gleichzusetzen, aber es funktioniert ähnlich ohne Mitwirkung des Bewusstseins: Das Baby überlegt noch nicht, was es beobachtet und versteht den Sinn dessen nicht, was andere ihm vormachen. Ab dem sechsten Monat, wenn das Greifen sicher gelingt und der eigene Körper zum bevorzugten Forschungsgegenstand wird, beginnen Babys, sich selbst nachzumachen – indem sie eigene zufällig produzierte Laute und Silben aufgreifen und offenbar bewusst wiederholen. Von dieser Zeit an fallen ihnen auch Besonderheiten in den Bewegungen und Lauten anderer Menschen auf, die sie ausprobieren und damit eine *Reaktion* hervorrufen: Beifall, Aufmerksamkeit, Entzücken … Hier einige Beispiele:

> *Ole ergattert Aufmerksamkeit durch das Rausstrecken der Zunge, oder indem er einen gefüllten Becher in Kipplage bringt – Verhaltensweisen, die er öfter bei seinem großen Bruder beobachtet hat.*

> *Vincy hat gemerkt, dass Tischabwischen etwas Besonderes zu sein scheint. Er imitiert es, leider wird das Frühstücksgeschirr dabei mit „weggewischt".*

 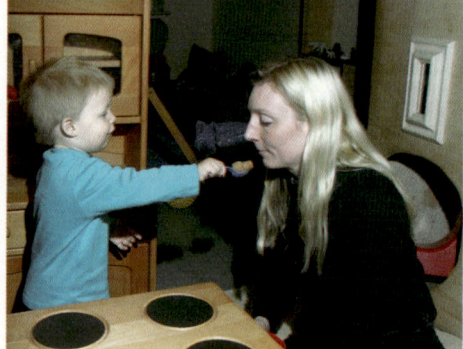

Nele beobachtet jeden Tag, wie Erzieherin Dorit die Babys füttert …

8.3.4 Erwartungslernen

Schon bei zwei Monate alten Kindern ist eine weitere Form des Lernens erkennbar: die Erwartung über zukünftige Ereignisse, die auf früheren Erfahrungen beruhen. Das Nervensystem des Neugeborenen ist so programmiert, dass Kinder sehr früh die Gesamtheit von Situationen erfassen, ihre Besonderheit und Regelhaftigkeit. Sie antizipieren (vom Lateinischen: anticipare = vorausnehmen), dass Ereignisse in ähnlichen Situationen ihren Erfahrungen entsprechend wiederkehren und verlaufen.

Nach Gardner (1993) gibt es weitere angeborene Wissensformen, die über das sensomotorische Lernen hinausgehen. Dazu gehört die Fähigkeit von Kindern, gefühlsmäßig und angemessen auf andere Menschen zu reagieren und sich als eigenes Selbst wahrzunehmen. Darüber hinaus verfügen Kinder von Anfang an auch über „abstraktes Vorwissen", z.B. das Verständnis dafür, nicht an zwei Orten gleichzeitig sein zu können, sowie die Fähigkeit, zwischen Farben, Klängen, Geschmäckern, optischen Strukturen und taktilen Reizen zu unterscheiden. Dazu gehört auch ein Grundgefühl für die Grundlagen und Ausdrucksformen der verschiedenen menschlichen Sprachen. Gardner spricht auch von einem mathematischen Gespür, das schon Kinder unter einem Jahr zur Unterscheidung von Mengen und Größen befähige (vgl. Gardner, 1996, S. 72–74).

Gardners Aussagen wurden in den letzten Jahren durch viele Experimente der Babyforschung bestätigt. Das angeborene „**Kernwissen**" hilft dem jungen Kind zu überleben, weil es in der Lage ist, sich im Umgang mit Objekten durch Übung bald „richtig" zu verhalten.

Babys sind auf den **sozialen Austausch** bestens vorbereitet. Ihre ersten Lautäußerungen sind darauf ausgerichtet, die Aufmerksamkeit der Erwachsenen zu erregen – und sie erwarten Antwort. Sie animieren Erwachsene dazu, die kindlichen Bedürfnisse zu erspüren und zu erfüllen. Hungerschrei, Schmerzschrei und Einsamkeitsschrei wecken und verfeinern die Aufmerksamkeit der Großen und erziehen zum genauen Hinhören und Beobachten. Die ersten Laute wie zufriedenes Gurren und Blubbern oder fröhliche Juchzer entzücken die Erwachsenen und animieren zum Antworten und Kommunizieren. Sie regen dazu an, in vielerlei Variationen zu antworten. In den ersten acht Monaten regt das mitgebrachte und allmählich differenzierte Lautrepertoire vielfältige Arten sozialer Interaktionen an – indem es zum Spielen und zum Dialog anstiftet.

Gegen Ende des ersten Lebensjahres kommt eine neue Erwartung hinzu: Nicht der Austausch von Person zu Person allein ist interessant, sondern ein drittes Element, auf das sich beide Kommunikationspartner beziehen können. Das kann ein Spielzeug sein, das die Erzieherin dem Kind zeigt, aber auch der Teller, den es ihr geben soll, damit sie ein Stück Banane darauflegen kann. Um ihrer Aufforderung nachkommen zu können, muss das Kind ihrem Blick folgen können, damit es erfassen kann, was sie meint. Gleichzeitig gilt es, sie als Person nicht aus dem Gedächtnis zu verlieren, denn dann könnte es der Aufforderung nicht nachkommen. Wir nennen diesen Vorgang **geteilte Aufmerksamkeit**. Das ist eine große neue Leistung, die vom Kind verlangt, sowohl den Kommunikationspartner als auch das Ding, um das es geht, und sich selbst im Blick zu behalten. **Triadische Aufmerksamkeit oder „joint attention"** ist eine Fähigkeit, die ab dem achten Monat zu erwarten ist und instinktiv von allen Eltern mit dem Kind im gemeinsamen Spiel eingeübt wird: zuerst mit Gegenständen, die sich in Greifweite befinden, später mit Dingen im gemeinsamen Sichtfeld und noch später mit Objekten, die sich außerhalb des kindlichen Sichtfeldes befinden, z.B. hinter dem Kind liegen. Kinder auf der ganzen Welt **erwarten** und **brauchen** dieses gemeinsame Spiel. Es ist die Grundlage für das Erlernen der Sprache und zur Vermittlung jeder kulturell bedeutsamen Fertigkeit (vgl. Pauen, 2006, S. 85–88).

Sehr früh, ab vierten bis fünften Monat, sind Babys in der Lage, den Gesichtsausdruck ihrer Bezugsperson zu deuten und eine zugewandte, freundliche von einer unzufriedenen, mürrischen oder ängstlichen Mimik zu unterscheiden. Etwa im dem achten Monat, gemeinsam mit dem Auftreten der geteilten Aufmerksamkeit, beobachten sie bei jeder neuen Erfahrung die emotionalen Reaktionen ihrer Bezugsperson und **erwartet** eine mimisch ausgedrückte Stellungnahme. An dieser richten sie ihr weiteres Forschungsverhalten aus.

„Wie nimmst du das Ereignis auf? Reagierst du ängstlich, abwehrend oder macht es dich fröhlich, ist es dir willkommen?" Dieses bei allen Kindern vorhandene Verhaltensmuster, **social referencing** genannt, versetzt das Kind in die Lage zu erkennen, ob eine neue Erfahrung von seinen Bezugspersonen erwünscht ist oder – aus welchen Gründen auch immer – als schädlich, bedrohlich oder ablehnenswert angesehen wird. *„Hier wird der Grundstein für die Entwicklung eines gemeinsamen Wertesystems innerhalb einer Familie gelegt"* (Pauen, 2006, S. 87).

Neben den sozialen Grundfertigkeiten verfügen Babys über **physikalisches** Grundwissen. Es ist ihnen offensichtlich schon klar, dass jedes Ding eine feste Form mit charakteristischen Außengrenzen hat, und sie erwarten, dass sich diese nicht verändert. So sind schon ab dem vierten Lebensmonat überzeugt: Ein Ball ist ein Ball ... und kein Kaninchen. Sie sind irritiert und reagieren sogar ängstlich, wenn vertraute Gegenstände sich leicht verändern.

Babys lernen früh, dass ein Gegenstand, der von anderen Dingen verdeckt wird, bald wieder zum Vorschein kommen wird (**Kontinuitätsprinzip**). Das hilft ihnen, ihre Wahrnehmung quasi im Voraus auszurichten. Schon in den ersten Monaten weiß ein Kind, dass die Erzieherin gleich wieder erscheinen wird, wenn sie auf ihrem Weg hinter dem Busch vorbeigeht. Es weicht rechtzeitig aus, wenn ein auf es zurennendes Kind es gleich erreichen und vielleicht umstoßen wird. Es weiß, dass ein Auto auf der Straße nicht verloren geht, wenn es kurzzeitig hinter den Häusern verschwindet.

Das Kontinuitätsprinzip ist die Voraussetzung zur Ausbildung von **Objektpermanenz**: Ab dem vierten Monat beginnen Kinder allmählich zu lernen, dass ein Objekt das gleiche bleibt, wenn es aus der eigenen Wahrnehmung verschwindet. So wissen sie bald, dass der Teddy durch Herausziehen wieder erscheinen wird, wenn er unter den Schrank gerutscht ist, und dass ihr eigener, unter einem Stapel verschwundener Teller noch vorhanden ist. Durch Übung lernen sie in der Eingewöhnungsphase: „Mama verschwindet nicht im Kosmos, wenn sie den Raum oder die Kita verlässt, sondern sie kommt verlässlich wieder."

Von Anfang an prüfen Babys, ob die **physikalischen Regeln**, die sie erwarten, noch zutreffen. Sie kommen mit dem Wissen auf die Welt, dass Dinge durch die Schwerkraft der Erde nach unten fallen. Und so setzen sie jeden erreichbaren Gegenstand dem „Fallexperiment" aus und prüfen seine Veränderungen beim Loslassen (ab 6. Monat), Herunterwerfen oder Wegwerfen (ab 6.–7. Monat). Sie gehen anfangs davon aus: Dinge, die Kontakt miteinander haben, fallen nicht. Erst später erproben sie, wie dieser Kontakt beschaffen sein muss: wie weit eine Brotrinde über die Tischkante geschoben werden kann, bevor sie auf den Schoß fällt – und wie sieht sie dann aus? Wie schräg muss ich die Milchtüte halten, damit auch noch der letzte Rest heraustropft?

Eigentlich tun Babys den ganzen Tag über nichts anderes, als beharrlich in jeder Situation mit jedem erreichbaren Gegenstand ihr vorhandenes Wissen zu überprüfen – wenn sie genug Gelegenheiten dazu haben. Und die bietet eine erfahrungsreiche räumliche Umgebung und ein Tagesablauf, der Selbsttätigkeit zulässt und herausfordert – ohne Lernprogramme oder „Babyschule". Übrigens haben Kleinkindforscher herausgefunden, dass in der Unter-Drei-Gruppe der Streit um einen bestimmten Gegenstand, z.B. ein begehrtes Spielzeug, sich nicht aus Macht- oder Eigentumsansprüchen heraus entwickelt, sondern aus der Erkenntnis und dem Begehren heraus: „Dieser Gegenstand ist erforschungswürdig – und deshalb muss ICH ihn haben."

8.3.5 Die Theorie der sieben Intelligenzen

Gardners Forschungen zur **Symbolisierung** in der frühen Kindheit brachten noch weitere wichtige Erkenntnisse, die für die pädagogische Arbeit mit den Jüngsten wichtig werden können. Schon in den ersten drei Lebensjahren, meint Gardner, zeigen alle Kinder ihre ganz besonderen Vorlieben und Interessen. Einige verbringen die meiste Zeit mit Zuordnen und Sortieren und fangen früh an, alles zu zählen, was sich zählen lässt. Andere beschäftigen sich schon im ersten Jahr am liebsten mit Farben und Wasser; wieder andere nutzen jede Gelegenheit zum Tanzen, Klatschen und Mitsingen. Aus diesen Beobachtungen schloss Gardner: Jeder Mensch ist auf seine Weise intelligent und kann bei entsprechender Förderung sein angelegtes Potenzial weiter ausbauen. Aus seinen Beobachtungen leitete er die Annahme von sieben Intelligenzen der menschlichen Kognition ab (vgl. Gardner, 1996, S. 25 ff.):
1. *Lernen über Handeln („körperlich-kinästhetische Intelligenz"),*
2. *Denken in Sprache („linguistische Intelligenz"),*
3. *Auffassen in räumlichen Begriffen („räumliche Intelligenz"),*
4. *auf musikalisch-gestalterische Art zergliedern („musikalische Intelligenz"),*
5. *logisch-mathematisch operieren („logisch-mathematische Intelligenz"),*
6. *sozial interagieren („interpersonale Intelligenz") und*
7. *sich selbst begreifen („intrapersonale Intelligenz").*

Basierend auf jeder dieser Intelligenzen entwickelt jedes Kind sein *„kognitives Profil"*, seine individuellen, charakteristischen Sinnbilder und Zeichensysteme. Dabei verinnerlicht es die für seine *„Kultur typischen Modelle einer intelligenten Person" (Gardner, 1996, S. 29).*
Zum Schulbeginn haben Kinder nach Gardner eine Reihe von Theorien ihrer Lebenswirklichkeit ausgebildet: *„In der Welt der physikalischen Objekte haben sie sich eine Theorie der Materie zurechtgebastelt, in der Welt der lebenden Organismen haben sie eine Theorie des Lebens entwickelt; und in der Welt der Menschen haben sie eine Theorie des Denkens entworfen, in der eine Theorie des Selbst enthalten ist" (Gardner, 1996, S. 114).*

Sie haben Theorien über Seinsformen gebildet und leiten daraus ab, welche Objekte lebendig, welche leblos sind und bestimmen, welche Merkmale diese beiden Seinsformen aufweisen. *„Haben sie zum Beispiel einmal entschieden, dass etwas unbelebt ist, halten sie es für unfähig, Gedanken, Gefühle oder Wünsche zu haben" (Gardner, 1996, S. 114).*

8.4 Ein Beispiel für konstruktivistische Theorien: die Arbeiten Jean Piagets

8.4.1 Kernaussagen

Zu Beginn des 20. Jahrhunderts beschäftigten sich viele Wissenschaftler gleichzeitig mit den Phänomenen menschlicher Entwicklung und kamen dabei zu ganz ähnlichen Ergebnissen. Obwohl ihre Beobachtungen und deren Ergebnisse weit zurückliegen und viele Erkenntnisse vervollständigt und auch revidiert wurden, haben sie unsere heutigen Fragestellungen in puncto „Entwicklung" und Entwicklungsbegleitung geprägt.

Aktuelle Forschungsprojekte setzen sich mit ihren Theorien auseinander – auch die moderne Kleinkindforschung. Wir befassen uns hier so ausführlich damit, weil sie immer noch geeignet sind, kindliches Verhalten schlüssig zu erklären und Möglichkeiten der Begleitung zu entwerfen. Wo sich inzwischen Abweichungen ergeben haben, machen wir dies kenntlich bzw. nehmen es in unsere Überlegungen von vornherein nicht auf.

So entwarf um 1930 der französische Biologe und Verhaltensforscher Jean Piaget (1896–1980) seine Theorie von der geistigen Entwicklung des Kindes. Er ging von der Grundannahme aus, dass jedes Kind im Aneignen seines Weltwissens eine eigene Darstellung seiner Lebenswelt erzeugt. Es handelt als aktives, autonomes, kreatives und sich selbst organisierendes Subjekt. Piaget veröffentlichte seine Forschungsergebnisse etwa zur gleichen Zeit wie der amerikanische Psychologe und Psychotherapeut Carl Rogers (1902–1987), der als Folge seiner bahnbrechenden therapeutischen Arbeit zu ähnlichen Erkenntnissen in puncto Persönlichkeitsentwicklung und menschliches Lernen kam. Wie Piaget verstand auch Rogers menschliche **Entwicklung als einen aktiven, vom Kind mitgestalteten Prozess**, der sich auf zunehmend stärkere Erfahrung von Herausforderung und Bereicherung hin bewegt, durch den das Kind sich einer immer neuen und sich verändernden Welt schöpferisch anpasst und mit der es sich zunehmend differenziert in Beziehung setzt. Auch Maria Montessori (1870–1952), eine italienische Kinderärztin, Philosophin und Pädagogin, kam über ihre wissenschaftliche Arbeit im Rahmen von Einrichtungen für benachteiligte und Kinder mit Behinderungen zu der Erkenntnis, dass jedes Kind von sich aus lernmotiviert und interessiert ist und sich ohne Aufforderung, Belohnung oder Strafe Wissen aneignet. **Jedes Kind will groß werden** und möglichst bald und eigenständig über die Einsichten und das Können der Erwachsenen verfügen. Um sein Potenzial zu entfalten, braucht es deren achtungsvolle individuelle Begleitung in einer vorbereiteten Umgebung, die viele Erfahrungsmöglichkeiten für alle Sinne und mit unterschiedlichem Anforderungsgrad bereithält. Wie Montessori war auch Piaget der Auffassung, dass Kinder, die in ihrem eigenen Rhythmus und den eigenen Interessen folgend lernen, Selbstvertrauen und Selbstständigkeit entwickeln und auf diese Weise das Gelernte am besten verinnerlichen. Jedes Kind spürt intuitiv, welche Impulse jeweils notwendig sind, um zur nächsten Zone seiner Entwicklung zu gelangen.

Piaget betonte, dass Anlage (z.B. Wachstum des Körpers, Reifung des Nervensystems) und Umwelt (jede neue Erfahrung in der sozialen und dinglichen Umgebung) während der kognitiven Entwicklung wechselseitig zusammenwirken. Jedes Kind versucht, auf die Anforderungen seiner Umwelt so zu reagieren, wie es seinen eigenen Bedürfnissen entspricht. Außerdem versucht es, seine Erlebnisse und Beobachtungen durch das *Strukturieren* in schon vorhandene Wissenssysteme oder Konzepte einzugliedern. Für Piaget war menschliche „Intelligenz" eine bewegliche, aktive, nach außen gerichtete Form des Erlebens und Verhaltens. Erkenntnis kommt nach Piaget zustande, indem der Mensch sich **fortlaufend, aktiv und reflexiv** mit Lebewesen, Objekten und Symbolen seiner

Welt auseinandersetzt. Auslöser für Lernvorgänge sind Unstimmigkeiten und Irritationen. Denn wenn etwas Neues nicht in das bekannte Weltbild passt, wird das Gleichgewicht gestört. Eine Korrektur wird notwendig. Piaget war der Auffassung, dass jeder Mensch von Geburt an ständig mit Gleichgewichtsverlusten zu kämpfen hat, denn jede neue Erfahrung bewirkt eine Störung.

Zwei Elemente setzen unser Lernen in Gang, oder anders gesagt: Auf zweierlei Weise versuchen wir, wieder ins Gleichgewicht zurückzufinden.

1. Durch **Assimilation:** Neue Gegebenheiten passen wir unseren bisherigen Erfahrungen, Erklärungen oder Deutungen an. Eintreffende Informationen überführen wir in eine Form, die wir verstehen können. *Beispiel: Vincy hat gerade das Wort „Wauwau" gelernt. Einige Wochen lang bezeichnet er jedes Tier – ob Vogel, Kuh oder Käfer – mit Wauwau.*

2. Durch **Akkomodation** verändern wir unsere vorhandenen Wissensbestände und passen sie neuen Gegebenheiten an. *Beispiel: Eines Tages sieht Vincy einen Spatz, sagt „Wau …?", stutzt und blickt Ella fragend an. Sie sagt: „Das ist ein Vogel!" „Voge", antwortet Vincy.*

Äquilibration ist der (Denk- und Verarbeitungs-)Prozess, der zwischen Akkomodation und Assimilation liegt, im Sinne des „Bereit sein für mehr". *Beispiel: Vincy stutzt, er hat gemerkt, dass irgendetwas mit seiner „Wauwau-Definition" für alle Tiere nicht stimmt. Er ist aufmerksam für Neues und als Ella „Vogel" sagt, versucht er, dieses Wort in seinen Wissensschatz einzureihen.*

Mithilfe welcher Mittel eignet sich ein Kind neues Wissen an:

1. durch **Handlungsschemata** *(Beispiele: etwas ergreifen, den Stuhl erklettern, um die Perspektive zu wechseln) und*

2. durch ***kognitive Schemata*** *(Beispiele: Bilder und Vorstellungen für etwas anwenden: „Wauwau" für alle Tiere und „Drooß!" für die Aussage: „Jetzt bin ich groß", nachdem Vincy auf den Stuhl geklettert ist.).*

Bis zum Alter von 18–24 Monaten erarbeitet sich das Kind eine Fülle von Handlungsschemata, die es später zu Vorstellungen und sprachlichen Begriffen umwandelt. Ausgangspunkt sind in den ersten 18 Monaten sensomotorische, später gedankliche Vorgänge, die zu nicht widerspruchsfreien Problemlösungen führen und eine Korrektur der Ausgangssituation und der Tätigkeiten notwendig machen (vgl. Piaget, 1975). In dieser Zeit durchlaufen die Erkenntnisprozesse laut Piaget eine charakteristische Reihe von sechs Entwicklungsphasen. Keine davon kann übersprungen oder rückgängig gemacht werden und sie sind nicht streng altersabhängig. Wann ein Kind die nächste Stufe erreicht, hängt ab von der Funktionstüchtigkeit seines Nervensystems und der Vielfalt von Anregungen, die es durch seine Umwelt erhält. Auch entwicklungsverzögerte (Kinder mit Behinderung) halten diese Reihenfolge in ihren Entwicklungsschritten ein. Vielleicht bleiben einige entsprechend ihren vorhandenen Möglichkeiten auf einer Stufe stehen, weil Teile des Zentralnervensystems nicht „mitwachsen".

Heutige Entwicklungsforscher haben einige der Ergebnisse Piagets korrigiert. Aber im Wesentlichen sind sie – wie er – einig darüber: Aus der Art und Weise wie Kinder handeln und denken, können wir viel über die Struktur und den Grad ihrer geistigen Entwicklung erfahren. Dazu sagte der Bremer Professor für Entwicklungspsychologie und Sonderpädagogik Karl-Heinz Jetter (1985, S. 36): *„[…] Vielmehr konstruiert das menschliche Kind in* *seinem konkreten Handeln die abstrakten Kategorien der Erkenntnis, was in jedem einzelnen Leben ein Stück mühsame Arbeit ist.".* Ähnlich formuliert auch Gerd E. Schäfer, Professor für Allgemeine Erziehungswissenschaft am Pädagogischen Seminar der Universität Köln, zu dessen Arbeitsschwerpunkten die Forschung zu Lernprozessen in der frühen Kindheit gehört: *„Sinnliche Erfahrung ist selbst ein Denk- und Verarbeitungsprozess." (Schäfer, 1995, S. 108)*

Daraus folgt für die Pädagogik in der Kindertagesstätte: Jedes Kind braucht ein individuelles, seinem Entwicklungslevel entsprechendes Lernangebot, um seine Fähigkeiten voll entfalten zu können. Uns Erwachsenen erleichtern die Forschungsergebnisse das Verstehen der Kinder. Ihre oftmals irritierenden oder „nervigen" Verhaltensweisen lassen sich besser einordnen und verstehen. Außerdem erleichtern sie es uns, das jeweils passende Erfahrungsangebot zu planen, durchzuführen und zu reflektieren.

8.4.2 Der Entwicklungsverlauf nach Piaget

Piaget benannte in der geistigen Entwicklung **vier Stadien**:
1. das **sensomotorische Stadium** (Geburt bis ca. 18. Lebensmonat), das in sechs Stufen verläuft, in denen die Intelligenz jeweils durch andere Formen des Zusammenwirkens von Wahrnehmung und Handlung erkennbar ist;
2. das **vor-operative Stadium** (2 bis 7 Jahre), in dem Kinder fähig werden, ihre Erfahrungen in Form von Sprache, Fantasie und Symbolverständnis auszudrücken;
3. das **konkret-operative Stadium** (7 bis 12 Jahre), in dem Schulkinder über konkrete, anschauliche Sachverhalte und Gegenstände logisch nachdenken können, wenn diese tatsächlich existieren und in ihrer Vorstellung fassbar sind;
4. das **formal-operative Stadium** (ab 12. Lebensjahr), in der das Denken der Kinder und Jugendlichen nicht mehr an die Anschauung gebunden ist, sondern sie mit abstrakten Begriffen umgehen können (z. B. mit mathematischen Formeln, Hypothesen, Mutmaßungen), Pläne entwerfen oder systematisch Experimente planen, durchführen und reflektieren.

8.4.3 Das sensomotorische Stadium

Das erste Stadium, das sensomotorische Stadium, ist für die Arbeit von Frühpädagogen besonders wichtig, weil es eine hilfreiche Grundlage für die pädagogische Gestaltung von Anregungen sein und ein tieferes Verständnis für kindliches Verhalten sowie die frühkindliche Sicht der Welt wecken kann. Piaget teilte es in sechs Phasen auf: Diese werden wir im Folgenden anhand von Beispielen beschreiben und jeweils methodische Tipps und Anregungsmöglichkeiten für jede ableiten.

Phase I: Reflexe (4. Schwangerschaftsmonat bis 6. Woche nach der Geburt)

Wie wir bereits wissen, haben Babys schon vor der Geburt eine Reihe von Reflexen ausgebildet (vgl. Kap. 6.2.2). Diese bereiten Nervensystem und Muskulatur auf die späteren bewusst gesteuerten Bewegungen vor und erleichtern die Anpassung nach der Geburt. In den drei ersten Monaten wenden Babys ihr Reflexrepertoire auf vielseitige Weise an und verändern ihr Reflexverhalten, um es besser anpassen zu können. Beispielsweise saugen sie zuerst nur an der Brust oder am eigenen Daumen, später auch am Schnuller oder am Bettzipfel und sie verändern ihr Saugverhalten je nachdem, was sich im Mund befindet (Akkomodation).

Methodische Tipps:

– *In Kleinstkindergruppen gibt es keine Babys unter zwei Monaten. Jedoch verharren Kinder mit* **Handicaps oder Entwicklungsverzögerungen** *oft lange auf der Reflexstufe und brauchen besondere Aufmerksamkeit sowie krankengymnastische Förderung. Reflexe auslösen hilft, Verhalten anzuregen und bewusstes Verhalten vorzubereiten. Den Saugreflex kann man beim Füttern auslösen: Die Kinder suchen und finden den Sauger von ganz allein, wenn er sanft die Wange berührt. Es ist nicht nötig, ihn dem Baby in den Mund zu stecken oder zu schieben. Auch den Kriechreflex kann man durch sanftes Streicheln der Fußsohlen nutzen, um das Kind in Bauchlage zur Aktivität anzuregen.*

– *Wenn Babys in den ersten Monaten viel getragen, gestreichelt und massiert werden, erhalten sie über Hautstimulation die notwendigen Sinnesanreize für das sich schnell entwickelnde Nervensystem.*

– *Die Kleinsten nehmen die Welt unter anderem über den Hörsinn wahr. Auch Kinder mit Einschränkungen können sehr bald Stimmen und Umgebungsgeräusche identifizieren und auf ihren Namen hören, wenn sie vom ersten Tag an deutlich damit angesprochen werden. Das Hören wird erleichtert durch hohe, sanfte Stimmlage beim Sprechen, durch gute Artikulation und das Vermeiden plötzlicher, lauter Geräusche. Das Hören und Erzeugen von Musik und Sprache aktiviert alle Areale im Gehirn. Über den auditorischen Kortex und das limbische System (siehe Kapitel 7.2.2) werden Emotionen verarbeitet und das Arbeitsgedächtnis angeregt, weil Babys Musikstücke konkreten Situationen und Menschen zuordnen. Sie sind bestrebt, vertraute Tonfolgen in Liedern zu behalten und zu imitieren. Achtung: Laute Geräusche (z.B. Quietschtiere, an das Ohr gehalten) und Musikberieselung wirken wie Reizüberflutung: Das Gehör von Kleinstkindern ist sehr empfindlich.*

Anregungen:

– *Vorsingen von Anfang an (beim Herumtragen, Zu-Bett-Legen, in der Wanne, auf dem Wickeltisch) lässt die Kleinsten die Nähe und Wärme der Bezugserwachsenen spüren. Das erleichtert ihnen das Erkennen des „Wer?" und „Was?" und damit den Aufbau einer sicheren Bindung.*

– *Leise, langsame Musik zu unterschiedlichen Tagesablaufsituationen (Blockflöte, Gitarre, Klangstab und Kinderleier) in einfachen Tonfolgen freut die Kleinsten. Sorgen Sie auch für milde Lichteinstrahlung: Sonnenreflexe und Licht- oder Schattenspiele an der Wand, wehende Zweige vor dem Fenster, eine ruhig brennende Kerzenflamme, (Taschen-)Lampenschein langsam über Decke und Wände huschen lassen und gemeinsam betrachten.*

– *Dem Kind konturenreiche Rasseln oder Mobiles zeigen, möglichst in Rot-Weiß: Das löst Entzücken aus, weil Rot in den ersten Monaten die „Lieblingsfarbe" ist.*

Phase II: einfache Gewohnheiten erproben (6. bis 12. Woche)

Schon nach dem zweiten Monat kann man beobachten, dass Kinder Handlungen bewusst wiederholen, die zufällig angeregt wurden und keine Reflexe oder Spontanbewegungen mehr sind.

Haben sie z.B. über dem Wickeltisch einen leuchtend roten Gegenstand am Mobile entdeckt, so versuchen Kinder wahrscheinlich, die Blicke immer wieder dorthin zu richten. Oder sie rufen mit verschiedenen Arten des Schreiens (natürlich noch unbewusst) die Bezugsperson herbei. Oder aber sie bringen auf jede mögliche Weise den Daumen in den Mund, sobald sie erfahren haben, dass sie das tun können. Möglicherweise üben sie auch Strampelvariationen und bewegen die Arme. Auch die ersten zufällig produzierten gurrenden Laute scheinen sie absichtlich zu wiederholen.

Methodische Überlegungen:

– Wichtig ist, dass diese ersten „Übungen" wahrgenommen, unteilnehmend beobachtet und unter Blickkontakt mit vollständigen Sätzen ruhig beantwortet werden.

– Dabei kann auch einmal der Raum gewechselt oder ein neues, ähnliches Spielzeug dazugenommen oder das Licht an- oder ausgeknipst werden. Die Eindrücke verändern sich dadurch für das Baby und die Spielsituationen werden geringfügig anspruchsvoller und dadurch vielleicht noch interessanter.

– Wichtig ist das genaue Beobachten, wie das Baby auf die Veränderung reagiert: keine Anregungen am Kind vorbei. Nur das Kind selbst kann entscheiden, was es angucken, mit den Blicken verfolgen und wie es antworten will und wie es mit den gut gemeinten Anregungen umgeht. Es erlebt sich nämlich zum ersten Mal als „Selber-Macher" und das ist schließlich die Grundlage für spätere Selbstständigkeit und Verantwortungsbereitschaft.

Anregungen:

– Hören auf Geräusche und Klänge: Singstimme, Geräuschbüchsen, Rasseln (Richtungsänderung: rechts/links, oben/hinter dem Kind), Glöckchenläuten, Ticken der Uhr verfolgen, Glöckchen am Strampelanzug befestigen.

– Im Wasser: klatschen (beim Baden) mit der flachen Hand, langsam ausgießen, den Wasserstrahl beobachten und zuhören, Schaum schlagen und auf dem Körper des Babys verteilen.

– Durchsichtige Plastikflaschen gefüllt mit glänzenden Perlen, Pailletten oder Glassteinchen, vor den Augen des Babys sanft schütteln.

– Weißes festes Papier vor den Augen der Kinder knittern, reißen, ratschen, flattern lassen, knüllen und dem Baby die Kugeln in die Hand legen (Greifreflex) oder seitlich zurollen.

Phase III: Effekte erzielen (3. bis 9. Monat)

Jetzt beginnen die Kinder, den durch bestimmte Handlungen zufällig erreichten Erfolg absichtlich zu wiederholen, der angenehme und interessante Effekte mit sich bringt. Sie benutzen dafür die Körperteile, die sie in der Stufe davor am meisten trainiert haben: den Mund zum Prusten, Schmatzen, Schlürfen, Lecken, Beißen, Gurren, Lallen, Zum-Zunge-Rausstrecken, Lutschen und Lippen-Spitzen. Die Hände werden zum Ergreifen, Festhalten, Loslassen, Schütteln, Schlagen, Werfen, Wischen, Zerreiben, Bohren, Pulen, Kratzen und Matschen eingesetzt – zuerst noch ungeschickt, dann immer zielgerichteter, so lange, bis diese Fähigkeit gut funktioniert. Es gibt eben eine große Menge von interessanten Effekten, die ein Baby in seiner Umgebung zu erzielen versucht, wenn es die Möglichkeit dazu hat.

In dieser Phase bildet sich die Objektkonstanz heraus: das Wissen, dass ein Ding oder Lebewesen auch dann noch da ist, wenn es sich außerhalb der kindlichen Wahrnehmung befindet. Beispiel: Bis zum Alter von etwa acht Monaten versucht ein Kind nicht mehr, weiterhin nach einem Teddy zu greifen, wenn dieser hinter einem Tuch versteckt wird („aus den Augen, aus dem Sinn"). Piaget erklärt diese Erscheinung damit, dass die Handlungsschemata, die das Baby bis dahin ausgebildet hat, noch nicht integriert sind.

Das „Effekthandeln" hat für die pädagogische Arbeit bedeutsame Konsequenzen, denn in jeder Gruppe für Kinder unter drei Jahren sind viele Kinder „Effektsammler". Visuelles, auditives und taktiles Beherrschen von Handlungsabläufen mit Gegenständen erfordert eben ständiges Üben – dieses erst bewirkt

– zunehmende Geschicklichkeit im Umgang mit Dingen und Lebewesen,

– die Fähigkeit, sich auf bestimmte Handlungen schon vorweg richtig einzustellen (z. B. die Hand weit zu öffnen, wenn die Erzieherin einen Ball hineinlegen will),

- eine elementare Einsicht in räumliche Beziehungen von Gegenständen zueinander und zu sich selbst sowie

- eine erste Ahnung von Zeit, obwohl das Kind im Hier und Jetzt lebt. Das Erproben, Wiederholen oder Unterbrechen von Tätigkeiten im Zusammensein mit anderen Menschen macht im Kind Begriffspaare lebendig wie „noch einmal – nicht noch einmal", „vorher – nachher" und „gleich – nicht mehr."

Neuere Forschungsergebnisse belegen, dass sich die Einsicht in die Weiterexistenz kurzfristig verschwundener Objekte schon ab vier Monaten herausbildet.

Methodische Tipps:

Kinder brauchen möglichst viele Gelegenheiten, um sich als Verursacher von Veränderungen in der dinglichen Umwelt erleben zu können. Das entwickelt ihr Bewusstsein dafür, nicht hilflos ausgeliefert zu sein, sondern die Welt aktiv mit- und umgestalten zu können. Sie brauchen in dieser Phase nicht möglichst viele verschiedene Spielsachen oder teure didaktische Materialien, sondern die von Erwachsenen benutzten alltäglichen Gebrauchsgegenstände. Grundlegende Bedeutung bekommt jetzt das Mitmachen: bei Vorbereitungen für Mahlzeiten, beim Saubermachen, bei allem was Erzieher/-innen in der und für die Gruppe tun.

Für die Erwachsenen können die effektbetonten Tätigkeiten der Kleinsten zur Strapaze werden, denn sie sind nun einmal mit deutlichen Sinneswahrnehmungen – sprich Krach und Unordnung – verbunden. Durch Beobachtung schätzen wir ein, wie wichtig sie für einzelne Kinder sind und wo Ablenkung angezeigt ist, damit keine Stereotypien daraus werden. (Beispielsweise bleiben entwicklungsverzögerte Kinder manchmal sehr lange auf dieser Stufe. Ehe sie nicht das ganze Verhaltensrepertoire von Mund und Händen ausgeschöpft haben, werden sie sich nicht auf die nächste Stufe begeben können.)

Tipp:

Das absichtliche Wiederholen von Effekten basiert auf dem Prinzip der operativen Konditionierung, d. h., eine Handlung wird wiederholt, wenn sie positive, aber auch dann, wenn sie aus Sicht der Erwachsenen negative Konsequenzen hat (siehe Kapitel 8.2.2). Ein Kind auszuschimpfen, wenn es einem mit dem Spiel „Licht an, Licht aus" den „Nerv tötet", erreicht also genau das Gegenteil von dem, was beabsichtigt war. Besser ist es, ruhig zu erklären, weshalb das Verhalten nicht akzeptiert werden kann, und gemeinsam mit dem gleichen Gegenstand einen erträglicheren Effekt zu erzielen oder zu einer anderen Tätigkeit überzuleiten, die dem Kind auch Freude macht.

Victoria im Bohnenbad

Victoria lernt, mit Bohnen umzugehen.

Welche Effekte kann Victoria erzielen?

Versuchen Sie, mit einer der Lerntheorien zu erklären, wie Victoria unter Aufsicht von Ella das Spielen mit den Bohnen erlernt.

Wie sollte Ella vorgehen?

Anregungen:
- *Die Erwachsenen nehmen das Kind auf den Schoß und lassen es auf den Tisch trommeln (mit der flachen Hand, der Faust, einem Kochlöffel). Wichtig: Das Kind soll seine Effekte selbst entdecken.*
- *Das Kind entdeckt, welche Geräusche beim Ratschen auf einem mit Schmirgelpapier be-klebten splitterfreien Brett entstehen.*
- *Erwachsene bauen umständlich hohe Türme auf und lassen sie vom Kind umwerfen.*
- *Lieder und gesprochene Verse werden mit Rasseldosen und Glöckchenbändern begleitet, wobei das Baby erst zuhört und später allmählich mitmacht – aber dann!*
- *Man zeigt dem Kind, wie sich Schaum in der Wanne, die Kerzenflamme oder ein (kleines) Wattestück pusten lassen.*
- *Das Kind lässt klingende, hängende Stäbe (Holz/Metall) aneinanderschlagen.*
- *Die Kinder wühlen gemeinsam in Sand, Erbsen, Bohnen und Reis (aufpassen, dass nichts in die Ohren oder in den Mund gerät!), aber auch in Schlamm und Kleister. (Dabei spielen sie auch kalt und warm – zum Vergleich)*
- *Schattenspiele: Die Kinder werden angeregt, nach dem Beispiel der Erwachsenen die Hände oder Gegenstände an der angestrahlten Wand entlang zu bewegen.*
- *Sie erfahren, welche unterschiedlichen Veränderungen sich beim An- und Ausschalten verschiedener Lichtquellen ergeben: bei einer Lampe mit farbigen Glühbirnen, bei Warn-lampen, wenn Reflektoren (Katzenaugen) mit der Taschenlampe angeleuchtet werden, beim Anknipsen von Taschenlampen.*
- *Das Kind betätigt Hampelmänner, Hüpfpüppchen und Hochziehfiguren (z. B. Kletter-frosch). Als Hilfe wird dem Kind der Ziehknopf in die Hand gegeben. Nicht vormachen! Eines Tages schafft das Kind es selbst, das Männchen oder Ähnliches in Bewegung zu setzen.*
- *Durch Geben und Nehmen (Austauschen) von Bauklötzen, Bällen, Stöcken, Erde, Blumen oder anderen Dingen erfährt das Kind im Kontakt mit einer zweiten Person Veränderun-gen, die es selbst beeinflussen kann.*

Phase IV: die Mittel zum Zweck einsetzen und Objektkonstanz entwickeln (9. bis 12. Monat)

Wenn Kinder einen großen Vorrat an Hantierungsmöglichkeiten mit Dingen angelegt haben, fangen sie an, sie als Mittel zu benutzen, um damit einen bestimmten Zweck zu erreichen.

> *Vincy (11 Monate) hat gelernt, sich am Tisch zum Stehen hochzuziehen, auf dem Tina (3;1 Jahre) gerade eine Garage aus Bauklötzen gebaut hat. Er möchte das glänzend rote Auto haben, das in der Garage steht. Deshalb räumt er kurzerhand das störende Hin-dernis (die mühselig gebaute Garage) weg. „Blöder Vincy!", brüllt Tina. Vincy ist völlig verwirrt. Warum sind Tina und die Erzieherin nicht erfreut darüber, dass ihm das gelungen ist?*

Vincy hat **bekannte Mittel** angewandt (Krabbeln, Schieben, Wegschubsen) und **damit eine schwierige neue Situation** (das Auto ergattern) erfolgreich gemeistert. Ein Erfolg für ihn, aber Ärger für seine Mitmenschen. Er kann jetzt auch Schranktüren öffnen, um beispielsweise einen (weggestellten) Schaumkuss herauszuholen. Auf der Entwicklungsstufe davor hätte er sich damit begnügt, ausdauernd und mit Krach die Tür auf- und zuzuschlagen. Er reagiert jetzt nicht mehr mit Bestürzung, wenn ein anderes Kind der Gruppe seinen geliebten Teddy in den Puppenwagen stopft und mit einer Decke völlig zudeckt: Er weiß nämlich, dass er hinkrabbeln, sich irgendwo hochziehen, die Decke herausholen und den Teddy wieder erscheinen lassen kann.

> *Andererseits weint Vincy seit einiger Zeit, wenn sein Vater morgens den Gruppenraum verlässt. Er kann sich weder vorstellen, wo der verschwundene Vater sein mag, wenn er nicht mehr erreichbar ist, noch wann er mit seinem Wiedererscheinen rechnen kann. Vielleicht folgert er: „Er ist auf ewig weg – und was auch immer ich tun werde, ich kann ihn nicht mehr herbeiholen."*

Sein Raum- und sein Zeitverständnis sind noch an sein eigenes Handeln gebunden und wenn das nicht ausreicht, entstehen Trennungs- und Verlustangst, Enttäuschung und sogar Hoffnungslosigkeit, falls Vincy ähnliche Erfahrungen häufig machen muss.

Methodische Tipps:

– *Die Eingewöhnungsphase (siehe Kapitel 9.4) eröffnet Übungsmöglichkeiten mit allmählich immer längeren Phasen der Abwesenheit bisheriger Bezugspersonen. Sie hat ihre Aufgabe erfüllt, wenn ein Kind ein Gefühl für die regelmäßig wiederkehrenden Stationen im Tagesablauf entwickelt hat, mit dem Wissen, dass die Eltern zuverlässig am Ende des Tages wiederkommen werden.*

– *Kinder auf dieser Entwicklungsstufe entdecken im alltäglichen Zusammenleben eine ungeheure Vielfalt an Wirkungsmöglichkeiten, um Ursachen und Wirkungen sowie Wenndann-Beziehungen zu erkunden. Mit demselben Gegenstand lassen sich jetzt unterschiedliche Dinge tun; das Kind probiert aus, was man alles damit anfangen kann. Dabei sind ihm die von Erwachsenen gesetzten Ziele und Zwecke der verschiedenen Tätigkeiten völlig egal. Interessant sind allein Veränderungen, die es durch sein Handeln mit den verschiedenen Gegenständen bewirken kann. Deshalb ist es jetzt wichtig, Kinder bei vielen Aktivitäten zum Mitmachen aufzufordern.*

– *Über musikalisch-rhythmische Angebote gewinnen Kinder Sicherheit in der Bewegungsplanung und lernen das Handhaben von Klangkörpern, ohne dass spezielle Funktionen eigens eingeübt oder trainiert werden müssen. Gemeinsames Singen, Tanzen und erste Erfahrungen mit Zupf- und Schlaginstrumenten werden jetzt überaus interessant. Sie bereiten nicht nur das Wissen um soziale Beziehungen vor, sondern führen auch zu grundlegenden rhythmischen Erfahrungen, die zu den Grundlagen für mathematisches Denken gehören. Das bedeutet, dass Erzieherinnen ein Instrument spielen und Angebote aus dem rhythmisch-musikalischen Bereich machen können.*

– *Essen ist für Kinder jetzt nur am Rande um des Sattwerdens willen wichtig. Die wirklich wichtigen Fragen sind doch: Was passiert mit der Quarkspeise und ist es immer noch Quarkspeise, wenn sie nicht vom Löffel in den Mund geschoben wird, sondern auf den Teller, neben den Teller, auf das Knie oder auf den Boden fällt? Wie weit dehnen sich auf dem Tisch ein kleiner Schluck, ein halber oder ein ganzer Becher Milch aus? Ist es dann immer noch Milch? Und womit lässt sich das besser bewerkstelligen: mit dem Löffel, dem Zeigefinger, der Faust oder der flachen Hand?*

Kein Wunder, dass viele Erzieher/-innen über „die Krabbler", die ewigen Störenfriede, stöhnen. Aber: Verbale Erklärungen oder Zurechtweisungen überfordern das Kind. Es kann sich die *Folgen* seines Tuns *nicht vorstellen*, sondern *nur durch Handeln vergegenwärtigen*.

Schimpfen hat also entweder *Wiederholung* zur Folge (das Kind will noch einmal Aufmerksamkeit erregen) oder *Einschüchterung* (das Kind ist erschreckt, es wird in Zukunft ängstlich das forschende Nachahmen vermeiden).

Was also tun?

– Sich klarmachen, dass das Kind keine böse Absicht hat, sondern ganz bestimmte wichtige Lernerfahrungen anstrebt.
– Den Gegenstand des Anstoßes nicht wegnehmen, das störende Tun nicht verbieten, sondern (möglichst) mitmachen – und dabei das Handeln des Kindes in eine andere Richtung lenken. Wenn das nicht geht, z. B. beim Essen, das Kind beiläufig vom Schmieren abhalten oder auch ablenken.
– Gefährliche oder wertvolle Gegenstände aus dem Interessenbereich der Kinder entfernen.
– Alle Kinder gemäß ihren Möglichkeiten an den im Tagesablauf wiederkehrenden Tätigkeiten beteiligen.
– Erzieher und Kinder entwickeln zusammen ein Spiel und erleben dabei unerwartete Überraschungen. Aber lösen Sie nicht die dabei auftretenden Probleme für das Kind: Dann lernt es schnell, andere Leute als Mittel zum Zweck einzusetzen.

Anregungen:
– *Die Kinder probieren aus, was sie mit dem eigenen Körper alles machen können. Wenn dabei unterschiedliche Effekte (Geräusche) entstehen, umso besser!*
– *Erzieherinnen vermitteln den Kindern, wie der eigene Körper als Musikinstrument zu nutzen ist: durch Klatschen, Patschen, Kratzen, Trommeln, Schnipsen, Wischen, mit den Armen, Ellenbogen, mit flach ausgestreckten Händen, mit Fäusten, einzelnen Fingern, einem Fuß, beiden Füßen oder nur mit den Zehen. Laut und leise, schnell, immer schneller und dann: l a n g s a m. Dies kann in Verbindung mit Fingerspielen, Kreisspielen und beim Singen geschehen.*
– *Oder: Man kann mit verschiedenen Materialien, z. B. mit Bausteinen aus Holz, auf den Tisch, auf Gefäße oder den Fußboden schlagen, klopfen, tippen, ratschen und kratzen.*
– *Geben Sie dem Kind ein Ende einer aufgerollten, dicken bunten Kordel (oder eines meterlangen Papierstreifens) in die Hand und gehen Sie mit der Rolle ein Stück weg. Das Kind entdeckt aufgeregt: Die Kordel (oder der Papierstreifen) wächst. Jetzt können die anderen Kinder der Gruppe der „Abwickler" sein.*
– *Ballspiele sind gut geeignet, dem Kind zu vermitteln, dass eine bestimmte Handlungsweise immer wieder zu einem bestimmten Zweck führt, z. B.:*
  – *den Ball wegrollen und abwarten, ob die Kinder hinterherkriechen,*
  – *den Ball tauschen und im Kreis weitergeben,*
  – *den Ball unter den Beinen hindurch weitergeben,*
  – *den Ball hin- und herrollen,*
  – *dann anfangen, ihn in die Richtung des Kindes zu werfen,*
  – *ihn neben das Kind werfen.*

- *Ähnliches gilt für Wechselspiele: z. B. wenn man eine Geräuschbüchse schüttelt, sie dann dem Kind in die Hand gibt, abwartet, bis es auch geschüttelt hat, und dann die Hand dem Kind wieder entgegenstreckt.*
- *Kuckuck-Spiele in Variationen vermitteln dem Kind die Sicherheit, dass etwas Verschwundenes anschließend wieder da ist: Zuerst bedeckt die Erzieherin die Augen mit den eigenen Händen, später mit einem Stück Papier oder Tuch, dann beginnt das Kind, sich selbst zu verstecken.*
- *„An-der-Leine-Gehen" macht Wenndann-Beziehungen gut spürbar: Erzieher und Kind halten jeweils das Ende einer dicken bunten Kordel in der Hand. Zuerst zieht der Erwachsene das Kind, dann umgekehrt.*
- *Gefäße eignen sich gut, um unterschiedliche Handlungsschemata darauf anzuwenden: Wenn Kinder eine Menge Gefäße (Töpfe, Schüsseln, Siebe) um sich ausgebreitet und schon eine Weile damit gespielt haben, setzt sich der Erzieher dazu und stülpt sich einen Hut auf – die Kinder werden es nachmachen. Dann fängt das Hütetauschen an. Später können es „echte" Hüte, gefaltete oder solche aus Papiertüten sein.*
- *Auch Pappkartonautos oder solche aus Schüsseln oder Plastikwannen, mit Bändern versehen, bieten viele Handlungsmöglichkeiten, die Kinder schon kennen oder neu erfinden: schieben, ziehen und zum Schluss sanft kippen, hin und wieder zurück.*

Phase V: experimentieren (12. bis 18. Monat)

Zu Beginn des zweiten Lebensjahres wagen sich die Kinder wieder auf Neuland. Sie beginnen, mit den Dingen zu experimentieren, ihre Belastungsfähigkeit zu testen und systematisch neue Möglichkeiten des Umgangs damit zu überprüfen. Sie suchen zum Erreichen bestimmter Ziele neue Mittel, die sie dann auf andere Tätigkeiten übertragen:

> *Lucy (12 Monate) hat gelernt, dass sie auf viele Gefäße Deckel stülpen kann, auf Trinkbecher, Honiggläser, Teedosen und Schuhkartons. Auf dem Tisch steht eine Cremedose mit Schraubverschluss und daneben liegt der Deckel. Lucy ergreift und stülpt ihn auf die Dose – er fällt ab. Sie versucht es noch einmal und noch einmal: vergeblich. Jetzt setzt sie sich hin und versucht es in Ruhe – und erst als sie die Hand dabei dreht, kommt sie zum Ziel. Sie hat die Schraubbewegung entdeckt. Von jetzt an sind Zahnpastatuben und Schraubflaschen kein Problem mehr, aber Lucy muss erst noch ermitteln, dass Zuschrauben eine andere Bewegungsrichtung erfordert als Aufschrauben.*

Unermüdlich und zielstrebig prüfen, verwerfen, erproben, korrigieren Kinder ab einem Jahr ihr Können und gewinnen damit immer geschicktere, den Dingen angepasstere Bewegungsformen. Sie können eine gefüllte Saftkanne mit der Öffnung nach oben tragen und sie gezielt zum Ausgießen umdrehen oder einen Schuh auf den Fuß stülpen. Sie drehen den Deckel der Schuhschachtel so lange, bis er auf die Schachtel passt. Und: Sie benutzen einen Stock, um einen Gegenstand unter dem Schrank hervorzuangeln, oder eine Schnur, um etwas zu sich heranzuziehen.

Stellen Sie sich vor, Sie seien eineinhalb Jahre alt.

Welche Experimente könnten Sie mit den Nudeln und mit dem Sand machen?

Methodische Tipps:

– Jetzt sind abwechslungsreich und bewegungsfördernd gestaltete Gruppenräume wichtig, die es erlauben, sich in allen Raumdimensionen (Weite, Tiefe, Breite, Höhe), in der Rotation, in der Begrenzung (von oben, den Seiten, von unten) und auf verschiedenen Untergründen (z. B. rau, glatt, flauschig) zu erfahren. Kinder brauchen nun Geräte und Materialien, die ihre Stemm- und Stützfähigkeit sowie das Krabbeln, Hochziehen und Laufenlernen herausfordern – als Experimentierfeld mit sich selbst und dem umgebenden Raum. All dies gelingt in einem Gruppenraum, der mit verschieden hohen Ebenen, Verbindungswegen, Durchschlupfen, Nischen, Mehrzweckgeräten und entsprechenden Materialien zum Ziehen, Schleppen und Rollen ausgestattet ist.

– Bei aller Experimentierfreude scheinen die Kinder jetzt „Ordnungsfanatiker" zu sein. Ihre in den Monaten zuvor erworbenen Fähigkeiten der räumlichen Wahrnehmung (z. B. beim Ein- und Umfüllen oder Gegenstände-irgendwo-Hineinstecken) nutzen sie, um zuzuordnen. Sie haben Freude am Einräumen, Weglegen und einfachen Sortierspielen, wenn man sie lässt. Sie wissen genau, wo vertraute Dinge des Alltags und ihre Spielmaterialien aufbewahrt werden, in welchen Räumen gespielt, gegessen und geschlafen wird. Sie erwarten, die vertrauten Strukturen wiederzufinden, und reagieren mit Unsicherheit, wenn diese Ordnung nicht eingehalten wird. Abweichungen können sie dann gut verkraften, wenn absehbar ist, dass das Gewohnte sich bald wieder einstellt.

– Die Teilhabe an alltäglichen Erwachsenentätigkeiten (z. B. das Hantieren mit Werkzeug oder Rollenspielutensilien, das Zureichen von Arbeitsmaterialien beim Salat-Schnippeln)

Alina beobachtet, wie der Erzieher etwas repariert.

entspricht dem Bedürfnis, die Hände zum Experimentieren und Austesten von Materialien zu gebrauchen. Natürlich sind solche Aktivitäten nicht zielführend auf ein Ergebnis ausgerichtet: Den Kindern geht es darum, Grunderfahrungen mit der Welt zu machen, mit allem, was sie umgibt.

Anregungen:

– *Verschieden große und verschieden geformte Gegenstände (z. B. ein Satz Schüsseln, vier oder fünf Pappschachteln, Joghurtbecher unterschiedlicher Größe) stehen ungeordnet vor den Kindern. Bald werden sie versuchen, deren Größe und Umfang miteinander in Beziehung zu setzen. Dabei entdecken sie: die Dinge lassen sich nicht nur nebeneinander, sondern auch ineinander und aufeinander stecken oder stapeln.*

– *Kugelbahnen können im Beisein der Kinder selbst hergestellt und mit Kugeln aus verschiedenen Materialien bestückt werden. Die Kinder erproben das Verhalten unterschiedlicher Materialien und Größen beim Rollen auf schrägen Ebenen.*

– *Auch Flüssigkeiten lassen sich einfach und vielfältig verändern: Was passiert mit Sand, wenn vorsichtig Kleister oder Farbe eingegeben wird? Ab wann lässt er sich nicht mehr ausgießen/umschütten?*

– *Lätzchen- und Tücher-Sortieren ist jetzt begehrtes Mitmachspiel. Die wichtigste Anregung für eigenes Tun erfahren die Kinder nach wie vor im Zusammen-Machen in der Gruppe, wobei das „sinnvolle" Mitmachen immer besser gelingt – auch weil die Kinder ihr Tun in Sprache umsetzen und Antworten herausfordern können.*

– *„Tauschspiele" bieten sich in nahezu jeder Situation an (beim Wickeln, Waschen und Füttern, in der Küche und draußen auf dem Spielplatz). Dazu ein Beispiel: „Erst bekommst du den Hut, dann bekomme ich ihn – und dann Vincy. Jetzt haben wir zwei Mützen: Wer soll die bekommen?" Zum Tauschen eignet sich fast jeder Gegenstand und die Kinder variieren es wiederholt und mit Begeisterung.*

Phase VI: Erfinden setzt Denken voraus (18.–24. Monat)

> *„Wasser ist?", fragt Vincy (1;6 Jahre) und versucht, mit seinem Gummistiefelabsatz ein Loch in das dicke Eis einer Pfütze zu stoßen. Als er es nicht schafft, hält er einen Augenblick inne und ergreift dann einen Stein, mit dem er das Eis aufschlägt.*

Was ist jetzt neu? Vincy denkt, bevor er handelt! Er kann sich wie auf einem inneren Film verschiedene gespeicherte Erlebnisse und Erfahrungen mit werkzeugähnlichen Gegenständen vergegenwärtigen und prüfen, ob sie angemessen sind, bevor er eine bestimmte Wahl trifft. Und er verwendet den Stein als neuartiges Hilfsmittel zur Bewältigung einer neuen Aufgabe. Er kann jetzt Lösungen für ein Problem finden, ohne sie vorher praktisch ausprobiert zu haben. Vorstellungen und Erinnerungen sind dafür die Grundlage.

Von jetzt an gehören bei Vincy Denken und Handeln zusammen. Damit es ihm leichter fällt und er nicht für alle Probleme selbst eine Lösung finden muss, wird er verstärkt darauf achten, was ältere Kinder und Erwachsene tun. Das Nachahmungslernen wird besonders bedeutungsvoll:

> *Vincy beobachtet, dass Timmi (2;10 Jahre) jeden Morgen nach dem Frühstück den „Tischeimer" holt und konzentriert Wasser auf dem Tisch verteilt, es mit dem Lappen aufsaugt (und – das bemerkt Vincy nicht – dabei alle Krümel und Milchreste wegwischt). „Timmi ist unser Großer, Tüchtiger", bemerkt die Erzieherin dazu.*

> *Einige Tage später nuckelt Vincy müde und traurig auf seinem Daumen, anstatt zu frühstücken. Unbemerkt steht er auf und kommt Timmi mit dem Eimer-Holen zuvor. Er schüttet eine Wasserlache auf den Tisch, mitten zwischen Teller, Brotkörbe und Becher. Er patscht mit dem Lappen darin herum und sieht dabei die Erzieherin erwartungsvoll an.*

Wenn Kinder anfangen, auf diese Art Probleme zu lösen, haben sie vier außerordentlich bereichernde Schritte in ihrer Weltwissenaneignung vollzogen:

a) Sie können sich jetzt etwas vorstellen und sich noch daran erinnern, wenn die Situation schon vorbei ist.

b) Weil sie auf gespeicherte Erinnerungen zurückgreifen können, finden sie sich jetzt problemlos in ihren Räumen in der Kindertagesstätte und zu Hause zurecht. Sie wissen, wo was hingehört, und sie verlassen sich darauf, die Dinge dort wiederzufinden. Sie kennen sich eben aus. Deshalb können sie jetzt Erkundungsgänge in weniger bekannte Gebiete (z. B. in weiter entfernte Gruppenräume der Einrichtung oder draußen) wagen.

c) Sie können zeitlich verzögert nachahmen, d. h., sie können das beobachtete Verhalten anderer Menschen auch noch Stunden oder Tage später übernehmen.

d) Sie haben eine genauere Zeitvorstellung, was daran deutlich wird, dass sie sich an Abfolgen und Reihenfolgen (z. B. im Bilderbuch oder in Fingerspielen) genau erinnern. Und sie bestehen geradezu pedantisch darauf, dass Abfolgen eingehalten werden (z. B. Fixpunkte im Tagesablauf, Rituale beim Tagesbeginn und -ende).

Maria Montessori bezeichnete die Zeit um den 18. Lebensmonat als „sensitive Phase für Ordnung" und betonte deren Bedeutung für jeden Lernprozess, der z. B. im Schulkindalter Regel- und Kategorienbildung verlangt (z. B. Strukturen erkennen können, mathematische Probleme lösen, Regeln bei chemischen Formeln und physikalischen Gesetzen feststellen und verstehen). Außerdem können wir davon ausgehen, dass der auffällige Ordnungssinn dieser Entwicklungsstufe auch ein „Sicherheitsgeländer" beim Gang über eine Brücke ist, die in unsicheres, unbekanntes, neues Terrain führt.

Kinder ab zwei Jahren bewegen sich selbstständig in ihrer Gruppe und schätzen realistisch ein, wo und von wem Unterstützung zu organisieren ist. Die altersgemischte Gruppe erhält auf dieser Entwicklungsstufe ihre besondere Bedeutung durch die *Vorbildwirkung* der *älteren* für die *jüngeren Kinder*.

Methodische Tipps:

– **Anregung zum Denken** *ist jetzt gefragt. Das bedeutet nicht, das Kind mithilfe ausgeklügelter didaktischer Förderprogramme zum Erreichen vorformulierter Ziele zu bringen. Es bedeutet, die verschiedenen Stationen des Tagesablaufes so zu gestalten, dass sich die Kinder vor Probleme gestellt sehen und motiviert sind, Lösungsmöglichkeiten selbst zu finden. Helfen sollten Erzieher/-innen*
   ◆ *so wenig wie möglich und*
   ◆ *so viel wie nötig.*

– **Aufmerksamkeit erregen:** *Der Lärmpegel in der Gruppe bewirkt, dass ein Kind nicht bemerkt, wenn die Erwachsenen etwas sagen wollen. In diesem Falle ist es wichtig, Blickkontakt aufzunehmen, zu halten und eine Frage zu stellen, die ein Problem aufwirft, z. B.: „Hier fehlt etwas auf dem Frühstückstisch – was fehlt?" oder „Womit essen wir den Nachtisch?"*

– **Zeichen und Bildsymbole einsetzen:** *Damit Kinder sich eigenständig orientieren können, sind ihr Eigentumsfach, ihr Garderobenfach und die Handtuchhaken mit Fotos gekennzeichnet. Die Fotos finden sich auch auf dem Geburtstagskalender, auf dem eigenen Fach, am Regal im Waschraum und auf dem Eltern-Informations-Poster (vgl. Kapitel 3.4). In der Küche finden sich Bildsymbole auf den untersten Schranktüren, die auch den Kindern zugänglich sind. Im Atelier sind Fotos der Materialien außen auf den entsprechenden Kästen aufgeklebt, ebenso im Spielzeugregal. Alle Kinder haben ihre eigene unverwechselbare Bettwäsche (von zu Hause), sodass die Älteren helfen können, die Betten der Kleineren für die Schlafpause herzurichten.*

Strukturen vermitteln

- Die **Tagesstruktur** einhalten: Jede Station im Tagesablauf ist etwas Besonderes und sollte auch so angekündigt werden – über Bilder, Musik und symbolische Handlungen.
- Jedes Material hat seinen eigenen Kasten, den die Kinder an immer gleichen Orten finden können und in den sie es nach Gebrauch einräumen.
- Farbstifte stehen nach Farben sortiert in ihren Behältern. Wenn die Kinder sie brauchen, nehmen sie ein Schälchen und stellen die Stifte anschließend zurück. Das tun sie gern, weil **Sortieren** Freude macht.
- **Sich eindeutig verhalten:** Einfache und eindeutige Anweisungen, die mit gleichbleibenden Worten und Gesten gegeben werden, erleichtern den Kindern die Orientierung. Sie sind im Zusammenleben in der Gruppe unerlässlich, weil die Kinder nicht alle Erfahrungen selbst machen können.
- **Rückmeldung geben:** Rückmeldungen sind eine wichtige Orientierungshilfe und Ermunterung bei vergeblich scheinenden Bemühungen. Sie signalisieren Verständnis, wenn es schwierig wird, und Trost bei Misserfolg. Kinder merken zwar meistens von allein, wenn etwas ihren Erwartungen entsprechend gelungen ist. Oft ist ihre Lösung aber problematisch für andere Kinder – und das sollte ihnen vermittelt werden.

Achtung: Kiddies are watching you! Die weitaus meisten Verhaltensweisen lernen Kinder jetzt durch Nachmachen. Aber es ist notwendig, dass sie den Sinn dessen nachvollziehen können, was ihnen vorgemacht wird.

Dazu ein Beispiel:

> *Eine Praktikantin versucht, Hanna, zwei Jahre, beizubringen, einen Turm aus vier Würfeln zu bauen. Diese sieht interessiert zu, wie es ihr immer von Neuem gezeigt wird, begnügt sich aber damit, den Turm immer wieder umzuschmeißen. Alle Versuche, sie durch Vormachen zum Aufbauen statt zum Zerstören zu bringen, sind vergeblich. Warum? Hanna kann trotz ihrer zwei Jahre noch nicht sicher laufen und deshalb aus eigenem Erleben heraus die Dimension „Höhe" nicht erfassen. Deshalb ist es auch durch geduldiges Vormachen nicht möglich, einem Kind auf der Stufe des Robbens und Krabbelns das Übereinander-Bauen statt Nebeneinander-Legen zu vermitteln.*

Ob sie wollen oder nicht sind Erzieher/-innen Verhaltensmodelle für Sprechen, Umgang mit eigenen und den Gefühlen anderer Menschen, Ehrlichkeit, Einfühlung und Rücksichtnahme. Kinder dieser Entwicklungsstufe sind hartnäckige Beobachter, die den Erwachsenen alles abgucken und das Beobachtete in Form von „inneren Bildern" aufbewahren, um es (im unpassendsten Moment) abzurufen. Sie beobachten, wie Erwachsene mit Gebrauchsgegenständen, aber auch mit Misserfolg umgehen, wie sie Dinge herstellen und benutzen, wie sie sich beim Essen verhalten, wie sie mit Pflanzen und Tieren umgehen, welche Bedeutung sie Freundlichkeit und Ruhe bei der Lösung von Konflikten beimessen.

Anregungen:
- *Rollenspiele anbahnen: Ein Gegenstand aus dem Gruppenraum bekommt eine Stimme und stellt ein Problem vor. Die Kinder werden aufgefordert, „einzusteigen" und mitzuspielen (Requisiten bereithalten).*
- *Kim-Spiele gibt es in vielen Variationen. Das Grundmuster: Mehrere Gegenstände liegen in der Mitte. Ein Kind dreht sich um oder verlässt den Raum. Wenn es wieder in die Mitte schaut, hat sich etwas verändert (z. B. etwas oder ein Kind fehlt, ist ausgetauscht worden, ist neu dazu gekommen).*

- *Tonbandgeräusche: Bekannte Umweltgeräusche (Hundegebell, Baggergebrumm, Autohupen, Geschirrklappern) oder die Stimmen bekannter Personen werden den Kindern vorgespielt und sollen erraten werden.*
- *Ballspiele enthalten jetzt andere Elemente, die Denken voraussetzen:*
  - *Der Ball wird in ein Bettlaken gelegt, alle Kinder fassen an und lassen ihn hin- und herrollen, ohne dass er herunterfällt.*
  - *„1,2,3, wer hat den Ball?" Der Ball wird zu einem Kind im Kreis gerollt, dessen Namen die anderen Kinder nennen – wobei niemand die Augen verbunden hat. Dabei ruft derjenige, der den Ball rollt: „1, 2, 3, wer hat den Ball?"*
  - *Im Planschbecken: Die Erzieherin wirft den Ball ein kleines Stück aufs Wasser, alle jagen hinterher. Oder Fußball spielen im knöcheltiefen Wasser oder aber den Wasserball herunterdrücken und hochspringen lassen.*
  - *Ebenso können die Kinder den Ball von schrägen Ebenen rollen lassen und wieder hinaufbringen.*
- *Suchspiele: Gemeinsam erforschen,*
  - *wo man sich überall klemmen kann,*
  - *wo man sich verstecken kann,*
  - *wo draußen Blumen wachsen,*
  - *wo Tiere zu finden sind und*
  - *wo große, wo kleine Autos fahren.*
- *Mit Papier können Kinder jetzt viel anfangen: Sie können es*
  - *grob reißen, auf eingekleistertes Papier „regnen" oder „schneien" lassen – je nach Jahreszeit;*
  - *fest knüllen, in die Luft oder in ein größeres Gefäß werfen, in dicken Tapetenkleister tauchen und zum Gemeinschaftsbild aufkleben, anschließend das Ballbild mit dickem Borstenpinsel anmalen;*
  - *einwickeln: Gegenstände aller Größen in weiches Papier wickeln, vor dem Auspacken erraten, Kinder und Erwachsene in Klopapier wickeln;*
  - *falten: transparente Papiere immer kleiner falten und zum Schluss auf einen großen Bogen Architektenpapier kleben – das sieht am Fenster sehr schön aus;*
  - *zu Rollen oder Röhren formen, festkleben, eng gewickelt als Stock benutzen, weit gewickelt als Durchguck.*

8.4.4 Das voroperative Stadium oder das Stadium des anschaulich-symbolischen Denkens (2. bis 7. Lebensjahr)

Ungefähr ab dem 20. Lebensmonat bis zum Schuleintritt sind nicht mehr so deutlich unterscheidbare Folgen von geistigen Entwicklungsschritten auszumachen. Aber das Denken des Kindes unterscheidet sich auch jetzt noch vom abstrakten, komplexen, zielorientierten Denken des Erwachsenen. Die wichtigste Errungenschaft ist die Entwicklung von Symbolverständnis und die Verwendung eines Objektes als Stellvertretung für ein anderes. Die Kinder können in ihrer Vorstellung alle Gegenstände spontan verändern und ihnen im Bruchteil von Sekunden eine andere Bedeutung geben. Dies zeigt sich an einer wachsenden Vielfalt von Rollen- und Fantasiespielen. Sie haben zunehmendes Interesse an erzählten Geschichten, nicht nur an Bilderbüchern.

Kinder nach dem zweiten Lebensjahr eignen sich nach Radigk (1982, S. 22) die Welt mithilfe des vorbegrifflich-symbolischen Lernens an. Bis zum Schulbeginn und auch noch einige Zeit danach sammeln sie über das Handeln im Spiel Merkmale von Gegenständen und Sachverhalten. Sie bezeichnen die gefundenen Merkmale sprachlich, indem sie Bezeichnungen und Funktionsweisen erfragen. Daraus machen sie „Vorbegriffe", um etwa im sechsten Lebensjahr Verallgemeinerungen und Oberbegriffe bilden zu können. Auch Gardner (1996) weist auf die wesentliche Bedeutung der Sprache als Mittel zur Benennung und Klassifizierung der Dinge hin, die sich das Kind in seinem Umfeld erarbeitet. Über das Symbolsystem Sprache lernen Kinder, Dinge nach allgemeiner Übereinkunft zu benennen, in Kategorien einzuteilen und zu klassifizieren. Bezeichnungen für Dinge regen an, Gemeinsamkeiten und Unterschiede in neuen Erfahrungsbereichen zu suchen und sich zugänglich zu machen. *„Namen helfen, neue Erfahrungsbereiche zu erschließen. Sie leiten Kinder dazu an, gemeinsame Eigenschaften oder Unterscheidungsmerkmale wahrzunehmen, die ihnen ansonsten vielleicht nicht aufgefallen wären." (Gardner, 1996, S. 89)*

Malaguzzi (1992) sagt im pädagogischen Konzept der Kindertageseinrichtungen in Reggio nell'Emilia Ähnliches: Kinder teilen uns ihre Wissensbestände dauernd mit. Dafür haben sie ein größeres Repertoire an Ausdrucksmöglichkeiten zur Verfügung als Erwachsene, nämlich erste Fiktions- und Rollenspiele als Nachahmung des Verhaltens Erwachsener sowie Anfänge bildnerischer Darstellungen und Dinge, die aus formbaren Werkstoffen entstehen – und vor allem auch musikalische Ausdrucksformen wie Singen und Tanzen. Dabei gewinnen sie nicht nur Einblick in soziale Beziehungen, sondern erhalten auch grundlegende Erkenntnisse über Mengen, Größen sowie Grundbegriffe der Mechanik und der Tier- und Pflanzenwelt. Auf ihre Ausdrucksformen hin erwarten sie Resonanz und Austausch. Sie brauchen den wechselseitigen Dialog mit anderen Kindern und Erwachsenen, *„um eine gemeinsame Sinnwelt zu schaffen, die Handlungsstrukturen bewusst macht und neue eröffnet." (Malaguzzi, 1992, S. 19)*

Bis weit in das Kindergartenalter hinein ist das Denken der Kinder gekennzeichnet durch:
1. **Anschaulichkeit.** Das Verstehen von *Zusammenhängen,* technischen Abläufen und Vorgängen (z. B. in der Natur) ist weiterhin nur über direktes *Wahrnehmen* und *Handeln* möglich.
2. **Zentrierung:** Kinder können sich beim Spielen oder bei einer Bilderbuchbetrachtung nur auf ein *einzelnes, in ihrer Wahrnehmung auffälliges Objekt* konzentrieren. Wenn wir beispielsweise im Bilderbuch die Abenteuer eines Hundes vorstellen wollen, werden sie den Ablauf der Geschichte zunächst nicht verstehen können, weil sie auf jeder Seite einen neuen Hund entdecken.
3. **Egozentrismus:** Hierbei handelt es sich um die Wahrnehmung der Welt ausschließlich vom eigenen Standpunkt und aus der eigenen Perspektive heraus. Das Denken sowie Handeln und auch das Mitfühlen und die Hilfsbereitschaft für andere sind weitgehend von den eigenen Wünschen, Antrieben und Bedürfnissen bestimmt. Dazu zwei Beispiele:

> *Ein Baby auf der Krabbelmatte weint. Die Erzieherin, die eben kurz den Raum verlassen hatte, befragt David, zwei Jahre. „Sein Kopf tut weh", antwortet David, voller Anteilnahme das Baby streichelnd. Er war gestern von der Schaukel gefallen.*

> *Tina (3;1 Jahre) hat eben an einem Wahrnehmungsspiel im Kreis teilgenommen: Jedes Kind streicht, klopft, tippt oder trommelt sanft auf den Rücken des vor ihm stehenden Kindes. „Wo hat der Baum seinen Rücken?", fragt sie und zeigt auf den Ahorn vor dem Fenster.*

4. **Probleme mit Oberbegriffen:** Dass Apfel und Birne unter dem Oberbegriff „Obst" einzuordnen sind, interessiert Kinder unter drei nicht. Sie sind verwirrt, wenn sie mit Begriffen wie „Verkehr", „Gemüse", „Land" und „Gesundheit" konfrontiert werden.

5. **Der Erhaltungsbegriff fehlt (Invarianzkonzept):** Kinder unter zwei Jahren können nicht glauben, dass ein Ding das gleiche bleibt, wenn es in verschiedener Zusammensetzung, Form oder zu verschiedenen Zeiten auftaucht. Beispiele: Ein Hund in einer Bildergeschichte ist „ein Hund und noch ein Hund und noch ein Hund … viele, viele Hunde!" Die Knetekugel wird unfehlbar „viel mehr", wenn sie in mehrere Stücke zerschnitten wird. Die gleiche Menge Apfelsaft aus einem flachen breiten Glas wird – umgeschüttet in ein hohes dünnes Glas – plötzlich „mehr". Das kann zu Konflikten führen (z. B. beim Essen).

Zu Beginn des dritten Lebensjahres sind die Kinder sowohl von der motorischen als auch von der geistigen Entwicklung her in der Lage, sich in ihrer Umwelt nicht nur handelnd, sondern auch vergleichend, schlussfolgernd und z. T. verallgemeinernd zurechtzufinden. Sie beginnen, mit anderen Kindern zielgerichtet zusammen zu spielen und Verhaltensweisen von anderen zu unterscheiden und zu bewerten (gut/böse).

Sie nennen den eigenen Vornamen und den anderer Kinder und sprechen von sich in der Ichform. Sie beginnen, Umweltbeobachtungen und Erlebnisse/Geschichten sprachlich wiederzugeben, und verwenden dabei auch Fragesätze. Kinder verlangen Erläuterungen, wenn sie etwas nicht verstanden haben. Sprache wird zum wichtigen Kommunikationsmittel. „Wann?" und „Warum?" sind keine leeren Begriffe mehr – das Fragealter beginnt.

Am Ende des dritten Lebensjahres sind die ersten Untergruppenbildungen zu beobachten – mit deutlichen Vorlieben und längerfristig dauernden Beziehungen zu einzelnen, auch älteren Kindern aus der Kita. Gefühle und Stimmungen können Kinder jetzt differenziert verbal äußern. Sie nehmen andere Kinder und deren Bedürfnisse wahr und helfen, trösten und geben ab, wo es ihnen nötig erscheint. Dabei können eigene Wünsche und Ansprüche kurzfristig zurückstehen.

Am Ende des dritten Lebensjahres ist auch die unmittelbare physische Abhängigkeit zu Ende: Die Kinder kennen ihren vollen Namen und ihre Adresse. Sie finden sich in der Kita und in der Nachbarschaft weitgehend zurecht. Sie können sich größtenteils selbstständig an- und ausziehen, bei Tisch versorgen, ihren Körper pflegen, nach Bedürfnis ohne Hilfe die Toilette aufsuchen, ihre Sachen beisammenhalten und kleine Aufträge im Tagesablauf regelmäßig erledigen.

Methodische Tipps:
– *Mit allgemeinen Aufforderungen wie „A A A U F R Ä U M E N !!" können Kinder unter drei Jahren nichts anfangen. Besser ist es, Aufgaben konkret und in Teilschritten zu formulieren (Handlungsketten). Beispiel: Alle Autos fahren jetzt in ihre Garage (Kasten im Regal zeigen), alle Bauklötze plumpsen in die Kiste, die Teddys und Puppen gehen jetzt ins Bett.*
– *Sachwissen vermitteln: Die Kinder sollten jetzt mehr denn je an allen Tätigkeiten, die im alltäglichen Zusammenleben anfallen, beteiligt werden und dabei genau erklärt bekommen, wie Dinge funktionieren, repariert, verschönert, in Gang gebracht, funktionsfähig gemacht, gesäubert, aufbereitet und verwendet werden.*
– *Soziale Beziehungen zum Thema machen: Die Erzieher/-innen sollten Vorgänge und Beziehungen in der Gruppe, die die Kinder betreffen und interessieren, handelnd erklären (Medien: Rollenspiel, Bilderbücher, Handpuppen).*
– *Kettenbildung unterstützen: Kettenbildung ist die gelernte Verknüpfung einzelner Teile zu einem Ganzen (z. B. von Handlungen zu einer Handlungsabfolge, einzelner Worte zu „Guten Tag, wie geht es dir?"). Aus „Ketten" besteht unser Alltagshandeln und unser Denken. Ihre Beherrschung erleichtert die Orientierung. Sie werden in der frühen Kindheit*

als Handlungsmuster erworben und sind im Schulalter die Voraussetzung für verfeinerte und komplizierte Denkvorgänge. Auch Timmi (3;1 Jahre) z. B.

* springt jeden Morgen in den Garderobenraum,
* lässt dabei seinen Anorak fallen,
* sieht das darüber verärgerte Gesicht der Erzieherin,
* hört ihre Ermahnung: „Timmi, heb den Anorak auf!",
* hebt daraufhin den Anorak widerstrebend auf,
* sucht seinen Haken,
* hängt den Anorak auf und
* stürmt anschließend in den Gruppenraum. Auf die Vorhaltungen der Erzieherin reagiert er verständnislos und aggressiv und es ändert sich mehrere Tage nichts.

Deshalb bittet sie Timmi am vierten Tag, den Mantel noch einmal anzuziehen und mit angezogenem Mantel wieder hinauszugehen,

* wieder hereinzukommen,
* den Haken zu suchen,
* den Anorak auszuziehen,
* den Anorak auf den Haken zu hängen
* und dann in die Gruppe zu gehen.
* „So ist es richtig, Timmi", sagt sie anschließend.

Nach dreimaligem Üben ist das Problem bewältigt, denn Timmi hat eine kürzere, erfolgreichere, angenehmere Kette mit einer neuen Abfolge gelernt.

Kleinkinder können durch Versuch und Irrtum eine ganze Reihe sinnvoller Handlungsabläufe selbst entdecken, aber sie brauchen für die Bewältigung schwierigerer, z. B. technischer Probleme, auch die Anleitung Erwachsener, damit sie sich selbstständig zurechtfinden und kompetent verhalten können.

Anregungen:

*Vieles von dem, was Kinder in diesem Alter neugierig macht, ist in **Projekten** vereinigt. Das sind Vorhaben, die sich aus aktuellen bedeutsamen Erlebnissituationen in der Gruppe ergeben haben und von einer Kleingruppe interessierter Kinder verschiedenen Alters gemeinsam mit den Erwachsenen weiterentwickelt werden, mit „offenem" Ausgang. Der Leitgedanke von Projektarbeit in Gruppen für unter Dreijährige ist der gleiche wie in Integrationsgruppen, in denen Kinder mit und ohne Behinderungen zusammenarbeiten:*

„Kinder auf unterschiedlichem Entwicklungsniveau spielen und lernen gemeinsam an einem Gegenstand, aber in Kooperation miteinander." (Feuser, 1984, S. 18)

Planen kann man Projekte nur im Grobraster. Es ist gut, Angebote im Hinterkopf zu haben, aber den Fortgang der Tätigkeit bestimmen die Handlungsabsichten und Ideen der Kinder.

Folgende Überlegungen sollten einem Projekt vorangehen:

1. Wie ist die Ausgangssituation?
– *Ist in den Tätigkeiten/Interessen der Kinder ein „Thema" erkennbar?*
– *Was tun welche Kinder welchen Alters gerade? Haben sie Interesse, dass an ihrer Tätigkeit angeknüpft wird, oder sind sie vollauf beschäftigt?*
– *Welche Gefühle und Beziehungen der Kinder sind gerade beobachtbar?*
– *Ist die Energie der Kinder eher nach außen gerichtet (Bewegungsaktivität) oder eher nach innen (Konzentration, Ruhe)?*
– *Kann ich mich als Erzieher/-in auf das Projekt einlassen?*

2. Überprüfen der Rahmenbedingungen!
– *Sind räumliche und materielle Bedingungen günstig? Ist alles da, was gebraucht werden könnte?*

– Welche Mitarbeiter/-innen sind in der Gruppe und können für die anderen Kinder da sein?
– Wann ist ein günstiger Zeitpunkt? Vormittag? Nachmittag? Genügend Abstand zum Essen?
– Passen Wetterlagen? Außentemperatur?

3. Was brauchen die einzelnen Kinder?
– Was wird sie vermutlich interessieren, was nicht?
– Was können sie beitragen?
– Was können sie lernen und steuert die nächste Zone ihrer Entwicklung an?

4. Entwerfen und Vorbereiten möglicher Aktivitäten – mit genügend Freiraum für unvorhergesehene Aktivitäten

5. Durchführen der Aktivitäten

6. Notizen zum Verlauf machen

7. Auswerten des Projekts mit
– den ältern Kindern,
– den Mitarbeiter/-innen und
– den Eltern auf dem nächsten (informellen) Treffen oder an der Informationswand.

Ein Beispiel:
Das Muschelprojekt (aus: Willand, Gunda: Projektarbeit an der Berufsfachschule für Kinderpflege. Hamburg (unveröffentlichtes Manuskript, 1990)

Es ist August, alle Kinder sind aus den Ferien heimgekehrt und haben z. T. Bilder, Fotos und Postkarten mitgebracht, die an der großen Pinnwand befestigt werden.

Una (3;2 Jahre) war auf Sylt und hat dort mit ihren Eltern und Geschwistern einen Karton voller verschieden großer, farbiger und geformter Muscheln gesammelt und der Gruppe geschenkt. Auf dem Boden (drinnen oder draußen – je nach Wetterlage) ist eine große stabile Abdeckplane ausgebreitet, darauf etwas Sand.

– *Una kippt die Muscheln aus.*
– *Die Kinder (je nach Entwicklungsalter) gucken, berühren, verschieben, ergreifen, umfassen, betasten, erfahren eine oder mehrere Muscheln, stecken sie in den Mund, horchen, werfen sie weg, holen sie wieder, lassen los, beklopfen, schlagen aneinander, auf den Boden auf, schaufeln etwas Sand, verstecken die Muscheln im Sand, graben sie wieder hervor, vergleichen, erzählen, fragen und bekommen Antworten. Jedes Kind sucht sich eine Muschel aus, als Geschenk von Una.*
– *Jetzt bieten Ella, Jan und Jasmin Sachinformation für die Kinder: Was sind Muscheln? Woher kommen sie? Wie leben sie? Anhand von Bildern, Postern oder Bilderbüchern werden die Fragen beantwortet.*
– *Von Erwachsenen für Kinder: Bilderbücher selbst machen: aus Fotokarton, ausgeschnittenen und aufgeklebten Muschelfotos in Klarsichthüllen*
– *Mit den Kindern: Muschelkuchen backen: in feuchtem Sand (oder in Sand-Kleister-Gemisch) eindrücken, umkippen. Kleistermuscheln auf dicker Pappe als Collage kleben lassen. Muschelcollagen: Muscheln in Schuhkartondeckeln in dick angerührtes Moltofill, Sand-Kleister-Gemisch oder Ton drücken. Muscheltastbilder: Kartonscheibe dick mit tropffreiem Alleskleber (ohne Lösungsmittel!) bestreichen, Muscheln unterschiedlicher Größe und Tastqualitäten auswählen und nebeneinander aufkleben, die runde Seite nach oben*

– Und zum Abschluss eine „Muschelgeschichte" erfinden: Den Anfang und das Ende gibt die Erzieherin vor, den Mittelteil ersinnen die Kinder abwechselnd: „Ich bin die zwei Hälften einer Entenmuschel, ich bin schon ganz alt und gelb. Wo habe ich überall gelegen? Was habe ich gehört, gesehen, gefühlt? Eines Tages ist ein Seestern (Bild zeigen!) gekommen. Er hat mich so fest umarmt, dass ich aufgebrochen bin. Er hat mein Muscheltier gefressen. Ich war lange allein und traurig ohne mein Muscheltier. Aber jetzt bin ich bei dir in deiner warmen Hand. Du wirst mich mit anderen Muscheln zusammen auf ein Bild kleben und oft ansehen und ich werde nicht mehr allein sein."

Sie haben eine Fülle von Informationen erhalten, die für Sie in einer anderen Form vielleicht besser nutzbar sind, z. B.
– *können Sie Ihre Übersicht aus dem Kapitel 6 zur Bewegung ergänzen,*
– *Sie festhalten, wie Sie Kinder in den einzelnen Altersstufen unterstützen können, und*
– *Ideen zur Ausstattung von Räumen sammeln.*
So weit Sie Gelegenheit dazu haben, erproben Sie Ihre Überlegungen in der Praxis.

Zum Weiterlesen:

– **Kasten, Hartmut:** 0 3 Jahre: Entwicklungspsychologische Grundlagen. Weinheim: Beltz, 2005.

– **Montessori, Maria:** Kinder sind anders. 13. Auflage, Stuttgart: Klett-Cotta, 1993.

– **Pauen, Sabine:** Was Babys denken. Eine Geschichte des ersten Lebensjahres. München: Verlag C. H. Beck, 2006.

– **Spitzer, Manfred:** Lernen: Gehirnforschung und die Schule des Lebens. München: Spektrum, 2007.

– **Tietze, Wolfgang (Hrsg.):** Früherziehung. Neuwied: Luchterhand, 1996.

Aus dem Beobachtungsprotokoll der Praktikantin Tanja: „Wie kommt es nur, dass die Kinder sich dermaßen unterschiedlich zueinander verhalten? Unser Jüngster, Jon, ist mit seinen gerade mal drei Monaten unser Sonnenschein, ein so freundliches Kind! Jeden, der in seine Nähe kommt, lächelt er an. Daran sollte sich unser Daniel mal ein Beispiel nehmen! Mit seinen acht Monaten ist er viel unfreundlicher. Unbekannten Erwachsenen gegenüber verhält er sich sogar äußerst distanziert und zickt herum, wenn sie ihn auf den Arm nehmen wollen. Dabei will ihm niemand etwas Böses tun! Aber von den anderen Kleinen scheint er wie magisch angezogen zu sein! Er lächelt sie selig an, streckt die Arme aus, lallt den anderen Babys etwas vor und will sie anfassen und Blickkontakt aufnehmen. Am liebsten befühlt er ihr Gesicht, steckt die Finger in ihre Nase und dann staunt er! Warum unser „Neuer", Felix, 16 Monate alt, sich nicht endlich mal eingewöhnt, ist mir schleierhaft. Nun ist er schon eine Woche da, am ersten und zweiten Tag kam sogar die Mama für eine Stunde mit – und trotzdem schreit er immer noch den größten Teil des Tages. Das macht er sicher, um uns zu testen und zu nerven, glaube ich. Warum spielt er nicht bei den Eineinhalbjährigen mit? Die machen zusammen Lärm, bemühen sich, beim Toben Gleiches oder Ähnliches neben-einander zu tun. Beim Essen spielen sie hingebungsvoll „Austauschen". Was mich erstaunt: Kleinstkinder haben oft viel mehr Langmut miteinander als Erwachsene untereinander. Es ist verblüffend zu beobachten, wie ausdauernd ein Baby ein Spielzeug noch einmal und noch einmal wegwirft, und ein anderes Kind es unermüdlich wieder und wieder bringt."

Wie lässt sich das unterschiedliche Verhalten der Kinder erklären, die doch alle unter zwei Jahre alt sind und die gleichen Betreuerinnen in der Kita haben? Wenn wir die Literatur zur Entwicklungspsychologie bemühen, geraten wir – je nach der Zeit, in der sie verfasst wurden – an unterschiedliche Lern- und Entwicklungstheorien (z. B. die in

Kapitel 8 vorgestellten), die den gleichen Sachverhalt jeweils anders oder sogar im Widerspruch zueinander erklären. Welche Begründungen für Veränderungen von Emotionen, Persönlichkeit, Bindung, Selbst oder Beziehungen zu anderen Kindern in den ersten Lebensjahren angeführt werden, hängt eng damit zusammen, welches Menschenbild im jeweiligen Entstehungszeitraum dominierte. Im Folgenden stellen wir vier Gruppen von Theorien der sozialen Entwicklung vor, die in die heutige Frühpädagogik am meisten hineinwirken.

9.1 Theorien der psychosozialen Entwicklung

9.1.1 Sigmund Freud

Sigmund Freud (1856–1939), der Begründer der Psychoanalyse, beschrieb kindliche Entwicklung als festgelegte, aufeinanderfolgende altersabhängige Phasen und durch biologische Reifung bestimmt. Anstoß und Kraftquelle jeglicher Veränderung ist nach Freud eine psychische Energie, die *Libido* (das sind nach Freud biologisch begründete instinktive Triebe). Sie kann sowohl in konstruktiver (aufbauender) Weise als auch destruktiv (zerstörend), zerstörend wirken. Sie hat ihren Ursprung in den physischen, leiblichen Veränderungen und richtet sich in den statisch aufeinanderfolgenden Entwicklungsabschnitten auf jeweils charakteristische Körperregionen. Wie die „libidinöse Besetzung" von Objekten von der sozialen Umwelt des Kindes wahrgenommen und wie darauf reagiert wird, wie das Kind diese Reaktionen verarbeitet, beeinflusst die kindliche Persönlichkeitsentwicklung entscheidend. Folgende Aspekte durchziehen die **psychoanalytische Entwicklungstheorie**:

1. Die *enge Beziehung* zu und die *totale Abhängigkeit* von den ersten *Bezugspersonen* (Mutter, Vater) sowie deren Umgang mit den psychosexuellen Bedürfnissen des Kindes sind ausschließlich dafür verantwortlich, wie die späteren sozialen Beziehungen, das Selbstkonzept des Kindes und sein Handeln und Denken sich ausformen.

2. Die *frühesten Erfahrungen* prägen die ganze spätere Entwicklung und sind entscheidend für die Lebensgestaltung und -zufriedenheit. Sie schaffen aber auch Bedingungen für das Entstehen psychischer Krankheiten.

3. Sexualität entwickelt sich nicht erst mit der geschlechtlichen Reifung in der Pubertät, sondern ist als lustbetonte Auseinandersetzung mit dem eigenen Körper von Anfang an ein prägender Entwicklungsfaktor.

4. Erfahrungen sind subjektiv: Wie ein Kind seine Erlebnisse wahrnimmt und auf seine Weise verarbeitet, ist entscheidender als die Beurteilung seiner Lebensumstände durch „objektive" Kriterien.

5. Das „Bewusste" und das „Unbewusste" werden unterschieden: Das stets im Untergrund wirksame und sehr mächtige Unbewusste entscheidet lebenslang mit bei unserem Denken, sozialen Handeln und dem Aufbau von Emotionen, Wertvorstellungen und Sozialverhalten.

Freuds Entwicklungstheorie geht von fünf Entwicklungsphasen aus, in denen die *psychische Energie* oder Libido sich auf – je nach Alter unterschiedliche – Körperzonen richtet und charakteristische Verhaltensweisen, Gedanken, Bedürfnisse und Gefühle weckt. Auf jeder Entwicklungsstufe kann die Libido sowohl konstruktiv als auch destruktiv wirken.

Geburt bis 1 Jahr: orale Phase

Das Hauptinteresse des Babys richtet sich auf den **Mundbereich** und das Erleben des Kindes ist von den Empfindungen der Lippen, der Mundhöhle und der Zunge bestimmt. Alles, was mit Saugen, Lutschen und In-den-Mund-Nehmen zu tun hat, wird als lustvoll erlebt und deshalb ständig wiederholt. Freud unterscheidet eine oral-rezeptive, also aufnehmende, eher passive Phase (bis zum 6. Monat), in der die Libido lustbetonend wirkt, und eine oral-aggressive Phase (6. bis 18. Monat), in der sich die Lust am destruktiven (Zer-)Beißen und Kauen entwickelt. Die Mutter ist im ersten Lebensjahr das ausschließliche und wichtigste „Liebesobjekt" für das Kind. Es ist total abhängig von ihr, sie ist die Basis für Sicherheit und Geborgenheit sowie für ein angemessenes Gleichgewicht von Reizzufuhr und Überforderung. Ihre zeitweilige Abwesenheit wird als dramatischer Entzug (Frustration) erlebt, der eine beständige Angst vor Zuwendungsverlust in den nächsten Jahren auslösen kann.

In den ersten drei Lebensjahren diktiert das *Es* das kindliche Verhalten und Erleben. Das *Es* verkörpert die früheste und einfachste menschliche Charakterstruktur. Es wird vom Lustprinzip gesteuert und drängt auf schnellstmögliche und größtmögliche Befriedigung aktueller Bedürfnisse. Ein Kind unter einem Jahr kann nicht warten, bis es gestillt, gewärmt, behütet wird, kurz, bis seine Bedürfnisse befriedigt sind. Sein Spannungsbogen muss sich erst entwickeln.

Durch die fortgesetzte Erfahrung kleinerer und größerer Frustrationen entwickelt sich gegen Ende des ersten Jahres im Kind eine zweite Persönlichkeitsstruktur neben dem Es: Das **Ich** bildet sich heraus. Das *Ich* ist eine seelische Instanz, deren Aufgabe die Anpassung an die Realität durch „*Vernunft und Verstand*" ist (vgl. Freud, 1991). Es entwickelt sich, wenn das Kind beginnt, sich als von den anderen verschieden wahrzunehmen – als Mensch mit eigenen Bedürfnissen, die es auch selbst befriedigen möchte. Dabei erfährt das Kind immer öfter, dass ungehemmte Bedürfnisbefriedigung nicht möglich ist bzw. mit Zuwendungsverlust bestraft wird. Also bemüht es sich, die Forderungen des „Es" entsprechend den Forderungen seiner Bezugspersonen zu zügeln. Es möchte deren Regeln nachkommen und sich so verhalten, wie es in der sozialen Wirklichkeit verlangt wird.

2 bis 3 Jahre: anale Phase

Im Verlauf des zweiten Lebensjahres richtet sich die psychische Energie auf das Phänomen des eigenen Körpers, auf seine Möglichkeiten, den Gebrauch der Gliedmaßen, ihre Bewegungs- und Handlungsmöglichkeiten und damit auch auf seine eigenen **Ausscheidungsfunktionen und -produkte**. Was aus dem Körper herauskommt, steht für das Kind eine Weile im Mittelpunkt des Interesses, und der Ausscheidungsvorgang ist mit lustvollem Spannungsabbau verbunden. Stuhlgang und Urinieren erlebt das Kind als interessant und lustvoll und muss dabei erleben, dass die Erwachsenen seine Begeisterung nicht teilen. Deren Forderungen nach Sauberkeit sind eine starke Frustration für das Kind, muss es doch erleben, dass etwas, das zu ihm gehört, das es besitzt und für wichtig und angenehm hält, von seinen Bezugspersonen als ekelerregend und unappetitlich abgelehnt wird. Aber um die Liebe von Mama und Papa nicht zu verlieren, versucht es entweder gefügig auf dem Töpfchen das „Geschäft" zu erledigen oder Kot und Urin festzuhalten, bis Toilette oder Töpfchen erreicht sind. Erfolgen die Forderungen nach Sauberkeit zu früh und zu strikt, kann oder will das Kind ihnen oft nicht nachkommen. Dies führt zu Konflikten, die, wenn sie nicht geklärt werden, der Anfang der Auseinandersetzung um Macht und Kontrolle sind.

3 bis 6 Jahre: phallische Phase

In der dritten Entwicklungsstufe richten sich Libido und Interesse auf den **Genitalbereich**, den Jungen und Mädchen lustvoll erkunden – sowohl den eigenen als auch den anderer Kinder. Doktorspiele und Onanie gehören zu dieser Altersstufe und wurden zu Lebzeiten Freuds als immenses Vergehen verurteilt und entsprechend bestraft. Ebenso rücken die Rolle von Mann und Frau sowie die Geschlechtlichkeit der eigenen Eltern in den Brennpunkt kindlicher Neugier, insbesondere die des gegengeschlechtlichen Elternteils. Freud meinte sogar beweisen zu können, dass in der genitalen Phase der Sohn die Mutter begehrt und das Mädchen den Vater und dass beide den gleichgeschlechtlichen Elternteils als Konkurrenten verachten. Im Kind entsteht dadurch eine quälende Konfliktsituation: Es hat gleichzeitig Sorge, die Liebe des gleichgeschlechtlichen Elternteils zu verlieren und Angst vor Strafe, die auf dem physiologischen Unterschied der Sexualorgane beruht. Während Jungen fürchten, ihren Penis zu verlieren, wenn sie ihre Mutter weiterhin begehren („Kastrationsangst"), fühlen sich Mädchen ihren Brüdern gegenüber als minderwertig und entwickeln „Penisneid". Diese angstbesetzten Gefühle kann das Kind laut Freud nur dadurch bewältigen, dass es versucht, seiner Eifersucht auf das gegengeschlechtliche Elternteil etwas entgegenzusetzen. Es macht sich die Normen, Wertvorstellungen und Regeln des gleichgeschlechtlichen Elternteils zu eigen, ahmt dessen Verhalten nach und verinnerlicht diese schließlich als eigene Normen, Wertvorstellungen und Regeln. Diesen Prozess nannte Freud Internalisierung; sie bewirkt das Entstehen der dritten Persönlichkeitsstruktur, des *„Über-Ich"*. In der psychoanalytischen Theorie ist sie die Instanz, die dafür sorgt, dass das Kind sich geschlechtsspezifisch erwünscht verhält, die Leistungssolls und verinnerlichten Wertvorstellungen einhält und seine feindlichen Gefühle in liebevolle umwandelt. Eine Verletzung dieser Regeln würde zu immer neuen Schuldgefühlen führen und die vermeidet das Wirken des Über-Ichs. Es umschreibt, was wir heute mit „Gewissensbildung" bezeichnen.

Im vierten Entwicklungsabschnitt, der **Latenzphase (6. bis 12. Lebensjahr)**, stabilisiert sich das Über-Ich und sexuelle Wünsche werden sicher in den unteren Schichten des Bewusstseins verschlossen, bis sie im fünften Abschnitt, der **genitalen Phase (ab 12. Lebensjahr)**, durch den Eintritt der sexuellen Reifung und den Kontakt mit Angehörigen des anderen Geschlechts zur Erfüllung kommen.

9.1.2 Nachfolger Sigmund Freuds

Erik Erikson (1902–1940), ein Psychoanalytiker in der Nachfolge Freuds, erweiterte die psychoanalytische Theorie. Er geht ebenfalls von altersabhängigen Entwicklungsphasen aus, die in acht Abschnitten die gesamte Lebensspanne beschreiben. Im Gegensatz zu Freud stellt er aber nicht die psychosexuelle Entwicklung des Kindes in den Vordergrund, sondern eine jeweils besondere Aufgabe der **Krisen- und Problembewältigung** auf jeder der aufeinanderfolgenden Stufen. Jede hält besondere Entwicklungsaufgaben für den Menschen bereit, die zu ihrer Zeit stimmig bearbeitet und überwunden werden müssen. Sie ergeben sich aus der Diskrepanz zwischen den Wünschen und Bedürfnissen des Kindes und den Anforderungen seiner Umwelt. Werden diese Konflikte nicht angemessen gelöst, bevor die nächste Phase sich ankündigt, fehlt eine wichtige Voraussetzung für die nächstfolgende Phase. Sie kann nur schwer erfolgreich durchlaufen werden. Das Kind und später der Erwachsene werden so lange mit den unbewältigten Problemen zu tun haben, bis diese – eventuell durch therapeutische Hilfe – aufgearbeitet werden können. Die ersten drei Stufen „Urvertrauen versus Misstrauen", „Autonomie versus Scham" und „Initiative versus Schuldgefühl" möchten wir hier kurz vorstellen.

Im **ersten Jahr** steht die Entwicklung des *Urvertrauens* im Vordergrund. Auf der Basis einer verlässlichen, kontinuierlichen Mutterbindung erwirbt das Kind grundlegendes Vertrauen in deren sicheres Vorhandensein. Erst daraus kann ein begründetes Vertrauen in die Glaubwürdigkeit und Verlässlichkeit anderer Menschen als Basis eigener Bindungsfähigkeit entstehen. Gelingt diese nicht, entsteht in dem Kind ein grundsätzliches Misstrauen, eine Skepsis gegenüber Beziehungen.

Ungefähr im **zweiten und dritten** Jahr ist das Grundthema *„Autonomie"*. Das Kind sollte das sichere Gefühl entwickeln, dass es seinen Körper beherrschen kann: in der Bewegung, beim Essen und bei der Kontrolle über seine Ausscheidungen. Scham und Zweifel überwiegen, wenn es durch Erwachsene bestimmt oder häufig bloßgestellt wird.

Ungefähr im **vierten bis sechsten** Lebensjahr ergreifen Kinder entsprechend ihrer fortgeschrittenen Entwicklung mehr *Initiativen*. Auch beginnen sie, sich mit den Eltern zu identifizieren. Als Auslöser für die Internalisierung von Werten nimmt man heute meist nicht mehr Penisneid und Kastrationsangst an, sondern eher kognitiv begründete Ziele wie Macht und Schönheit, die das Kind – wie seine Eltern – erlangen möchte. Die Folgen des Nicht-Einhaltens von Regeln sind – wie in Freuds Entwicklungstheorie – Schuldgefühle und die Sorge, zu versagen.

„Wenn die Eltern nicht übermäßig kontrollieren oder strafen, können Kinder hohe normative Standards und die Initiative, diesen gerecht zu werden, entwickeln, ohne von der Besorgnis niedergedrückt zu werden, nicht gut genug zu sein und alle zu enttäuschen." (Siegler u.a., 2005, S. 477)

Informationen zu den nachfolgenden Phasen finden Sie in den Werken von Erikson (vgl. Erikson, 2005).

Wie könnten Sie mit Ihrer Arbeit erreichen, dass die Entwicklung der Kinder eher in Richtung Urvertrauen, Autonomie und Initiative geht? Beschreiben Sie konkrete Situationen aus Ihrem Arbeitsalltag.

Beobachten Sie eine erwachsene Person, die sich mit einem Kleinkind beschäftigt, und versuchen Sie jeweils zu überprüfen: Wird eher Urvertrauen oder Misstrauen gefördert, Autonomie oder Scham, Initiative oder Schuldgefühl?

Die Schülerinnen und Schüler Freuds **René A. Spitz**, **Margaret Mahler oder Mary Ainsworth** fingen in den 1930er-Jahren an, die Theorien der „Urväter" empirisch zu stützen, und entwickelten neue Methoden der Kleinkindbeobachtung. Seit den 1970er-Jahren haben Bindungsforscher die Möglichkeit, über Videobeobachtung und Datenerhebung mithilfe neurophysiologischer Bildgebung die Interaktion zwischen Mutter und Kind im Detail zu untersuchen (vgl. Daniel Stern, 1985; Martin Dornes, 1994). **Daniel Stern** ist als Psychoanalytiker einer der führenden Spezialisten der Säuglingsforschung, der alte und neue Forschungsansätze in seiner Theorie zusammenbringt. Er spricht über vier Formen des Selbstgefühls, die sich von Geburt an entwickeln und bis in das hohe Alter das soziale Leben eines Menschen bestimmen. Das freudsche Trieb- und Instanzenmodell wurde erweitert bzw. ersetzt durch den Begriff des *„Selbst"*: das auftauchende Selbst (Alter: 0 bis 2/3 Monate), das Kern-Selbst (Alter: 2/3 bis 7/9 Monate), das subjektive Selbst (Alter: 7/9 bis 15/18 Monate) und das verbale Selbst (Alter: ab 15/18 Monate bis Lebensende).

9.1.3 Lerntheorien

Im Gegensatz zu den psychoanalytischen Theorien, die objektiv kaum zu prüfen und zu verifizieren waren, gewannen Lerntheoretiker ihre Ergebnisse mit Untersuchungsmethoden, die sie als objektiv und überprüfbar darstellten, weil sie in gleichbleibenden Versuchsanordnungen erhoben wurden. Ihre Ergebnisse ließen sich experimentell vergleichen und nachweisen. Pawlow wies die Rolle des klassischen Konditionierens in der Entstehung von Emotionen (z. B. von Ängsten) nach und brachte spätere Psychologen und Pädagogen auf die **Wirksamkeit von Signalsystemen** in der Arbeit mit Kleinkindern. Die frühesten Verhaltensforscher wie Burrhus F. Skinner (1904–1990) und Watson glaubten an das Schwergewicht, das Umwelteinflüsse in der Ausbildung von menschlichem Verhalten haben. Sie gingen noch davon aus, dass das Sozialverhalten eines Menschen ausschließlich über operantes Konditionieren, also durch die Gabe oder den Entzug positiver und negativer Verstärker geformt wird. Spätere Lerntheoretiker (z. B. Albert Bandura) betonten die überragende **Rolle des Nachahmens**, also des Modelllernens in der Übernahme sozialen Verhaltens (siehe Kapitel 8.2).

9.1.4 Ökologische Entwicklungstheorien

Theorien, wie die des amerikanischen Entwicklungspsychologen **Urie Bronfenbrenner (1917–2005)**, gehen von der Fähigkeit des Kindes zur „Selbst-Aktualisierung" aus. Darüber hinaus richtete er den Blick auf Faktoren, die Entwicklungsforscher vor ihm unbeachtet ließen. Das sind die Systeme, die außerhalb der unmittelbaren Lebensumwelt des Kleinkindes liegen, also nicht direkt etwas mit ihm zu tun haben. Gemeint ist in Bronfenbrenners ökosystemischem Ansatz die **Gesamtheit der materiellen und sozialen Umwelt** eines Menschen, vorstellbar als Modell mehrerer ineinander gestapelter Systeme oder Ebenen.

- Das *Mikrosystem* beschreibt die *unmittelbaren Beziehungen* eines Kindes, z. B. in der Familie, in der Schule, auf dem Spielplatz usw. Diese Ebene prägt Kinder in den ersten Lebensjahren am nachhaltigsten; hier gestalten Kleinkinder in Interaktion mit den Bezugspersonen ihre eigenen Entwicklungsbedingungen mit. Dennoch wirken (indirekt) auch die anderen Systeme.
- Das *Mesosystem* ist das *Zueinander* der einzelnen Elemente im Mikrosystem, also die Verbindung zwischen Eltern, Nachbarschaft, Kindergarten und Spielfreunden auf der Straße.
- Das *Exosystem* sind die Instanzen, mit denen ein Kind nicht direkt zu tun hat, die es aber dennoch beeinflussen: z. B. das *Rechtssystem,* in dem ein Kind aufwächst, die Arbeitsbedingungen, unter denen seine Eltern ihr Geld verdienen, die verwandtschaftlichen Beziehungen, die ein Kind indirekt beeinflussen, Botschaften aus *Massenmedien* (z. B. der Werbung) oder auch die Digitalisierung unserer Welt.
- Das *Chronosystem,* der Zeitfaktor, bezieht sich auf die historischen Veränderungen, die sich auf die Grundüberzeugungen einer Bevölkerung auswirken und damit auch Einfluss auf die Familie haben, in der Kinder aufwachsen: Werte, Bräuche, technische Standards oder Trends sind zeit- und geschichtsgebunden und tragen entscheidend dazu bei, welche Verhaltensweisen und materiellen Voraussetzungen für kleine Kinder von den Erwachsenen als erstrebenswert und förderungswürdig angesehen, welche abgelehnt oder gar tabuisiert werden.
- Das *Makrosystem* ist die äußere Schicht im bioökologischen Modell Bronfenbrenners. Es beschreibt die allgemeine Ideologie, die Gesamtheit der Normen, Werte, Konven-

tionen und Traditionen in der Kultur, in der ein Kind aufwächst, und die – jede für sich und auf spezielle Art und Weise – seine Entwicklung beeinflussen. Die persönlichen und, nach Meinung Bronfenbrenners, genetisch bedingten Anlagefaktoren wie Temperament, intellektuelles Potenzial oder körperliche Konstitution bringen ein Kind dazu, sich auf seine individuelle Weise mit diesen Konstellationen auseinanderzusetzen und sie seinerseits zu beeinflussen.

9.1.5 Denkanstöße für die Frühpädagogik

Jede der genannten Theorien hat für unsere Arbeit wichtige Impulse gesetzt.

Aus **psychoanalytischer** Sicht bedeutet die Entwicklung von sozialem Verhalten also: Das kleine Kind wird durch Interaktionen geprägt,
– die konflikthaft und vom „Es" beeinflusst sind,
– deren Verlauf die Persönlichkeit prägt,
– die spätere Interaktionen unbewusst beeinflussen,
– die zur Internalisierung von Normen und Werten (Über-Ich) führen und
– die die Entwicklung von Ichstärke beleben oder schwächen.

Aus **lerntheoretischer** Sicht wird die Entwicklung sozialer Kompetenz beeinflusst durch folgende Formen:

– **Signallernen**, also durch Konditionierung von Reiz und Reaktion. In der Entwicklung sozialen Verhaltens wird nicht nur das Reflexverhalten des Babys beeinflusst (z.B. beim Füttern und Sauberwerden), sondern eine Verdichtung zufälliger Verknüpfungen gestaltet Emotionen, Wünsche und Bewertungen eines Kindes auch im Zusammensein mit anderen Menschen. Oft sind die ursprünglichen Auslöser (neutrale Reize, die zu gelernten Reizen werden) nicht mehr auszumachen und es braucht Zeit und detektivischen Spürsinn, um herauszufinden, auf welche Weise bestimmte Ängste, Abneigungen oder Vorlieben entstanden sind (siehe Kapitel 8.2.1).

– **Operante Konditionierung** (Lernen am Erfolg) ist insofern ein Faktor in der Entwicklung sozialer Beziehungen, als soziale Verstärker besonders wirksam sind in der Gestaltung von Beziehungen. Insbesondere wirkt intermittierende (vom Lateinischen: intermittere = unterbrechen, aussetzen) Verstärkung: Wenn Erwachsene unerwünschte Verhaltensweisen mal belohnen, mal ignorieren oder negative Verstärker einsetzen, wird es nicht abgebaut, sondern verstärkt sich, und lässt sich kaum wieder „löschen".

– **Modelllernen:** Nach dem ersten Lebensjahr, wenn Aufmerksamkeit, Gedächtnis und Motorik einen bestimmten Entwicklungsstand erreicht haben, übernimmt das Kind soziales Verhalten durch das Beobachten von Vorbildern: den Eltern, anderen Kindern sowie Erzieherinnen und Erziehern. Nicht nur visuell Beobachtbares, sondern die Atmosphäre, die Ausstrahlung der Erwachsenen, Körperkontakt, Berühren oder Hören ermöglichen Nachahmungslernen, gleichzeitige Erläuterungen und Begründungen der Erwachsenen unterstützen es. Nachahmung baut neue Verhaltensweisen auf und verändert bestehendes Verhalten und das Vorbild der Erwachsenen wirkt sowohl als Motivation als auch als wichtiger Hinweisreiz. Entscheidend ist die Qualität der Beziehung: Wenn das Kleinkind das Modell mag und spürt, dass die Erwachsenen für ein Klima von Akzeptanz, positiver Wertschätzung und Zuneigung sorgen und dass sie einfühlsames Verstehen für die individuellen Bedürfnisse und Absichten des Kindes aufbringen, wird es sein Verhalten an dem ausrichten, was es beobachtet hat.

Kognitionstheorien, Neurobiologie und ökologische Entwicklungstheorien haben ein Umdenken im Kitasystem in Richtung **Familienzentren** bewirkt. Sie beeinflussen unsere Arbeit, weil wir die verschiedenen vernetzten Bezugssysteme in die Arbeit mit den Kindern einbeziehen. So sind Familienzentren aus der Einsicht entstanden, dass psychische Störungen nicht allein vor dem Hintergrund fataler Eltern-Kind-Beziehungen gesehen werden dürfen (nach dem Motto: Die Eltern sind an allem schuld), sondern das gesamte soziale, wirtschaftliche und politische Umfeld wird mit beachtet, wenn wir die Situation eines Kindes richtig einschätzen und stärkende Schutzfaktoren herausfinden wollen. Das heißt, dass nicht allein einzelne Erziehungskräfte die Partner/-innen der Kinder und ihrer Eltern sind, sondern viele Fachkräfte aus vielen Disziplinen am runden Tisch zusammenarbeiten, wenn es irgendwo Probleme gibt. Sie sorgen für ein breiteres Spektrum von Erklärungsmöglichkeiten, um die Ursachen frühkindlicher Entwicklungs-störungen aufzudecken und wirksam zu helfen – oft auch in Zusammenarbeit mit an-deren Fachdisziplinen (z.B. Medizin, Neuropsychologie, Ergotherapie, Krankengymnas-tik). Auch Kinder mit Handicaps gewinnen dabei. Zusätzlich zur Familie fördern die vielfältigen Einzelkontakte in den Kitas, die Frühfördereinrichtungen geworden sind und deshalb auch schon den Jüngsten Integrationsgruppen anbieten können, die sozi-ale Sicherheit von Kindern mit und ohne Behinderungen. Das Modellverhalten anderer Kinder wirkt in Richtung größerer Selbstständigkeit und Selbstwahrnehmung und ver-hindert zusätzliche „abweichende" Verhaltensmuster von Kindern mit Behinderung. Und: Die (gelernte) Angst vor der Andersartigkeit von Menschen mit Behinderung kann nicht erst entstehen, wenn bereits in Gruppen für Kinder unter drei Jahren mit Integra-tion begonnen wird.

Ein weiteres Ergebnis haben die neuen Forschungsergebnisse gebracht: Frühe Depriva-tion und Schädigung führen nicht zwangsläufig zu späteren psychischen Beeinträchti-gungen oder zu Sozial- und Leistungsproblemen, sondern sie können für ein Kind als Herausforderung und Ansporn wirken und sind zumindest in ihren Auswirkungen po-sitiv zu beeinflussen. Die theoretischen Grundlagen dafür liefert die **Resilienzforschung.**

Der Blick auf die sozialen Bezugssysteme im Sinne Bronfenbrenners führte seit den 1970er-Jahren dazu, die „Überlebensstrategien" von Kindern systematisch zu untersu-chen, die in einer wenig förderlichen oder sogar schädigenden sozialen Umwelt auf-wuchsen. Dazu gehören Armut, psychische Beeinträchtigung der Eltern, Suchtverhalten oder Gewalt in der Familie. Kinder, die gegen solche erhöhten Risikofaktoren Wider-standskraft aufbringen und sich dennoch altersentsprechend entwickeln, die trotz vieler Beeinträchtigungen sowie Einschränkungen Selbstvertrauen und Eigeninitiative auf-bringen, sich nicht „unterkriegen lassen" und einen grundsätzlich positiven Blick haben für sich selbst und das, was ihnen ihr Leben zu bieten hat, nennen wir *resilient* (vom Lateinischen: resilire = abprallen). Resiliente Kinder haben tragende Kontrollüberzeu-gungen entwickelt, die es ihnen ermöglichen, in einer ungünstigen Lernumgebung Freiräume für persönliches Wachstum zu finden. Solche Kontrollüberzeugungen sind z.B.:
– „Ich bin mein eigener Chairman und weiß, was ich kann und was nicht."
– „Wenn ich etwas nicht kann, ziehe ich mich nicht zurück, sondern versuche, einen förderlichen Ausgleich zu finden."
– „Ich habe trotz vieler Widrigkeiten viele Möglichkeiten und finde sicher Auswege aus meinen Problemen."
– „Ich kann etwas bewirken, das positive Auswirkungen für meine Gemeinschaft hat."
– „Ich packe günstige Gelegenheiten für meine eigene Entwicklung an."

Neuere Forschungen haben ergeben: Resilienz ist keine festgelegte, angeborene Eigenschaft, sondern entwickelt sich in einem dynamischen Anpassungsprozess des Kindes an seine Umwelt. Es ist auch keine unveränderliche Größe, sondern hat viele Ausprägungsgrade und Merkmale. Im Sinne Bronfenbrenners wirken in erster Linie das Mikrosystem (die Familie) und das Mesosystem (die Verbindungen zwischen Familie, Nachbarschaft und Institutionen) stärkend oder schwächend auf die Entwicklung sozialer Widerstandskraft ein. Resilienz ist also abhängig von vielen Faktoren, wobei Risiko- und Schutzfaktoren zusammenwirken und den individuellen Anpassungsprozess bestimmen. Deshalb hat die Kita auch für Kinder unter drei Jahren eine überragende Bedeutung, wenn sie Eltern und Familienangehörige (Geschwister und Großeltern) von Anfang an in den Erziehungsprozess einbezieht und dazu führt, dass Schutzfaktoren für das Kind entstehen und verfügbar bleiben. Dazu gehören

- die verlässliche und stabile Bindung zu mindestens einer Bezugsperson,
- wertschätzendes, einfühlsames und kongruentes Verhalten von Erziehungspersonen,
- das Vorbildverhalten der Erwachsenen mit Blick auf Einfühlsamkeit und prosoziales Verhalten,
- unterschiedliche und vielfältige Erfahrungen von Selbstwirksamkeit sowie
- positive Erfahrungen mit der Zugehörigkeit der eigenen Familie zur Nachbarschaft.

Kinder aus „bildungsfernen" Familien haben es schwerer, ihr Potenzial zu entfalten und darin persönliche Widerstandskraft zu entwickeln, als Kinder, in deren Familien Bücher von Geburt an zum Lebensalltag gehören. Kinder, die von Großeltern und Geschwistern lernen können und deren Eltern in das soziale Netz des Gemeinwesens eingebunden sind, haben es leichter, Kontakte anzubahnen und zu halten, als Kinder, deren Eltern sich aus der Angst vor Stigmatisierung oder Ausgrenzung isolieren. Wenn nicht nur Eltern und einzelne Erziehungskräfte auf das Kind einwirken, sondern wenn es gelingt, dass Eltern, Nachbarschaft und Fachkräfte aus unterstützenden Diensten familienstärkend zusammenarbeiten, erhöhen sich **Teilhabe- und Bildungschancen für** alle **Kinder von Anfang an**. Aus diesem Grunde begreifen wir die Erkenntnisse der Resilienzforschung als durchgehend tragende Grundelemente in den Aussagen und Praxisanregungen dieses Buches.

9.2 Die Entwicklung des sozialen Verhaltens

9.2.1 Geburt bis 3. Lebensmonat: Kontakt aufnehmen und erwidern

Je nach Konstitution, Gesundheitszustand und Temperament ist jedes Kind sofort nach der Geburt bereit, sich auf die Gegebenheiten seiner neuen Welt einzulassen, sie zu erkunden und darin zu lernen. Alsbald reagieren Kinder aktiv auf andere Menschen, insbesondere auf die Mutter, die ihnen seit Monaten tief vertraut ist. Weil Neugeborene wahrscheinlich nur in der Distanz von 20 cm scharf sehen, können sie die Mutter beim Stillen genauer als alles andere wahrnehmen, erkennen und bald von anderen unterscheiden: Babys fangen kurz nach der Geburt an, ihre Umgebung mit Blicken zu erkunden, und reagieren dabei besonders auf kontrastreiche und gesichtsähnliche Formationen. Die Umgebung erscheint zunächst unscharf, weil die Zapfen auf der Netzhaut des Neugeborenen bis zum Ende des ersten Halbjahres noch anders arbeiten als die der Erwachsenen (Reizselektion). Neugeborene können mit Blicken und Kopfdrehen interessante Objekte, besonders Gesichter, kurzzeitig fixieren. Sie hören gut im Tonhöhenbereich der menschlichen Stimme und erkennen und bevorzugen die Stimme der Mutter. Wir wissen heute, dass sie die Muttersprache von anderen Idiomen unterscheiden können, weil sie ein angeborenes Verständnis für sprachliche Grundmerkmale haben: z.B. für die charakteristische Modulation, Ausdehnung von Vokalen und Konsonanten sowie den Sprachrhythmus. Neugeborene lassen sich durch die Stimulation mit vertrauten Sinneseindrücken beruhigen (z.B. Geruch, Hautkontakt, das Gefühl des Gehalten-Werdens und des rhythmischen Geschaukelt-Werdens). Sie unterscheiden nach sehr kurzer Zeit verschiedene Gerüche und schon nach einer Woche den Hautgeruch der Mutter.

Der **Aktivierungszustand** des Kindes (auch: *Erregungsniveau*) bestimmt die Form und Häufigkeit der Hinwendung zu den Menschen und Dingen. Mit individuell starken Abweichungen verbringt ein Kind in der westlichen Hemisphäre durchschnittlich 2,5 Stunden wach und aktiv, indem es strampelt, erste Laute produziert sowie Arme und Beine impulsiv und heftig bewegt. 2,5 Stunden beobachtet es konzentriert seine Umgebung, insbesondere seine vertrauten Menschen, und ist dabei wach und aufmerksam, 1 Stunde dämmert es im Halbschlaf. Einen hohen Anteil, nämlich 8 von 24 Stunden, können wir aktiven REM-Schlaf beobachten, in dem das Kind wahrscheinlich insbesondere seine visuellen Erfahrungen verarbeitet. Seine Träume sind an den schnellen heftigen Bewegungen des Augapfels erkennbar, begleitet von reflektorischen Bewegungen des ganzen Körpers. Weitere 8 Stunden verbringt ein „durchschnittliches" Neugeborenes im Non-REM-Schlaf, einem ruhigen, tiefen Schlaf, in dem es sich wenig bewegt und tief atmet (vgl. Siegler u.a., 2005, S. 97–103).

Was Eltern am meisten berührt und worauf sie in der Regel sofort und beunruhigt mit Fürsorge und Aufmerksamkeit reagieren, ist das Schreien: 2 Stunden täglich sind kein Grund zur Besorgnis, besonders in den späten Nachmittagsstunden. Sehr schnell lernt das Baby mit **drei verschiedenen Formen des Schreiens** seine Umgebung zu alarmieren und die „richtigen" Reaktionen zu fordern: Hungerschrei, Schmerz-/Kälteschrei und Schreien aus Einsamkeit oder Überreizung. Sie alle drücken Unbehagen aus und die Bezugspersonen lernen über Versuch und Irrtum die richtigen Möglichkeiten, das Baby zu trösten. Sehr junge Babys lassen sich durch mäßig starke, wiederholte und kontinuierliche Stimulation beruhigen, z.B. durch Herumtragen (in senkrechter Haltung, am Körper der Bezugsperson), Babymassage oder festes Einwickeln. Eine ruhige Stimme, taktile Impulse und rhythmisches Wiegen vermitteln eine vertraute Kombination von Wahrnehmungsreizen, die das Baby aus seiner vorgeburtlichen Zeit kennt. Auch das Stillen ist ein wirksames Beruhigungsmittel, weil Babys sich durch den Geschmack von Süßem beruhigen lassen. Wenn es aber ausnahmslos und regelmäßig als Reaktion auf das kindliche Schreien praktiziert wird und die wirkliche Quelle des Missbehagens außer Acht gelassen wird, besteht die Gefahr der Konditionierung auf orale Befriedigung in Problemsituationen.

Der Anblick der Bezugsperson, begleitet von ihrer Stimme, von Mimik und Gestik, ist der Ausgangspunkt für die Entwicklung von Kommunikation und Interaktion. Das Baby erlebt sich selbst als Auslöser von Reaktionen beim Gegenüber, es erfährt sich als *selbstwirksam*. Wenn es hört, dass seine eigenen Laute „ankommen" und gespiegelt werden, antwortet es durch zunächst **unbewusstes Imitieren**. Nicht nur die Stimme, sondern auch komplizierte Gesten, wie z.B. das Herausstrecken der Zunge oder das Hochziehen der Augenbrauen, beantwortet ein kleines Baby durch unbewusstes Nachmachen. Damit motiviert es die Großen, intuitiv und spielerisch zu antworten. Das wechselseitige Reagieren ist die Grundlage für den weiteren Beziehungsaufbau. Weil die Erwachsenen spielerisch Neues ausprobieren und das Baby darauf einsteigt, erweitert sich sein Repertoire der zur Verfügung stehenden Gebärden und es kann variationsreicher und angepasster reagieren. Im Alter von sechs Wochen zeigt sich das erste Lächeln, allerdings zuerst als „Lachmuskelerprobung". Weil es daraufhin meist freudige Reaktionen der Bezugspersonen erntet (die als kräftige soziale Verstärker wirken), wird es das Lächeln (unbewusst) noch einmal und noch einmal wiederholen – auch dann, wenn es sich nicht um Mamas oder Papas, sondern um das Gesicht anderer Menschen handelt. Und so lächelt das Baby im **3. Monat** jedem entgegen, der es ansieht. Im **4. Lebensmonat** wird aus dem Antwortlächeln ein echter Ausdruck der Freude, den der ganze Körper ausdrückt, wenn das Baby laut lacht, wenn Bezugspersonen oder andere Menschen mit ihm scherzen und Unsinn machen – den es übrigens schon früh als Spaß erkennt. Auch damit motiviert es Menschen, sich ihm zuzuwenden, und es entsteht ein **Muster von Beziehungen**, in dem jeder Interaktionspartner eine spezielle Rolle einnimmt. So lernt das Baby in der Welt der sozialen Beziehungen Fuß zu fassen. Sehr bald ist es auf den wechselseitigen Austausch angewiesen und wenn Reaktionen auf seine Kontaktversuche ausbleiben, ist es zutiefst irritiert. Es bemüht sich, die unterbrochene Kommunikation durch positive Annäherungsversuche, Rückzugs- oder Protestverhalten wieder herzustellen (vgl. Weinberg/Tronick, 1996). Wenn Eltern auf seine Signale nicht oder mit negativen Gefühlen antworten, lernt schon ein sehr junges Baby, sich vor ihrer Ignoranz zu schützen: durch Abwehrverhalten, Schreien oder Passivität in der Kommunikation.

9.2.2 Vom 5. bis zum 8. Monat: differenzieren

Die Fähigkeit, unterschiedliche Gefühle des Gegenübers zu verstehen, zeigt sich im **5. Monat**: Das Baby wirkt ratlos und ängstlich, wenn der Tonfall sich ändert, und es unterscheidet alle Nuancen von liebevoll bis lieblos, von freundlich bis ernst, mürrisch oder streng und es reagiert entsprechend.

Im **6. Monat**, wenn die Kinder sich zunehmend für Ereignisse und Objekte außerhalb ihres eigenen Körpers interessieren und das Differenzierungsvermögen enorm angewachsen ist, lächeln Babys nicht mehr jeden an, der sich ihnen freundlich nähert. Sie zeigen, dass sie zwischen vertrauten und fremden Personen unterscheiden können, und bevorzugen deutlich vertraute Bezugspersonen. Mit ihnen beginnt einige Wochen später das erste Spiel: Kuckuck- oder Versteckspiele rufen regelmäßig Begeisterung hervor, denn das Baby erfährt und übt in ihnen den lustvollen und ungefährlichen Wechsel von „verschwunden" und „wieder da". Im **8. bis 9. Monat** machen Babys wieder einen großen Schritt nach vorn: Nicht mehr allein das Gesicht des Gegenübers ist interessant, sondern auch das eigene Gesicht. Im Spiegel nehmen sie Kontakt mit sich selbst auf, lächeln sich an und imitieren sich selbst. Zudem beobachten sie sich in der Interaktion mit anderen. Was die Menschen in der Umgebung tun und die Gegenstände, mit denen sie sich beschäftigen, rücken jetzt in den Mittelpunkt des Interesses. Die Beobachtungsfähigkeit ist so weit entwickelt, dass das Kind eine neue Phase sozialer Austauschprozesse erreicht hat. Es kann seine Neugier *gemeinsam mit der Bezugsperson* auf interessante Objekte richten. Damit ist die Grundlage für gemeinsames Spielen geschaffen. Jetzt können Kinder sich auch an den Reaktionen ihrer Bezugspersonen orientieren, wenn sie einer fremden Situation begegnen. An deren emotionaler Gestimmtheit lesen sie ab, wie die Sachlage zu beurteilen ist, und stellen ihre Handlungsweisen darauf ein. Viele Kinder zeigen ihre Differenzierungsfähigkeit in diesem Alter durch „Fremdeln": Personen, die nicht zum eigenen sozialen Umfeld gehören, werden deutlich abgelehnt.

Trost und Geborgenheit bei der Erzieherin Jasmin

9.2.3 Ab 10. Monat: soziale Fertigkeiten üben und zusammen etwas tun

Im **10. Monat** zeigt sich das Interesse des Babys an anderen Menschen daran, dass es soziale Gesten begeistert nachahmt wie: „Tschüss", „Winke, winke", „So groß bist du schon" und „Wo bist du?" In diesem Alter wird auch deutlich, dass es empfänglich ist für soziale Verstärker wie Zuspruch und Anerkennung. Eifrig wiederholt es Handlungen, die ihm Lob eingebracht haben. Am **Ende des ersten Lebensjahres** ist das Verständnis für soziale Beziehungen so weit ausgeprägt, dass Kinder erkennen, was eine vertraute Person möchte oder vorhat (Motive, Bedürfnisse, Wünsche). Allerdings können sie sich noch lange nicht in andere Menschen einfühlen, deren Standpunkt nachvollziehen oder ihre Überzeugungen und Erkenntnisse verstehen. Dazu braucht es noch mehrere Jahre. Erst im Vorschulalter sind Kinder zur sozialen Perspektivenübernahme fähig. Erst dann können sie über Absichten und Bedürfnisse anderer Menschen nachdenken und beginnen, einen Sachverhalt von einem anderen Standpunkt aus als dem eigenen zu beurteilen. Das **Zusammenspiel** von Kindern unter zwei Jahren ist durch Vergleichen, Imitieren, Austauschen, Wechseln und Abgeben gekennzeichnet. Kinder sind noch nicht in der Lage, einzusehen, dass ein anderes Kind genau den Gegenstand behalten will, den sie gerade für sich beanspruchen. Nach dem zweiten Geburtstag beziehen sich Spielhandlungen der Kinder stärker aufeinander und sie können Materialien gemeinsam benutzen oder teilen, aber gemeinsame Spielthemen gibt es bis zum dritten Geburtstag kaum. *Kooperatives Spielen* beginnt erst nach dem dritten Lebensjahr. Es bedeutet, dass Kinder gemeinsam ein Projektthema entwerfen und an dessen Verwirklichung arbeiten. Projektarbeit mit *Kindern unter drei Jahren* muss die besonderen Spielbedürfnisse dieser Altersgruppe berücksichtigen.

9.3 Bindung

9.3.1 Die Anfänge der Bindungsforschung

René A. Spitz (1887–1974), ein österreichisch-amerikanischer Kinderarzt, Psychoanalytiker und der Wegbereiter der Säuglingsforschung, beobachtete ab 1945 während seiner Tätigkeit in Kinderkrankenhäusern charakteristische Verhaltensänderungen an Kindern, die aus einer liebevollen Elternbindung heraus im Krankenhaus aufgenommen werden mussten.

Trotz intensiver Pflege und medizinischer Betreuung veränderte sich das Verhalten der Babys dramatisch, in Abhängigkeit von der Länge der **Trennungszeit** von den Eltern. Lag der Abschied einige Stunden zurück, versuchten die Kinder, über Weinen, Protest und durch Anklammern an jeden, der das Zimmer betrat, ihre Bezugsperson wiederzufinden. Lag die Trennung bereits einen oder zwei Tage zurück, stellten die Kinder das Weinen ein; sie wurden ruhig und passiv und die Pflegepersonen hatten den Eindruck, dass die Kinder sich jetzt an die neue Umgebung gewöhnt hätten. Dass die Babys in dieser Phase auch das Essen und Zuwendungsangebote der Krankenschwestern verweigerten, schrieb man ihrem schlechten Befinden durch die Krankheit zu. Nach einer Woche gingen sie deutlich in Rückzug und verweigerten jeglichen Kontakt. Nach weiteren Trennungswochen war kaum noch Kontakt zur Außenwelt erkennbar. Die Kinder blickten leer und wie nach innen gewandt, sie schlugen rhythmisch mit dem Kopf auf die Matratze, lutschten auch nach den Mahlzeiten exzessiv am Daumen oder sie fügten sich selbst Schmerzen zu. Sie verloren stetig an Gewicht. Einige Kinder überlebten den Krankenhausaufenthalt aus damals unerfindlichen Gründen nicht. Um die Ursachen für diese erschütternden Verhaltensänderungen herauszufinden, begann Spitz, die Beziehungen zwischen Müttern und ihren Babys gründlich zu untersuchen. Systematisch erforschte er über lange Zeit hinweg die Sozialbeziehungen zwischen Eltern und Kleinstkind in verschiedenen Institutionen und deren Wirkungen auf die weitere Persönlichkeitsentwicklung. Mit damals neuartigen Forschungsmethoden (direkte Beobachtung, Filmaufnahmen, Säuglingstests und Langzeitstudien) konnte er nachweisen, dass Beziehungsabbruch im ersten Lebensjahr dramatische Folgen haben kann: Kinder, die aus tiefer Enttäuschung heraus keine Anregungen mehr annehmen, können im Kleinkindalter nicht spielen und haben wegen daraus folgender Entwicklungsrückstände als Schulkinder Lernstörungen. Leistungs- und Arbeitsstörungen Erwachsener – so schloss er aus seinen Forschungsergebnissen – können ihre Ursachen in frühkindlich erworbener Depression haben.

Spitz war der Auffassung, dass **Objektbeziehungen** – hier die tiefe Bindung zwischen Kind und Mutter – sich in den ersten zwölf Monaten in drei Stadien entfalten, und zwar allein aufgrund biologischer Reifungsprozesse (soziales Lächeln im 3. Monat, Fremdenangst vom 6. bis 8. Monat, Selbstständigkeit oder Individuation vom 15. bis 18. Monat). Sein besonderes Augenmerk galt Beziehungsstörungen, die durch mangelnde Verlässlichkeit entstehen: wechselnde Zuwendungsbereitschaft sowie Wechselbäder von Verwöhnung/Überfürsorglichkeit und Missachtung/Entwertung des Kindes. Auch Gleichgültigkeit, oberflächliche Zuwendung und Desinteresse führen nach seiner Auffassung zu psychischen und psychosomatischen Störungen wie z. B. Säuglingsekzeme, Depression, Spiel- und Lernstörungen, Kontaktprobleme und Hospitalismus.

Nach diesen und ähnlichen Forschungsergebnissen war man lange Zeit der Ansicht, dass die Trennung eines Kleinkindes von der Mutter das Kleinkind grundsätzlich überfordert.

Inzwischen wissen wir, dass viele Untersuchungen, die negative Auswirkungen der Trennung von Mutter und Kind beschrieben, wichtige Aspekte außer Acht ließen. Sie unterschieden z.B. nicht zwischen dem *Fehlen von Bezugspersonen* und einer *Trennung* sowie den Auswirkungen von *mangelnder Ansprache* und *Anregungen*. Wenn Kleinstkinderbetreuung außerhalb eines familiären Rahmens gelingen soll, müssen Bedingungen geschaffen werden, die das Kind in die Lage versetzen, zu einer Erzieherin oder einem Erzieher eine Bindung aufzubauen.

9.3.2 Bindungsverhalten

Wie wichtig diese Interaktionen zwischen Kind und (Haupt-)Bezugsperson sind, wiesen auch John Bowlby (1907–1990), Arzt und Psychoanalytiker, und Mary Ainsworth (1913–1999), eine amerikanische Entwicklungspsychologin, nach. Sie begründeten die **Bindungstheorie**, die heute noch Gültigkeit hat, wenn Aussagen zum Sozialverhalten von Kindern und Eltern getroffen werden. Die Bindungstheorie machte empirisch belegte Aussagen über die besondere Wechselwirkung im Verhalten zwischen Müttern und Kleinkindern sowie den daraus resultierenden Verhaltensweisen und Entwicklungsverläufen der Kinder. Dabei berücksichtigte sie besonders die spezifischen Kennzeichen im Verhalten der Bezugsperson als Grundlage der Bindungsentwicklung.

Was ist Bindung?

Seit Bowlby wissen wir: *Bindung* ist ein menschliches Grundbedürfnis und bezeichnet die besondere emotionale Beziehung eines Kindes zu den Personen (es können auch mehrere gleichzeitig sein wie Eltern, Großeltern, Erzieherinnen oder Erzieher), die es *kontinuierlich, verlässlich* und über einen *langen Zeitraum* hinweg betreuen. Sie ist die sichere Basis, deren Vorhandensein es dem Kind erst ermöglicht, sich natürlich und interessiert mit seiner Umwelt auseinanderzusetzen. Zuverlässig anteilnehmender Beistand der Bindungspersonen in Belastungssituationen, die mit Angst oder Unsicherheit verbunden sind, bewirkt, dass das Kind Vertrauen in seine soziale Umwelt und auch in sich selbst entwickelt. Bindungsbeziehungen beeinflussen maßgeblich die späteren Beziehungen zu anderen Menschen (z.B. zu Peers, eigenen Partnern und Kindern).

In diesem Buch unterscheiden wir zwischen „**professioneller Bindung**" und „**elterlicher Bindung**".Die professionelle Bindung stellt die Erzieherin zu den ihr anvertrauten Kindern her, während sich die elterliche Bindung aufgrund verwandtschaftlicher, persönlicher oder anderer nicht beruflich bedingter Faktoren entwickelt. Sie entsteht auch nicht ausschließlich Eltern gegenüber.

Zum Unterschied zwischen professioneller und elterlicher Bindung

- Professionelle Bindung ist immer zeitlich eingeschränkt, auf bestimmte (Arbeits-)Stunden am Tag und/oder begrenzte Jahre des Kindes.
- Sie ist gekennzeichnet durch professionelle Distanz. Die Beziehung zu den Kindern beruht weitgehend auf fachlichen Erkenntnissen, nicht auf emotionaler Verflochtenheit.
- Die Entwicklung des Kindes wird genau beobachtend begleitet. Die Bedürfnisse werden erkannt, unbeeinflusst von den Wünschen der Erzieherinnen.
- Diese Art Beziehung bedeutet besonders in den ersten drei Jahren, dass sie weitgehend von den Bedürfnissen des Kindes bestimmt wird. Gekuschelt wird, weil das Kind es möchte, nicht weil der Erzieherin danach ist. Neue Anregungen und Veränderungen sind nicht nötig, wenn das Kind beschäftigt ist.

– Die Interaktionen sind nicht zufällig, sondern durchdacht, z. B. die Abfolge der Pflegehandlungen, die Ansprache und die Berührungen.

Unter *Bindungsverhalten* versteht man das Verhalten, das ein Kind in Gefahrensituationen seinen Bezugspersonen gegenüber zeigt: sich zuwenden, anklammern, schreien und Trost suchen. Wenn ein Kind sich seiner Bindung sicher sein kann, begibt es sich von sich aus auf unbekanntes Terrain, entwickelt Neugierverhalten, erkundet Dinge und Menschen in seinem Umfeld. Dabei vergewissert es sich laufend, ob seine verlässliche Basis, die Bindungsperson, noch verfügbar und in der Nähe ist. Ist dies der Fall, setzt es sein Erkundungsverhalten fort. Ist dies nicht der Fall, hört es auf, die Umgebung zu erforschen.

Als wichtige Voraussetzung für das Entstehen einer stabilen Bindung wurden von Ainsworth u. a. folgende Verhaltensweisen beschrieben, die sich unter dem Begriff „**Feinfühligkeit**" subsumieren lassen:
– Angemessene Interpretation der Äußerungen des Babys entsprechend seinen Bedürfnissen und nicht entsprechend denen der Bindungsperson
– Unverzügliches Reagieren auf die Bedürfnisse des Kindes, sodass es eine Verbindung zwischen seinem Verhalten und der Entlastung durch die Bindungsperson herstellen und damit das Gefühl entwickeln kann: „Ich werde als Person wahrgenommen und kann etwas bewirken."
– Häufiger und positiver Austausch zwischen Bindungsperson und Kind (Lachen, abwechselnd produzierte Laute, koordiniertes Spielen)
– Flexibilität im Verhalten der Bindungsperson bei der Pflege und Ernährung des Babys
– Die Häufigkeit von Blickkontakt
– Die Form und Häufigkeit von Ansprache und Antwort auf kindliches Lautieren
– Die Art des zärtlichen, sozialen Spiels
– Die Qualität und die Häufigkeit der Körperkontakte mit dem Baby
– Angemessene Reaktionen der Bindungsperson auf Anzeichen von Unbehagen (z. B. auf kindliches Weinen)

Verschiedene Ausprägungen von Bindung

Mary Ainsworth wandte um 1978 folgende Forschungsmethode an: Sie stellte künstlich eine Laborsituation her, die sie „fremde Situation" nannte und die eine Untersuchungsabfolge von sieben Schritten enthielt.
a) Sie lud Kleinstkinder (ca. 1 Jahr alt) zusammen mit ihren Müttern (Bindungspersonen) ein, in einem sachlich ausgestatteten und mit interessanten Spielmaterialien versehenen Zimmer miteinander zu spielen.
b) Bindungsperson und Kind spielten zusammen, das Baby nutzte Mutter oder Vater als sichere Basis, um den fremden Raum zu erforschen.
c) Nach einiger Zeit betrat eine fremde Person den Raum und setzte sich für kurze Zeit dazu, sprach kurz mit Bindungsperson und Baby. Ainsworth untersuchte die Reaktion des Babys auf die fremde Person.
d) Jetzt hatte die Mutter oder Vater die Aufgabe, für kurze Zeit hinauszugehen – für die Kinder eine starke Belastung. Die fremde Person ließ das Kind spielen und beruhigte es gegebenenfalls. Mary Ainsworth wollte herausfinden, wie die Kinder individuell auf die Trennungssituation und die Wiedervereinigung reagieren.
e) Die Bindungsperson rief das Kind, betrat den Raum und blieb im Eingang, während die fremde Person den Raum verließ. Von Interesse waren jetzt neben den Reaktionen des Kindes auf das Wiedersehen auch die Reaktionen der Mütter: Wie würden sie nach ihrer Rückkunft auf das Verlangen ihrer Kinder nach Schutz und Sicherheit reagieren, wie würden sie trösten und beruhigen?

f) Jetzt ließ die Bindungsperson das Kind allein im Untersuchungszimmer spielen. Untersucht wurde jetzt das Verhalten des Kindes in Trennungsangst. Zusätzliche physiologische Untersuchungen (Pulsfrequenz, Cortisolspiegel im Speichel, um Stressreaktionen zu ermitteln) sollten Aufschluss über körperliche Veränderungen während der Untersuchung liefern.

g) Die fremde Person betrat erneut den Raum, begrüßte und tröstete das Kind. Erforscht wurde jetzt die Fähigkeit, sich von jemandem Fremden beruhigen zu lassen.

h) Die Bindungsperson kam wieder, begrüßte das Kind, wartete ab, tröstete das Kind bei Bedarf und regte zum Weiterspielen an. Jetzt wurde die Reaktion auf die Wiedervereinigung beobachtet.

Als Ergebnis der Beobachtungen fand Ainsworth zunächst drei Gruppen von Kindern, die sie später sogenannten „Bindungskategorien" zuordnete:

1. **Sichere Bindung:** Sicher gebundene Kinder zeigten in den Phasen a) bis c), dass sie ihre Eltern als verlässliche Ausgangsbasis verstanden. Sie bewegten sich unabhängig im Raum und erforschten das Spielzeug, wobei sie sich immer wieder vergewisserten, dass Vater oder Mutter noch da waren. In der Belastungssituation zeigten sie ein hohes Maß an Zuversicht, dass die Mutter zurückkehren würde. Die meisten waren in der Trennungssituation zwar irritiert, einige weinten, alle hörten auf zu spielen. Kehrte die Mutter aber zurück, ließen sie sich schnell beruhigen und die Stressreaktionen nahmen ab.

2. **Unsicher vermeidende Bindung:** Kinder dieser Gruppe hatten offensichtlich kein Vertrauen darauf, dass ihre Bindungsperson zurückkehren würde. Möglicherweise hatten sie Ähnliches schon oft erlebt und schützten sich vor dem Gefühl des Verlassenseins durch äußere Gleichgültigkeit. Sie spielten weiter und schienen weder Angst noch Trauer zu empfinden. Beim Verlassen der Bindungsperson stieg ihr Cortisolspiegel jedoch wesentlich an und der Herzschlag beschleunigte sich stärker als der der sicher gebundenen Kinder. Bei der Rückkunft der Mutter wandten die Kinder sich ab und nahmen eher Kontakt zur fremden Person auf.

3. **Unsicher ambivalente Bindung:** Kinder dieser Gruppe klammerten sich während der gesamten Situation an ihre Bindungsperson und weigerten sich auch in ihrer Gegenwart, den Raum zu erkunden. In der Trennungssituation weinten sie heftig, bei der Wiedervereinigung eilten sie auf die Bindungsperson zu und wehrten dann deren Tröstungsversuche vehement ab. Sie waren nur schwer zu beruhigen.

Im Anschluss an Ainsworths Forschungen zeigte sich, dass ein Teil der Kinder sich keiner der von ihr gefundenen Kategorien zuordnen ließ. Sie verhielten sich in der fremden Situation fahrig und diskrepant, indem sie Kombinationen aus verschiedenen Bindungstypen zeigten und sich zum Teil bizarr verhielten (Erstarren, Im-Kreis-Drehen, Stereotypien, intensives Begehren nach Körperkontakt mit der Bindungsperson bei gleichzeitiger Abwehr). Diese Kinder schienen das Bedürfnis nach Nähe zu haben, sahen aber die Bindungsperson als Quelle von Angst. Als mögliche Ursache für dieses Bindungsverhalten nannten Forscher Bindungspersonen, die ihrerseits schwerwiegend negative Bindungserfahrungen gemacht hatten (Psychotrauma) und in der fremden Situation ihrerseits mit Angst reagierten. Die Beobachtung von Angst bei Bindungspersonen ist für ein Kind über zwölf Monaten erschreckend und seine Verhaltensweisen wirken chaotisch.

Das Bindungsverhalten ändert sich mit steigendem Alter: Ältere Kinder und Erwachsene sind nicht mehr auf die Anwesenheit ihrer Bindungspersonen angewiesen, wenn sie sich beschäftigen oder lernen.

Nachfolger von Ainsworth wiesen nach, was schon Sigmund Freud festgestellt hatte:

Die frühen Bindungserfahrungen hinterlassen prägende Spuren, die während des ganzen Lebens wirksam bleiben. Sie äußern sich in Form von Erwartungen (und Befürchtungen), die ein Mensch an die Verlässlichkeit von Menschen hat, denen er sich zuwendet oder die er liebt. Diese Erwartungen und Befürchtungen wirken wie ein „Arbeitsmodell", sie leiten die Beziehungshandlungen im späteren Leben, z. B. in Freundschaften, Beziehungen zu Kollegen und Kolleginnen sowie Liebesbeziehungen. Vor allem prägen sie die Beziehung zu den eigenen Kindern.

Erwachsene, die als Kind sicher gebunden waren, verhalten sich autonom und sicher in ihren eigenen Beziehungen und in ihrem Verhalten den eigenen Kindern gegenüber. Abweisende Erwachsene gehören häufig zu der Gruppe unsicher gebundener Kinder, die ihre negativen Erfahrungen mit den eigenen Eltern fast immer in der Beziehung zu ihren eigenen Kindern wiederholen.

Warum ist es für ein Kleinkind so wichtig, mindestens eine Person zu haben, zu der es eine Bindung herstellen kann?

Wir verstehen immer besser, warum eine enge Bindung für Kleinkinder so wichtig ist. Die Forschungen von Harlow (vgl. Harlow, 1958, S. 57–685; Blum, 2010, S. 231–281) zeigen, dass selbst Äffchen der Mut verlässt, sich der Welt zuzuwenden, wenn sie dabei nicht begleitet und unterstützt werden. Zeigt sich die Umwelt des Kindes ständig verändert, indem die Reaktionen und Betreuungshandlungen der Pflegepersonen ständig wechseln, ergeben sich für das Kind keine Muster, an die es anknüpfen und über die es lernen kann. Chaos kann nicht gelernt werden.

Weiterhin zeigte sich, dass Kinder Beziehungen zu anderen Menschen nicht eingehen können, wenn sie dieses nicht zu Beginn ihres Lebens gelernt haben.

Eine Begründung für diese Tatsache haben Forscher in der Entdeckung der **Spiegelneurone** (vgl. S. 134) gefunden. Der Begriff „Spiegelneuron" verdeutlicht die spiegelbildliche Aktivierungsform dieser Nervenzellen. *„Indem er [der Mensch] das, was er beobachtet, unbewusst als inneres Simulationsprogramm erlebt, versteht er, und zwar spontan und ohne nachzudenken, was der andere tut." (Bauer, 2006, S. 27)*

Lerntheoretiker gehen davon aus, dass ein Kind prosoziales Verhalten nicht erlernen kann, wenn es nicht in den ersten beiden Lebensjahren die entsprechenden Anregungen durch seine Bezugspersonen für seine Spiegelneurone erhält. Das Kind wird sich nicht in die „innere Welt" seines Gegenübers hineinversetzen können und kein Verständnis für dessen Absichten, Wahrnehmungen und Emotionen entwickeln können. *„Spiegelaktionen entwickeln sich nicht von allein, sie brauchen immer einen Partner" (Bauer, 2006, S. 57)*

9.4 Methodisch-pädagogische Folgerungen

9.4.1 Eingewöhnung

Auf der Grundlage der Erkenntnisse der Bindungsforschung gelten für die Arbeit mit Kindern unter drei Jahren in Tageseinrichtungen besondere Bedingungen. Insbesondere hat die Eingewöhnungsphase der Kinder eine große Bedeutung und muss entsprechend sorgfältig vorbereitet und gestaltet werden, und zwar von Anfang an in enger Kooperation zwischen Team, Gruppenerzieherinnen und Eltern. Zu bedenken ist, dass der Übergang von der Familie in die Kita, also in eine unbekannte Umgebung, eine Belastung darstellt, die Angst bis hin zu Panikreaktionen auslösen kann. Das Kind braucht so lange und so verlässlich seine vertrauten Bindungspersonen, bis es zu den Menschen in der Tageseinrichtung eine Bindungsbeziehung aufgebaut hat und sich auf diese verlassen kann, um den Ansprüchen der neuen Lebenswelt gerecht werden zu können.

Die Eingewöhnungsphase hat fünf Abschnitte.

Erstkontakt

Er sollte zusammen mit Eltern und Kind stattfinden und nicht zu lange ausgedehnt werden. Eltern und Kind sehen sich gemeinsam das Haus, das Außengelände und den Gruppenbereich an und machen sich mit den Erwachsenen und Kindern in der Einrichtung vertraut. Sie lernen bei dieser Gelegenheit auch die Bezugserzieherinnen kennen.

Grundphase

Sie dauert mindestens drei Tage. Während dieser Zeit begleitet ein Elternteil oder eine andere Bezugsperson das Kind und bleibt mit ihm zusammen ein oder zwei Stunden im Bereich der Kindergruppe. Sie sind für ihr Kind die „sichere Basis", verhalten sich aber eher passiv. Sie drängen ihr Kind nicht zu Aktivitäten oder veranlassen es, sich von ihnen zu entfernen. Sie akzeptieren, wenn ihr Kind klammert oder Körpernähe sucht. Falls das Kind anfängt, die neue Umgebung zu erkunden, sollten sie nicht überschwänglich freudig darauf reagieren, sondern gleichbleibend Aufmerksamkeit geben. Mutter oder Vater haben in den ersten drei Tagen ausschließlich die Funktion der „sicheren Basis".

Sie sollten sich nicht betont anderen Kindern zuwenden. Das Kind braucht vor allem in den ersten drei Tagen das Gefühl, sich jederzeit an sie wenden zu können. Die Erzieherin versucht, ohne zu drängen, eine erste Kontaktaufnahme: Einfühlsam knüpft sie an die Absichten des Kindes an und macht entsprechende Spielangebote. Ihre Aufgabe in der Grundphase ist es, das Interaktionsmuster zwischen Eltern und Kind zu beobachten und ihre pädagogischen Überlegungen darauf auszurichten. Insbesondere hängt von diesen Beobachtungen ab, ob sich die Eingewöhnungszeit über einen längeren Zeitraum erstrecken soll. Ein erster Trennungsversuch findet in der Grundphase nicht statt.

Maria gewöhnt sich an die Kita.

Erster Trennungsversuch

Am vierten Tag entscheidet die Erzieherin oder der Erzieher aufgrund der Beobachtungsnotizen über die voraussichtliche Dauer der Eingewöhnungszeit. An diesem Tag verabschiedet sich die Bindungsperson einige Zeit nach Ankunft im Gruppenraum vom Kind, kündigt die baldige Rückkunft an und verlässt den Raum, auch wenn das Kind protestiert. Sie bleibt in der Nähe. Wenn das Kind sich bald nach der Trennung beruhigt, weiter an der Umgebung interessiert bleibt und isst und spielt, kann diese Phase auf maximal 30 Minuten ausgedehnt werden. Lässt das Kind sich längere Zeit nicht beruhigen und zieht es sich resigniert und passiv zurück, ist der Trennungsversuch nach drei Minuten beendet. Die Aufgabe der Erzieherin in dieser Zeit ist es, herauszufinden wie das Kind auf die Trennung reagiert, inwieweit es verunsichert ist, in welcher Form es an die Eltern gebunden ist und wie lange es die Anwesenheit der Bindungsperson über den Zeitraum einer Woche hinaus benötigt. **Zeichen für eine verlängerte Eingewöhnung** (14 Tage und länger) sind
– häufige Blickkontakte zur Bindungsperson mit dem Ziel der Rückversicherung,
– Suche nach Körperkontakt sowie
– Daumenlutschen und Weinerlichkeit auch in Anwesenheit der Eltern.

Zeichen für eine kürzere Eingewöhnungszeit (sechs Tage) sind

- Explorationsverhalten und Kontaktaufnahme zu Kindern oder Erzieher/-innen ohne Rückversicherung bei den Bindungspersonen,
- Versuche der Kinder, ohne die Hilfe der Eltern mit Belastungssituationen fertigzuwerden,
- wenige Blickkontakte zu den Bindungspersonen und
- seltene oder keine bzw. eher zufällig wirkende Körperkontakte.

Stabilisierungsphase

Sie beginnt am vierten Tag. Die Erzieherinnen beginnen in Anwesenheit der Bindungsperson zum ersten Mal, das Kind zu wickeln oder zu füttern. Wenn das Baby interagiert und „mitmacht", übernehmen sie eine weitere Versorgungsaufgabe. In der Spielphase bietet sich die Erzieherin als Spielpartner an, d. h., sie beobachtet die Tätigkeit des Kindes und knüpft mit bereichernden Angeboten daran an. Wenn das Kind diese Form der Kommunikation akzeptiert, kann sie ihren Aktionsradius ausdehnen. Die Eltern reagieren jetzt nicht mehr auf erste Signale des Kindes. Sie warten ab und werden erst aktiv, wenn das Kind die Erzieherin noch nicht akzeptiert. Für Kinder mit kurzer Eingewöhnungszeit verlängert sich jetzt der Trennungszeitraum täglich um etwa zehn Minuten. Die Eltern bleiben jedoch in der Nähe. Jetzt ist der Zeitpunkt, zusammen mit dem Kind und der Erzieherin kurze Begrüßungs- und Abschiedsrituale zu entwickeln, die von nun an eingehalten werden und dem Kind die Sicherheit vermitteln, dass die tägliche Trennung auch wieder beendet wird. Lässt sich das Kind nicht kurz nach der Trennung von der Erzieherin sicher beruhigen, sollte mit weiteren Trennungsversuchen bis zur zweiten Woche gewartet werden.

Schlussphase

Das Kind wird morgens von den Eltern gebracht und sie bleiben für kurze Zeit im Gruppenraum, bevor sie den Raum nach dem Abschiedsritual verlassen. Sie halten sich jetzt außerhalb der Einrichtung auf, müssen aber jederzeit erreichbar sein, falls die Tragfähigkeit der neuen Beziehung zur Erzieherin noch nicht ausreicht, um das Kind in besonderen Fällen aufzufangen. Die Eingewöhnung des Kindes ist grundsätzlich dann abgeschlossen, wenn es die Erzieherin als sichere Basis akzeptiert hat und sich von ihr trösten lässt. Ein sicher gebundenes Kind wird gegen den Weggang seiner Eltern protestieren. Wenn es sich in dieser Situation von der neuen Bindungsperson trösten lässt und sich danach interessiert und in guter Stimmung den angebotenen Aktivitäten zuwendet, ist die Eingewöhnung gelungen (vgl. Laewen u. a., 2000).

Auch unter günstigen Bedingungen braucht das Kind viel Energie und Sicherheit, um sich an seine zweite Lebenswelt zu gewöhnen, denn es wird ihm in kurzer Zeit ein immenser Lernprozess abverlangt. Es wird nach dem Aufenthalt in der Kindertagesstätte in der ersten Zeit sehr müde sein und sollte nach Möglichkeit in den ersten Monaten die Einrichtung nur halbtags besuchen.

Annes Mutter ist froh: Endlich hat sie einen Platz in der Kleinstkindgruppe für ihre 18 Monate alte Tochter bekommen. Da sie berufstätig ist, hat sie bisher immer nach provisorischen Lösungen suchen müssen. Als sie Anne bringt, möchte sie am liebsten gleich wieder gehen, hat sich aber nach dem Erstgespräch mit Ella auf einen Aufenthalt in der Gruppe eingestellt. Ella möchte ihr und Anne die Räumlichkeiten zeigen, aber „Anne soll sich ja hier auskennen". Die Mutter sitzt auf der Fensterbank, Anne lässt sich von Ella herumführen.

Wie würden Sie an Ellas Stelle die Eingewöhnung weiter gestalten?

9.4.2 Ankommen und nach Hause gehen

Die Kindertagesstätte ist nach gelungener Eingewöhnungsphase das zweite Zuhause der Kinder, dem sie – je nach den zu Hause gemachten Erfahrungen – jeden Morgen neu begegnen. Die Ankunftsphase bietet Raum dafür, sich zu orientieren, seinen Platz zu finden und um Kontakt herzustellen mit allen, die dazugehören. Die Kinder brauchen Zeit, sich von den Bindungspersonen zu verabschieden und umzuschalten auf den Kontakt mit den Bindungspersonen in der Kita. Sie werden von den Erzieherinnen freundlich begrüßt. Jeden Morgen erhalten sie neu die Gewissheit:

„Ich werde erwartet. Es ist den Menschen hier nicht gleichgültig, ob ich komme oder nicht. Wenn ich später komme, merken sie das und fragen, warum. Ich weiß, wo ich hingehöre. Ich bin wichtig in meiner Gruppe und die Gruppe ist wichtig für mich."

Für die Eltern ist eine freundliche, entspannte Atmosphäre wichtig, die sie einlädt, sich Zeit beim Bringen und Abholen zu nehmen. Sie erhalten Informationen über das geplante Programm des Tages und tauschen schriftliche Aufzeichnungen für das Portfolio des Kindes aus (z.B. über Schlafgewohnheiten, Gesundheit, Besonderheiten beim Füttern, Wickeln und Schlafen, über neue Erkenntnisse ihres Kindes beim Spielen und über Fortschritte in der Sprachentwicklung).Trennungsprobleme werden einfühlsam behandelt. Jedes Kind hat die Chance, auf seine Weise Kontakt aufzunehmen. Die Eltern sind dabei und die Erzieherinnen können schon zu Beginn des Tages Hinweise darauf bekommen, was das Kind am Tage brauchen wird.

> *Beispielsweise Timo (2;5 Jahre): Noch bevor er den Haken für seine Jacke gefunden hat, stürmt er, ohne sich vom Vater zu verabschieden, in den Gruppenraum. Er rennt eine Runde an den Wänden entlang, streift sie mit Po und Schultern, dreht sich mitten im Raum herum und quiekt dabei. Dann lässt er sich auf Hände und Füße nieder und läuft im Bärengang weiter, stupst alle in Reichweite stehenden Kinder mit der Stirn an und macht dabei Heultöne wie eine Unfallwagensirene. Das ist sein Begrüßungsritual an diesem Morgen.*

Andere Kinder zeigen sofort mitgebrachte Spielsachen von zu Hause und erzählen spontan, was sie gestern erlebt haben. Beides kann als Ausgangspunkt für Spielsituationen am Vormittag gesehen werden. Nach dem individuellen Abschiedsritual verlassen die Eltern die Kita. Eltern mit Abschiedsproblemen brauchen anschließend besondere Unterstützung, damit sie den Übergang für das Kind nicht erschweren.

Anregungen

Einige Kinder brauchen bei der Kontaktaufnahme Unterstützung. Sie freuen sich, wenn der Erzieher sich auf ein vertrautes Morgenritual einlässt, z.B. in Form kurzer zärtlicher Begrüßungsspiele in der Kuschelecke. Die jeweiligen Begrüßungsgewohnheiten der einzelnen Kinder können im Rahmen eines Spiels pantomimisch widergespiegelt werden. Es kann allen viel Spaß machen, Guten-Morgen-Versen einfach etwas Passendes dazuzudichten, worin die Kinder sich wiedererkennen und das sie sogar weiterführen und ausschmücken können. Falls im Rahmen der Eingewöhnungsphase ein neu angemeldetes Kind seinen Vater oder seine Mutter dabeihat, sollten diese die Ankunftsphase miterleben. Das erleichtert dem „neuen" Kind die Orientierung und macht den anderen Kindern deutlich, dass an diesem Tag noch ein weiterer Erwachsener dazugehört.

Beispiele für kontaktstiftende Spiele am Morgen:

„Das Kissenkarussell
Erst langsam, dann schnell, dreht sich (Monis) Karussell!
(Alle Kinder sitzen mit der Betreuerin im Kreis auf dem Fußboden. In der Mitte liegt ein großes Kissen, auf das sich ein Kind legt. Nun wird das Kissen so angestoßen, dass es sich samt Kind im Kreis dreht. Jeder kommt mal dran.)

Himmelreich
(Die Kinder sitzen im Kreis, eine Decke liegt in der Mitte und alle krabbeln jetzt darauf herum. Die Erzieherin fängt eines der krabbelnden Kinder, umarmt es und lässt es wieder frei, damit es das nächste Kind fangen und umarmen kann.) Wer kriecht ins Himmelreich – morgenwarm und kuschelweich?
Wen knuddele ich gleich sehr? Den Tilli Tapsebär.

Das Monster
Ein Monster im Schnee zittert wie Gelee:
„Mir ist grässlich kalt – hier draußen in dem Wald.
Mich friert fürchterlich, Tommy, bitte streichel' mich!"
(Warten, bis das gerufene Kind kommt und das arme Monster in den Arm nimmt und wärmt)"

(aus: Hoerner-Nitsch, 1997, S. 64–66)

Sich verabschieden

Für das **Kind** bedeutet das Ende des Kitatages: Die Eltern sind – unerwartet – wieder da, für eine Weile, wie lange? Kleinstkinder haben noch kein Zeitverständnis und können daher Zeitspannen nicht einschätzen. Sich verabschieden bedeutet auch Abschied nehmen von den zweiten Bezugspersonen und den anderen Kindern. Das Spielmaterial und viele spannende Erfahrungen müssen losgelassen werden. Das Kind muss sich aus den vertrauten Räumen herauslösen, wieder umschalten. Die Eingewöhnungsphase ist eine wichtige pädagogische Hilfe, um diesen täglich neuen Prozess des Loslassens und Wieder-Aufnehmens zu unterstützen. Wenn er gelingt, hat das Kind am Ende gelernt, zwischen zwei Lebenswelten, deren Bezugspersonen und den damit verbundenen Verhaltensweisen im Tagesablauf zu unterscheiden. Es kann sie ansatzweise in sein Bewusstsein integrieren als zwei nebeneinander existierende Bereiche, in denen es jeweils eigene Regeln und Lebensgewohnheiten gibt.

Für die **Eltern** bedeutet die Abholphase Wiederbegegnung, sich aufeinander freuen, sich neu aufeinander einstellen, von Erwachsenen-Bedürfnissen auf Kleinstkind-Bedürfnisse umschalten, zuhören können, was die Kinder erzählen, Reste vom morgendlichen Trennungsschmerz wahrnehmen und damit umgehen, sich Zeit lassen und hinsetzen sowie Kontakt zu den Erziehern herstellen. Zeit lassen sollten sie sich auch zu Hause. Denn die meisten Kinder brauchen eine Zeit, um sich der Beziehung wieder zu vergewissern. Die individuellen Abholzeiten können Eltern und Erzieherinnen als Chance nutzen, das Spiel der Kinder zu beobachten und mitzuspielen. Erfahrungen oder Beobachtungen über das Kind auszutauschen, ist eine große Versuchung, aber im Beisein des Kindes nicht angebracht. Ein Leitsatz hierfür lautet: „Sprich mit mir, nicht über mich." Eltern, die ihr Kind immer unter Zeitdruck abholen, brauchen vielleicht Organisationshilfe. Es ist ihnen oft nicht klar, wie sehr sie ihr Kind verunsichern, wenn sie es abrupt dazu auffordern, sein Spiel zu unterbrechen und es gewaltsam aus der einen in die andere Lebenswelt ziehen.

Für die **Erzieher/-innen** bedeutet die Abholphase, die Eltern umfassend zu informieren und Informationen auszutauschen. Sie bedeutet auch das nahende Ende des Arbeitstages. Sie müssen sich plötzlich wieder auf sich selbst konzentrieren, anstatt auf die physiologischen und psychischen Bedürfnisse vieler kleiner Kinder gleichzeitig zu achten. Sie fühlen sich vielleicht für ein Weilchen leer und zurückgelassen. Gleichzeitig gilt es, zur Reflexion des Tagesablaufs und der eigenen Verhaltensweisen zu kommen, neu zu planen für den Tag und die Woche danach.

Tipp:
Ideen zur Bereicherung des Miteinanders in der Unter-Drei-Gruppe finden Sie in der Buchreihe „Aktivitäten für den Entwicklungsbereich ‚Starke Kinder'" (Beswick, Clare/Featherstone, Sally. Troisdorf: Bildungsverlag EINS, 2007): „Das kann ich gut" oder „Das bin ich".

Zum Weiterlesen:

– **Ahnert, Lieselotte:** Frühe Bindung: Entstehung und Entwicklung. München: Reinhardt Verlag, 2004.

– **Beswick, Clare/Featherstone, Sally:** Buchreihe „Aktivitäten für den Entwicklungsbereich ‚Kommunikationsfreudige Kinder'". Troisdorf: Bildungsverlag EINS, 2007.

– **Beswick, Clare/Featherstone, Sally:** Buchreihe „Aktivitäten für den Entwicklungsbereich ‚Starke Kinder'". Troisdorf: Bildungsverlag EINS, 2007.

– **Bowlby, John:** Bindung. Frankfurt/Main: Fischer, 1975.

– **Kasten, Hartmut:** 0–3 Jahre: Entwicklungspsychologische Grundlagen. Weinheim: Beltz, 2005.

– **Stern, Daniel:** Mutter und Kind: Die erste Beziehung. Stuttgart: Klett-Cotta, 2000.

– **Suess, Gerhard J./Burat-Hiemer, Edith:** Erziehung in Krippe, Kindergarten, Kinderzimmer. 1. Auflage, Stuttgart: Klett-Cotta, 2009.

10 Frühkindliches Spiel begleiten und fördern

Cemal, 2;6 Jahre alt, sitzt auf dem Fußboden. Er schiebt einen länglichen Bauklotz hin und her und nach einer Weile im Kreis herum. Dabei brummt er mal lauter, mal leiser: „Rrrrrrrr." Ella beobachtet ihn. Sie kann nicht herausfinden, welches Fahrzeug er in seinem Spiel meint. „Ist das ein Auto?", fragt sie. Er schüttelt unwillig den Kopf. „Ein Schiff?" „Neiiin!" Ella beobachtet weiter.

Jetzt beginnt er etwas Neues: Ab und zu hebt er den Klotz an der Vorderseite hoch und brummt dabei lauter und nachdrücklicher. Jetzt wird Ella deutlich, dass es sich hier um ein Baufahrzeug handeln muss, nicht um ein Auto oder ein Schiff. Nach einer Weile sagt sie: „Da fährt aber ein großer Bagger. Der muss viel arbeiten." Cemal nickt zufrieden.

10.1 Erklärungsansätze

In der Literatur finden wir viele Aspekte, Aussagen und Annahmen über Erscheinungsformen, Definitionen und Bedeutung des Spielens. In einem älteren Wörterbuch der
Psychologie (Hehlmann, 1974, S. 498) ist *„Spiel"* definiert als *„eine Tätigkeit (vorwiegend des Kindes, auch des Erwachsenenalters, oft der Tiere) die ihren Sinn in sich selber hat und nicht auf außer ihr liegende Ziele gerichtet ist."*

Interessant ist, was das Synonymlexikon dazu sagt: Hier wird „Spiel" gleichgesetzt mit
allem, was nicht ernst gemeint ist, nur scheinbar, und als Theater, Fiktion oder Fantasie
existiert. Dazu gehören Vokabeln wie Rolle, Vorstellung, Sport, Show, Zeitvertreib und

Getue. Wenn wir nach semantischen Gegenteilen für diese Begriffe suchen, finden wir im Synonymlexikon „Ernst" (sinnverwandte Wörter dafür sind u. a.: Strenge, Ernsthaftigkeit, Festigkeit, Konsequenz, Entschiedenheit, Bestimmtheit, Nachdruck) oder „Arbeit" (ähnliche Begriffe sind u. a.: Tätigkeit, Tun, Handeln, Verrichtung, Dienstleistung, Pflicht, Anstrengung, Last).

Wer das Spiel eines Kindes beobachtet, ganz gleich, wie alt es ist oder auf welchem Entwicklungsniveau es sich befindet, stellt fest, dass die Begriffe, die im Synonymlexikon als das *Gegenteil* von „Spielen" genannt werden, wie z. B. „Ernst" und „Arbeit", genau das beschreiben, was ein spielendes, in sein Tun versunkenes Kind charakterisiert. Cemal beispielsweise ist sehr ernst bei der Sache, er verfolgt konsequent seine wechselnden Ziele. Er bemüht sich um die Ausführung bestimmter Handlungen und macht dabei durchaus einen zielgerichteten Eindruck, auch wenn er, seiner Altersstufe entsprechend, kein geplantes Endergebnis erreichen will. Er ist vollständig in die Situation involviert. Er sorgt eigenständig für die Balance im Wechsel von Spannung und Beruhigung. Er nimmt sich als vollständige Persönlichkeit wahr, die etwas freiwillig und ohne Druck und Ziel tut. Was er tut, macht Freude und bewirkt etwas. **Sein Tun ist für ihn sinnvoll**, hat Bedeutung und gibt ihm gleichzeitig ausgeprägte Informationen über seine Fähigkeiten und Grenzen.

Das verbreitete Verständnis von frühkindlichem Spiel spiegelt nicht nur im allgemeinen Sprachgebrauch eine Haltung wider, die das Spiel nicht ernst nimmt, auf ungenauen Wahrnehmungen beruht und die Bedeutsamkeit frühkindlichen Tuns bagatellisiert (und damit auch seine Begleitung sowie Förderung durch pädagogische Fachkräfte).

Ganz anders denken darüber Forscherinnen und Forscher aus verschiedenen benachbarten Disziplinen (z. B. der Tierverhaltensforschung, der Biologie, der Pädagogik, Philosophie und Psychologie). Schon seit Beginn des 19. Jahrhunderts untersuchen sie das Spiel als ein interessantes Phänomen menschlichen und tierischen Verhaltens. Je nachdem, aus welcher Forschungsrichtung ein Wissenschaftler das Thema angeht, kommt er zu verschiedenen Ergebnissen. Deshalb gibt es eine unübersehbare Fülle von Theorien zum kindlichen Spiel. Häufig weichen sie voneinander ab.

Um Ihnen einen Überblick zu geben, möchten wir im Folgenden auf einige für Ihren Arbeitsbereich wichtige **Annahmen zu den Merkmalen des Spiels** im Zusammenhang mit älteren und neueren Spieltheorien eingehen.

– Rita Kohnstamm (1990, S. 159) beschreibt in ihrem Buch „veraltete" und moderne Spieltheorien. Allen gemeinsam und überdauernd ist das charakteristische Merkmal *„Spiel als Selbstzweck":* Die Tätigkeit selbst ist das Ziel; das Kind ist von sich aus motiviert, zuwendungsbereit, konzentriert und aktiv. Die Zeiterfahrung ist weitgehend ausgeschaltet, das Kind fühlt sich offenbar optimal beansprucht, Handlungs- und Problemlöseprozesse gehen glatt und flüssig vonstatten. Das Kind ist „intrinsisch motiviert": Es spielt nur, so lange es Lust hat, und sein Tun ist freiwillig.

– Daniil B. Elkonin (1904–1984) war ein sowjetischer Pädagoge und Psychologe, zu dessen Arbeitsschwerpunkten u. a. Spieltheorien gehörten. Besonders bedeutungsvoll war für ihn, dass im kindlichen Spiel immer ein *Wechsel des Realitätsbezuges stattfindet.* Im Spiel konstruiert das Kind seine eigene Wirklichkeit, und zwar eine, die seinen augenblicklichen Bedürfnissen, Gefühlen und Erkenntnissen entspricht. Es hantiert mit Gegenständen, Werkzeugen und Tätigkeiten und gibt ihnen – entsprechend dem Entwicklungsstand, auf dem es sich gerade befindet – eine persönliche Bedeutung.

Dabei wechseln ständig die Interaktionsformen – mal spielt es ganz auf sich konzentriert, mal braucht es Spielpartner – und zwar von Anfang an (vgl. Elkonin, 1980, S. 11).

- Rolf Oerter, ein deutscher Psychologe und Forscher, hat in Deutschland wesentliche Beiträge zur Strukturierung des Bereiches Entwicklungspsychologie geleistet (vgl. Oerter, 2008). Ein charakteristisches Erkennungszeichen kindlichen Spiels ist seiner Meinung nach die Tendenz zur *Wiederholung,* die in allen Spielformen beobachtbar sei (vgl. Oerter, 1999). Im Funktionsspiel (vgl. Kapitel 10.2 und 10.3) wiederholt das Kind bestimmte Bewegungsabläufe oder Handlungen so oft, bis sie gelernt sind und langweilig werden. Auch in den ersten Rollenspielen ab Ende des zweiten Lebensjahres haben Wiederholungen ihren festen Platz. Nach dem vierten Lebensjahr bekommen sie sogar einen von allen Teilnehmern anerkannten, ernst genommenen und fast ritualisierten Ablauf. Autoren, die diesen Aspekt in den Vordergrund stellen, sind Vertreter des *funktionsorientierten* Ansatzes.

- Karl Groos (1861–1946) war ein deutscher Philosoph und Entwicklungspsychologe, der als einer der ersten Wissenschaftler eine Theorie des Spielens als „Selbstausbildungstheorie" formulierte. Er war der Auffassung, dass die entscheidende Bedeutung des kindlichen Spiels eine biologische ist und das Kind auf die im Erwachsenenalter benötigten Fertigkeiten vorbereitet.

- Nach Schäfer (1995, S. 161 ff.) lassen sich in der Spielforschung zwei Hauptrichtungen ausmachen: die funktionsorientierte und die strukturdynamische Betrachtungsweise.

10.2 Funktionsorientierte Betrachtung des Spiels

Vertreter dieser Denkrichtung sind der Auffassung, dass dem Spiel bei Menschen und Tieren eine angeborene Verhaltensdisposition zugrunde liegt. Sie dient dem Überleben und der Anpassung an das soziale und dingliche Umfeld. Die besondere Bedeutung (Funktion) des Spiels liegt darin, das Kind oder das junge Tier auf die Fertigkeiten und Verhaltensweisen des Erwachsenenlebens vorzubereiten. Die Veränderungen im kindlichen Spiel sind vom Entwicklungsstand und Alter abhängig und können entsprechenden Kategorien oder Funktionen zugeordnet werden.

Einüben, Ergänzen, Erholen

Groos bezeichnete das Spiel als eine bei Tieren und auch beim Menschen *instinktgeleitete Verhaltensdisposition* mit den Möglichkeiten der *Einübung* (als Vorbereitung auf den Ernstfall), *Ergänzung* (um Handlungen zu vollziehen, die im Alltag nicht genügend vorkommen) und *Erholung* (von den Anforderungen fremdbestimmter Alltagsaufgaben). Die Bestimmungselemente des Spiels befähigen nach seiner Auffassung das Individuum dazu, das in ihm angelegte Verhaltensrepertoire optimal zu nutzen, wenn Umweltbedingungen sich ändern. Angeborene Verhaltensweisen, die Babys im Spiel einüben, sind beispielsweise alle Stadien ihrer Bewegungsentwicklung: vom Drehen zum Aufrichten, Sitzen, Robben, Aufstehen und Krabbeln zum Laufen, vom Greifreflex zum bewussten Greifen, Pinzetten- und Zangengriff. Sie alle befähigen das Kind im späteren Alter zu komplexen Leistungen. Sie bilden die Voraussetzung zur Entwicklung von Erinnerungen, Vorstellungen und Fantasie. Ohne Erinnern und Vorstellen sind Denken und Planen nicht möglich.

Neugierverhalten und Lernmotivation entwickeln

Nach Hassenstein (2007) sind *Neugier,* das Bedürfnis, etwas zu *entdecken und zu erfinden,* und das Bedürfnis zur *Nachahmung* die wichtigsten angeborenen Triebkräfte im Spiel. Bernhard Hassenstein war ursprünglich Verhaltensbiologe und forschte auf dem Gebiet der biologischen Kybernetik, d. h., er beschäftigte sich mit den biologisch-chemischen Steuerungs- und Regelprozessen, die in einzelnen Organismen, aber auch in Gruppen von Lebewesen und in ökologischen Systemen ablaufen. Erst später arbeitete er im Rahmen verhaltensbiologischer Studien zum kindlichen Spiel (vgl. Hassenstein, 2007). Die vielfältigen Spielhandlungen kleiner Kinder sind seiner Ansicht nach nicht nur zur Einübung wichtig, sondern versorgen das Kind gleichzeitig mit vielfältigen notwendigen Informationen über seine Lebenswelt. Damit hat Spielen eine wichtige Funktion in der Vorbereitung auf die Anforderungen im späteren Leben als Erwachsener.

Charlotte Bühler (1893–1974, die erste weibliche Psychologie-Professorin in Europa) beschrieb als Triebfeder und Ursache des Spiels die kindliche Funktionslust, die Freude am In-Bewegung-Sein als solcher und den Genuss, sich als Verursacher von Bewegung im weitesten Sinne zu erleben. Ihre Annahmen resultierten aus experimentellen Forschungsergebnissen, die sie auf der Basis von Tagebuchaussagen und Verhaltensbeobachtungen an Kindern erarbeitete. Wir verdanken ihr eine umfangreiche Entwicklungspsychologie des Kleinkind- und Jugendalters sowie die ersten Kleinkindertests, die lange im Gebrauch waren und Grundlage unserer heutigen Entwicklungsskalen sind.

Nachahmen

Im Gegensatz zu jungen Tieren müssen Menschenkinder sich hochkomplexe Kommunikationswege, Beziehungsformen, Techniken und Fertigkeiten erarbeiten, die über instinktgeleitetes angeborenes Spielverhalten nicht zu erlernen sind. Deshalb verfügen sie im Gegensatz zu den meisten Tierkindern über die Fähigkeit zur Nachahmung von Vorbildern (vgl. Kapitel 8.3.3). Nachahmung ist beim Neugeborenen zunächst angeborenes Imitieren einfacher mimischer Ausdrücke wie Mund-Öffnen, Zunge-Herausstrecken und Den-Kopf-Neigen. In den späteren Monaten gucken Kinder sich die in verschiedenen Kulturen unterschiedlichen Haltungen, Bewegungen und Ausdrucksweisen ab, die die Beziehungen der Menschen untereinander regeln (z. B. Händeschütteln, Sich-Verbeugen, die Hände zum Gruß zusammenlegen, Winken zum Abschied usw.).

Auch die Sprachentwicklung wird überwiegend durch spielerische Nachahmung gefördert (vgl. Kapitel 11): Zuerst ahmt das Kind seine eigenen Laute nach, kurze Zeit darauf diejenigen, die es in seinem sozialen Umfeld hört. Ab dem 18. Lebensmonat imitiert es das Sprachverhalten seiner Bezugspersonen, deren muttersprachliche Stimmmelodie, die Betonung, Stimmführung sowie Lautstärkenregelung und übt sie in den ersten Rollenspielen als eigenes Sprachverhalten ein.

Im zweiten Lebensjahr übernimmt das Kind durch Nachahmung in den ersten Rollenspielen auch alle wichtigen lebenspraktischen Verhaltensweisen und Alltagsverrichtungen. Sie sind geprägt durch das jeweilige kulturelle Umfeld des Kindes.

Erkenntnisse über Eigenschaften der gegenständlichen Welt gewinnen

Für Piaget (1977) hatte Spiel folgende Funktion: „[...] *nicht die Anpassung an das Wirkliche, sondern im Gegenteil die Anpassung des Wirklichen an das Ich ohne Zwang und Sanktionen."* *(Piaget/Inhelder, 1977, S. 49)* Das Kind erarbeitet im Spiel neue Handlungs- und Kognitionsschemata, die seine Intelligenz stärken. Piaget verstand Schemata als Mittel der Anpassung an neue Umweltbedingungen (siehe die Ausführungen zu Piaget, Kapitel 8.4.2).

Nach Piaget ist das Spielen des Kindes, wie jeder Kontakt eines Individuums mit seiner sozialen und materiellen Umgebung, eine Form *ständiger und wechselseitiger Anpassungsprozesse durch Assimilation und Akkomodation.* Während es spielt, assimiliert ein Kind fortwährend Objekte an vorgestellte Handlungsabläufe, ohne Rücksicht darauf, ob die Dinge, mit denen es umgeht, alle Eigenschaften des vorgestellten Objektes besitzen.

Cemal z. B. konzentriert sich auf diejenigen *Eigenschaften,* welche die Form eines Baggers am deutlichsten repräsentieren und mit seinen Mitteln herzustellen sind: den harten, eckigen Körper des Fahrzeugs (ein Matschklumpen würde sich weniger gut eignen), laute, brummende Geräusche (die er wohl gehört hat und durch Imitation hörbar zu machen versucht), langsame, schwerfällige Bewegungen (die er sicher ebenfalls beobachtet hat). Er ersetzt durch Brummen, Schieben und Kippen des Klotzes *Eigenschaften* des Baggers, an die er sich zwar erinnert, die er aber nicht darstellen kann (z. B. den Motor, den Steuerknüppel, die Planierraupenräder). Er ahmt nach, was er gehört und gesehen hat, z. B. das Arbeiten des Motors, die Handhabung des Steuers, das Heben und Senken der Schaufel), und versteht es dadurch besser. Sein schon vorhandenes *Wissen* um das Phänomen „Bagger" wird *stabilisiert;* weiteres Lernen wird effektiver sein (vgl. Piaget/Inhelder, 1977, S. 50 f.).

Im Verlauf seiner Entwicklung durchläuft das Kind mehrere Stadien, in denen es mit den gleichen Objekten jeweils anders umgeht und andere Erkenntnisse daraus ableitet. Im ersten Lebensjahr hätte Cemal den Klotz ergriffen, in den Mund gesteckt, gedreht und auf eine Unterlage geschlagen und dabei physikalische Erkenntnisse zu den unveränderlichen Eigenschaften dieses Klotzes gewonnen: zu seiner Größe, Form, zum Gewicht und den Geräuschen, die dieser Klotz (im Unterschied zu anderen Klötzen) beim Hinfallen und Auf-den-Tisch-Schlagen macht. Einen Bezug zum Phänomen „Bagger" hätte es noch nicht gegeben.

Im zweiten Lebensjahr hätte Cemal die Geräusche des Baggers über Nachahmung imitiert. Jetzt nutzt er für ein erstes Rollenspiel alle Erkenntnisse und Erlebnisse, die ihm zur Verfügung stehen.

10.3 Spielformen

Die **funktionsorientierten** Betrachtungsweisen der oben genannten Forscherinnen und Forscher bestimmen in den meisten Lehrbüchern, was unter Spiel zu verstehen ist und welche Bedeutung es für die kindliche Entwicklung hat. Deshalb haben in Deutschland pädagogische Fachkräfte in ihrer Ausbildung gelernt, die Entwicklung und Erscheinungsformen des kindlichen Spiels nicht prozessual, sondern kategorisierend zu beschreiben und altersabhängigen Entwicklungsstufen zuzuordnen. Wenn sie das Spiel eines Kindes beobachten, stufen sie es in eine der folgenden Kategorien ein.

1. Funktionsspiel

Das Funktionsspiel (vgl. Bühler, 1928) vermittelt Wissen über den eigenen Körper, die Beziehungen der Körperteile zueinander und in Beziehung zu den Dingen und Vorgängen in Raum und Zeit. Es vermittelt Grunderfahrungen und Grundwissen über die dingliche und personelle Umwelt. In dieser Phase ist das alleinige Ziel das *Erkunden*. Über Zerlegen, Zerreißen, Auseinanderziehen, Wegwerfen und Klopfen/Schlagen verschaffen sich Kinder Grundeinsichten über die Struktur und Beschaffenheit jedes erreichbaren

Objektes. Die Neugier auf die Beschaffenheit und die Manipulationsmöglichkeiten mit Objekten beginnt schon vor der Geburt. Sie ist am stärksten ausgeprägt bis zum zweiten Lebensjahr und kehrt in der späteren Entwicklung immer dann wieder, wenn neue Sachverhalte erkundet oder Handlungswege und Techniken erschlossen und gelernt werden sollen, also auch im Vorschul-, Schul- und Erwachsenenalter.

2. Gestaltungs- und Konstruktionsspiel

Gestaltungs- oder Konstruktionsspiele entwickeln sich in der Regel nach dem dritten Lebensjahr. Es sind realitätsorientierte Spielhandlungen mit *Ergebniserwartung*. Kinder benutzen Werkzeuge oder Gestaltungsmaterialien, um einen „Zielgegenstand" herzustellen. Dabei beziehen sie zwei Klassen von Gegenständen realitätsgerecht aufeinander, nämlich das Rohmaterial und die notwendigen Werkzeuge.

3. Fiktions- oder Rollenspiel

Nach Piaget/Inhelder (1977, S. 47 f.) und Radigk (1982, S. 41) beginnen Kinder damit ab dem zweiten Lebensjahr, wenn das Symbolverständnis sich ausbildet. Die bisher erworbenen psychomotorischen Fertigkeiten oder die Fähigkeit, Verbindungen zu erkennen, Vergleiche herzustellen, Situationen zu analysieren und Kategorien zu erkennen, nutzen sie in Als-ob-Situationen. Mit viel Kreativität deuten sie Spielgegenstände um, geben ihnen immer wieder eine neue Bedeutung und wechseln die Szene nach eigenen Vorstellungen (vgl. Gardner, 1996, S. 113 f.). Sie strukturieren dabei jedes Mal ihr bisher entwickeltes Denken, Fühlen, ihre Fertigkeiten und Fähigkeiten um.

Elkonin hat schon in den 1940er-Jahren die Entwicklung des Rollenspiels erforscht und vier aufeinander aufbauende Stadien unterschieden:

– Im **ersten** Stadium (12 bis 18 Monate) hat das Nachahmen von Bewegungen und Geräuschen Priorität. Gegenstände stehen im Mittelpunkt der Handlung und sind bestimmend. Es gibt viele Wiederholungen und „einförmige" Tätigkeiten, aber keine „realitätsgerechte" Abfolge und noch keine Einnahme bestimmter Rollen.

– Im **zweiten** Stadium (18 Monate bis 3 Jahre) steht die *Tätigkeit* im Vordergrund. Das leitende Motiv ist die Einnahme einer Rolle in einer eingebildeten Situation. Das Kind ahmt die dazugehörigen Handlungen und Dialoge nach, eventuell über Selbstgespräche. Es bemüht sich in seinem Handeln erstmals um die naturgetreue Abfolge dessen, was es in der realen Wirklichkeit erfahren hat. Im Rollenspiel mehrerer Kinder rückt das Spiel räumlich und thematisch zusammen, obwohl die einzelnen Kinder ihre Rollen und Inhalte noch nicht aufeinander beziehen oder voneinander ableiten.

– Im **dritten** Stadium (3 bis 6 Jahre) liegt das *Hauptmotiv im interaktiven* Handeln; die wichtigsten Inhalte sind die Einnahme bestimmter Rollen und die sich daraus ergebenden *Beziehungen*. Das Kind sucht sich Spielpartner, verabredet *verbindliche Rollen* und protestiert, wenn die Handlungsabläufe nicht der Realität entsprechen oder einer Funktion nicht entsprochen wird.

– Im **vierten** Stadium (ab 6 Jahre) nehmen die Handlungen und Strukturen kompliziertere Formen an: Längere Verhandlungen und Argumentationen werden notwendig, Spielregeln sind festgelegt, reale soziale Beziehungen sind der Hauptinhalt. Abgebildet werden jetzt soziale Beziehungen im *persönlichen Kontext einer Handlung.*

4. Regelspiel

Regelspiele sind soziale Spielformen, die durch vereinbarte Regeln und deren verbindliches Einhalten bestimmt sind. Das Zusammenspiel setzt voraus, dass Kinder in der Lage sind, sich auf einen gemeinsamen Gegenstand (das Spielmaterial), das Spielthema und die Anerkennung von Regeln als Absprachen zwischen Menschen zu beziehen. Das ist ab dem dritten Lebensjahr der Fall.

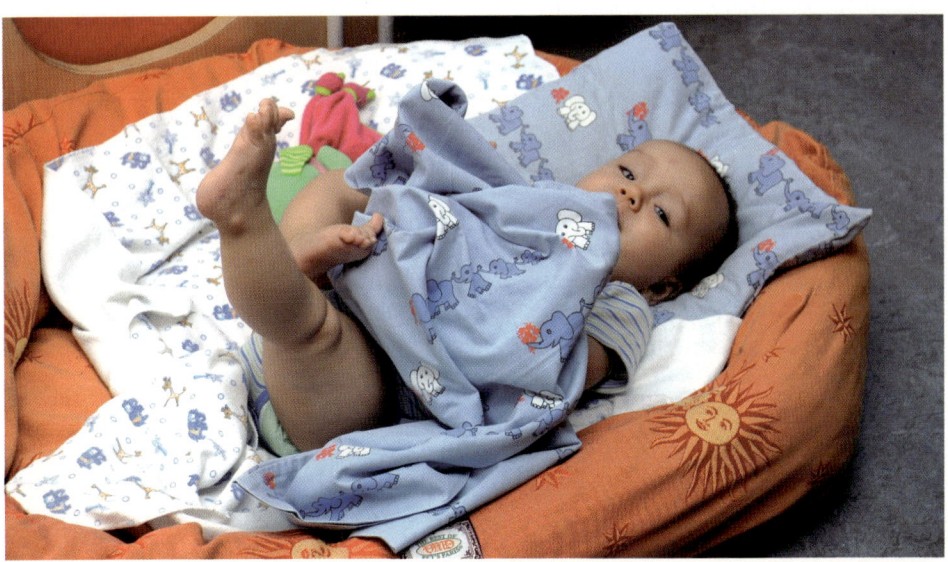

Was spielt dieses Kind? Was findet es aufregend? Was lernt es?

10.4 Strukturdynamische Betrachtung des Spiels

Cemal erweitert, wie wir oben gesehen haben, seine Kenntnisse auf mehreren Ebenen, ohne dass wir Erwachsenen dies planen, voraussehen oder logisch schlussfolgern könnten. Während er sich auf dem ebenen Boden hin- und herbewegt, erfasst er dessen taktil-kinästhetische, auditiven und visuellen Eindrücke in der Beziehung zu sich selbst. Er verändert fortwährend seine Lage und die Position des Klotzes. Damit verändern sich für ihn die Dimensionen des umgebenden Raumes. Die Beziehungen zu und zwischen den Dingen, die außerdem noch vorhanden sind, ändert er auch dauernd. Außerdem verbindet und vergleicht er seine Spielerfahrungen mit bereits abgespeicherten Vorstellungen von Baggerfahrzeugen, die ihm schon begegnet sind, die wir aber nicht kennen können. Was wir aus der Beobachtung entnehmen können ist: Der Klotz ist für Cemal ein *Symbol für eine Klasse von Objekten (Baufahrzeuge) und für ihre Eigenschaften.* Nach Bedarf kann er wechselnde Handlungen und Eigenschaften aufrufen, um sich symbolhaft das Fahren, Rumpeln, Transportieren und Heben vorzustellen. Was genau er dabei lernt, können wir nur durch genaues Wahrnehmen erschließen. Cemals Spiel enthält – wie jede freie Spieltätigkeit – viele Elemente, die *überraschend, nicht vorhersagbar und nicht logisch zu erklären* sind.

Heutige Wissenschaftler sind der Auffassung, dass die komplexen Vorgänge in der Entwicklung frühkindlichen Spiels nicht auf das Einüben von Funktionen reduziert werden dürfen. Denn das Wesentliche dessen, was sich dabei an typisch menschlicher Entwicklung abspielt, wird bei der Einteilung in einfache Kategorien übersehen.

Nach Sutton-Smith ist jedes kindliche Spiel geprägt von Vielfalt und Variation. Es bringt ständig Neues, Unerwartetes hervor. Kindliches Spiel steht in engem Zusammenhang mit der kulturellen Entwicklung eines Volkes. Je komplexer und technisierter sie ist, desto mehr Verhaltensmöglichkeiten bietet sie und desto mehr sind Kreativität und divergentes Denken gefragt – also Eigenschaften, die durch Spiel erworben werden können.

Das Spiel auch der Jüngsten ist nicht in Kategorien einzuordnen, sondern sollte jeweils unter verschiedenen Blickwinkeln aufmerksam betrachtet werden. So nähern wir uns am ehesten einem Verständnis dafür, welchen Sinn und welche Bedeutung die beobachteten Handlungen für das Kind selbst gerade haben (vgl. Sutton-Smith, 1986):

1. Die *kognitive* Struktur: Wir fragen danach, welche Wahrnehmungen, Bedürfnisse, Erkenntnisse und Absichten Cemal in seinem Spiel leiten, die er als Abstraktion und Variation „seines" Themas zeigt.

2. Die *transformative* Struktur: Wir fragen danach, was genau er uns als Umformung zeigt (z. B. durch Kippen des Klotzes, das Heben der Baggerschaufel, durch lauteres oder leiseres Brummen, die Geräusche des Motors).

3. Die *konative* Struktur (Spiel als *Umkehrung*): Wir fragen danach, welche Haltung zur Umwelt in seinem Spiel deutlich wird, worüber er Kontrolle (Macht) erhalten möchte, welche Ängste er bewältigt und womit er fertig zu werden versucht. Wenn er transformiert, hat er *Kontrolle* über die Situation, die er sich vorstellt, und kann sich **sein** Bild machen vom *Phänomen „Bagger"*.

4. Die *affektive* Struktur: Wir fragen danach, inwieweit sein Spiel ihm Belebung, Vergnügen, Befreiung und Erregung vermittelt.

Alle Aspekte gemeinsam schaffen bei jedem neuen Spiel ein größeres Repertoire an Verhaltensmöglichkeiten und Erkenntnissen als Vorbereitung auf eine nicht vorhersehbare Zukunft. Sie trainieren Flexibilität, Kreativität und Anpassungsfähigkeit an neue Situationen. Sie stärken Selbstbestimmung, Selbstwahrnehmung und eine optimistische Grundhaltung.

Schäfer (1995, S. 171 f.) weist darauf hin, dass die meisten frei gewählten Spielsituationen *gleichzeitig stabile Ordnungen und irreale Momente* enthalten. Auch kleine Kinder lassen ihr Spiel oft in kurz aufeinanderfolgenden Sequenzen ablaufen, die sehr schnell wechseln und oft in mehreren räumlichen und zeitlichen Dimensionen gleichzeitig stattfinden. Wer nur kurz hinschaut, hat den Eindruck von Zufälligkeit. Das Spiel der Jüngsten wirkt auf Außenstehende chaotisch und unlogisch und hat anscheinend nur ein Ziel: Unordnung zu veranstalten. Wer aufmerksam und möglichst vorurteilsfrei beobachtet (siehe Kapitel 13), erahnt jedoch jedes Mal eine in sich stimmige Folgerichtigkeit sowie ein Wachstum des Denkens und Handelns.

Schäfer schlägt vor, nach den Merkmalen des Spiels zu fragen, anstatt nach ihrer Bedeutung und Funktionalität. Dazu könne auf Forschungsergebnisse der Naturwissenschaften, z. B. der Physik, zurückgegriffen werden. Schäfer regt ebenfalls an, Spiel als einen *„dynamischen Kommunikationsprozess zwischen Subjekt und Wirklichkeit"* zu begreifen, in dem sich Momente der persönlich erlebten Welt des Kindes mit der Außenwelt verbinden. Es ergibt sich in jedem Spiel ein neues, dynamisches Modell von Beziehungsgeflechten mit folgenden Aspekten (vgl. Schäfer, 1995, S. 171 f.):

1. **Sozialer Kontext:**

   Ab etwa zwölf Monaten erhöht sich das Interesse am Zusammensein mit anderen Kindern beim Spielen; mit ungefähr 18 Monaten sind über das Suchen von Nähe, Berührung, gegenseitiger Imitation, und (vor-)sprachlicher Verständigung die Anfänge des gemeinsamen Spieles zu beobachten. Die Absichten der anderen Kinder werden jetzt wahrgenommen, verstanden und mit den eigenen verglichen und geistig verarbeitet. Ab zwei Jahren ist das Zusammensein mit Gleichaltrigen unverzichtbar für den Erwerb sozialer und personaler Kompetenzen. *„Die gemeinsame Konstruktion der sozialen Realität wird durch das Zusammensein mit gleichaltrigen Spielpartnern möglich und es wird die Fähigkeit zur Kooperation erworben."* (Bundesministerium für Familie, Senioren, Frauen und Jugend, 2006, S. 151) Hier entsteht im Spiel ein sozialer Kontext, in dem das Selbstwertgefühl sowie die Einstellung zur Welt und zur eigenen Kompetenz früh und nachhaltig geprägt werden. Er weist darauf hin, dass sich das nicht gelenkte kindliche Spiel *aus sich selbst heraus in einem stabilen Zustand hält,* während es sich gleichzeitig *fortlaufend aus sich selbst heraus verändert,* weil die einzelnen Spielelemente sich verändern.

2. **Instabile Situation:**

   Aus Ordnungen entstehen „Nicht-Ordnungen", die jeweils eine neue Ordnung vorbereiten. Schäfer bezeichnet solche Spielvorgänge als „instabile komplexe Strukturen", die, im Gegensatz zu „stabilen komplexen Strukturen", nicht mit einfachen Wenn-dann-Aussagen zu erklären sind. Sie erhalten sich durch zusätzlich eingegebenes Material aufrecht oder durch weiterführende Impulse Erwachsener, aber nur dann, wenn die Kinder selbst diese anfordern. **Frühkindliche Spielformen schlagen leicht um oder ändern ihre Richtung.** Schäfer vergleicht diese Ablaufprozesse mit denen „dissipativer Strukturen". In Anlehnung an die Physiker Prigogine und Strengers (1986) beschreibt Schäfer sie folgendermaßen: *„Dissipative Strukturen sind hochkomplexe Muster, die sich durch Selbstorganisation in Systemen bilden, welche sich in einem Zustand des Ungleichgewichts befinden. [...] Da Prozesse in einem instabilen Gleichgewicht selbst durch kleinste Veränderungen völlig umstrukturiert werden können, bringen auch kleinste Ursachen große Wirkungen hervor."* (Schäfer, 1995, S. 172) Solche „minimalen Impulse" können eine flüchtige Wahrnehmung sein, eine Lageveränderung im Raum, eine Erinnerung oder ein Reiz. Oft sind sie von außen nicht wahrzunehmen und man muss schon sehr genau hinsehen, um sie zu erkennen.

3. **Unvorhersagbarkeit:**

   Jeder Spielvorgang kann also jederzeit verändert und in eine neue Richtung gelenkt werden. Deshalb sind seine Ziele, sein Ausgang und sein „Lerneffekt" nicht vorhersagbar. So kann „Spiel" mit Kindern unter drei Jahren nicht als „Beschäftigung" geplant und in eine bestimmte Richtung gelenkt werden, sondern soll begleitet und durch Impulse gestärkt werden.

Auch im Spiel der Jüngsten sind **Konflikte** ein wichtiger Bestandteil der sozialen und kognitiven Entwicklung (vgl. Viernickel, 2000). Denn die Erfahrung, dass Bedürfnisse und Absichten ganz verschieden sein können, fordert Kinder dazu heraus, eigene Bedürfnisse und Absichten deutlich zu machen und die der anderen respektierend wahrzunehmen. Schon Einjährige sorgen im Spiel für heftige Auseinandersetzungen: Sie nehmen sich gegenseitig etwas weg, verteidigen ihren Besitz, stoßen Gebautes um oder melden Ansprüche durch „Mein!" an.

Weil sie das gerade ablaufende Spiel empfindlich stören, sind solche Zwischenfälle auch schon für die Eineinhalbjährigen eine wichtige Motivation zur aktiven Konfliktregelung. Denn das Spiel kann ja erst weitergehen, wenn der Streit geschlichtet ist. Je besser Kinder sich kennen, desto selbstständiger gehen sie von Anfang an mit solchen Situationen um und desto weniger sind sie auf die Unterstützung der Erwachsenen angewiesen. In solchen Situationen beginnt das Lernen über Vorbilder und Verstärkungslernen (siehe Kapitel 8.2.2), wie mit Aggression konstruktiv umgegangen werden kann. Aber auch negative Verhaltensmuster werden jetzt gelernt. Kinder, die in Konfliktsituationen weder im Elternhaus noch in der Kita lernen können, Konflikte gewaltfrei anzugehen und das eigene Verhalten zu kontrollieren, geraten leicht in eine Randsituation: Sie werden von den anderen Kindern gefürchtet und gemieden und entwickeln von klein auf das Bewusstsein und Verhalten von „Ausgegrenzten". Ohne die pädagogische Unterstützung Erwachsener können sie für die späteren Jahre kaum umlernen und zu konstruktiver Konfliktlösung finden.

Konflikttraining setzt also schon bei den Einjährigen im gemeinsamen Spiel ein, damit ein guter Umgang miteinander eingeübt wird und aggressives Verhalten als Möglichkeit sich nicht verdichten kann.

Alina (2;7 Jahre) hat sich aus dem Geschirrspüler in der Küche den Besteckkorb geholt. Das ist im Moment ihr Lieblingsspielzeug. Sie packt imaginäre Dinge hinein und holt sie wieder raus. Ella möchte wissen, was Alina spielt, und auf ihre interessierte Frage erhält sie zur Antwort: „Da wohnt ein Ninchen. Und da sind die Möhren. Und das muss man füttern. Vorsichtig aufmachen, das läuft sonst weg."
Mit welchen der oben aufgeführten Begriffe können Sie dieses Spiel beschreiben? Welche Struktur erkennen Sie?
Welche Aufgaben ergeben sich für eine Erzieherin bei diesem Spiel?

10.5 Planungsgesichtspunkte

10.5.1 Raum und Material

Eine **spielfreundliche Umgebung innen und außen** berücksichtigt viele Aspekte des kindlichen Spiels und entspricht den frühkindlichen Bedürfnissen nach
1. spontanem Umgang und Kontakt mit natürlichen Elementen (Naturmaterial, Wasser und Erde),
2. Erkenntniserweiterung über Dimensionen des Raumes und die Gesetze der Schwerkraft,
3. Möglichkeiten, über alle Sinne fortgesetzt neue Erfahrungen zu machen,
4. aktiver Bewegung, nach Erprobungsmöglichkeiten und Risiko,
5. vielfältigen Materialerfahrungen und Grunderfahrungen mit Techniken,
6. Abwechslung und Variation,
7. freiem, selbstbestimmtem Handeln, auch in der Teilhabe an Erwachsenentätigkeiten sowie
8. Rückzug, Schutz und Geborgenheit.

Körper und Sinne sind Lehrmeister und Lernmittel zugleich, die Neugier ist der Motor. Kinder setzen beides ein – den ganzen Tag über, wenn man sie lässt.

Bedürfnisgerecht gestaltete Unter-Drei-Räume sind so übersichtlich und klar gegliedert, dass die Kleinen sich darin zurechtfinden und ungestörte Kontakte zwischen einem, zwei oder mehreren Kindern möglich sind. Nicht nur der Fußboden und die Wände werden für Möbel und Spielgeräte genutzt, sondern auch die Decken: Als Befestigungsträger werden stabile Balken mit mehreren dicken Haken für schwingende und schaukelnde Ausstattungsgegenstände eingezogen.

Damit ein Gruppenraum von 40 bis 50 Quadratmetern für die Kinder nicht unübersehbar riesig wirkt und Gefühle der Verlorenheit hervorruft, kann er in kleinere Räume untergliedert werden. Das verhindert „Kontaktüberflutung" durch das ununterbrochene Zusammensein mit elf oder mehr Kindern in einem großen Raum. Wenn Rückzugsmöglichkeiten da sind, kann jedes Kind mit so vielen (bzw. wenigen) Spielpartnern zu tun haben, wie es verkraften kann.

Es gibt vier Möglichkeiten, einen Gruppenraum in kleinere Einheiten zu unterteilen:
1. Gliederung des Bodens (siehe Kapitel 6.2.4 und 14.3.2)
2. Gliederung mit niedrigen Raumteilern:
   * Kurze Treppen mit unterschiedlicher Stufenhöhe, gewellt oder kantig, führen zu Absätzen, Nischen und Rückzugszonen.
   * Niedrige standfeste Regale enthalten – übersichtlich angeordnet – Kästen mit jeweils unterschiedlichen Spielmaterialien.
   * Spielhäuser im Raum sind ein guter Platz für erste Rollenspiele.
3. Gliederung mit deckenhohen Raumteilern:
   * Regale, Trennwände und Wandschirme in Deckenhöhe schirmen Spielbereiche zuverlässig voneinander ab, sodass Kleingruppen in Ruhe ihrem Tun nachgehen können. Außerdem können in den obersten Fächern selten benötigte Materialien untergebracht werden oder solche, die Kindern nicht jederzeit zugänglich sein sollen.
   * Waagerecht eingezogene Spielebenen, Brücken, Hochterrassen und galerieähnliche Einbauten regen zum Klettern an und ermöglichen unterschiedliche Gesellungsformen sowie Tätigkeiten. Dass sie den entsprechenden Sicherungsschutz (Balustraden, Sicherungsnetze, Geländer) haben, ist Voraussetzung. Nicht alle Zwischenebenen, Balkone und Nischen müssen für Erwachsene zugänglich sein! (Allerdings muss man sie reinigen können.)

Der Waschraum eignet sich als zusätzlicher Ort für Aktivitäten, z. B. als Nass- und Matschspielzone, sofern er groß genug ist. Ohne allzu viel Arbeitsaufwand für die Betreuer und Betreuerinnen können die Kinder hier ihrer Lieblingsbeschäftigung nachgehen und genüsslich schmieren, pantschen und matschen (z. B. im aufblasbaren Planschbecken).

Beispiele für unterschiedliche Spielmaterialien

10.5.2 Spielbegleitung

Im Unterschied zum Elementarbereich ist es in der Gruppe der Jüngsten nur sehr selten sinnvoll, alle Kinder der Gruppe für *ein* Thema zu interessieren: nur im Rahmen von Kreis- und Bewegungsspielen, bei Festen oder Mahlzeiten. *Differenzierung* ist der Prozess, in dem Kinder entweder allein spielen oder sich einer mehr oder weniger homogenen Gruppe zuordnen. Wir beobachten also den ganzen Tag über eine Vielzahl wechselnd zusammengesetzter Teilgruppen mit unterschiedlichen Tätigkeitsformen.

Der untergliederte Raum macht diese Differenzierung erst möglich und entspricht der Gesetzmäßigkeit, die für alle frühkindlichen Spielsequenzen gilt.

Frühkindliche Spielsituationen sind
– kurz, eindringlich, erschöpfend,
– auf Zerlegen aus, anstatt auf Konstruktion angelegt,
– in Sicht- und Rufweite der Erwachsenen,
– materialintensiv,
– auf unterschiedlichen Schauplätzen stattfindend und
– ohne vorauszuplanendes Ergebnis.

Am Beispiel des ausgewählten **Erfahrungsbereiches** „Schüsseln, Kartons und Gefäße" wollen wir verdeutlichen, welche Grunderfahrungen durch die Auswahl und Bereitstellung bestimmter Materialien möglich sind und wie erlebnisorientierte Angebote am Vormittag gestaltet werden können.

Alle Arten von Behältern, in die etwas hineinpasst oder in denen die Kinder gar selbst Platz haben, bieten vielfache Spielmöglichkeiten und haben den Vorteil, dass sie von den Erwachsenen unabhängig benutzt werden können. Die Unterstützung durch die Erzieherinnen besteht in der Erweiterung des Gefäßerepertoires.

So lernen die Kinder, dass geflochtene Körbe sich anders anfühlen als Pappschachteln oder Metalltöpfe. Sie erfahren beim Aneinanderschlagen, dass die einen laut und blechern, andere wieder dumpf und leise und wieder andere hell klirrend klingen. Je kräftiger die Kinder schlagen, desto mehr prickelt es in Armen und Händen, desto lauter wird der Ton.

Dabei gibt es viel zu fühlen: glatt-kalt-hart, scharfkantig-glatt-kalt oder rundlich-warm-sanft. Die Muskelsinne melden dem Kind: „Das hier ist groß, leicht, nimmt viel Raum ein und lässt sich mit einer Hand bewegen (Weidenkorb). Das hier ist schwer, beide Hände werden zum Halten gebraucht, es ist hohl, es hat Griffe und ich kann es halten (Kochtopf)."

Mindestens so faszinierend ist die Entdeckung, dass in Behältern Raum ist, in den sich hineinrufen, hineinpusten oder hineinspucken lässt. Beim Hineinsprechen in das Gefäß erstaunt es, dass die Laute plötzlich dumpfer und lauter klingen.

Gefäße eignen sich zu vielerlei Handlungen: Man kann den Kopf hineinschieben, die Hände in ihnen verstecken, einen Fuß darin verschwinden lassen oder sich selbst in ihnen verstecken. Die Schüssel und der Kochtopf eignen sich gerade für den Po, der Weidenkorb für den halben Körper und der Windelkarton für Vincy und Nina gleichzeitig.

Das Spiel mit großen Pappkartons ist etwas Besonderes. Die Kinder benutzen sie als Spielhaus. Wenn sie dabei unterstützt werden, können die Klappseiten als Türen dienen. Schnell sind die Kartons Anlass für die Entstehung eines Rollenspiels.

Unterstützungsmöglichkeiten

- Requisiten aus der Rollenspielzone dazuholen und hinlegen – vielleicht verwenden die Kinder sie.
- Großbausteine hinstellen, möglicherweise werden sie als Möbel gebraucht.
- Mit dem Brotmesser ein „Klappfenster" hineinschneiden

Meist werden die Pappkartonhäuser nach kurzer Zeit umfunktioniert: zum Schiff, dann gleich zum Auto. Schließlich kippen die Kinder sich darin gegenseitig um und zerlegen anschließend den Karton in seine Einzelteile. Jetzt ergattern die kleinsten Kinder die abgerissenen Stücke, zerreißen sie in weitere kleinste Stückchen und kauen darauf herum, bis graubrauner Matsch entsteht.

Weiterführende Anregungen:

- *Aufeinanderstapeln, Ineinanderstellen und Aneinanderreihen von Behältern: Andere Kinder kommen herbei und bringen etwas mit, was auch als Klangkörper benutzt werden kann. Nach kurzer Zeit ist ein **Konzert** im Gange, vielleicht mit diesem Text:*
  Der Bram-bass-el
  fährt nach Kass-el,
  kauft ne Rass-el,
  fährt zu-rück
  nach Os-na-brück.

- *Statt Musik zu machen könnten Kinder und Erzieher aus den Schachteln auch einen **Turm** bauen. Dazu müssten viele andere Töpfe, Schüsseln oder Becher verfügbar sein, um als Baumaterial dazugeholt werden zu können. Je höher der Turm, desto spannender das Spiel. Aber nicht auf das perfekte Bauwerk kommt es an, sondern darauf, dass ein hoher Turm mit viel mehr Gepolter umfällt als ein niedriger. Vor dem Aufbauen kommt eben das Umwerfen – und das am liebsten 25-mal hintereinander. Denn Wiederholung und Übung festigt Erkenntnisse.*

- ***Papier** in Hülle und Fülle können Sie in der Gestaltungsecke oder auf dem Fußboden anbieten. Es eignen sich Papiere und Pappen in allen Formaten und Stärken, aber kein bedrucktes Zeitungspapier oder farbiges Seiden- und Krepppapier. Die Farben sind gesundheitsschädlich. Faltpapier, weißes Seidenpapier, Transparentpapier, Briefpapier, Japanpapier, Wellpappen, Papiertaschentücher, Löschpapier, Tüten, Eierkartons und Tapetenrestrollen motivieren die Kinder zum Reißen, Knüllen, Einwickeln, Schneiden Falten, Rollen und Verformen des Papiers. Sie können auch Papiermaschee herstellen, Eierkartonpampe mischen und das Papier zusammenkleben, mit der Heftmaschine verbinden oder mit Locher und Bindfaden fliegende Objekte herstellen.*

- ***Malen** kann in der Gestaltungsecke mit selbst hergestellten Farben zum herausragenden Tagesereignis werden. Dazu gewinnt die Erzieherin im Beisein der Kinder mithilfe einer Zentrifuge Rote-Bete-Saft oder Saft aus Holunderbeeren, die beide stark färben. (Achtung: Kleiderschutz nicht vergessen!) Die Kinder mischen ihn mit angerührtem Stärkebrei. Weniger farbintensiv und pflegeleichter sind Fingerfarben oder ungiftige Pulverfarben. Lebensmittelfarben sind auch geeignet, aber ebenfalls farbintensiv. Weitere Bindemittel für Farbpigmente sind einfacher Tapetenkleister, nicht parfümierter Rasierschaum oder Papiermaschee.*

– **Ton** ist ein wunderbares Material für Kinder unter drei Jahren, weil es weich, matschig und sinnlich ist, weil es in jede Richtung verformbar ist und viele Experimente mit zusätzlichen anderen Materialien zulässt. Viele Kinder mit Störungen der Wahrnehmung und Motorik brauchen diese Art von Erfahrungen. Zwischen Ton und Kind entsteht eine Verbindung, die von der Geschmeidigkeit des Materials begünstigt wird. Ängstliche Kinder können durch den Umgang mit Ton ein Gefühl der Stärke und Kompetenz gewinnen, wütende Kinder können ihn mit den Fäusten bearbeiten und auf ihn einschlagen.

Bildnerische Grunderfahrungen

Alle Kinder werden beim Arbeiten mit Ton zum Sprechen angeregt und drücken dabei Erlebnisse und Gefühle aus. Mit Ton kann sich niemand schmutzig machen, denn er lässt sich nach dem Trocknen leicht von Händen, Kleidungsstücken und Fußboden abbürsten und absaugen.

Erfahrungsangebote mit Ton:
Der Tisch wird mit einer stabilen Plastikfolie belegt, die an den Ecken festgeklebt ist, oder im Waschraum wird eine größere Fläche freigeräumt, die mit rutschfester Folie belegt wird. Für alle Kinder gibt es Kittel. Wenn es im Raum über 25 °C warm ist, können die Kinder fast unbekleidet arbeiten.

Hilfsmittel: Rundhölzer, Gummihammer (mit Noppen), Kochlöffel, Fleischklopfer und alle Dinge, die im Tonkloß einen unverwechselbaren Eindruck hinterlassen. Dazu gehören Kämme, Legosteine, Rädchen, Butterformer, kleine Plastikschachteln, Flaschendeckel und Kronenkorken.

Material: Nicht weniger als 5 kg Ton für fünf Kinder.

1. Möglichkeit: Der Ton wird mit so viel Wasser verknetet, dass ein fester Brei entsteht, in dem Kleinstkinderhände graben können. Dann häufen alle gemeinsam einen großen Berg in der Mitte auf. Jetzt arbeiten alle mit Armen, Händen und Fingern, graben ein Loch in den Berg, schachten es aus und die Hände treffen sich im Berg. Aufpassen: Gleich bricht der ausgehöhlte Berg zusammen.

2. Möglichkeit: Der Ton bleibt fest. Jedes Kind häuft seine eigenen Wälle, Berge und Flächen auf, patscht und drückt sie zusammen, gräbt, kratzt, formt Würste, Kugeln und bohrt Löcher. Zum Schluss drücken die Kinder farbige Glasmurmeln in den Ton, die beim Brennen zu wunderschönen farbigen Glasurgebilden zerfließen.

Grunderfahrungen mit Ton

Gelenkte Spielangebote werden entwicklungs- und situationsgerecht nach dem Prinzip von **Individualisierung und Gemeinsamkeit** geplant. Was ist darunter zu verstehen?

Individualisierung (damit ist das Angebot pädagogischer Hilfen für einzelne Kinder gemeint) und **Gemeinsamkeit** sind zwei Pole, die in ihrer Gegensätzlichkeit ergänzt werden müssen. Ständige Einzelförderung kann Vereinzelung bewirken. Angebote, die gleichzeitig alle Kinder mit der gleichen Tätigkeit erreichen sollen, werden in Wirklichkeit keinem Kind gerecht (bis auf wenige Ausnahmen, z. B. bei Bewegungsspielen). Wie ist diese Ergänzung von Individualisierung und Gemeinsamkeit zu erreichen? Indem wir einen Satz Georg Feusers anwenden, der seit den 1980er-Jahren Gültigkeit hat (Feuser, 1984, S. 18):

– *„[A]lle Kinder [spielen und lernen]*
– *an/mit einem gemeinsamen Gegenstand*
– *in Kooperation miteinander*
– *auf ihrem jeweiligen Entwicklungsniveau […].“*

10.5.3 Draußen spielen

Vieles aus der entfernteren Umgebung haben die Kinder aus dem Fenster oder von Bus und Auto aus schon gesehen. Aber erst die hautnahe Berührung mit Pflanzen, Zäunen, Wegen, Tieren, fremden Menschen, Gebäuden und Fahrzeugen eröffnet ihnen den Zugang zu nachhaltigen Erkenntnissen. Anders als im wohltemperierten Gruppenraum spüren die Kinder die jeweils veränderte Witterung. Ihre Sinne erfahren heiße Sonne, beißend kalten Wind, feuchtwarmen Nebel, trockenen warmen Luftzug, eisigen Schnee und kühlen Nieselregen. Ihr Organismus reagiert darauf mit Schwitzen, Sich-Wohlfühlen, Frösteln oder Zittern. Sie lernen, ihr Verhalten darauf einzustellen, und verstehen die Warnung vor nassen, kalten Füßen und zu dünnen Jacken. Sie verstehen erst dann, warum welche Kleidungsstücke wann angezogen werden, wenn sie genügend Gelegenheiten bekommen, ihren Körper den unterschiedlichen Witterungseinflüssen auszusetzen.

Die Kinder erleben sich draußen in völlig anderen Dimensionen als drinnen. Sie nehmen hohe Häuser und Bäume wahr, durch deren Laub der Himmel kaum zu sehen ist, unübersehbar lange Wege und Plätze, deren Ausdehnung erst durch weites Laufen zu ermessen ist. Sie lernen aufzupassen und machen Grunderfahrungen zu Verkehrsregeln. Kinder, die viel Zeit drinnen in einem Raum eng beieinander zubringen, regt das Draußensein zu großräumigen Bewegungsaktivitäten an.

Jede Einrichtung hat ein für die Kinder jederzeit zugängliches Außengelände mit genügend Bewegungsfreiraum. Dass es auch genügend Spiel- und Bewegungsanreize bietet, ist eine Frage von ideenreicher Aufteilung und Gestaltung. Hügel, Sandberge, Abhänge und Böschungen, Buschinseln, Heckensichtschutz, Baumgruppen und Pflanzbeete sind die Grundlage (abzusprechen mit dem Bezirksamt). Höhlen und Ecken zum Verstecken, Kriechtunnel und Pfade, Kletterhindernisse und Plateaus für den „großen Überblick" kann man nachträglich installieren. Wasser zum Planschen, Gießen und für Matschspiele liefert ein Wasserlauf oder eine lange Matschrinne mit einer Pumpe, die selbst zu bedienen ist.

Wie schon das Haus, bietet auch das Außengelände vielfältige Möglichkeiten zum Schaukeln, Schwingen und Geschaukelt-Werden. Wenn Ballspiele und Fahrzeuge auch ihren Raum haben, genügend schattige Ecken zum Zusammensitzen, Ausruhen und einfach Zugucken da sind, ergeben sich Gemeinsamkeiten ohne Regelung und Lenkung.

Zum Weiterlesen:

- **Bertelsmann Stiftung/Institut für Frühpädagogik (Hrsg.):** Wach, neugierig, klug – Kinder unter 3. Ein Medienpaket für Kitas, Tagespflege und Spielgruppen. Gütersloh: Verlag Bertelsmann Stiftung, 2006.

- **Bertelsmann Stiftung/Institut für Frühpädagogik (Hrsg.):** Wach, neugierig, klug – Kompetente Erwachsene für Kinder unter 3. Ein Fortbildungshandbuch. Gütersloh: Verlag Bertelsmann Stiftung, 2008.

- **Jacobs, Marianne/Linders, Clara:** Natur und Umwelt spielend entdecken. Troisdorf: Bildungsverlag EINS, 2006.

- **Winnicott, Donald:** Vom Spiel zur Kreativität. 11. Auflage, Stuttgart: Klett-Cotta, 2006.

11 Sprachliche Entwicklung begleiten und fördern

Die Praktikantin Katja ist im Waschraum mit dem Wickeln von Vincy (5 Monate) beschäftigt. Das klappt schon sehr gut, die Handgriffe sitzen und nach kurzer Zeit kommt sie mit Vincy auf dem Arm wieder in den Gruppenraum.

Betrachten Sie diese Situation einmal nicht unter dem pflegerischen Aspekt, sondern unter dem Gesichtspunkt der Sprachförderung. Welche Kompetenzen benötigt Katja Ihrer Meinung nach in fachlicher, sozialer und personaler Hinsicht, um Vincy auch sprachlich zu fördern? Spielt das Thema bereits bei fünf Monate alten Kindern eine Rolle?

11.1 Voraussetzungen für sprachliche Entwicklung

Wann lernen Kinder sprechen? Die Antwort auf diese Frage scheint eigentlich ganz klar: mit ungefähr einem Jahr, wenn sie beginnen Silben und Worte nachzusprechen wie „ma-ma" oder „an-ne". Heute wissen wir jedoch, dass Sprechen lernen viel früher beginnt. Bereits während der Schwangerschaft *„haben die Babys [...] die Sprechmelodie und Betonung ihrer Muttersprache kennengelernt und können deshalb, wenn sie auf die Welt kommen, schon Sprachlaute von anderen Umgebungsgeräuschen unterscheiden"* (Iven, 2009, S. 38).

Doch Babys können noch mehr: Sie können schon sehr früh einzelne Laute und ihre Muttersprache von anderen Sprachen unterscheiden. Sie kommen mit zwei sehr wichtigen Fähigkeiten zur Welt: durch Imitation lernen (als Reaktion darauf öffnen wir beim Füttern eines Babys meist unbewusst selbst den Mund) und Regeln der Sprache erfassen. Sie lernen nicht einzelne Wörter, sondern Regeln (vgl. Iven, 2009, S. 36).

Lange bevor Kinder ihre ersten Wörter und Sätze sagen können, werden die Voraussetzungen dafür durch Interaktionen mit Betreuungspersonen geschaffen. Wenn diese wenig mit dem Kind reden oder zu unterschiedlich reagieren (z. B. bei einem zu häufigen Wechsel der Betreuungspersonen), gelingt den Kindern das Erkennen von Regelhaftigkeit in der Sprache nur schwer. Nähe und Ermunterung ist also eine ganz wesentliche Voraussetzung für gelingende sprachliche Entwicklung.

> *In der Kita machen die Säuglinge regelmäßig ganz unterschiedliche Erfahrungen beim Füttern: Die Mutter ist morgens noch müde und sagt nichts. Die eine Erzieherin beaufsichtigt während der Zeit die anderen Kinder und redet mit ihnen, die nächste Person sagt: „Happa Happa!" Dann kommt jemand und sagt: „Nun füttern wir dich."*

Wie verhalten Sie sich beim Füttern eines Babys? Welche anderen Möglichkeiten erleben Sie? Vergleichen Sie Ihre Handlungen mit unseren Vorschlägen zur Begleitung der Sprachentwicklung weiter unten.

Eine weitere wichtige Voraussetzung ist, dass das Kind die Erfahrung gemacht hat und dass es etwas bewirken kann (Selbstwirksamkeit). Es weiß: Wenn es weint, kümmert sich jemand, wenn es lächelt, lächelt jemand zurück, wenn es die Hand nach einem Spielzeug ausstreckt, bekommt es dieses. Hat der Säugling dagegen erfahren, dass er nur wenig bewirken kann, wird er diese Erfahrung auf Sprache übertragen und nur wenig motiviert sein, sie einzusetzen, um etwas deutlich zu machen oder zu erreichen.

Versuchen Sie in Worte zu fassen, was dieses Kind Ihrer Meinung nach mitteilen möchte.

Bevor ein Kind sich auf Sprache einlassen kann, muss es die grundlegende Erfahrung gemacht haben, dass Kommunikation sinnvoll und erfolgreich ist. Die Betreuungspersonen müssen seine nichtsprachlichen Äußerungen verstehen und angemessen reagieren. Dieses einfühlende Verstehen (Empathie) zeigt dem Kind, dass es verstanden wird und dass seine Kommunikation sinnvoll ist.

Das Gegenteil ist der Fall, wenn ein Baby weint, weil es sich allein fühlt, und dann jedes Mal ein Fläschchen bekommt.

Als Voraussetzungen sind angeborene Fähigkeiten genannt worden und Interaktionen mit Bezugspersonen, die sich aufgrund ihres Erfolgs und ihrer Wiederholungen einprägen und das Kind ermuntern.

Dass dies nicht immer der Fall ist, zeigt das folgende Beispiel von Andreas (Iven, 2009, S. 20).

„Es ist Essenszeit. Andreas (22 Monate) sitzt mit den anderen Kindern am Tisch. Heute hat es ihm besonders gut geschmeckt. Nachdem er seinen Teller geleert hat, streckt er sich über den ganzen Tisch, um die Schüssel zu erreichen und sie zu sich heranzuziehen. Die Erzieherin hält die Schüssel fest und sagt: ‚Andreas, möchtest du noch etwas?' Andreas schaut sie an, dann schaut er die Schüssel an und hält die Hand weiter ausgestreckt. Die Erzieherin hält die Schüssel weiter fest und wiederholt: ‚Andreas, möchtest du noch etwas?' Ihr Blick, ihre Haltung und ihre Gestik signalisieren einem anderen Erwachsenen: ‚Andreas, ich möchte, dass du mir eine sprachliche Antwort gibst. Ich möchte, dass du zumindest ja oder nein sagst.' Aber was versteht Andreas in dieser Situation, in der für ihn ein großer Erfolgsdruck besteht? Er möchte doch so gerne noch etwas essen. Er spürt, dass die Erzieherin sein Anliegen verstanden hat, und trotzdem hilft sie ihm nicht, sondern hält die Schüssel fest. Vielleicht hört Andreas da raus: ‚Sie will mir nichts mehr geben.' Andreas sagt nichts. Er nimmt die Hand zurück und setzt sich wieder auf seinen Platz."

Die Voraussetzungen für sprachliche Kommunikation werden in der folgenden Tabelle noch einmal zusammengefasst und ergänzt dargestellt.

Grundlegende Voraussetzungen

Sensorik:	Motorik:	Emotion:	Kognition:
Objekte und Personen der Umgebung hören und sehen können	sich bewegen können, Objekte und Personen begreifen können	Bedürfnisse befriedigt bekommen, Zuverlässigkeit erfahren	Aufmerksamkeit Wiedererkennen Gedächtnis

Kommunikation und Interaktion von Anfang an

Das Kind beeinflusst mit seiner Bedürfnislage und deren Mitteilung (Schreien, Strampeln, Lallen, Gurren usw.) die Kommunikation. Es gestaltet den interaktiven Dialog aktiv mit.

Spezielle sprachrelevante Fähigkeiten

soziale Kognition:	Sprachwahrnehmung:	sprachliche Kognition:
– Aufmerksamkeit für Gesicht und Stimme – soziale Imitation (Lächeln, Tonfall, Gesten, Lallen)	– Wahrnehmung sprachlicher Unterschiede – Bevorzugung von Muttersprache und „babytalk" – Erkennung von Silbenrhythmus und Wörtern	– Erkennung und Kategorisierung von Objekten – Bedeutung konventioneller Gesten (Winken, Kopfschütteln) – Bedeutung referentieller Gesten (Zeigen, Bitten, Hinweisen) – Gedächtnis für Sprache

Sprachliche Perzeption

Erkennen von Wörtern, Begriffsbildung, Erkennen des Zusammenhanges von Bezeichnung und Objekt

Sprachliche Produktion

erste sinnvolle Wörter im Alter von 10–14 Monaten

(vgl. Grimm, 2003, S. 25)

11.2 Schritte im Spracherwerb erkennen

Zum Spracherwerb von Kindern wird sehr intensiv geforscht, sodass die Erkenntnisse zum Erst- und Zweitsprachenerwerb, zur Bi- und Multilingualität sich ständig erweitern und in der entsprechenden Fachliteratur vorgestellt werden. Wir beziehen uns in unserer Darstellung vorwiegend auf die pädagogischen Aspekte der sprachlichen Entwicklung. Um zu verdeutlichen, wie es dazu kommt, dass Kinder im Laufe ihres zweiten Lebensjahres Dinge nicht allein durch Handeln, sondern auch mit Worten erfassen und als Information weitergeben können, sehen wir uns den Weg über die sechs Phasen der geistigen Entwicklung noch einmal an (vgl. Kapitel 8.4.2, konstruktivistische Theorien):

1. In der ersten Zeit tut das Baby durch „moduliertes Schreien" verschiedene Zustände des Unbehagens („Schmerz-/Hunger-/Einsamkeitsschreien") kund. *„Außerdem lässt sich beobachten, dass ein kleiner Säugling mit Bewegungen darauf reagiert, dass man ihn anspricht." (Jaszus, 2008, S. 262)*

2. Aber einige Wochen nach der Geburt (zu Beginn der zweiten Phase) beginnt es, spielerisch und sinnfrei Schnalz-Gurgel-bbbb-Laute als einfache Gewohnheiten zu produzieren. Worte und Gegenstände fesseln seine Aufmerksamkeit. Es kann aber noch keine Verbindung zwischen beiden herstellen, sondern sich nur auf eines von beiden konzentrieren: auf das Gesicht und seine Mimik oder den Gegenstand in seinem Blickfeld.

3. In den nächsten Entwicklungsschritten fängt das Baby an, Laute aktiv zu wiederholen und „mit Betonung" einzuüben. Es merkt auf dieser Stufe genau, wann und mit welchem Gefühlsinhalt, in welcher Tonhöhe und Lautstärke die Erzieherinnen und Erzieher mit ihm sprechen. Es imitiert zunächst unbewusst deren Tonmodulationen und benutzt dabei Silbenketten in allen Variationen: zum Kontakt-Herstellen und zum Mitteilen seiner Befind-

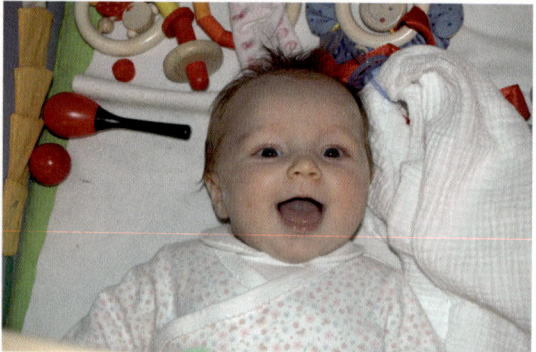

Viktoria wird angesprochen und ist aufgeregt.

lichkeit. Das Miteinander-„Sprechen" und „-Antworten" ist auf dieser Stufe erster Ausdruck von Sprachverständnis und bereitet die spätere Gewandtheit beim Sprechen vor.
Es kann jetzt auch einen ihm fremden Gegenstand in die Hand nehmen, z. B. einen Schuh, und gleichzeitig die Erzieherin ansehen und auf ihre Reaktion warten: „Was sagt Ella wohl dazu?"

4. Darauf aufbauend (ab neun Monaten) werden die Kinder zum Sprechimitator. Sie benutzen Silbenketten als Mittel zum Ausdruck von Gefühlen und Bedürfnissen. Mehr und mehr Lautkomplexe übernehmen sie durch Hören und Abgucken. Sinnesgeschädigte Kinder brauchen hier aktive Unterstützung: Wer nicht gut sehen kann, muss mehr hören und dabei den Mund der Erzieherin abfühlen dürfen. Wer nicht gut hört, braucht besondere Zuwendung und die Möglichkeit, die Mundbewegungen der Erzieherin beim Sprechen genau zu sehen.

Am besten gelingt die Lautbildung – und das betrifft alle Kinder, nicht nur sinnesge-schädigte –, wenn die Erzieherinnen mit dem Kind deutlich, fast überbetont sprechen. Auf dieser Stufe ist Sprache noch eine „Lautklangfolge" mit *Gefühlsinhalt,* aber ohne vermittelbaren *Sinngehalt.* Den bekommt sie erst in der nächsten Zeit, durch uner-müdliche Zwiesprache mit anderen Menschen während des Tagesablaufes. Immer wieder erfährt das Kind, dass wahrgenommene Dinge und Vorgänge einen bestimm-ten Namen haben und dass mit diesem Namen eine ganz bestimmte Bedeutung verknüpft ist. Auch deshalb sind viele, von Erziehern verbal begleitete Erlebnisse zum Aufbau der Sprache von fundamentaler Bedeutung.

5. In der Experimentierphase haben Kinder schon viele Erfahrungen mit Sinngehalten gemacht. Sie wissen, wie Dinge heißen, aussehen, sich anhören, schmecken und riechen und was damit zu machen ist. Sie merken, dass Sprache Dinge, Zustände und Handlungen symbolisiert. Jetzt begreifen sie, dass sie durch das gesprochene Wort Erfahrungen mit Dingen wieder hervorholen und anderen mitteilen können. Weil die meisten Wörter noch zu schwer auszusprechen sind, finden sie eben eine einfa-chere Bezeichnung: „Wawa" für Kinderwagen, „Dada" für alles, was mit Rausgehen zu tun hat, „Wauwau" für alle vierbeinigen Tiere und „Mama" und „Papa", um Wün-sche, Sehnsüchte, Bedürfnisse und freudige Ereignisse mitzuteilen.

6. Etwa ab dem 13. Monat zeigt sich das Nachahmungsbedürfnis in der Echosprache: Kinder ahmen die Sprache der Erwachsenen nach, natürlich vorerst mit einzelnen Silben. Weil Kinder sich jetzt erinnern und sich etwas vorstellen können, versuchen sie, ganze Handlungsabläufe mitzuteilen. So kann das eine Wort „Mam" beinhalten: „Ich habe Hunger und möchte essen." Charakteristisch auf dieser Stufe ist die Benut-zung von (aus zwei Silben bestehenden) Hauptwörtern. Sie ermöglichen, mit einem Wort viel auszudrücken, und ersetzen fehlende Grammatik. Erzieherinnen und Erzie-her kennen „ihre" Kinder und die Bedeutung ihrer Wörter an der Stimmhöhe und Modulation. Wenn die Kinder von ihnen angesprochen werden, reagieren diese nicht auf den ganzen Satz, sondern auf die am meisten betonten Teile.
Für manche Erwachsene sind kindliche Wörter und kindliche Sprache eine defizitäre Sprache, sie ist noch nicht „richtig", weil sie nicht der Sprache der Erwachsenen ent-spricht. Aber wie ein einfaches Spielzeug, mit dem das Kind das Spielen beginnt, sind kindliche Wörter eine sinnvolle Vereinfachung. *„Der Wauwau ist ebenso wenig ein falsches Wort für Hund, wie Krabbeln eine falsche Form von Laufen darstellt."* (Iven, 2006, S. 56) Mit zunehmender Sprachkompetenz wird das Kind weniger kindliche Wörter benutzen, weil es mit dem Sprachschatz der Erwachsenen genauer ausdrücken kann, was es meint.

7. Das Symbolbewusstsein der nächsten Entwicklungsstufe hat zur Folge, dass die Kinder durch Fragen immer wieder neue Wörter kennenlernen wollen: „Is das? Und da? Isn das?" Wenn möglichst viele Fragen beantwortet werden und in der Gruppe eine le-bendige sprachliche Kommunikation hergestellt ist, wächst ihr Wortschatz bis zum Ende des zweiten Jahres bis auf 300 Wörter (und mehr). Ab dem 18. Monat entstehen zuerst **Zweiwortäußerungen** im Telegrammstil – es werden hauptsächlich Haupt-wörter, Zeitwörter im Infinitiv und wenige Eigenschaftswörter gebraucht.

Mehrwortsätze bilden Kinder etwa ab zwei Jahren. Die Grammatik der Erwachsenen ist ansatzweise zu erkennen: „Daniela Auto baut." Die Kinder beginnen ihre unbewusst gesammelten Erkenntnisse über Sprache auszuprobieren. Wenn sie „gemerkt" haben, dass der Plural häufig durch ein angehängtes „n" ausgedrückt wird, erzählen sie bei-spielsweise „Augen, Ohren, Nasen, Munden".

Jede der hier beschriebenen Entwicklungsphasen ist wichtig und den Kindern sollte erlaubt werden, sie in ihrem Tempo und ihrer Eigenart zu durchlaufen. Ein Zwang zum möglichst frühen und korrekten Sprechen ist kontraproduktiv und entmutigend.

Meilensteine im Spracherwerb (vgl. auch „Frühpädagogik – Arbeitsheft", 2010, S. 72–74)

Tracy (2008, S. 77–88) unterscheidet vier Meilensteine im Spracherwerb, die Kinder nacheinander erreichen. Diese sollen im Folgenden kurz beschrieben werden, da sie die Möglichkeit bieten, anhand der kindlichen Äußerungen zu erkennen, welchen Meilenstein das betreffende Kind erreicht hat.

Meilenstein I (M I)

Im Alter von zehn bis 18 Monaten wird der erste Meilenstein der kindlichen Satzkonstruktion erreicht. Die Äußerungen bestehen aus einzelnen Wörtern, hauptsächlich Substantiven und Verben, aber auch aus Partikeln. Partikel sind unveränderliche Wörter, z. B. „doch". Sie können Teile eines Verbs sein, die auch vom Verb getrennt werden können, z. B. „aufmachen": „mach … auf". Es folgen Wortkombinationen, der Wortschatz umfasst ungefähr 50 Wörter. Beispiele für diesen Meilenstein sind „Mama", „(F)lasche", „auf" und „Wauwau essen".

Meilenstein II (M II)

Im Alter von 18 bis 24 Monaten wächst der Wortschatz auf ungefähr 200 Wörter an. Verben werden im richtigen Kontext benutzt (wer tut was?). Die Grundform der Verben und andere Verbformen werden genutzt („Lisa zu macht"). Verbteile stehen korrekt am Ende des Satzes („Licht an!"). Der Satzbau ist zwar noch unvollständig, aber zwischen den aufeinanderfolgenden Äußerungen ist ein Bezug festzustellen. Erste Sprachregeln zur Konjugation (Veränderungen der Verben, z. B. je nach Person und Zeit) und zum Satzbau werden entdeckt.

Meilenstein III (M III)

Mit zwei bis drei Jahren können Kinder einfache Sätze bilden, das finite (gebeugte und konjugierte) Verb steht an der zweiten Stelle im Satz. Neue Wortklassen kommen hinzu, die schwerer zu erfassen sind, wie Artikel und Adjektive. Die richtige Konjugation wird sicher gewusst.

Meilenstein IV (M IV)

Ab ungefähr 30 Monaten beginnen Kinder, auch komplexere Sätze korrekt zu bilden, zu denen auch Nebensätze gehören. Ein fehlendes Verbteil steht in der richtigen Form am Satzende.

Die Meilensteine in der Entwicklung von Satzkonstruktionen werden in der folgenden Übersicht dargestellt (vgl. Tracy, 2008, S. 83).

Erläuterung zur Tabelle:

Neben den Meilensteinen (M) finden Sie vier Spalten, die jeweils unterschiedliche Satzteile bezeichnen. Im Vorfeld befinden sich das Subjekt oder andere einleitende Elemente (z. B.: „Wir sind nach Hause gegangen"). Es folgt im Deutschen an zweiter Stelle das finite Verb V2 („Wir sind nach Hause gegangen"). Wenn ein Verb aus mehreren Teilen besteht, befindet sich der zweite Teil am Ende des Satzes VE („Wir sind … gegangen"); dazwischen ist das Mittelfeld („… nach Hause …"). Bei komplexen Sätzen steht an Stelle des ersten Verbteils eine Konjunktion als Satzverknüpfung (z. B. „wenn", „dass", „weil").

Meilensteine der kindlichen Satzkonstruktion				
	Vorfeld	**V2/Konjunktion**	**Mittelfeld**	**VE**
M I	Mama			
				auf
M II			Tür	auf
			Mama Bus	fahren
			Mama auch Kette	
M III	jetzt	geh	ich	hoch
	da	kommt	Ball	rein
	Valle	hat		(pro-)biert
M IV	Valle	hat		probiert
		ob	das	pfeift
		wenn	die Julia Futter	reintut

Zum besseren Verständnis und zum Vergleich sind in der folgenden Tabelle die vollständigen Sätze eingefügt, wie ältere Kinder oder Erwachsene sie benutzen:

	Vorfeld	**V2/Konjunktion**	**Mittelfeld**	**VE**
M I	Mama			
				auf
M II			Tür	auf
	Mama	fährt	Bus	
	Mama	hat	auch eine Kette	
M III	jetzt	geh	ich	hoch
	da	kommt	der Ball	rein
	Valle	hat	das	probiert
M IV	Valle	hat		probiert
		ob	das Meerschwein	pfeift
		wenn	Julia das Futter	reintut

- *Hören Sie Kindern unter drei Jahren zu.*
- *Notieren Sie ihre sprachlichen Äußerungen.*
- *Ordnen Sie diese den Meilensteinen in der Tabelle zu.*

11.3 Sprachentwicklung begleiten

Überlegen Sie: Was hätten Sie in dieser Situation zu dem Kind gesagt?

Aus dem bisher Gesagten ist sicher deutlich geworden, wie wichtig es ist, mit dem Kind zu sprechen, um es zum Sprechen anzuregen. Aber wie sollten Erwachsene mit Kleinkindern reden?

Zunächst sollte es selbstverständlich sein, dass die betreuenden Personen selbst in der Sprache sicher sind, die sie vermitteln möchten. Und sie müssen in der Lage sein, kindgerecht zu sprechen, d. h. zunächst in einfachen, kurzen und korrekten Sätzen.

Das Angebot der Erzieherin zum Sprechenlernen lässt sich in drei Stufen unterteilen (vgl. Iven, 2006, S. 54 f.). Sie stellt sich damit auf die sich verändernden Bedürfnisse des Kindes ein.

- Im **ersten Lebensjahr** wendet sie sich mit einem kindgemäßen Wortschatz in einem hohen Tonfall und mit langen Pausen an das Baby. Sie spricht die kurzen, einfachen Sätze betont deutlich und ermöglicht es so dem Kind, einen Zusammenhang zwischen Wörtern und Personen oder Gegenständen herzustellen. In einem weiteren Schritt übernimmt das Kleinkind die Sprechmelodie und erwirbt ein erstes, grundlegendes Sprachverständnis (Ammensprache).
- Im **zweiten Lebensjahr** richtet die Erzieherin gemeinsam mit dem Kind die Aufmerksamkeit auf bestimmte Objekte und Handlungen. Sie benennt die Objekte und Personen, beschreibt ihre Handlungen, immer noch in einfachen Sätzen und gleichen Formulierungen, sodass sich für das Kind Verknüpfungen ergeben, mit deren Hilfe es seinen Wortschatz und Satzbau bei immer wiederkehrenden Alltagssituationen erweitern kann (stützende Sprache).

– Im **dritten Lebensjahr** erweitern sich die Fähigkeiten des Kindes, Vokabeln und Regeln zu lernen, und es wird dabei durch Fragen und Umformulierungen der Erzieherin unterstützt (lehrende Sprache).

Falls Sie ein Baby betreuen, versuchen Sie einmal, ihre Handlungen beim Wickeln zu beschreiben. „Jetzt ziehe ich deine Jacke aus. Nun kommen die Knöpfe. Da ist dein Arm …"

Falls Sie zurzeit kein Baby betreuen, können Sie auch mit einer Puppe üben.

Fällt Ihnen dieser Monolog leicht? Vergegenwärtigen Sie sich noch einmal die Funktionen dieser Ansprache, falls er Ihnen schwerfällt.

Begriffsbildung anregen

Da das Erlernen der Sprache nur durch die gleichzeitige Erfahrung über alle Sinne sowie durch Bewegung und Handlung erfolgt, wird die Begriffsbildung, z.B. der Körperteile, erleichtert, wenn die Erzieherin beim Baden und Anziehen das Gesicht, die Arme und Beine sowie den Bauch des Babys streichelt und dabei – außer den einfachen, gut artikulierten Sätzen – liebenswerte kleine Kinderverse spricht. So stellt das Baby eine Verbindung zwischen Fühlen des eigenen Körpers, Gesehenem und Gesprochenem her. Außerdem vermitteln diese Verse Nähe und die Botschaft: „Wir mögen uns und wir haben Spaß aneinander!"

Förderung der Sprechmotorik

Lust am Sprechen und sprachliches Können fördert man schon früh durch Stimulation der Beweglichkeit von Lippen, Gesichtsmuskulatur und Zunge.
Dazu gehören:
– Blasen und Pusten, z.B. mithilfe von Windrädern, Seifenblasen, Pusteblumen, Kerzenflammen, Strohhalmen und schwimmenden Gegenständen in einer wassergefüllten Schüssel.
– Schlürfen, z.B. von Wasser aus dem Teller, Saft aus dem Becher und Eis von der Waffel.
– Backen aufblasen und mit den Händen eindrücken.
– Ablecken, z.B. von Honig, Zucker oder Schokoladenstreuseln von der eigenen Nasenspitze, vom Kinn, von der Oberlippe und aus den Mundwinkeln.
– Saugen, z.B. aus der Babyflasche, aus einem engen oder weiten Strohhalm.
– Musik mit dem Mund machen: zuerst einzeln summen, sich räuspern, niesen, husten, mit den Lippen knallen, mit der Zunge schnalzen, pusten, mit den Zähnen klappern, zischen, stöhnen, pusten und brummen; dann als ganzes Orchester.

Tipp:

Eine methodisch gut aufbereitete Vielfalt von Anregungen für Erfahrungsangebote zur Sprachanbahnung, -förderung und -begleitung finden Sie in der Buchreihe „Aktivitäten für den Entwicklungsbereich ‚Kommunikationsfreudige Kinder'" (vgl. Beswick/Featherstone, 2007).

11.3.1 Bilderbücher

Die ersten Bilderbücher sollten
- nur einen Gegenstand auf einer Seite in den natürlichen Farben haben und
- ohne Überschneidungen und perspektivische Verkleinerungen abbilden.

Für erfahrene Bücherwürmer (etwa ab zwei Jahren) dürfen es schon mehrere Gegenstände auf einer Seite sein, die kleine Handlungsabfolgen aus der Kinderumwelt abbilden.[1]

Jana erklärt Olaf, was der Biber tut.

Bilderbuchbetrachtungen sind ein besonderer Genuss, wenn die dort vorkommenden Gegenstände (z.B. ein Teddy, ein Eimer, ein Löffel) neben das Abbild im Buch gelegt werden, vielleicht sogar einige verschiedene Exemplare des gleichen Gegenstandes.

Möglicherweise gibt es noch Bilder oder Poster an der Wand dazu oder ein Mobile, an dem die gleichen oder ähnliche Dinge hängen. Das regt zum Vergleichen, Fragen und Erkennen wichtiger Merkmale an.

Bilderbücher kann ein Kind nie genug haben. Und weil sie teuer sind und den aktuellen Interessenstand einer Gruppe oder bestimmter Kinder nicht immer berücksichtigen können, lohnt es sich, sie selbst zu machen. Das ist ganz einfach: Gruppenfotos sammeln oder zusammen mit den Kindern reizvolle Bilder aus Katalogen und Zeitungen aussuchen, diese im Beisein der Kinder ausschneiden, auf festes Papier kleben, dieses in eine Klarsichthülle schieben, fest zuklammern und zusammenbinden.

Schriftsprachkultur

Schon in den ersten Lebensjahren kann Kleinkindern die Wichtigkeit von Schriftsprache in unserer Kultur nahegebracht werden. Sie können miterleben, wie Einkaufszettel geschrieben oder Beobachtungen festgehalten werden. Die Erzieherin schreibt Erläuterungen zu Bildern auf, die die Kinder angefertigt haben. Sie liest und schreibt mit den Kindern und ermutigt sie, lesen und schreiben auch zu spielen (vgl. Winner, 2007, S. 113–128).

---

[1] *Das abgebildete Bilderbuch heißt: „Mathe Mosaik. Die Welt der Zahlen im Kindergarten" (Olstorpe, Kristina/Lundberg, Monica/Olstorpe, Roland/Skoogh, Lennart/Johansson, Håkan/Olstorpe, Sofia. Bilder von Thomas Carlsson. Troisdorf: Bildungsverlag EINS, 2007).*

11.3.2 Puppen und andere Figuren, Rollenspiele

Alle Gegenstände aus dem Alltag der Erwachsenen sind, insbesondere für die etwas älteren Kinder, eine unmittelbare Herausforderung zum Rollenspiel, der Kochtopf ebenso wie das Telefon. Im Umgang damit drücken sie ihre momentane Befindlichkeit aus und das, was sie am meisten beschäftigt. Auch neu gewonnene Erkenntnisse und offene Fragen spiegeln sich im Rollenspiel wieder, je nach Entwicklungsstand des Kindes.

Kinder geben den Dingen eine Stimme und lassen diese so handeln, wie es ihren eigenen momentanen Absichten und Bedürfnissen entspricht.

Handpuppen, einfache, selbst gemachte Marionetten oder Kuscheltiere aus Socken sind dabei hervorragende Gesprächs- und Handlungspartner. Sie regen auch das schüchternste Kind an, zu antworten, wenn die Erzieherin es damit anspricht.

So ist es nicht verwunderlich, dass ein schnell aus einem Frotteetuch geknoteter oder aus einer Socke gestopfter Kopf sofort von den Kindern als lebendiges Wesen erkannt wird, das gerade zu Besuch gekommen ist.

Eine solche Handpuppe kann für ein von den Kindern begonnenes und vielleicht gerade ins Stocken geratenes Rollenspiel eine weiterführende Anregung sein.

> *Ohne Verwunderung und voller Mitgefühl reagieren Cemal (2;2 Jahre) und Marina (2;9 Jahre), die gerade Einkaufen spielen, darauf, dass die Knotenpuppe plötzlich spricht und sich darüber beklagt, dass Mama sie nicht mit zum Einkaufen genommen hat.*
>
> *Marina erzählt daraufhin von ihren Einkaufserlebnissen. Sie erinnert sich, was ihr Vater in den Wagen gelegt hat, kommt auf neue Spielideen und holt sich für ihr Spiel gleich entsprechende Gegenstände dazu. Cemal scheint die Rolle der Mutter zu übernehmen. Erregt schlägt und beschimpft er die Puppe, sie sei böse und frech, und verbietet ihr nachdrücklich mitzukommen. Die Erzieherin hält die Puppe so, dass Cemal sich ausagieren kann, aber als er seine Beschimpfungen auf ein anderes Kind ausdehnen will, stoppt sie ihn und lenkt seine Aufmerksamkeit auf die Puppe zurück. Schließlich hat er genug. Er beobachtet, dass andere Kinder hinzugekommen sind und sich einschalten, um die Puppe zu trösten. Das sieht er sich eine Weile mit an, dann sagt er „Mein!" und nimmt sie der Erzieherin aus der Hand, um mit ihr in der Puppenecke zu verschwinden.*

Die Knotenpuppe hat es der Erzieherin ermöglicht, sich als Person gleichzeitig einzugeben und herauszulösen. Ohne normative Eingrenzung konnte Cemal erfahren, welche Handlungs- und Erlebnismöglichkeiten in diesem Konflikt stecken, und konnte zu einem für ihn befriedigenden Abschluss gelangen. Über die Identifikation mit einem vorgestellten Rollenspielmitglied konnte er eigene Erlebnisse ausdrücken und verarbeiten. Und er hat gelernt, dass aggressives Verhalten gegenüber anderen ein ungeeignetes, von vielen abgelehntes Mittel der Auseinandersetzung ist.

So ist das Rollenspiel ein gutes Beispiel dafür, wie Sprache das Lernen durch Handeln erweitert und zugleich das Sprech- und Sprachvermögen angeregt und entwickelt wird. Eine entwickelte Sprache eröffnet dem Kind schließlich wieder ganz neue Erfahrungen, neue Sichtweisen, Gedanken und neue Zugänge zum Verständnis seiner Welt.

11.4 Mehrsprachigkeit

Angesichts der vielen verschiedenen Nationalitäten in einer Gruppe und wenigen mehrsprachigen Erziehungskräften, oder solchen mit einer anderen Muttersprache als Deutsch, ist es naheliegend, dass Deutsch die Sprache ist, in der sich alle gemeinsam zu verständigen lernen. Hinzu kommt, dass die Kindertagesstätte auch einen Beitrag zur gesellschaftlichen Teilnahme der Kinder mit Migrationshintergrund an ihrer Lebensumwelt leisten soll.

Die meisten dieser Kinder erfahren in ihrer Familie eine weitere Sprache neben Deutsch, nämlich ihre Muttersprache. Eine gelungene zweisprachige Erziehung ist eine Bereicherung für die Kinder und erleichtert ihnen eventuelle Schwierigkeiten, die sich aus der Anforderung ergeben, zwei Kulturen, Traditionen usw. gerecht zu werden.

Der Erwerb der Muttersprache ist unter folgenden Gesichtspunkten für Kinder bedeutsam, die aus nicht Deutsch sprechenden Familien kommen:
– als Kommunikationsmittel in der Familie und mit anderen Bezugsgruppen aus dem Heimatland,
– zur Erhaltung der kulturellen Identität des Kindes
– und als Lerngrundlage zum Erwerb der Zweitsprache.

Das bedeutet, dass in der Kita die Muttersprache nicht nur toleriert wird, sondern aktiv zu fördern ist, z. B. durch
– positive Reaktionen auf das Miteinander-Sprechen der Kinder aus dem gleichen Herkunftsland in ihrer Sprache;
– Unterstützung und Ermutigung der Eltern, konsequent mit den Kindern in ihrer Sprache zu sprechen;
– Einbeziehung mehrsprachiger Erzieherinnen;
– Aufnahme von Sitten und Gebräuchen, Lebensgewohnheiten, Liedern und Versen unterschiedlicher Kulturen in die pädagogische Arbeit und den Alltag der Kita.

Bei der zweisprachlichen Entwicklung von Kleinkindern ist zu bedenken, dass
– die wichtigsten Stadien der muttersprachlichen Entwicklung im Schulalter abgeschlossen sind. Das gilt in der Regel auch bei zweisprachiger Erziehung.
– sie im Ein- und Zweiwortstadium über einen „Gesamtwortschatz" mit Wörtern aus beiden Sprachen verfügen. Wenn sie einen Gegenstand in einer Sprache benennen, können sie dasselbe oft noch nicht in der anderen Sprache sagen, selbst wenn sie die Bedeutung in der anderen Sprache offensichtlich kennen.
– Kinder anfangen, beim Sprechen nach Personen zu trennen, wenn sie einen größeren aktiven Wortschatz zur Benennung von Dingen und Handlungen in beiden Sprachen besitzen.

Sie können mit den Eltern in der Muttersprache und schon im nächsten Satz mit anderen Kindern oder Erzieherinnen Deutsch sprechen. Dabei sind manchmal Doppelungen zu hören (das Kind wiederholt ein Wort in beiden Sprachen) oder auch Übertragungen aus den grammatikalischen Strukturen der jeweils anderen Sprache.

Es hat sich für die Kinder als hilfreich herausgestellt, wenn die Sprachen bestimmten Personen oder Bereichen (Zuhause/Kita) zuzuordnen sind. Das gilt auch für bilingual (mit zwei Sprachen) aufwachsende Kinder, die mit einer Mutter- und einer Vatersprache am besten zurechtkommen (vgl. Iven, 2006). Ob Kinder auf Dauer zwei oder mehr Sprachen nutzen, hängt von der Bedeutung ab, die diese Sprache für sie hat. So haben in zweisprachigen Kindergärten die Kinder einen wesentlich größeren aktiven Wortschatz in beiden Sprachen, wenn eine Sprache in der Umgebung und eine in der Familie gesprochen wird.

Die eigene Einstellung zur Mehrsprachigkeit überprüfen (vgl. auch „Frühpädagogik – Arbeitsheft", 2010, S. 74f.)

Für einige Menschen ist es nicht so leicht, zu akzeptieren, dass ein Kind mit zwei oder mehr Sprachen aufwächst. Zum einen glauben sie, dass ein mehrsprachig aufwachsendes Kind überfordert ist, zum anderen können sie nicht alle Sprachen in ihrer Wertigkeit als gleich akzeptieren. Meist werden Unterschiede gemacht, obwohl andere Kulturen immer eine Bereicherung sein können.

Der Aspekt der *Akzeptanz* soll hier zunächst mit zwei Übungen vertieft werden.

Als Erstes möchten wir Sie veranlassen, Ihre eigene Einstellung zur Mehrsprachigkeit zu überprüfen. Nutzen Sie dafür die von Friedemann Schulz von Thun vorgeschlagene Methode des „inneren Teams" (vgl. Schulz von Thun, 1998, S. 92–94). Falls Ihnen diese Methode noch nicht bekannt ist, stellen wir sie kurz vor:
Schulz von Thun geht davon aus, dass wir nicht nur mit einem „äußerem Team" zusammenarbeiten – als Erzieherin z. B. mit Kollegen, Heimleitung und Träger –, sondern auch mit einem „inneren Team". Jedes dieser Teammitglieder ist ein Symbol für Gedanken, Gefühle Einstellungen usw. zu einem bestimmten Sachverhalt. Sehr selten haben wir eine eindeutige Position zu einem Thema. Wäre das der Fall, gäbe es im inneren Team z. B. nur den Ordnungshüter, der verkündet: „Das macht man genau so und nicht anders!" Viel häufiger gibt es dann zusätzlich den „Ängstlichen" mit der Position: „Das schaffe ich bestimmt nicht. Was da alles passieren kann!" Worauf der „Selbstbewusste" eventuell entgegnet: „Ich habe schon ganz andere Sachen geschafft, dies bestimmt auch." Der „Teamchef" hört sich die Positionen an und versucht dann, das Durcheinander zu ordnen.

1. Identifizieren Sie die einzelnen Mitglieder Ihres „inneren Teams". Hier einige Vorschläge: die Überlastete, die Professionelle, die Experimentierfreudige.
2. Lassen Sie die einzelnen Teammitglieder zu Wort kommen. Was sagen sie? Vielleicht visualisieren Sie diese Aussagen in Sprechblasen um einen Kopf herum.
3. Erfinden Sie eine Diskussion zwischen den Teammitgliedern.
4. Lassen Sie den Teamchef eine Strukturierung und schließlich eine Zusammenfassung vornehmen.

Hat sich aus dieser Übung für Sie eine Position ergeben? Überprüfen Sie, ob sie generell für Fremdsprachen gilt oder eher für Englisch oder (z. B.) Türkisch.

Die zweite Übung soll Ihnen helfen, sich in die Situation fremdsprachiger Kinder zu versetzen. Sie können sie nur in einer Gruppe durchführen.

Ermitteln Sie einige Freiwillige, die den Raum verlassen. Die anderen Gruppenmitglieder setzen sich in einen Kreis und treffen folgende Absprachen:
– Über welches Thema wollen wir sprechen? Wählen Sie möglichst ein Alltagsthema, zu dem jeder etwas sagen kann.
– Einigen Sie sich auf zwei Begriffe, die in dem Gespräch vorkommen. Dem einen geben Sie eine völlig andere Bedeutung (z. B. Urlaub heißt Schichtarbeit), den anderen ersetzen Sie durch eine Bewegung (z. B. aufs Knie klopfen).

Bitten Sie dann die Wartenden herein und beginnen Sie Ihr Gespräch. Nach fünf bis zehn Minuten beenden Sie es und beginnen mit der Auswertung.
Zunächst die Freiwilligen: Wie haben sie sich verhalten? Was haben sie gefühlt? Was hätten sie gern getan? Dann können die anderen Gruppenmitglieder Stellung nehmen.

Auch wenn es ein Spiel ist, entwickeln die meisten Freiwilligen Gefühle wie Wut, Ausgeschlossen-Sein und Resignation. In einer vergleichbaren Situation befinden sich Kinder, die unsere Sprache nicht sprechen.

1. Was können Sie tun, um Kindern eine derartige Situation weitgehend zu ersparen?
2. Sehen Sie sich noch einmal die Liste der für Katja notwendigen Kompetenzen an, die Sie am Anfang dieses Kapitels aufgestellt haben:
   Sind Sie der Meinung, dass diese Liste ergänzt werden sollte?
   Überlegen Sie, ob Sie diese Kompetenzen erworben haben und wo sich noch Schwerpunkte für Ihre Weiterentwicklung ergeben.

Zum Weiterlesen:

– **Austermann, Marianne/Wohlleben, Gesa:** 10 kleine Krabbelfinger. München: Kösel/Random House, 2002.

– **Hellrung, Uta:** Sprachentwicklung und Sprachförderung: Beobachten, verstehen, handeln. 2. Auflage, Freiburg: Verlag Herder, 2006.

– **Iven, Claudia:** Sprache in der Sozialpädagogik. Troisdorf: Bildungsverlag EINS, 2006.

– **König, Vivian:** Das große Buch der Babyzeichen. Mit Babys kommunizieren, bevor sie sprechen können. Guxhagen: Karin Kestner Verlag, 2007.

– **Winner, Anna:** Kleinkinder ergreifen das Wort: Sprachförderung mit Kindern von 0 bis 4 Jahren. Freiburg: Christopherus Verlag, 2007.

12 Feinmotorische und bildnerische Entwicklung unterstützen

Die Gesamtheit der Hand-Finger-Koordination und die Feinabstimmung von Gesichts-, Augen- und Mundmotorik gehören zu unseren diffizilsten Bewegungsabläufen. Die Geschicklichkeit der Hände und Finger ist die Grundlage allen Handelns und Lernens.

Vergegenständlichung und *Aneignung* sind zwei gegenläufige, sich wechselseitig ergänzende Prozesse: **Vergegenständlichung** ist im weitesten Sinne das Verändern von Dingen. Dazu gehören z. B. Berühren, Antippen, Befühlen und Ergreifen, aber auch die bildnerischen „Werke" eines Kindes, z. B. seine ersten „Kritzelbilder" und – auf einer „höheren" Ebene – auch seine Darstellungen (z. B. Funktions- oder Rollenspiel) oder Deutungen, Erklärungen und Bezeichnungen für die Dinge.

Für all das braucht das Kind seine Hände und je mehr Handgeschicklichkeit es ausgebildet hat, desto aussagekräftiger werden die Ergebnisse – **Aneignung** bedeutet, dass Gegenstände, Vorgänge und Sachverhalte selbst im Kind wirksam werden und sein Verhalten, seine Sprache oder sein kreatives Handeln und Wissen verändern (vgl. Montada, 1998, S. 98). Zu jedem Aneignungsprozess gehören motorische Fähigkeiten wie das Ergreifen, Heranholen, Umfassen und Manipulieren ebenso wie kognitive: das Einordnen, Vergleichen und Prüfen.

Erst durch Vergegenständlichung und Aneignung kann das **Kind sich selbst als Handlungsträger** wahrnehmen und merken, dass es in der Umwelt etwas bewirken kann. Es wird sich damit als einzigartiges Ich wahrnehmen. Das bewirkt „Sicherheit als Grundbefindlichkeit" und Selbsterweiterung durch den Zuwachs an Kenntnissen und Kompetenz.

Die **ersten feinmotorischen Tätigkeiten** wie Berühren, Antippen, Packen, Erfassen, Fallenlassen, Abgeben und Wegwerfen scheinen einfache Tätigkeiten zu sein, aber sie bilden die Grundlage für die Entwicklung von (sozialer) Intelligenz und Kreativität. Und so einfach sie in ihrer Ausführung sind: Jede einzelne beruht auf einer komplizierten Wechselwirkung von Wahrnehmungseindrücken sowie Wachstums- und Differenzierungsprozessen im Zentralnervensystem, im Muskelsystem und Skelett. Fein- und grobmotorische Bewegungen hängen immer zusammen. Ist einer der Funktionsbereiche eingeschränkt, gelingen die differenzierten Bewegungen nicht. Damit sind Aufnahme und Verarbeitung neuer Umweltreize gestört und die Entfaltung des kindlichen Potenzials eingeschränkt. Wir möchten die wechselseitige Abhängigkeit von kognitiver und feinmotorischer Entwicklung verdeutlichen (siehe Kapitel 8.4.2) und setzen sie im Folgenden miteinander in Beziehung.

12.1 Wie Handgeschicklichkeit sich entwickelt

Stufe I: Im **1. und 2. Monat** löst noch jede Berührung der Handinnenfläche den Greifreflex aus: Daumen und Finger schließen sich für mehrere Sekunden fest. Das Baby verbringt seine Wachzeiten mit geschlossenen Fäustchen; das Lernen koordinierten Greifens ist also noch nicht „dran".

Stufe II: Das ändert sich am **Ende des 2. Monats:** Die Hände öffnen sich immer häufiger und die „pre-reaching movements" (Siegler u. a. 2005, S. 265) beginnen. Sie sind besonders häufig im 3. Monat: Aufgeregt und mit weit offenen Sinnen fuchtelt das Baby in Richtung des begehrten Objekts (z. B. einer Dosenrassel mit Reis gefüllt) und freut sich, wenn sie in seine Hand gelegt wird, mit der es sie sofort umschließt.

Stufe III: Im **4. Monat** verschwinden die ungezielten Bewegungen und die automatischen motorischen Reaktionen (Reflexe), denn die Verhaltenssteuerung auf der neurophysiologischen Ebene ändert sich. Das Stammhirn gibt die Kontrolle ab, die Großhirnrinde übernimmt sie. Dieser Teil des Gehirns wächst nun kräftig, weil sich durch jedes aktive Verhalten und jedes Lernen neue Verbindungen zwischen den Nervenzellen sowie neue Synapsen bilden. Jetzt erst sind die Voraussetzungen für die Anbahnung des gezielten Greifens gegeben. Mehr Verschaltungen in der Großhirnrinde bewirken, dass Babys länger aufmerksam sind und länger beobachten, auch Dinge, die sich am Rande ihres Gesichtsfeldes befinden. Nun entdecken sie auch ihre beiden Hände als stets verfügbares, bewegliches Spielzeug. Sie stecken sie in den Mund und fühlen Mundhöhle, Lippen und Zunge ab. Genauso verfahren sie mit Gegenständen, die ihnen in die Hand gegeben werden: Anfassen, Ansehen, Behorchen, Betasten, in den Mund stecken; das ist jetzt die Tätigkeitsabfolge für viele weitere Monate. Erst zufällig, dann bewusst, führt das Kind die miteinander spielenden **Hände über der Mittellinie der Längsachse zusammen** – die wichtigste Voraussetzung für jede planmäßige Tätigkeit.

Ab dem **5./6. Monat**, wenn ein Kind sich auf die gestreckten Arme stützen, zum Sitzen hochziehen und fremde von vertrauten Personen unterscheiden kann, wird auch das Greifen perfekt: Es greift, vorerst noch mit der ganzen Hand (palmares Greifen), nach jedem interessanten Objekt in seiner Reichweite. Es kann ein Spielzeug auch loslassen und von einer Hand in die andere oder vom Mund in eine Hand befördern. Das erste Loslassen ist wieder ein wichtiger Schritt, denn jeder neue Lernschritt fordert das Erweitern des schon Gelernten. Im **7. Monat** dehnt sich das „Greiffeld" enorm aus, denn jetzt kann das Kind zum ersten Mal allein den Ort wechseln und durch Herumrollen (Rotation) ohne Hilfe zum begehrten Objekt gelangen. Weil es Becken und Schultergürtel synchron anspannen kann, gelingt das Drehen vom Rücken auf den Bauch.

Ein wichtiges Übungsfeld für beidhändiges Agieren im **7./8. Monat** ist „Feet Catching": Begeistert ergreift das Baby in Rückenlage beide Füße, steckt die Zehen in den Mund, spielt damit und bereitet mit dieser Gymnastikübung die Hüftbeugung vor, ohne die es das Sitzen nicht lernen kann. Jetzt können fast alle Kinder einen Gegenstand eine Weile festhalten, während ihnen ein zweiter angeboten wird. Außerdem können sie ein Spielzeug von einer Hand in die andere nehmen (transferieren), ohne den Mund oder andere Körperteile zu Hilfe zu nehmen. Noch einen Monat später fasziniert und begeistert der Vorgang des Fallenlassens, Wegwerfens, Gebens und Nehmens – eine gute Basis für die ersten sozialen Spiele wie „Kuckuck"- und Versteckspiele.

Ab dem **8. bis 9. Monat** ergründen Kinder mit wachsender Begeisterung das Innere von Objekten und machen sich damit den Unterschied zwischen „innen" und „außen" klar. Sie langen in alle erreichbaren Hohlräume und Gefäße hinein, pulen in jeder vorstellbaren Vertiefung herum und erforschen konzentriert das Verhalten von Flüssigkeiten oder Sand, während sie ausgießen, schütten und einfüllen.

> *Ole, knapp acht Monate alt, scheint ein Ordnungsfanatiker zu sein: Unermüdlich und konzentriert räumt er alles Greifbare aus und ein und wieder aus: Große Bälle, kleine Bälle, Kastanien, Eicheln, Erbsen, ja sogar Fusseln vom Teppich, Miniperlen vom Tisch und winzige Krümel, die auf der Erde liegen, pickt er mit den Fingerspitzen auf und füllt sie irgendwo hinein. Kein Becher, keine Schüssel, nicht die Saftkanne und der Tischeimer entgehen seinem Bedürfnis, Gefäße ineinanderzustecken, zu stapeln oder in eine Reihe zu stellen. Er wirft um, füllt ein, kippt aus. Als ob er ein Arbeitspensum zu erfüllen hätte.*
>
> *Seine neueste Errungenschaft: Ole kann mit einer Hand etwas tun, während die andere still bleibt oder etwas festhält: z.B. rechts an einem Band ziehen, links den Hampelmann oder den Kletterfrosch festhalten, damit er strampelt; mit einer Hand den Knopf der Spieluhr drücken, während die andere die Spieluhr umschließt; einen kleinen Ball umfassen und wieder wegstoßen. Das sind Zeichen für wichtige Differenzierungsvorgänge in der Zusammenarbeit der beiden Hirnhälften. Sie bilden die Voraussetzung zur Ausführung jeder komplizierteren Tätigkeiten. Denn die meisten Handlungen, z.B. das Zeichnen und Schreiben, verlangen, dass jede Hand etwas anderes tut.*

Wenn einem Kind dieses Alters ein Spielzeug aus der Hand fällt, schaut es ihm konzentriert nach: Das Verständnis dafür, dass Objekte weiterhin existieren, auch wenn sie kurzfristig abhanden kommen, entwickelt sich erst langsam (*Objektpermanenz*). Eine ähnliche Bedeutung hat das intensive Betrachten beim konzentrierten Hin- und Herwenden eines Spielzeugs in der Hand: Während das Kind dessen unterschiedliche Seiten und Perspektiven fixiert, gewinnt es die Erkenntnis: „Dieses Ding bleibt das gleiche, auch wenn es unterschiedlich aussehen kann."

Jetzt wächst die Geschicklichkeit der Finger zusehends: Zum Ergreifen kleiner Dinge benutzt das Kind, zuerst mühsam, Daumen und Zeigefinger getrennt von anderen Fingern („Scherengriff").

Im **10. Monat** fesseln kleine und kleinste Dinge seine Aufmerksamkeit, wie Brotkrümel, Fusseln, Perlen und Erbsen. Zum **1. Geburtstag** beherrschen fast alle Kinder den „vollständigen Zangengriff" (Ergreifen kleiner Dinge mit den Fingerspitzen der gekrümmten Daumen und Zeigefinger). Er ist ein bedeutungsvoller Meilenstein in der frühkindlichen Entwicklung, weil er die Reifung wichtiger Nervenverbindungen im Zentralnervensystem anzeigt. Jetzt haben die Kleinen einen grundlegenden Schritt für alle späteren Tätigkeiten getan, die Handgeschick erfordern, z. B. für das Halten des Stiftes beim Zeichnen und Schreiben. Ab dem **12. Monat** können fast alle Kinder mit beiden Händen koordiniert zusammenarbeiten. Jetzt sind der systematischen Forschungsarbeit keine Grenzen mehr gesetzt und es ist ein vielfältiges Erfahrungsangebot erforderlich, das dem wachsenden Forscherdrang entspricht.

Vincy (1; 7) braucht seine Hände nicht mehr zum Festhalten, sondern benutzt sie, um einen Ball vor sich her zu rollen, zu versuchen ihn zu verstecken und ihn, während er rollt, aufzuhalten und zu ergreifen. Im Sitzen stimmt er die Bewegungen beider Hände und der der Finger sinnvoll aufeinander ab, während er spielt. Er kann rechts und links verschieden große und schwere Spielsachen halten, um sie abwechselnd zu untersuchen und auseinanderzunehmen. Er besteht darauf, selbstständig zu essen und aus der Tasse zu trinken. Apfelstücke und Brotschnitten kann er geschickt mit einer Hand essen. Vincy will sich jetzt aktiv an allen Alltagsverrichtungen beteiligen. Frei stehend zieht er sich die Hose hoch, macht die Windel ab, zeigt, dass er einen bestimmten Pullover haben möchte, und zieht ihn über den Kopf. Manchmal trifft er richtig den Ärmel und schlüpft hinein. Nach dem Essen kann er Bananenschalen vom Boden aufheben, die Saftkanne vom Tisch angeln und sogar einen kleinen Tellerstapel zum Teewagen tragen. Ständig schleppt Vincy etwas mit sich herum: die große Schlenkerpuppe, drei Teddys auf einmal, eine Decke oder Tücher vom Verkleidungsständer. Er kann einen Ball mit beiden Händen tragen und ihn auf Anforderung bewusst so loslassen, dass es wie ein erster Versuch zu werfen aussieht.

Wie die älteren Kinder und Vincy, besteht auch Paddy darauf, an den wechselnden und doch täglich wiederkehrenden Alltagsgeschehnissen und -verrichtungen mitzuwirken.

Der Erzieher und die Erzieherin schaffen den Kindern Gelegenheiten dazu.

Paddy und Vincy stellen die Teller und Becher auf den Tisch: Vincy, indem er mit jedem einzelnen losläuft, um ihn auf einen Platz zu schieben, Paddy von seinem Stuhl mit der Sitzschale aus; er gibt jedem Teil einen Schubs, sodass es über den Tisch rutscht, manchmal schon an die richtige Stelle.

Oder die Kinder rühren Quarkspeise an: Achmed und Jonas halten abwechselnd die Schüssel, damit Paddy ein feststehendes Gefäß zum Rühren hat. Dann hilft die Erzieherin Paddy beim Umfassen der Schüssel: Sie legt ihre Hände fest auf seine Handrücken, damit er mit der ganzen Hand den Widerstand der harten Schüssel erfahren und dagegendrücken kann. So kommt jedes Kind einmal mit Festhalten und einmal mit Rühren dran.

Mit **18 Monaten** können alle Kinder zwei Dinge aufeinanderstapeln. Das ist ein wichtiger Meilenstein in der kognitiv-motorischen Entwicklung: Es erfordert das gleichzeitige Wahrnehmen von zwei verschieden platzierten Objekten und das Handeln mit nur einer Hand/Körperseite. Das Kind beginnt, Gegenstände zu ordnen und zu sortieren. Es hat Spaß an Formenboxen. Es ertastet bewusst die verschiedenen Qualitäten von Oberflächen. Die Selbstständigkeit in der Eigenversorgung nimmt rapide zu: Das Kind hilft beim An- und Ausziehen und zieht Hosen, Hausschuhe und Jacke allein aus. Jetzt brauchen die Jüngsten bei Tisch Gelegenheit zum Selbst-Auffüllen. Damit keine Riesenportionen auf den Tellern landen, sind kleinere Esslöffel günstig.

> *Ein genauso wichtiges Erlebnis wie Schnipsel-Reißen aus Zeitungspapier ist auch das Aufräumen hinterher: Susi und Achmed, Vincy und Ole sammeln und fegen die heruntergefallenen Papierstückchen zu einem kleinen Berg auf dem Fußboden zusammen. Paddy sitzt auf der Erde und hält die Kehrschaufel genau in die Richtung von Lucys Besen. Jeder versucht, möglichst viele Schnipsel genau auf die Kehrschaufel zu befördern.*

Ab **20 Monaten** beginnt das Interesse am Bauen: Zuerst werden Bauklötze additiv nebeneinandergelegt, dann aufeinandergestapelt und benannt. Auch mit Konstruktionsbausteinen gehen Kinder jetzt gekonnt um: Die ersten benannten Objekte (mit einer während des Arbeitens ständig wechselnden Bedeutung) entstehen. Jetzt werden Ton und Knetmasse als Material erkannt, dem das Kind Form und Inhalt geben kann und die nicht nur als weiche, inkonstante Masse interessant sind. Mit **28 Monaten** setzt das „Sprechformen" ein: Das Kind beschreibt das Erlebnis hinter dem schöpferischen Vorgang, während es arbeitet. Am **Ende des 2. Lebensjahres** eignen sich Kinder die Handhabung der Schere an und wollen ihre Möglichkeiten erproben. Bis zum **4. Lebensjahr** gehen sie gekonnt mit Holzhammer, Feile, Schmirgelpapier und Schlüsselbohrer um und bearbeiten damit z. B. gern Ytong® oder Speckstein.

12.2 Entwicklung bildnerischer Ausdrucksformen

Um den ersten Geburtstag herum sind die Anfänge bildnerischen Tuns beobachtbar: Sobald ein Kind einen Stift in die Hand bekommt, experimentiert es damit wie mit allen anderen Dingen auch und entdeckt irgendwann, dass dieser Gegenstand Spuren hinterlässt. Diese interessante Erfahrung ist so attraktiv und außergewöhnlich, dass sie ständig wiederholt wird, wenn das Kind die Chance dazu hat. Das Dargestellte selbst hat noch keine Bedeutung und keinen Inhalt, es wird im Sinne des *Funktionsspiels* als Grunderfahrung mit sich selbst und dem Werkzeug produziert. Grözinger, einer der ersten Forscher frühkindlicher Gestaltungsformen, geht davon aus, dass das Kind im Malen und Kritzeln seine vorsprachliche Entwicklung als „Ich-Spur" ausdrückt. Da es für das Erlebte keine Worte hat, nutzt es seine wachsenden motorischen Fähigkeiten, um dem Unsagbaren Ausdruck zu geben (vgl. Grözinger, 1984). Um diese Zeit herum beginnen Kinder mit Vergnügen in flüssigen und formbaren Materialien zu hantieren (z. B. mit Wasser, Brei, Milch, Sand, Schnee, aber auch mit dem Inhalt der Windel). Jetzt ist die Gelegenheit für *erste Erfahrungsangebote im bildnerischen Bereich*.

Hiebkritzeln (1;0 bis 1;6 Jahre) Aus willkürlichen Arm- und Handbewegungen entstehen Spuren, die das Erleben des Kindes beim Aufrichten, Krabbeln und Gehenlernen zu spiegeln scheinen. Die rhythmisch erzeugten Punkte, Tupfer und Strichelungen lassen die Freude an der Bewegung erkennen und wirken in den nächsten Wochen als Motor für weiteres lebhaftes Experimentieren mit dem Medium „Farbspur".

Schwingkritzeln und Hiebkritzeln kombiniert (ca. 1;3 bis 1;8 Jahre): Jetzt hat das Kind den Zusammenhang zwischen Farbstift, Papier und eigener Aktivität begriffen. Die Hiebspuren werden seltener, die Freude am rhythmischen Hin und Her wird erkennbar. Aus dem Ellbogengelenk heraus entstehen parallel erscheinende, gedrängte Liniengebilde aus der Mitte heraus. Im ersten Stadium sind die Striche meist eher waagerecht, im zweiten Stadium kommt die Erfahrung des Oben-Unten zum Tragen. Von jetzt an ist die Sichtbarkeit des Selbstgeschaffenen ein Motiv, weiterzumachen.

Knäuelkritzeln (1;9 bis 2;5 Jahre) Das Kind erkennt die Beziehung zwischen Strich und Bewegung ansatzweise und arbeitet jetzt nicht mehr mit dem ganzen Körper, sondern aus dem Handgelenk heraus. Die kreis- und spiralförmigen Strichfolgen scheinen die Raumerfahrungen beim Aufrichten, Stehen- und Gehenlernen zu spiegeln. Wenn wir die ersten knäuelartigen Gestaltungsprodukte sichten, können wir Raumdimensionen erkennen wie z. B. rundherum laufen, den Raum ermessen, die Grenzen des Raumes erfassen, sich in näheren und weiteren Kreisen entfernen und wieder annähern: sich vor- und zurückbewegen sowie aus der Mitte in die Peripherie gelangen.

Sprechzeichnen (2;3 bis 4 Jahre): Das Kritzelstadium endet, wenn Kinder ihr Zeichnen mit Reden begleiten. Die (von Minute zu Minute wechselnden) vorgestellten Szenen werden kommentiert und ihre Bedeutung verändert sich fortwährend. („Der Bus fährt zu Opa im Flugzeug.") Der nächste Schritt ist, dass das Dargestellte *nachträglich* eine Bedeutung erhält. Dennoch ist das Dargestellte meist nicht als das erkennbar, wonach das Kind es benannt hat. Kein Wunder, dass Fragen wie „Was soll das sein?" Verwirrung auslösen und die Motivation zum Zeichnen dämpfen. Auch jetzt verfolgen Kinder noch keine „Produktabsicht".

Strahlenfiguren (3 bis 4 Jahre): Auf der nächsten Entwicklungsstufe bezeichnet das Kind seine Kreisformen erstmalig als Menschdarstellungen. Zuerst entfalten sich vom Rand der Gebilde aus strahlenförmig Linien und Striche. Offenbar sieht das Kind in seiner Vorstellung Arme, Hände, Beine und Füße in unterschiedlichen Tätigkeiten und stellt sie in entsprechend großer Anzahl dar. Sie scheinen die kindliche Wendung nach außen zu signalisieren und verbinden sich kunterbunt mit anderen runden Gefügen.

Kopffüßler (3;5 bis 5 Jahre): Nur wenige Kinder in den Unter-Drei-Gruppen zeichnen runde Gebilde, von denen Arme und Beine ausgehen und in denen die Rudimente von Gesichtszügen erkennbar sind und als solche gedeutet werden. Hier zeigt sich, dass Kinder immer das darstellen, was ihnen am wichtigsten ist. Obwohl der Rumpf in ihrem Erleben eine große Rolle spielt, taucht er auf ihren Menschdarstellungen zunächst nicht auf – wahrscheinlich, weil das menschliche Gesicht in der Kommunikation die Hauptrolle spielt.

Beobachten Sie ein mindestens ein Jahr altes Kind zehn Minuten lang beim Zeichnen mit Wachsmalstiften.
Schreiben Sie bitte auf, wie es anfängt, weitergeht und wie die Zeichnung beendet wird.
– Welche Formen malt das Kind, welche Bewegungen macht es dabei? Wo drückt es stark auf, wo weniger?
– Welche Farben benutzt es zuerst, welche später?
– Welchen Gesichtsausdruck (Mimik) beobachten Sie? Wann ändert sich dieser?
– Welche Lautäußerungen hören Sie? An welcher Stelle des Malvorganges?
– Was fällt Ihnen an der Körpersprache (Gestik) auf?
– Was haben Sie aufgrund Ihrer Beobachtung über das Kind erfahren?

12.3 Planungsgesichtspunkte: ein Ort für Erfahrungen mit Gestaltungsmaterialien

Auch Kinder unter drei Jahren brauchen Möglichkeiten, ihren Erlebnissen und Eindrücken allein und mit anderen mit gestalterischen Mitteln Ausdruck zu verleihen. Ihre ersten Malergebnisse und geformten Gebilde entsprechen in keiner Weise dem Wunsch der Erwachsenen nach erkennbaren Gebilden, die sich interpretieren und benennen lassen.

Das Prinzip Freiwilligkeit ist für die Entwicklung kreativer Fähigkeiten von elementarer Bedeutung: Dem dient ein jederzeit verfügbares Angebot von Papier und Wachsmalblöcken.

Am liebsten hantieren Kleinstkinder mit nassen Materialien und flüssigen Farben. Deshalb sollte die Zone für derlei Aktivitäten in unmittelbarer Nähe eines **Waschbeckens** liegen. Sie sollte **ausgestattet sein mit**:

– einen abwaschbarem Fußboden.

– einem robusten Tisch. Stühle sind überflüssig, da Kleinstkinder am liebsten im Stehen arbeiten.

– Staffeleien oder Wänden, die mit Malerpappe bespannt sind und an die die DIN-A2-Bögen der Kinder gepinnt werden. Der Grund: Kinder bewegen sich auch beim Malen, sie möchten ihr Produkt aus verschiedenen Entfernungen wahrnehmen. Die Malerpappe nimmt alle Spuren der kindlichen Schöpfungsprozesse auf. Es ist eine gute Idee, sie später für Grußkarten und Dokumentationsmappendeckel zu verwenden oder sie einzurahmen.

– offenen Regalen. Sie bieten das Material für die Kinder gut erreichbar dar. Auf das untere Regalbrett gehören:
  ◆ Papiere verschiedener Formate und Stärken.
  ◆ Wachsstifte, Malblöcke nach Farben übersichtlich geordnet in *Einzelbehältern pro Farbe*. Grund: Kleinstkinder lieben und brauchen Möglichkeiten zum Zuordnen und packen ihr Material nach dem Malen allein wieder weg.
  ◆ Kartons, die zum Werken geeignete Alltagsmaterialien enthalten: z. B. Tannenzapfen, Moos, kleine Zweige und Strohhalme.
  ◆ Materialschalen; ein Korb mit Lappen; Papiertücher.

So sieht eine mit Malerpappe bespannte Wand nach wenigen Wochen aus.

– Materialien, die die Anwesenheit Erwachsener erfordern. Sie befinden sich in Fächern, die wegen ihrer Höhe von den Kindern nicht jederzeit erreicht werden können. Zu den Materialien gehören:
  * ein vorbereiteter Topf mit Tapetenkleister und mit Kelle zum Auffüllen.
  * verschließbare Deckelschalen mit Finger- oder Kleisterfarbe,
  * für jedes Kind eine Palette,
  * Löffel und Spachtel zum Auftragen von Farbe,
  * Muscheln, Glassteine, Perlen, Glimmerpulver, Halbedelsteine in durchsichtigen Gläsern mit Deckeln gegen das Einstauben sowie
  * Nudeln, Maiskörner und Milchreis in Gläsern. Dazu ist eine Diskussion im Team notwendig; nicht jeder ist damit einverstanden, Nahrungsmittel als Gestaltungselement zu nutzen.

– einer Aufhängeleiste für Malkittel (gut geeignet: Kinderblusen mit abgeschnittenen Ärmeln mit Gummibanddurchzug zum besseren Kleiderschutz).

– einem Materialschrank, der nur den Betreuern zugänglich ist und flüssige Farben, Malmittel, Pinsel, Kleister, Seidenpapier und solche Gestaltungselemente enthält, deren Handhabung der Anleitung bedarf. Er kann als Raumteiler genutzt werden und seine Rückseite ließe sich interessant gestalten:
  * mit Spiegelkacheln,
  * mit einer Korktafel,
  * mit Posterfotos der Kinder,
  * mit zwei Reihen Bilderleisten für die fertigen Produkte aus der Gestaltungsecke.

Tipp:
Eine methodisch gut aufbereitete Vielfalt von Anregungen für Erfahrungsangebote mit allen genannten Materialien finden Sie in: Beswick, Clare/Featherstone, Sally: Buchreihe „Aktivitäten für den Entwicklungsbereich ‚Aktiv lernende Kinder'". Troisdorf: Bildungsverlag EINS, 2007.

Zum Weiterlesen:

– **Dieken, Christel van:** Im Farbrausch. Werkstattheft 3: Mit Farben gestalten. Freiburg: Verlag Herder, 2003.

– **Seitz, Rudolf:** Kunst in der Kniebeuge: Ästhetische Elementarerziehung. 6. Auflage, München: Don Bosco Verlag, 1990.

Beobachten Sie eine Person ungefähr fünf Minuten lang und machen Sie sich Notizen über das, was Sie beobachtet haben. Auf Ihre Beobachtung werden wir im folgenden Kapitel immer wieder zurückgreifen.

13.1 Definition

„Im Wort Beobachtung stecken die Wörter achten, beachten und ob. Nimmt man sie ernst, so sind darin Zuwendung (achten), Konzentration (beachten) und Fragen (ob?) enthalten.“ (Kazemi-Veisari, 2007, S. 20)

Allgemein verstehen wir unter Beobachtung in der Sozialforschung *„das aufmerksame, planmäßige und zielgerechte Wahrnehmen von Vorgängen, Ereignissen, Verhaltensweisen von Lebewesen (Menschen und Tieren) in Abhängigkeit von bestimmten Situationen. Ziel der Beobachtung ist es, den Gegenstand des jeweiligen Interesses möglichst genau zu erfassen. Sie ist eine grundlegende Methode der Datengewinnung und Faktensammlung zum Zeitpunkt des Geschehens.“* (Stangl, 2008)

In der Literatur lassen sich zwei unterschiedliche Formen des Begriffs „Beobachtung“ unterscheiden: das strukturierte, zielgeleitete Beobachten und das wahrnehmende, entdeckende Beobachten.

13.1.1 Strukturiertes, zielgeleitetes Beobachten

Für viele Erzieherinnen und Erzieher ist Beobachtung das Wahrnehmen kindlicher Handlungen in einem ausgewählten situativen Kontext unter vorher festgelegten Kriterien und zielgeleiteter Auswertung. Gezieltes Beobachten bedeutet für sie, unter vorher festgelegten Kriterien wahrzunehmen und die Ergebnisse dann fachgerecht auszuwerten, um zu überprüfbaren Lernzielen für jedes Kind zu kommen.

Dies geschieht im Sinne einer Förderdiagnostik und als Voraussetzung zur **Analyse des aktuellen Entwicklungsstandes** eines Kindes. Zudem dient es dazu, die Planung von Angeboten am Kind zu koordinieren. Zielgeleitete Beobachtung soll Erzieherinnen und Erzieher in die Lage versetzen, die momentane Handlungskompetenz auf der Entwicklungsstufe des Kindes in unterschiedlichen Situationen und Persönlichkeitsbereichen zu erfassen und auf dieser Basis die nächste Entwicklungszone des Kindes zu bestimmen.

Die Beobachtungsdaten werden meist **mithilfe standardisierter Fragebögen** erhoben. Sie sind die Grundlage vieler Berichte über Kinder, z.B. in Akten des Kinderarztes oder des Jugendamtes. Ihr Erkenntnisinteresse ist auf einen genau beschriebenen Ausschnitt von Daten gerichtet (z.B. die Entwicklung der Motorik, die Entwicklung der Sprache) und erfasst deshalb nur einen begrenzten Ausschnitt der kindlichen Persönlichkeit.

Dieser kann aber oft keine Hinweise darauf geben, warum ein Kind sich in bestimmter Weise auffällig verhält. Zur weiteren Klärung müssen Vermutungen und Bewertungen herangezogen werden, die oft „am Kind vorbei" interpretieren. Um einen standardisierten Beobachtungsbogen zu erstellen, der den Qualitätsanforderungen genügt, muss ein Forscher im Vorfeld Annahmen und Hypothesen formulieren (denn er muss ja genau wissen und erklären, was er mit dem Fragebogen erforschen will). So geht er mit einer **festgelegten Zielvorstellung** in die Beobachtung hinein und legt sich und das beobachtete Kind von vornherein fest. Aufmerksamkeit kann nur das erhalten, was im Fragebogen erfasst werden soll und was der oder die Beobachtende aus ihrer Kenntnis des Kindes und seines Umfeldes für sinnvoll und bedeutungsvoll hält. Entscheidende Gesichtspunkte, die zum Verständnis des Kindes beitragen könnten, gelangen damit möglicherweise nicht in das Bewusstsein derer, die mit dem Kind zu tun haben.

13.1.2 Wahrnehmendes, entdeckendes Beobachten

Um auch Aspekte wahrnehmen zu können, die möglicherweise noch nicht in das eigene Bewusstsein gelangt sind, bevorzugen einige Erzieherinnen und Erzieher offenere, **ganzheitliche Formen der Beobachtung**. Sie bemühen sich, in ausgewählten Beobachtungssituationen und einem umschriebenen Zeitraum möglichst genau hinzusehen, zuzuhören und sich in das situative Erleben der Kinder einzufühlen. Damit möchten sie die aktuellen Absichten, Handlungs- und Gestaltungswünsche sowie Erkenntnisprozesse der Kinder, aber auch die Beziehungen und Austauschprozesse erfassen. Sie halten Äußerungen der Kinder im Spiel, beim Wickeln und den Mahlzeiten regelmäßig schriftlich und/oder mit Fotos oder Videoaufzeichnungen fest, um die aktuellen Erfahrungen und Lernbedürfnisse der Kinder in die Planung und Überlegungen für Erfahrungsangebote einzubeziehen und daran anzuknüpfen. Um die kindliche Entdeckerfreude zu erhalten und jedem einzelnen Kind Entwicklungsbedingungen anzubieten, die herausfordern, aber nicht überfordern, legen sie beim Beobachten ihr Augenmerk besonders auf die **Stärken und Intelligenzen der Kinder**, anstatt Defizite zu erfassen. *„Die fallen im*

Alltag sowieso auf und unsere Kleinen können Vertrauen zu uns und in sich selbst nur entwickeln, wenn wir uns nicht auf ihre schwachen Seiten stürzen", so die Meinung einer Erzieherin.

Jedes Kind ist einzigartig und seine individuellen Gefühls-, Erlebnis- und Entwicklungsprozesse führen in jeder Beobachtungssituation auf Neuland. Um dieses zu erfassen, brauchen wir Beobachtungen, wie sie in der qualitativen Sozialforschung üblich sind: entdeckendes Beobachten, das offen ist für Phänomene, die vor der Beobachtung noch außerhalb unserer Vorstellung liegen.

In diesem Buch geben wir dieser entdeckenden Form des Beobachtens den Vorzug. Wir greifen damit auf eine Sichtweise zurück, die Carl Rogers (1902–1987) bereits in den 1950er-Jahren prägte, die sich immer wieder bestätigt hat und heute von gegenwärtigen Erkenntnissen der Hirnforschung gestützt wird. Sie begreift Kinder als von Geburt an tätige, lebhafte und engagierte Lernende. Nach Rogers können wir ausschließlich über den **Weg des Verstehens** zu authentischen Aussagen über das Erleben, Lernen und Verhalten von Kindern kommen. *„Ich habe es als äußerst wertvoll empfunden, wenn ich es mir erlauben kann, einen anderen Menschen zu verstehen. [...] Wenn ich mich einen anderen Menschen wirklich verstehen lasse, riskiere ich, durch das Verständnis verändert zu werden. Und alle fürchten wir die Veränderung."* (Rogers, 1976, S. 34)

> **Dazu berichtet Ella:**
> *„Meistens mache ich meine regelmäßigen Beobachtungen auf dem Spielplatz, wo alle sich frei bewegen. Ich gehe davon aus, dass ich mit Überraschungen rechnen muss. Ich habe schon so oft erlebt, dass sich wichtige Fragen und Sichtweisen, aber auch neue Verhaltensweisen der Kinder erst in Situationen entwickeln, die ich nicht auf der Grundlage vorher überlegter Beobachtungsgesichtspunkte geplant habe. Ich rechne mit unvorhergesehenen Ereignissen. Ich klinke mich auch ein, falls Kinder noch Unterstützung brauchen oder mich beim Spielen dabeihaben wollen. Ich werde damit Teil des Spieles und trage vielleicht auch zu Veränderungen bei – im Spiel der Kinder und in meinen eigenen Einstellungen."*

Welche Art der Beobachtung haben Sie gewählt? Welche Vor- und Nachteile haben sich ergeben?

13.2 Was und warum wir beobachten

Regelmäßige Beobachtung, Reflexion im Team und mit den Eltern sowie die Dokumentation des Beobachteten stellen sicher, dass die im Bildungsplan und Konzept der Einrichtung formulierten Ziele erfüllt werden und Erziehungskräfte jedes Kind im Blick behalten hinsichtlich seiner/seines
1. Persönlichkeit,
2. Befindlichkeit,
3. Bindungsprozesse,
4. Kommunikationsverhaltens,
5. Entwicklungsverläufe und
6. Selbstbildungsprozesse.

Auf der Grundlage ihrer Beobachtungen planen die Erzieherinnen und Erzieher sowohl ihr Raum- und Materialangebot als auch den Ablauf des Tages und die Erfahrungsangebote für die Kinder. In die Reflexion und Planung gehen die gesammelten Erkenntnisse aus der Beobachtungssituation ein, die auch Beziehungen und die aktuelle Dynamik der Gruppe umfassen. Denn sie wirken auf jedes Kind zurück. Berücksichtigt werden auch die Berichte der Eltern.

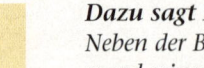

Dazu sagt Ella:
Neben der Bedarfserhebung muss in der Gruppe auch klar sein, was dieses Kind aufgrund seines Umfeldes und seines aktuellen Entwicklungsstandes braucht.

13.2.1 Themen der Kinder

Aus den Beobachtungen lassen sich Rückschlüsse auf das Erfahrungswissen und die aktuell bedeutsamen „Themen" der Kinder ziehen. Das sind Bereiche oder Sachverhalte, die *offensichtlich* momentan besonders *faszinierend* und *neu* zu sein scheinen. Ein „Thema" erkennen wir daran, dass Kinder (unbewusst) wiederholt ähnliche Inhalte oder Handlungsabfolgen aufgreifen und variieren. Augenscheinlich tun sie das, um daran etwas Bestimmtes zu lernen oder zu verarbeiten, das

- der *Wiederholung, Variation oder Vertiefung* bedarf (z. B. bestimmte Bewegungsabfolgen wie Seitwärts-Krabbeln, Sich-Drehen oder Sich-auf-der-Linie-Bewegen, Einfüllen oder Ausgießen, Auseinandernehmen und Zusammenfügen),
- sie *gefühlsmäßig beansprucht* und *verarbeitet* werden soll (z. B. ängstigende Erfahrungen, deren Erinnerung quält, oder positive Erlebnisse, die durch Wiederholung fortlaufend die ursprünglich erlebte Freude wachrufen),
- danach drängt, immer wieder neu ausprobiert oder *erforscht* zu werden, damit das Kind sich mit dem Material oder der Situation sicher fühlt und damit in einem bestimmten Bereich der eigenen Entwicklung weiterkommt,
- so komplex ist, dass es aus mehreren Blickwinkeln betrachtet, bespielt und behandelt werden muss, damit es „be-griffen" wird. Dies wird z. B. deutlich in der Abfolge von Spielsequenzen, die Cemal mit seinem „Bagger" arrangierte (siehe Kapitel 10): Tagelang griff er dieses Thema immer wieder auf und imitierte den Bagger nicht nur mit einem Bauklotz, sondern auch draußen mit Brettern auf der Bewegungsbaustelle, beim Essen mit seiner Brotschnitte und sogar beim Planschen mit dem Badethermometer.

Wenn ein Thema von mehreren Kindern gleichzeitig und öfter wieder aufgegriffen wird, ist das für die Erwachsenen ein Indiz dafür, dass sie in ihrem laufenden Programm innehalten müssen, um einer möglicherweise neu anstehenden Frage oder Problemstellung Raum zu geben:

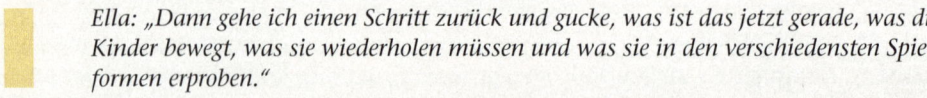

Ella: „Dann gehe ich einen Schritt zurück und gucke, was ist das jetzt gerade, was die Kinder bewegt, was sie wiederholen müssen und was sie in den verschiedensten Spielformen erproben."

Nach dem Motto: „Viele Augen sehen mehr, viele Ohren hören feinere Töne" werden die Beobachtungen *einzelner* Mitarbeiterinnen und Mitarbeiter zusammengetragen und sind **Grundlage für das gemeinsame Planen**. So entstehen Aussagen aus verschiedenen Blickwinkeln, die das Spektrum an Sichtweisen auf die Bedürfnisse des einzelnen Kindes erweitern. Das gewährleistet mehr Genauigkeit, Sachlichkeit und Angemessenheit.

Hier sehen wir noch einmal Alina und den Erzieher. Tanja beobachtet die beiden und ist ganz begeistert: „Alina ist noch so klein und möchte auch schon mitbohren."
Sehen Sie sich die untenstehenden Fotos genau an: Was könnte auch ein Thema für Alina sein, mit dem sie sich zurzeit gerade beschäftigt?

13.2.2 Informationen über Befindlichkeit und Entwicklung

Beobachtungen beziehen sich auf alle Lebensbereiche der Jüngsten in der Kita. Sie sind der Grundstoff, aus dem wir uns notwendige **Informationen** erarbeiten können:

1. über den **Gesundheits-, Pflege- und Ernährungszustand** der Kinder, sodass Anzeichen von Erkrankungen, Mangelzuständen, Gewalt oder Vernachlässigung rechtzeitig deutlich werden. Wir können erkennen, welche Bedürfnisse und Gefühle sie ausdrücken, mit welchem Grad an Motivation und Selbstständigkeit sie sich beim Wickeln, Waschen, Anziehen und Planschen beteiligen, wo Vorlieben, Abwehrhaltungen und Ängste, Interessen und Themen zum Thema „Körper" liegen. Wir gewinnen Ansatzpunkte dafür, wie wir Pflegesituationen lustvoll, vergnüglich und lernintensiv gestalten können. Vor allem erhalten wir Hinweise darauf, ob wir in puncto Gesundheitsprävention etwas verändern müssen.

2. zur **Gefühls- und Bedürfnislage** der Kinder: Wir erkennen, ob und auf welche Weise Kinder Gefühle (wie z. B. Zärtlichkeit, Freude, Wohlbehagen, Angst, Unsicherheit oder Abwehr) und Bedürfnisse (z. B. nach Schutz, Sicherheit und Annahme) ausdrücken. Wir erhalten Aufschluss über ihre individuellen Gewohnheiten und Neigungen sowie über individuelle Wege der Kontaktsuche und -vermeidung. Abweisend-aggressive Verhaltensweisen brauchen Respekt und Annahme, wenn sie sich nicht als Konfliktpotenzial entwickeln sollen. Wir erfahren, warum einzelne Kinder welche Sozialpartner/-innen bevorzugen oder ablehnen und erkennen Strategien von Annäherung und Abgrenzung als Basis von Begleitung und Unterstützung. Beobachtungsprotokolle

sind die Grundlage, auf der wir unser Verhalten in den ersten beiden Phasen der Eingewöhnungszeit aufbauen. Sie bilden den roten Faden für Gespräche mit den Eltern, wenn wir wahrnehmen, dass es einem Kind nicht gut geht.

3. zum **Tagesrhythmus** der einzelnen Kinder. Wir entschlüsseln mithilfe unserer Beobachtungsnotizen, mit welchen **Signalen** Kinder Hunger und Durst, Reizüberflutung oder Spannungen kundtun und welches Verhalten Erwartungen oder **Bedürfnisse** nach Zuwendung, Interaktion, Aktivität, Ruhe, Rückzug und Geborgenheit anzeigt. Wir erhalten Aufschluss darüber, wie der Wechsel von Aktivität/Anstrengung zu Ruhe/Erholung für das einzelne Kind mit dem Gruppenrhythmus kombiniert werden kann und welche Entspannungsmöglichkeiten die einzelnen Kinder brauchen. Die Beobachtungen werden ergänzt durch Berichte der Eltern und geben Anhaltspunkte für eine bedürfnisorientierte Gestaltung der einzelnen Stationen des Tages-, Wochen- und Jahresablaufes (z. B. für die Pflege-, Schlafens-, Essens- und Spielzeiten sowie Ausflüge und Feste).

4. zur Angemessenheit der **räumlichen Bedingungen** und des **Spielzeug-, Geräte- und Materialangebotes.** Wir erfahren, ob sie den Entwicklungs- und Lernbedürfnissen der Kinder entsprechen oder ob wir sie verändern oder ergänzen sollten. Wir erfahren, an welchen Spielorten Kinder sich bevorzugt aufhalten und womit sie am liebsten spielen. Daraus beziehen wir die Grundlagen für unsere Überlegungen zum Raumkonzept. Wenn die Jüngsten anfangen zu robben, zu krabbeln, zu laufen und zu klettern, wenn sich ihr Aktionsradius also vergrößert, erhalten wir aus den Beobachtungsprotokollen Anhaltspunkte dafür, ob bestimmte Bereiche im Gruppenraum neu geschaffen oder erweitert werden müssen, was neu angeschafft werden sollte oder nicht mehr benötigt wird, aber auch, wo Gefahrenquellen auszuschalten und Sicherheitsmaßnahmen zu überdenken sind.

5. zum Bereich Essen und **Mahlzeiten:** ob Kinder Nahrungsmittel vertragen oder nicht, ob sie viel oder wenig brauchen, ob sie langsam oder zügig essen wollen, wie selbstständig sie sich beispielsweise beim Füttern sowie Ein- und Auffüllen beteiligen oder wo sie Assistenz brauchen. Beim Essen bahnen sich immer Gespräche an und die Aufmerksamkeit für sprachliche und nicht sprachliche Mitteilungen gibt uns Aufschlüsse darüber, was die Kinder wissen (wollen) und können, was ihnen schmeckt oder welche Speisen sie ablehnen. Appetit, Genuss und Vorlieben tut jedes Kind anders kund. Ablehnung, Widerwillen oder Übersättigung erfordern einfühlsames Reagieren unsererseits, insbesondere dann, wenn sich *Ernährungsstörungen* anbahnen oder zum Problem geworden sind. Dann sind unsere Beobachtungsnotizen eine Grundlage für Elterngespräche.

6. zum **Kommunikations- und Sprachverhalten** der Kinder. Über systematische Beobachtung in Alltags- und Spielsituationen erfahren wir, wie Kinder sich mitteilen, wie sie den Dialog mit anderen Kindern gestalten, was sie über Gestik, Mimik und Lautäußerungen mitteilen (vgl. Kapitel 10) und auf welcher Stufe des Sprachverständnisses sowie der sprachlichen Ausdrucksfähigkeit sie dies tun. Unser Wissen über kindliche Kommunikation ist unser Ideengeber für alles, was mit Sprache zu tun hat. Wir wissen, wie wir jedes Kind ansprechen können, und finden passende Gesprächsanlässe in den verschiedenen Stationen des Tagesablaufes – oft auch ohne Sprache. Wir können Fantasie für Spiele und Erfahrungsangebote entwickeln, die Sprechfreude und Begriffsbildung anregen. Unsere Beobachtungen zeigen uns auch Zugangswege zur Sprachanbahnung und -anregung für Kinder, die sich wenig oder nicht mitteilen oder Entwicklungsverzögerungen im Bereich Sprache zeigen.

7. zur Bewegungsentwicklung und zu **Bewegungsbedürfnissen** der Kinder: Die gesammelten Beobachtungen des Teams zeigen, auf welchen Ebenen, mit welcher Intensität sowie Ausdauer und auf welchem Anforderungsgrad Kinder sich bewegen, welche

Materialien sie bevorzugen oder vermeiden. Das verschafft Klarheit über individuelle Verläufe der psychomotorischen Entwicklung und besondere Anregungsanforderungen für einzelne Kinder (vgl. Kapitel 5). Wir können Raumteilung und -einrichtung darauf abstimmen (z. B. wenn mehrere Kinder zu krabbeln und zu robben oder zu klettern und zu balancieren anfangen), entsprechende Spielangebote machen und anregende Materialien sowie Geräte bereitstellen. Bei Bedarf nutzen wir unsere Notizen, um Eltern bei der Inanspruchnahme und Organisation therapeutischer Unterstützung zu beraten.

8. zur kognitiven Entwicklung und den **Lernbedürfnissen** der Kinder: Die Fragen der Kinder und favorisierte Aktivitäten, Objekte oder Materialien geben uns Hinweise auf ihre Handlungsmotive und Verarbeitungsstrategien. Interessen und entwicklungsrelevante Themen werden deutlich. Ihre Aneignungswege und Auseinandersetzungsmöglichkeiten im Kontakt mit anderen Kindern zeigen uns, was sie brauchen, wie sie lernen, welche Materialien wir organisieren sollten und welche Herausforderungen, Angebote und Aktionen die Kinder weiterbringen. Aus der Wahrnehmung der Lernwege der einzelnen Kinder gewinnen wir Anhaltspunkte für Unterstützungsbedarf. Mit den Eltern lassen sich gemeinsame Ziele und Vorgehensweisen für Unternehmungen und Vorhaben zu Hause und in der Kita besprechen.

Selbstverständlich tauschen wir uns mit den Eltern mithilfe der Beobachtungsprotokolle auch über die Entwicklungen und Fortschritte der Kinder aus.

Überprüfen Sie, auf welche der oben genannten Aspekte sich Ihre Notizen beziehen. Wären zu allen Aspekten Beobachtungen möglich gewesen?

13.3 Beobachten als professionelle Fähigkeit

13.3.1 Beobachten ist Feinarbeit

„Wahrnehmendes, entdeckendes Beobachten geht davon aus, dass das Verhalten von Kindern als sinnvoll verstanden werden kann. Der Grundgedanke, der die Beobachtung leitet, könnte so zusammengefasst werden: Wie muss ich mir die Situation des Kindes und sein Erleben vorstellen, dass das, was ich von ihm wahrnehme, sinnvoll erscheint? Gefragt ist also eine Perspektive, in der das Verhalten des Kindes einen Sinn macht, auch wenn es aus der Außenperspektive zunächst vielleicht für unsinnig gehalten werden kann." (Heininger, 2008, S. 16)

– **Beobachten ist mit „Arbeit" verbunden.** Erst das Einlassen auf die Kinder durch Hinsehen, Zuhören, Notizen machen und Beobachtungen vertiefen wird Verstehen ermöglichen. *„Die Beobachtung wird dann zur Entdeckungsreise, wenn man [...] für sich rekonstruiert, was geschieht und wie es geschieht, seine Aufmerksamkeit der Regie und der Logik des Kindes folgen lässt." (Kazemi-Veisari, 2007, S. 37).* Beobachtungen vertiefen, austauschen und in der täglichen Arbeit zum Tragen kommen lassen, gibt pädagogischer Arbeit erst Sinn und positive Wirksamkeit.

– **Beobachten ist steter Anlass zum Staunen.** Es birgt Unsicherheit in sich, denn selten können wir im Spiel der Jüngsten einen logischen Sinn erkennen und selten begegnet uns bei Beobachtungen das, was wir erwarten. Ständig ist mit Irritationen und Überraschungen zu rechnen, die unser Bild vom Kind verändern und hinter das wir mit „Entschlüsselungsarbeit" kommen müssen, um die Erfahrungswege der Kinder zu verstehen und zu würdigen.

- Wir können uns nicht auf der sicheren Seite ausruhen, in einem Machtgefälle nach dem Muster: Der oder die Beobachtende (als Subjekt) forscht und der/die Beobachtete (als Objekt) lässt sich beforschen. **Beobachtungssituationen sind Prozesse „auf Augenhöhe".**
- **Wir halten uns nicht aus dem aktuellen Geschehen heraus,** so wie Forscher/-innen das oft tun, um die Untersuchungsergebnisse möglichst durch eigene Wirkung nicht zu verfälschen. Denn das „Heraushalten" begrenzt nach Langer (1985) die Vielfalt der möglichen Verhaltensweisen des beobachteten Kindes. Als teilnehmender Beobachter lassen wir uns auf das Geschehen ein und es können sich vielfältigere und tiefere Erfahrungen sowie neue Sichtweisen auf das Kind entfalten. Dies geschieht nicht allein auf der verbal-kognitiven Ebene, sondern als ganzheitlicher Prozess über wechselseitiges Wahrnehmen, über Zuhören, Sehen, In-Fühlung-Sein und über Rückkoppelung des Wahrgenommenen und Verstandenen.

13.3.2 Beobachten bahnt Kontakte

Das dialogische Vorgehen in der entdeckenden Beobachtung bewirkt einen Kommunikationsprozess. Und das bedeutet: sich Menschen annähern und Distanz aufgeben, sich darauf einlassen, dass beide Seiten Unerwartetes und Bedeutsames einbringen. Es bedeutet, offen zu sein für unerwartete Erkenntnisse über mich selbst und mein Gegenüber, die, auch wenn sie überraschend oder sogar unangenehm sind, beide Seiten bereichern. Solche Kommunikationsprozesse sind offene Prozesse, d. h., sie können durch das Handeln und Deuten der Menschen, die miteinander zu tun haben, immer wieder verändert oder in eine andere Richtung geführt werden. Normierte Entwicklungstabellen als alleinige Beobachtungshilfe schaffen dagegen Distanz: Sie registrieren Abweichungen vom „normalen" Entwicklungsverhalten und führen dazu, sich durch das Benennen von Entwicklungsdefiziten und Etikettierung, die Ausgrenzung zur Folge haben kann, von den Kindern und ihren Schwierigkeiten zu entfernen. *„Wo Lernprozesse nicht von einem leidenschaftlichen Interesse an der Wahrnehmung der Wirklichkeit getragen werden, müssen sie notwendig träge und flach werden." (Schäfer, 1995, S. 290)*

In dieser Kita gehört die Beobachtung zum Alltag. Gleichzeitig haben die Kinder ein Vorbild für Lesen und Schreiben, für Schriftkultur, vor Augen.

13.3.3 Beobachten ist umgebungsbezogen

Erzieherinnen und Erzieher aus einem Waldkindergarten berichten, dass auch die Umgebung Richtung und Intensität von Beobachtungen bestimmt und erweitert. Anders als die Innenräume bietet das Waldgelände vielfältigere Anreize, sich zu verhalten, mit anderen zusammen zu entdecken und zu erproben. In der freien Natur tun sich andere und neue Beobachtungsperspektiven auf und Kinder offenbaren „ganz neue Seiten":

> *„Die haben beobachtet! Sie haben sich vor ein Tier hingehockt und es beobachtet. Oder wenn sie Tierleichen gefunden haben, sind sie sind damals immer ganz stolz mit ihnen angekommen, mit einem Stück Schnabel oder einem Stück Flügel, das sie gefunden hatten." (Jasmin, Erzieherin in einer Unter-Drei-Gruppe)*

Beschränkte räumliche Bedingungen haben ebenfalls unmittelbaren Einfluss auf das beobachtete Verhalten der Kinder: Wenn Raumgröße, Raumteilung und Ausstattung den Anliegen der Kinder nicht entsprechen, wenn beispielsweise Bewegungsraum und Rückzugsraum so eng beieinander liegen, dass Kinder sich bei der Nutzung stören, wenn der Sandplatz zu klein für viele Kinder und keine Wasserstelle in der Nähe ist, wenn beim Malen nur ein Schälchen von jeder Farbe und ein Wassertopf zum Ausspülen der Pinsel verfügbar ist, wenn im Raum Kletterebenen zur Erfahrung unterschiedlicher Raumdimensionen fehlen, dann verhalten sich Kinder entsprechend. Aggressionen, Weinen, Behauptung des eigenen Platzes und Konflikte kommen viel öfter vor, als in einer Kita, die diese Möglichkeiten bietet.

13.3.4 Beobachten macht eigene Einstellungen, Stärken und Grenzen bewusst

Eine wichtige Voraussetzung für das Verstehen durch Beobachten ist, dass die Beobachtende ihre eigene Situation, Stimmung, Neigungen und Gefühle einbezieht. Bisweilen löst ein bestimmtes Verhalten von Kindern Abwehrreaktionen in uns aus, die wir auch wichtig und ernst nehmen sollten. Denn wenn wir uns unserer Reaktionstendenzen oder festlegenden Erwartungen bewusst sind, können wir eine Kollegin bitten, an unserer Stelle die Beobachtung zu übernehmen oder sich verstärkt dem betreffenden Kind zuzuwenden.

Oft zeigt ein- und dasselbe Kind verschiedenartige Verhaltensweisen, die von Erwachsenen unterschiedlich aufgenommen, verarbeitet und interpretiert werden und natürlich zu abweichenden Einschätzungen und Schlussfolgerungen führen. Deshalb ist es sinnvoll, **vor den Beobachtungssequenzen** folgende Fragen für sich zu klären und im Team zu diskutieren:
- „Welches Menschenbild bestimmt meine Arbeit mit den Jüngsten?"
- „Wie stehe ich zu dem Kind, das ich beobachten möchte? Was empfinde ich als angenehm, liebenswert, attraktiv, was erscheint mir unangenehm oder sogar abstoßend?"
- „Habe ich als Kind bei ähnlichen Erlebnissen ähnlich oder anders reagiert? Welche Gefühle löst das bei mir aus?"
- „Welche Einschätzungen habe ich von diesem Kind im Vorfeld?"

Gespräche über die Beobachtungspraxis und -ergebnisse im Kreis der Kolleginnen und Kollegen helfen, eine gewisse Distanz zu sich zu entwickeln, und schärfen den Blick für eine andere Wahrnehmung der Kinder.

Durch Beobachtung der Kinder werden wir uns oft unserer eigenen Blockaden bewusst.

> *Als Ella ihre Beobachtungen einmal im Waldgelände vornahm, wurde sie konfrontiert mit der ungebremsten Entdeckerlust und Neugier der Kinder auf alles, was sich bewegt. Abends, während der Teambesprechung, fing sie an, über ihre Abneigung gegen Spinnen und Käfer zu berichten. Sie erfuhr unerwartet viel Mitgefühl besonders von Menschen, denen es ebenso erging. Beim nächsten Waldtag stellte sie sich dem Anblick toter Tiere und wagte es, glitschige Schnecken anzufassen.*

Sie war offener dafür geworden, mit den Kindern zu lernen. Gänzlich neue Situationen lösen in aller Regel auch bei den Erwachsenen Unsicherheit aus. Wenn diese im Team besprochen werden, können sie im Erziehungsalltag ohne Angst vor „Prestigeverlust" gelebt und vielleicht überwunden werden.

13.3.5 Beobachten muss geregelt werden

Beobachtung braucht *Zeit* und muss *organisiert* und *abgesichert* werden. Sonst bleiben ihre Ergebnisse in den Schubladen, ihre Chancen bleiben ungenutzt und ihre Erkenntnisse gehen nicht in pädagogisches Handeln ein. Jedes Team braucht Vereinbarungen, die das Beobachten realisierbar machen. Dazu gehören folgende sechs Gesichtspunkte:

1. Alle Mitarbeiterinnen und Mitarbeiter sind über rechtliche Rahmenbedingungen wie Datenschutz und Schweigepflicht informiert.
2. Jede Kollegin und jeder Kollege bekommt regelmäßig eine festgelegte Zeit für die Vorbereitung, Durchführung und Auswertung von Beobachtungen. Während dieser Zeit sind sie von anderen pädagogischen Aufgaben freigestellt.
3. Im Team wird sichergestellt, dass *für alle Kinder Beobachtungszeit eingeplant ist.*
4. Die Erzieherinnen und Erzieher legen fest, wann und wie (zu allen Tageszeiten und an allen Orten) Beobachtungen durchgeführt werden können.
5. Sie verhandeln im Gruppen- und Hausteam, wo und wie die Beobachtungen dokumentiert werden sollen.
6. Die Leitung ermöglicht im Dienstplan regelmäßig Besprechungszeiten zur Auswertung, Reflexion, für die Arbeit an den Beobachtungsdokumentationen und für kollegiale Beratung.

Offenbar haben es Erzieherinnen und Erzieher aus „offenen Einrichtungen" leichter, ihre Beobachtungszeiten zu sichern. Hier ermöglicht das offene System es, dass einzelne Mitarbeiterinnen sich für bestimmte Zeiten an den Rand des Geschehens zurückziehen und es aus der Distanz wahrnehmen können. Sie wechseln sich ab und ermöglichen Hospitationen. Als gegenseitige Informationsquelle legen einige von ihnen Karteikarten für jedes Kind an, auf denen alle Erwachsenen Beobachtungsergebnisse eintragen.

Nicht nur in Gruppen, die auch Kinder mit Behinderungen betreuen, ist die Versuchung groß, in den Beobachtungen nicht auf Stärken, sondern auf Schwächen und Ausfälle zu achten. Um dem zu begegnen, haben Erziehungskräfte spezielle Protokollbögen entwickelt, auf deren Grundlage sie Kontrakte erstellen, an denen sich Pädagoginnen, Zivildienstleistende und Therapeutinnen in der Beobachtung sowie in der Förderung der Kinder mit Behinderungen orientieren.

13.4 Einseitigkeiten im Beobachtungsprozess

Maria und Tanja, zwei Praktikantinnen, sitzen nahe beieinander am Rand einer Sandkiste und arbeiten zum ersten Mal an einer Beobachtungsaufgabe:
1. ein und dasselbe Kind zehn Minuten lang beobachten, genau aufschreiben, was sie sehen,
2. das beobachtete Verhalten des Kindes interpretieren und
3. Überlegungen anstellen, was das Kind möglicherweise fühlt, möchte und vielleicht braucht (z. B. an Material, an Unterstützung).

Beide Praktikantinnen richten ihr Augenmerk auf Vincy, 1;6 Jahre alt, der gerade im Sand spielt.

Hier ist Marias Beobachtung: Vincy sitzt verlassen am Rand der Sandkiste. Er weiß nicht, was er spielen soll. Er ist so still, vielleicht ist er krank. Er schaut traurig auf seine Schaufel, er bewegt sich kaum. Irgendwas macht er damit im Sand. Ab und zu kippt er etwas davon in seinen Eimer. Er denkt bestimmt darüber nach, warum keiner mit ihm spielen will.

Marias Interpretation: Er ist ein einsames Kind. Vielleicht hat ihn jemand geärgert. Mein Vorschlag: Zu ihm gehen, ihn trösten und fragen, was ihm fehlt. Ich werde ihm Sandförmchen mitbringen und dann backen wir schöne Kuchen und verzieren sie mit kleinen Steinchen. Ich singe ihm das Lied „Backe, backe Kuchen" vor. Dann lernt er etwas und es wird ihm sicher Spaß machen, denn das machen alle Kinder gern. Wenn er dazu keine Lust hat, werde ich ihm ein lustiges Spiel mit dem Ball vorschlagen.

Hier ist Tanjas Beobachtung: Vincy sitzt mit vorgebeugtem Oberkörper auf dem Rand der Sandkiste. In der rechten Hand hält er die Schaufel, in der linken den Eimer. Sein Blick ist gesenkt und auf das Sandspielzeug gerichtet, aber seine Augen sind weit geöffnet und die Augenbrauen hochgezogen. Er hat einen ernsten Gesichtsausdruck, so, als ob er sich stark konzentrieren würde. Er bewegt sich kaum, nur Arme und Hände bewegen sich. Er sagt nichts, seine Zungenspitze ist ab und zu zwischen den Lippen. Er sieht abwechselnd zum Sand in der Sandkiste, dann zu seiner Schaufelspitze hin, mit weit geöffneten Augen. Langsam und vorsichtig führt er die Schaufelspitze in den Sand, rührt etwas darin herum und guckt in den Sand, als wolle er etwas suchen. Jetzt scheint er etwas gefunden zu haben; ich kann nicht erkennen, was es ist. Er schiebt es mit ein bisschen Sand vorsichtig in den Eimer. Wieder führt er die Schaufel in den Sand, diesmal etwas tiefer, und zieht sie darin herum. Und wieder scheint er etwas gefunden zu haben und lässt es vorsichtig in den Eimer gleiten.

Tanjas Interpretation: Aus dem, was ich gesehen habe, entnehme ich, dass Vincy zufrieden, aufmerksam und konzentriert bei der Sache ist. Er scheint einen bestimmten Gegenstand im Sand zu suchen und der scheint ihn sehr zu interessieren. Er wirkt so, als ob er versunken in sein Spiel, ausgeglichen und entspannt ist. Er findet ja anschei-

nend das Gesuchte jedes Mal und legt es dann vorsichtig in seinen Eimer, vielleicht, um es aufzubewahren. Ich bin ganz neugierig: Was das wohl ist? Ich glaube, Vincy braucht keine Unterstützung und keine weiterführenden Anregungen. Ich werde aber mal näher rangehen und gucken, was er da immer sucht und findet. Vielleicht lässt sich ein Gespräch darüber anfangen.

13.4.1 Unterschiede zwischen Beobachten und Deuten

Die Texte der beiden Praktikantinnen unterscheiden sich erheblich voneinander, obwohl beide das gleiche Kind zur gleichen Zeit beobachten. Wir möchten dies im Folgenden ergründen. Vorher überlegen Sie bitte:

1. Worin unterscheiden sich die beiden Beobachtungen formal und inhaltlich?
2. Wie sind Maria und Tanja zu ihren Interpretationen gekommen?
3. Wie beurteilen Sie die Anregungen für Vincy, die sich aus den Beobachtungen ergeben?

Maria hat in ihren Bericht Aussagen aufgenommen, die sie an Vincy nicht *beobachten*, sondern lediglich über ihn *vermuten* kann. Denn:

Beobachtbar ist das **Verhalten** eines Menschen, also alles, was äußerlich wahrnehmbar oder messbar ist:
1. physiologische Messdaten, die sich aus dem Verhalten ergeben,
2. Abfolgen von Handlungen und Zeiten sowie äußere Merkmale,
3. Gestik und Mimik als Ausdrucksverhalten,
4. Bewegungsverhalten sowie
5. vorsprachliche und sprachliche Lautäußerungen.

Nicht beobachtbar ist das **Erleben**, also alles, was im Inneren eines Menschen vorgeht (alle Deutungen, Vermutungen, Einschätzungen). Das sind
1. kausale Beziehungen (z. B. ist Verhalten A die Folge von Ereignis B?),
2. Wahrnehmung anderer Menschen, z. B. von Vincy,
3. Bedürfnisse,
4. Gefühle,
5. Wille und Handlungsmotive sowie
6. Fantasien, Vorstellungen und Denkvorgänge.

Vom Beobachten des Verhaltens eines Menschen können und dürfen wir vorsichtig auf sein Erleben schließen.

Jede schriftliche Beobachtung unterscheidet und trennt deshalb genau in
– reale Beobachtungen sowie
– Deutungen, Einschätzungen und Vermutungen.

Wo finden Sie im Beispiel von Tanja und Maria auf Seite 267
– reale Beobachtungen?
– Deutungen?
Überprüfen Sie in Ihrem eigenen Beobachtungsprotokoll, ob Sie „reale Beobachtungen" und „Deutungen bzw. Einschätzungen" getrennt haben. Machen Sie diese im Text unterschiedlich kenntlich.

13.4.2 Verzerrte Beobachtungen

Unsere Beobachtungen können durch verschiedene Einflüsse beeinträchtigt werden und „danebenliegen".

1. Durch **Selektivität**: Eigene Vorlieben, Abneigungen und Erfahrungen in ähnlichen Situationen „legen" sich quasi über das Beobachtete und wir nehmen nur das wahr, was ihnen entspricht. Z. B. übersehen wir Kleinigkeiten, Selbstverständliches oder Altgewohntes.
2. Durch **sequenzielles Wahrnehmen**: Wir konzentrieren uns nur auf ein Kind und übersehen die anderen. Frühere Beobachtungen treten in unsere Erinnerung und beeinflussen die aktuelle Wahrnehmung, sodass wir Neues nicht entdecken können.
3. Durch **Ungenauigkeit**: Wenn wir unkonzentriert oder erschöpft sind, bleiben unsere Wahrnehmungen häufig an der Oberfläche. Die entstandenen Lücken füllen wir dann mit eigenen, fantasierten Beiträgen, die aus unseren subjektiven Vorerfahrungen resultieren.
4. Durch **körperliches Befinden**: Wenn wir erschöpft, krank oder unaufmerksam sind, aber auch, wenn wir gerade vor Freude strahlen, beeinflusst das unsere Beobachtung zum Positiven oder zum Negativen.
5. Durch die **Beziehung zu den Kindern**: Wenn wir ein Kind besonders gern haben oder aber nicht mögen, fallen die Beobachtungsergebnisse nachgewiesenermaßen sehr unterschiedlich in der Grundstimmung aus.
6. Durch den **Haloeffekt**: Einige besonders interessante Eigenschaften eines Kindes treten besonders in unser Blickfeld und verdecken die anderen. So erscheint uns ein hübsches und anziehendes Kind ausgeglichener und aufgeweckter als ein Kind, das öfter mit ungepflegter Kleidung in die Kita kommt.
7. Durch **Übertragung und Gegenübertragung**: Unbewusst schreiben wir dem beobachteten Kind unser eigenes Leid, unsere eigene Unzufriedenheit, aber auch eigene positive Attribute zu – oder wir sehen das Kind so, wie wir selbst gern wären.
8. Durch den **Mildeeffekt**: Um dem Kind nicht zu schaden, es nicht zu sehr herauszustellen oder aus Angst vor Peinlichkeit und negativer Bewertung neigen wir dazu, Beobachtetes zu verharmlosen oder problematisch Erscheinendes wegzulassen.

Schieflagen können wir nur über den regelmäßigen Austausch im Team und mit den Eltern eingrenzen und zu verhindern suchen.

Essenziell werden die Diskussionen im Team nämlich erst durch die Unterschiedlichkeit der Beobachtungen, Meinungen und Vorgehensvorschläge.

> *„Es sind nicht die einzelnen Leute in der Gruppe, die darüber erzählen, und wir anderen hören zu, sondern jeder kann zu diesem Kind erzählen, das gerade aufgerufen wird. Wir sind oftmals sehr unterschiedlicher Meinung. So kommt es, dass man dann wirklich heftig diskutiert." (Jasmin, Erzieherin in einer Unter-Drei-Gruppe)*

1. Wo finden Sie in den obigen Beobachtungsprotokollen (siehe S. 267) Beispiele für die angegebenen acht „Beobachtungsverzerrer"?

2. Suchen Sie bitte in ihrem eigenen Beobachtungsprotokoll nach solchen Beispielen und kennzeichnen Sie diese farbig.

3. Machen Sie für jede der angegebenen Kategorien einen Vorschlag, wie diese zu vermeiden sind. Beziehen Sie sich dabei möglichst auf Ihr eigenes Beobachtungsprotokoll.

13.5 Beobachtungshilfen

13.5.1 Verfahren zur systematischen Beobachtung

Wir sagten es schon: Systematische und strukturierte Beobachtung, die **vorab** die zu beobachtenden Merkmale und die Merkmalsausprägungen beschreibt sowie Hypothesen über die zu beobachtenden Kinder testen will, ist anfällig für Irrtümer und Fehleinschätzungen. Sie ist aber z. B. angesagt, wenn die eigenen Annahmen überprüft werden sollen, beispielsweise die Vermutung, dass Alina meist allein spielt.

Skalen und Tabellen

Verschiedene Kinderneurologen und Psychologinnen haben seit jeher versucht, ihre Beobachtungen zur frühkindlichen Entwicklung in Skalen und Tabellen zusammenzufassen. Wie problematisch die Nutzung solcher Tabellen ist, hat schon 1975 Hannelore Sachers mit ihrer aufschlussreichen Gegenüberstellung älterer Entwicklungsskalen bewiesen. Anhand der Tabellen von Hellbrügge/Pechstein (Entwicklungspsychologen), Gesell (einem der „Väter" der Entwicklungspsychologie) und Bühler/Hetzer (die einen der ersten Babytests entwickelten) wies sie nach, dass es unmöglich ist, allgemeingültige Normen für die regelhafte Entwicklung in den ersten Lebensjahren aufzustellen. Es gibt so viele Varianten und Streubreiten im zeitlichen Ablauf und in der Reihenfolge des Auftretens neuer Fähigkeiten, dass allgemeingültige Aussagen kaum zulässig sind.

Entwicklungsskalen sind allein als Orientierungshilfe sinnvoll, wenn wir uns einen allgemeinen Überblick über die **Reihenfolge** von Entwicklungsschritten verschaffen wollen. Verführen sie aber dazu, beim Kind Defizite auszumachen, um darauf Förderprogramme aufzubauen, stellen sie Regeln z. B. für das Sauberwerden und Sozialverhalten auf, die mit dem eigentlichen Entwicklungsniveau des beobachteten Kindes nichts zu tun haben, sollte darauf verzichtet werden. Sie erklären leichte Abweichungen zu einem therapiebedürftigen Rückstand, der Anlass sorgfältiger Beobachtung sein müsste. Weil jedes Kind sich in unterschiedlichen Bereichen unterschiedlich schnell entwickelt, brauchen wir als Informationsquelle über Entwicklungsverläufe Instrumente, die ihrer Einzigartigkeit Rechnung tragen (vgl. Sachers, 1975, S. 28–32). Im Folgenden geben wir einige Beispiele für die Beobachtung bei der Arbeit mit Kindern unter drei Jahren:

Entwicklungsaufbau 0–4-Jähriger (nach Kuno Beller)

Zwei Forschungsprojekte der FU Berlin unter Federführung von Prof. Kuno Beller entfachten Mitte der 1970er-Jahre in der ganzen Bundesrepublik erstmals die Diskussion um institutionelle Betreuung von Kindern unter drei Jahren. Ziele waren u. a. die Erforschung von Entwicklungsbedingungen für Kinder sowie die Erweiterung pädagogischer Kompetenz der Erzieherinnen und Erzieher. Ein Ergebnis der Forschungsarbeit war eine Übersicht über den frühkindlichen Entwicklungsaufbau, die bis heute als Beobachtungs- und Handlungshilfe in Kleinstkindergruppen eingesetzt wird. Sie bezieht sich auf folgende acht Bereiche der kindlichen Persönlichkeitsentwicklung:

- Selbstständigkeit in der Grobmotorik,
- Feinmotorik,
- Umgebungsbewusstsein,
- sozial-emotionale Kompetenz,
- Spieltätigkeiten,
- Sprache,
- kognitive Entwicklung und
- Selbstständigkeit in der Körperpflege.

Beller kennzeichnet den Entwicklungsaufbau durch vierzehn Phasen, die jeweils etwa drei Lebensmonate umfassen. So wird vermieden, dass Entwicklungsfortschritte Monaten und Jahren zugeordnet werden. Weil die Informationen übersichtlich und leicht verständlich auf zwei illustrierten Textplakaten dargestellt sind, können auch Eltern sich einen Überblick verschaffen. Die Fragen zu den einzelnen Verhaltensbereichen enthalten Anregungen und schlagen Möglichkeiten zur Variation von Spielanregungen im Tagesablauf vor.

Zum Vergleich individueller Entwicklungsverläufe können im Abstand von einigen Monaten Entwicklungsprofile erstellt werden (vgl. Beller/Beller, 2005, S. 65).

„Der Baum der Erkenntnis"
ist ein in Schweden entwickelter gemeinsamer Lehrplan in der Form eines Baumes mit Wurzeln, Stamm und ausladender Krone, der die Entwicklung und das Lernen der Kinder vom ersten bis zum 16. Lebensjahr in der Vorschule und Schule beschreibt. Er vermittelt die ganzheitliche Sicht auf kindliche Entwicklung, ist ein anschauliches Hilfsmittel zur Erfassung und Dokumentation des kindlichen Entwicklungsverlaufes von Anfang an sowie eine Grundlage für die Zusammenarbeit mit den Eltern (vgl. Berger/Berger, 2004).

Die „Grenzsteine der Entwicklung"
geben eine knappe Grundorientierung zu den Fähigkeiten, die Kinder entsprechend den Forschungsergebnissen des Entwicklungsneurologen Richard Michaelis (2006) von der Geburt bis zum fünften Lebensjahr zum angegebenen Zeitraum erreichen sollten und die von 90 bis 95 % der Kinder in Deutschland erreicht werden (vgl. Michaelis, 2006).

13.5.2 Ganzheitliche Beobachtungsverfahren

Die Leuvener Engagiertheitsskala – Beobachtung und Begleitung von Kindern (Erstfassung 1976)

Aus der Grundannahme heraus, dass Kinder von Anfang an aktiv, konzentriert und unermüdlich darauf aus sind, sich ihre Lebenswelt zu erschließen und sich dabei bis an die eigenen Grenzen fordern, entwickelten Autoren der Universität Leuven in Belgien Entwicklungsskalen (vgl. Laevers, 1976). Sie gingen davon aus, dass in Situationen, in denen ein Kind „intrinsisch motiviert" und aus sich heraus intensiv aktiv ist, ein besonders nachhaltiges, entwicklungsförderndes Lernen („deep level learning") stattfindet. Sie wollten herausfinden, was in einem Kind vorgeht, das sich bei seinem Tun wohlfühlt („Wohlbefinden") und bis an die Grenzen seiner Möglichkeiten fordert sowie welche Bedeutung seine Absichten und Handlungen für es selbst haben. Die Skala beantwortet Fragen wie:
– Wie weit sind Kinder in ihrem aktuellen Tun innerlich beteiligt („engagiert")?
– Welche Erfahrungen machen Kinder in erfahrungsintensiven Spielsituationen?
– Woran ist eine starke innere Beteiligung zu erkennen?
– Welche Signale geben Kinder, wenn sie intensive Erfahrungen sammeln?

Auch die personellen und materiellen Rahmenbedingungen sind von Interesse. Gefragt wird beispielsweise danach, ob Erwachsene genügend Empathie für die Beobachtung kleiner Kinder aufbringen (können) und ob die Umgebung genügend Anregungen enthält, damit engagiertes Erforschen möglich ist. Ferner sind die Qualität von Einrichtungen in Europa im Vergleich und Möglichkeiten der Qualitätsverbesserung Untersuchungsgegenstand.

Zum Kernbegriff „*Wohlbefinden*" nennen die Autoren folgende Beobachtungsmerkmale: im Einklang mit sich selbst sein, Vitalität, Entspannung und innere Ruhe genießen können sowie Zufriedenheit und deutlicher Energiefluss in körperlicher und geistiger Hinsicht. „*Engagiertheit*" ist an dem Ausmaß zu erkennen, in dem sich Kinder auf andere Kinder, Erwachsene und ihre Umgebung einlassen. Sie ist wahrnehmbar an der Konzentration, Ausdauer, Motivation, Begeisterung, Faszination, Einbezogenheit und Offenheit für Anregungen.

Die Beobachtungsbögen als Arbeitsgrundlage für Erzieherinnen und Erzieher fragen nach dem Grad von „Wohlbefinden" und „Engagiertheit" als Anzeichen für die Qualität von Erziehungs- und Lernprozessen. „*Wohlbefinden ist verbunden mit Selbstvertrauen, Selbstwertgefühl, Durchsetzungsvermögen*" (*Laevers, Leuvener Engagiertheits-Skala für Kinder LES-K, o. J.; Schlömer, 2010*).

Nach Vandenbussche (1976) können wir, wenn wir Kinder bei frei gewählten Tätigkeiten beobachten, unabhängig von ihrem Entwicklungsstand ein sehr hohes Ausmaß an Konzentration, Ausdauer, Achtsamkeit, Interesse, Beharrlichkeit und Zielverständnis wahrnehmen. Kinder gehen bei ihren Explorationen oft an die eigenen Grenzen und vervollkommnen dabei die eigenen Fähigkeiten. Die Skalen enthalten eine Liste von Signalen oder Aspekten von Verhalten, an denen man seine Einschätzung ausrichten kann. Auszuwählen ist jeweils eine von fünf Stufen von Engagiertheit.

Bildungs- und Lerngeschichten

Margaret Carr und Helen May, Wissenschaftlerinnen in Neuseeland, erarbeiteten im Rahmen einer umfassenden Bildungsreform zwischen 1991 und 1996 ein Curriculum als Instrument zur Erfassung frühkindlicher Bildungsprozesse. Es ging ihnen dabei nicht um das Aufdecken von Entwicklungsverzögerungen mit dem Ziel einer defizitorientierten Förderung. Stattdessen wollten sie tiefere Einblicke in den **Sinn und die Bedeutung kindlicher Handlungen und daraus erwachsender Lernerfahrungen** gewinnen. Sie wollten Kindern Voraussetzungen schaffen, die ihnen wirkungsvolles Handeln in ihrer alltäglichen Umwelt in der Kita ermöglichen sollten. Verbunden mit dem Curriculum war ein von Carr entwickeltes Beobachtungsverfahren (vgl. Carr, 2001). Für Deutschland wurde das Projekt zwischen 2001 und 2004 auf die Bedingungen hiesiger Einrichtungen hin untersucht und 2007 vom Deutschen Jugendinstitut (DJI) als „Bildungs- und Lerngeschichten" veröffentlicht (vgl. Leu u. a., 2007). Die Lerngeschichten verankern in der Beobachtung und Dokumentation frühkindlicher Lernprozesse emotionale, kognitive und soziale Elemente. Sie arbeiten gleichzeitig das wechselseitige Aufeinanderwirken von Kind und Lernumwelt heraus. Die Ergebnisse können Grundlage sein sowohl für den Dialog mit den Kindern selbst über ihre eigenen Lernerfahrungen als auch **für Teamkonferenzen und Gespräche mit Eltern**.

„*Lerngeschichten bezeugen, wie Kinder sich bilden, und sie bezeugen, was Erzieher/-innen davon wahrnehmen und welche Erfahrungsräume eine Kita bietet. Sie enthalten nicht nur Erkenntnisse über das Lernen des Kindes, die dem Kind widergespiegelt werden, sondern auch eine persönliche Note der Würdigung. Das dient einer vertrauensvollen Beziehung.*" (*Schneider, 2009, S. 1*)

Bildungs- und Lerngeschichten sind eine für alle am Kind Interessierten verständliche und zugängliche Möglichkeit, um Einsicht in Vorgänge und Probleme zu gewinnen, die das einzelne Kind beschäftigen sowie faszinieren und für deren Bewältigung es möglicherweise Unterstützung und Anregung braucht. Es geht nicht vordergründig um die Frage, ob ein Kind altersgemäße motorische oder kognitive Fähigkeiten erbringt, sondern darum, welche Strategien und Verfahren ein Kind anwendet, um in seiner Lebenswelt wirkungsvoll zu handeln und deren Aufgaben adäquat zu bewältigen.

Zugrunde liegt folgendes **Verständnis von Lernen:**
– Lernsituationen sind nur dann Lernsituationen, wenn sie für das Kind einen persönlich bedeutsamen Sinn haben.
– Gelernt wird nur, was erforscht und selbst entdeckt werden kann. Das bedeutet für alle Situationen in der Kita: Ermöglichen von Partizipation und Selbsttätigkeit.
– Lernen kann ein Kind nur, wenn es Erwachsene zur Seite hat, die begleiten statt zu belehren und das Kind zu beschäftigen.
– Achtsamkeit, Empathie und Respekt vor den Wahrnehmungen, Absichten und Handlungen des Kindes sind dabei die Grundhaltung der Erwachsenen.
– Die Wahrung der Würde des Kindes und das Einhalten seiner Rechte sind selbstverständliche Voraussetzung.

Dabei ist es bedeutsam, dass die Erzieherinnen und Erzieher
– *„[d]as Lernen in den Handlungen entdecken und verstehen und Lerninhalte erkennen"* *(Schneider, 2009, S. 2)*,
– Fähigkeiten wahrnehmen und Lernfortschritte erfassen,
– auf die Beteiligung des Kindes achten und ein dialogisches Vorgehen auf allen Stufen der Entstehung der Lerngeschichte und ihrer Dokumentation beibehalten,
– Kindern zusehen, zuhören und herausfinden, was bedeutsam für sie ist,
– mit ihnen darüber sprechen, was sie tun und was sie vorhaben, *„und [ihnen] Raum für Reaktionen geben"* *(Schneider, 2009, S. 2)*,
– darauf achten, was die Kinder (nicht) verstanden haben und was sie zu unseren Beobachtungen meinen,
– auch die Jüngsten danach fragen, ob und *„was sie dokumentiert haben wollen [sowie]*
– *darauf achten, was Kinder mit der Dokumentation anfangen." (Schneider, 2009, S. 2)*

Beobachtungsschwerpunkte sind
– kindliche Interessen und Handlungsziele in Alltagssituationen sowie
– die Art und Weise, wie das Kind sich in diesen Alltagssituationen verhält und seine (Lern-)Interessen kundtut und verwirklicht.

Bei den Beobachtungen wird auf **fünf Lerndispositionen** geachtet. Sie sind laut Carr die Motivation, mit der ein Mensch Lerngelegenheiten herstellt, erkennt, auswählt, eingrenzt oder erweitert (vgl. Leu u. a., 2007, S. 49). Lerndispositionen bestimmen, welche neuen Anforderungen ein Kind aufsucht und mit welcher Motivation, mit welchen Strategien es sie bewältigt. Sie sind entscheidende Grundlage für spätere Lernprozesse und den Umgang mit neuen Anforderungen. Carr unterscheidet die Lerndispositionen
– interessiert sein, engagiert sein,
– standhalten bei Herausforderungen und Schwierigkeiten,
– sich ausdrücken und mitteilen sowie
– an der Lerngemeinschaft mitwirken und Verantwortung übernehmen.

Zusätzlich muss für jede einzelne Lerndisposition noch mitbedacht werden (vgl. Leu u. a., 2007, S. 50):
– Ist das Kind bereit („Being ready")?
– Nimmt es die Situation als Lerngelegenheit wahr („Being willing")?
– Besitzt es die Fähigkeit, mit dem Lerngegenstand angemessen umzugehen („Being able")?

Und schließlich steht jede der fünf Lerndispositionen noch im Zusammenhang mit folgenden Faktoren (vgl. Leu u. a., 2007, S. 51):

– *Zugehörigkeit* (Nur ein Kind, das sich sicher in einer Gemeinschaft aufgehoben fühlt, kann Interesse für seine Umwelt aufbringen.)
– *Wohlbefinden* (Nur wenn die kindlichen Grundbedürfnisse erfüllt sind und ein Kind sich wohlfühlt, kann es Energie und Neugier für neue Lernerfahrungen aufbringen.)
– *Exploration* (Wenn ein Kind Zeit und Möglichkeiten für „freie Forschung" erhält, lässt es sich durch auftretende Probleme oder Hindernisse nicht von seinem Ziel abbringen.)
– *Kommunikation* (Wenn ein Kind sich in seinen Ausdrucksmöglichkeiten wahrgenommen und verstanden fühlt, ist es bereit, sich mitzuteilen.)
– *Partizipation* (Sich einbringen, mitgestalten und die eigenen Angelegenheiten mitbestimmen ist ein grundlegender „Lernmotor".)

„Learning Stories" („Bildungs- und Lerngeschichten") sind nach Carr **subjektive Beschreibungen und Erzählungen** dessen, was die beobachtende Erzieherin oder der Erzieher vom Tun eines Kindes, von seinen Absichten, Handlungen und Motiven in einer ausgewählten Situation wahrnimmt und mitteilt. In diese Beschreibung fließen also unbeabsichtigt die eigenen Lernerfahrungen und das eigene Erleben von Stärken und erlebten Misserfolgen der Beobachtenden ein.

Nach Schneider (2009) gehört zu den wichtigsten Voraussetzungen für die Arbeit mit Lerngeschichten eine **fragende Grundhaltung** der Erwachsenen. Vorgefasste Meinungen über ein Kind können dabei hinderlich sein. Und es kommt öfter zur Irritation beim Beobachtenden, denn:

– Lernprozesse von Kleinstkindern entsprechen in ihrem Ziel und ihrem Ablauf selten unserer Erwachsenenlogik. Sie führen meist in Richtungen, die beobachtende Erwachsene nicht erwarten und erklären können.
– Sie verlaufen nicht geradlinig, sondern diskontinuierlich. Sie sind gekennzeichnet durch Wechselhaftigkeit, Abweichungen und Kursänderungen. Minimale Ablenkungen können zu Umwegen und einem ganz neuen Thema führen. Diese gilt es nachzuvollziehen und zu begleiten.
– Oft wenden sich kleine Kinder einem winzigen Detail so lange und intensiv zu, dass sie ihr ursprüngliches Thema „vergessen".
– In der Regel fesseln Dinge ihre Aufmerksamkeit, die wir Erwachsenen für banal oder nebensächlich halten und deshalb zu übersehen neigen. Fast immer ist eine solche „Nebensache" ein aufregender Lerngegenstand für ein kleines Kind.
– Lernprozesse von Kleinstkindern haben unterschiedliche Beschleunigungsgrade. Selten entsprechen sie einem Zeitrahmen, den Erwachsene für angemessen halten. Dass ein Kind unter drei Jahren sich nur etwa zehn Minuten mit einem Gegenstand befassen kann und dann zum nächsten übergeht, gilt als widerlegt. Das gilt nur für Sachverhalte, die bekannt oder noch nicht von Interesse sind.
– Die Lernprozesse der Kinder sind vielschichtig, das heißt, sie berühren immer mehrere Bereiche gleichzeitig (vgl. Bodenburg, 2000, S. 264):
  • Experimentierendes Handeln in Verbindung mit Wahrnehmung und Beobachtung
  • Beständige Suche nach Grenzen, Widerstand und deren Bewältigung: Offenbar führen sie nicht nur zu Erkenntnissen über Struktur und Bedeutsamkeit des erforschten Phänomens, sondern auch zur Erfahrung eigener Fähigkeiten, Belastbarkeit und Grenzen in der Lösung des selbstgestellten Problems.

- Sich GEGEN etwas entscheiden und AUF etwas beharren
- Imitation des Verhaltens anderer Kinder oder der Erwachsenen, auch, wenn sein Sinn und seine Zielrichtung noch nicht verstanden werden
- Wiederholung: Unvertraute Sachverhalte und Abläufe werden erst durch beharrliches Wieder-Tun geläufig.
- Registrieren von Veränderungen und daraus abgeleitete „Theorien", die häufig nicht denen von uns Erwachsenen entsprechen

Die Vielschichtigkeit kindlicher Lernprozesse stellt die **höchsten Anforderungen** an die Fachkompetenz von Erzieher/-innen. Sie erfordert nicht nur erhöhte Aufmerksamkeit für aktuelle Lernvorgänge und Aneignungsstrategien, sondern auch Fantasie, Flexibilität und die Bereitschaft, umzuschwenken und sich auf unvertraute Erfahrungsebenen zu begeben. Das Wichtigste ist: Bildungsprozesse der Kinder dürfen nicht unterbrochen werden – auch wenn sie merkwürdig lange dauern.

Zu diesen Anforderungen gehören auch
– der Austausch mit Kolleginnen und Eltern über Beobachtungen,
– der Austausch mit den Kindern, auch wenn sie noch nicht sprechen können, sowie
– „[d]as Lernen ‚sichtbar' machen und ins Gespräch bringen, sodass ein Dialog entstehen kann, der wieder dazu beiträgt, die Kinder besser kennenzulernen und Ansatzpunkte für die Weiterentwicklung und Unterstützung der Fähigkeiten der Kinder zu finden, die sich an den Interessen der Kinder orientieren (= Responding)" (Schneider, 2009, S. 2).

Bildungs- und Lerngeschichten sind eine gute Möglichkeit, „das Lernen ins Gespräch zu bringen, die subjektive Wahrnehmung zu überprüfen und evtl. zu relativieren durch Austausch mit anderen, verschiedene Sichtweisen zu erwägen und zu erörtern, Auswertungen mit verschiedenen ‚Linsen' vorzunehmen und die Person, um deren Lernen es geht, einbeziehen: dem Kind von unserer Wahrnehmung berichten, das Kind fragen und Stellung nehmen lassen" (Schneider, 2009, S. 2).

Das „Early Excellence Centre Program"

1997 wurde das „Early Excellence Centre Program" von der englischen Regierung ins Leben gerufen, basierend auf den pädagogischen Prinzipien des Pen Green Centre in Corby, Großbritannien. Idee dieser Zentren war es, Familien unterschiedliche Unterstützungsangebote, wie frühkindliche Bildung, Nachbarschaftshilfe, Gesundheitsdienste und Weiterbildung an einem Ort gebündelt anzubieten. Im Dezember 1999 nahmen 29 ausgewählte Zentren ihre Arbeit auf. Sie haben die Lebens- und Erziehungskompetenz der Eltern im Blick, verwirklichen eine partnerschaftliche Form von Zusammenarbeit mit Familien und verknüpfen damit neue Formen der Elternbildung. Sie bieten den Eltern Unterstützung und Entlastung, kombiniert mit einer gezielten Förderung der Kinder. Sie sind Vorbild für die deutschen Familienzentren als Orte, die für alle Familien offen sind. Ausgangspunkt ist das Bewusstsein der hohen Bedeutsamkeit, die alle Eltern für ihre Kinder haben – egal, ob sie ihnen eine eher belastende oder eine förderliche Umwelt bieten bzw. bieten können (vgl. Burdorf-Schulz, 2006; Kapitel 3.6).

Die Beobachtungen der Kinder sind die Basis zur Anbahnung von Selbstbildungsprozessen. Diese werden dokumentarisch festgehalten. „Jeden Tag werden zwei Kinder beobachtet, und zwar von allen Mitarbeiterinnen. Diese Notizen werden von den Family-Workern notiert, gebündelt und am Ende des Tages ausgetauscht. Die 1 × wöchentlich stattfindende Besprechungszeit dient zur gemeinsamen Reflexion des Entwicklungsstandes des Kindes und zur Entwicklung von Fördermaßnahmen im Sinne von Entwicklungsreizen und speziellen Angeboten"

(Burdorf-Schulz, 2006, S. 2). Aufgabe der Beobachtenden ist es, Kindern mit „dem besonderen Blick" zu begegnen und Aussagen über folgende Aspekte zu treffen:

- Wo steht das Kind? Welche besondere Aufmerksamkeit benötigt es?
- Welche Ziele können für die weitere pädagogische Arbeit mit dem Kind abgeleitet werden?
- Welche möglichen Handlungsansätze ergeben sich daraus?

„Die Ausgangsfrage jeglicher Reflexion ist: Können wir aus der Beobachtung eine aktuelle Aktivität ableiten, sodass wir Anregungen zur Weiterentwickelung anbieten können? [...] Die in Beobachtungsraster eingetragenen Aktivitäten und Lernprozesse der Kinder werden ausgehängt, in Entwicklungsordnern gesammelt und sind jederzeit für die Eltern einsehbar." (Burdorf-Schulz, 2006, S. 2)

Werkstatt kindliche Entwicklung – FiPP e. V.

Das Fortbildungsinstitut für die pädagogische Praxis e. V. (FiPP) entwickelte für seine Teilnehmerinnen und Teilnehmer Beobachtungs- und Arbeitshilfen unter dem Leitgedanken: „Ich mache mir ein Bild vom Kind." Beobachtung soll als tägliche Routine verankert sein. Die Kinder werden bei unterschiedlichen Aktivitäten und in regelmäßigen Zeitabschnitten beobachtet. Beobachtungsergebnisse sind die Basis für nächste Schritte und Gespräche mit den Eltern. *„Ausgangspunkt ist das einzelne Kind und nicht bestimmte Fähigkeiten. Die „Positive Beobachtung" hält fest, was ein Kind schon kann – tatsächliche Erfolge und Fortschritte – und nicht, was es noch nicht kann."* (FiPP, 2006, S. 14)

Die Beobachtungshilfen orientieren sich an der Leuvener Engagiertheits-Skala und an den Bildungsrichtlinien. Sie enthalten zunächst eine allgemeine Einschätzung: *„Du betrachtest das Kind und sein Tun im freien Spiel. Wie schätzt du sein Wohlbefinden ein, welche Zeichen und Hinweise kannst du sehen?"* (Laevers, 1976)

Darüber hinaus werden *Datum, Zeit, Ort und die Art der Tätigkeit* festgehalten. Es folgen Angaben zum *„vermuteten Thema"*: *„Beschreibe, was das Kind tut und womit es sich beschäftigt. Gib abschließend eine Einschätzung des Grades der Engagiertheit des Kindes"* (Laevers, 1976).

Weiterhin fragt der Auswertungsbogen für Beobachtungen Folgendes ab:

„1. *Wohlbefinden:* Bitte ankreuzen, welche Aspekte von Wohlbefinden zu beobachten waren: Flexibilität, Offenheit, Selbstvertrauen, Durchsetzungsvermögen, Vitalität, innere Ruhe, Genießen-Können, Im-Einklang-mit-sich-selbst-Sein. Es gibt auch „offene Fragen", z. B.: „In welchen Situationen zeigt das Kind Wohlbefinden?"

2. *Engagiertheit:* Bitte die beobachteten Engagiertheitsstufen eintragen. In welchen Situationen und bei welchen Tätigkeiten zeigt sich das Kind stark engagiert?

3. *Schemata:* Die Verwendung welcher Schemata [als erworbene „Muster" von Handlungen und Vorstellungen; I.B.] wurde beobachtet?

4. *Bildungsbereiche:* Bitte ankreuzen, in welchen Bildungsbereichen das Kind tätig war: mathematische und naturwissenschaftliche Grunderfahrung, bildnerisches Gestalten, Musik, Körper, Bewegung, Gesundheit, Sprachen, soziale und kulturelle Umwelt."

Der **Caritasverband Münster/Westfalen** gibt einen **Beobachtungsbogen** heraus, der zu jedem Kind die gleichen allgemein formulierten Fragen stellt, in den die Erzieherinnen und Erzieher ihre in verschiedenen Situationen und mit verschiedenen Medien gewonnenen Beobachtungsergebnisse eintragen. Diese werden in regelmäßigen Abständen den Eltern als Dokumentation des Entwicklungs- und Bildungsverlaufes übergeben.

Hier einige Auszüge aus dem Beobachtungsbogen:

1. **Welche Stärken und individuellen Talente bzw. Vorlieben hat das Kind?**

    bezogen z. B. auf Bewegungsfähigkeit, Sprachkompetenz/Ausdrucksfähigkeit/Kommunikationsfähigkeit, Spielverhalten, Gestalten/Kreativität/Fantasie, Umgang mit Medien, Erschließung von Lebenswelten/Natur und kultureller Umwelt, soziale Kompetenzen

2. **Persönlichkeitsentwicklung des Kindes**

    z. B. Selbstständigkeit, Selbstvertrauen, Selbstbewusstsein, Selbstwertgefühl, Ausgeglichenheit, Emotionalität, Empathie

3. **Engagiertheit des Kindes**

    Womit beschäftigt sich das Kind besonders gern? Wie intensiv, engagiert und konzentriert geht es dieser Beschäftigung nach? Welche Themen/Anliegen sind momentan für das Kind wichtig?
    Welches Spiel bzw. welche Aktivitäten bevorzugt das Kind? Wie ist das individuelle Lerntempo des Kindes?

4. **Wie setzt das Kind seine eigenen Selbstbildungspotenziale im Bildungsprozess ein?**

    z. B. Wahrnehmungsfähigkeit, innere Verarbeitung durch Eigenkonstruktion, Fantasie, durch sprachliches Denken und durch naturwissenschaftlich-mathematisches Denken, Fähigkeit zum sozialen Austausch, Umgang mit Komplexität und Lernen in Sinnzusammenhängen, Neugierde/forschendes Lernen/individuelle Lernstrategien

5. **In welchem Bereich bzw. welchen Bereichen seines individuellen Lernweges benötigt das Kind Unterstützung, Anregung, Förderung oder Freiräume?**

    hinsichtlich der Bildungsbereiche/der individuellen Selbstbildungspotenziale des Kindes

6. **Welche pädagogischen Handlungsstrategien ergeben sich auf der Grundlage der aktuellen Beobachtung für das Kind?**

    z. B. individuelle Förderangebote, Gruppensituation, Beratungsgespräche mit den Eltern, Reflexion im Team

(Caritasverband für die Diözese Münster e. V., Beobachtungsbogen, 2004)

Für sich selbst und für Teamgespräche bearbeiten die Erzieherinnen und Erzieher „Fragen zur Selbstreflexion", um ihren eigenen Wahrnehmungs- und Arbeitsprozess zu überdenken und in seinen Veränderungen zu verfolgen. Die Ergebnisse verdeutlichen Wandlungen, aber auch Stabilitäten und Probleme in der Sicht auf die Kinder, auf eigene Stärken und Schwächen, im Arbeitsprozess sowie im Arbeitsverständnis. Sie sind eine wichtige

Möglichkeit, um Beobachtungsverzerrungen bewusst zu machen und damit zu entschärfen (vgl. Schäfer, 2003, 2004).

Folgende Fragen gehören dazu:

– *„Was berührt mich bei diesem Kind?*
– *Welche Erwartungshaltung habe ich dem Kind gegenüber?*
– *Wodurch löst es bei mir Zuwendungs- oder gegebenenfalls Abwehrverhalten aus?*
– *Was hat dieses Erleben mit meiner eigenen Biografie zu tun?*
– *Was will mir das Kind mit seinem Verhalten sagen?*
– *An welchen Punkten hat sich meine Wahrnehmung und Einschätzung des Kindes unter Berücksichtigung meiner Selbstreflexion verändert?*
– *Was hat sich im Vergleich zur letzten Beobachtung verändert?*
– *Mit welcher Einstellung und Haltung führe ich das Gespräch mit den Eltern zu den Inhalten und Ergebnissen der Beobachtung?*
– *Wurde dieses vorab im kollegialen Austausch im Team oder im Gespräch mit der Leitung zur Sicherstellung einer möglichst hohen Objektivität beraten?"*
(Strätz, 2005, S. 5)

13.6 Beobachtungsergebnisse dokumentieren

13.6.1 Gründe für das Dokumentieren

In fast jeder Einrichtung finden wir Dokumentationen, die mehr oder weniger zufällig und zielgeleitet über das berichten, was Kinder und Erwachsene für mitteilenswert halten. Sie sind sehr unterschiedlich in Form und Differenzierungsgrad. Die meisten stellen über *Visualisierung* Aktionen, Erfahrungsprozesse und besondere Ereignisse dar. Das können Fotos sein, die während eines Ausfluges entstanden sind, Bilder oder Plastiken, Wortprotokolle und Gesammeltes. Es sind Erlebnisspuren, welche die Beteiligten an das gemeinsam Durchlebte erinnern: Kleine und große Ereignisse und Abenteuer, aber auch scheinbar Unwichtiges, Kleinigkeiten am Rande, die doch für Kinder große Bedeutung hatten.

Wenn sie dokumentieren, gewinnen Erwachsene zugleich Anhaltspunkte und ergänzen ihre Beobachtungsnotizen. In der Rückschau wird zu einzelnen Episoden deutlich, was geschah und mithilfe welcher Strategien und Arbeitsmittel sich die einzelnen Kinder einklinkten. Begleitende Kommentare verdeutlichen, wie Kinder mit ihrer Fantasie und ihren Beiträgen das Vorhaben bereicherten und es vorantrieben. Wenn die Beobachtungen differenziert genug sind, wird auch deutlich, welche ungeklärten Erscheinungen Kinder zu erfassen suchten, welche Probleme sich dabei auftaten und wie die gefundenen Lösungsansätze aussahen.

13.6.2 Formen der Dokumentation

Vor dem Beginn einer Dokumentation ist zu beachten: In allen Formen der Dokumentation müssen Datenschutzbestimmungen unbedingt eingehalten werden. Und nicht nur das: Es gilt zu prüfen, welche Wirkungen die Informationsweitergabe langfristig für die dargestellten Kinder und Erwachsenen hat. Fotos, die Kinder verniedlichen, Randverzierungen mit Garfields und Mickymäusen, witzige Bemerkungen aus Kindermund und Anekdötchen aus dem Familienalltag mögen Erwachsene erheitern. An dem, worum es uns in der Dokumentation geht, gehen sie jedoch genau vorbei. Sie nehmen Kinder und auch die pädagogische Arbeit in der Kita nicht ernst.

„Beschreibungen von Kindern, ihren Kompetenzen und Entwicklungen bergen das Problem der Bewertung" (Prott, 2006, S. 139). Bewertung mündet leicht in Entwertung, wenn wir nicht genügend achtsam vorher prüfen, was wir da dem Blick der Öffentlichkeit preisgeben. Deshalb ist es wichtig, Beobachtungsprotokolle im Team grundsätzlich auf mögliche Verzerrungen oder Beeinträchtigung (vgl. Kapitel 13.4) zu überprüfen, damit sie das Kind würdigen und nicht entwürdigen. Entwürdigend sind alle defizitorientierten Diagnoseverfahren, *„[…] mit denen abschließende Urteile über ein Kind gefällt werden, und Verfahren, mit denen das Kind nicht verstanden, sondern nur durchschaut […] und abgestempelt wird"* (Prott, 2006, S. 139).

Die technische Ausstattung der Kindertagesstätte ist Voraussetzung für die gelungene Dokumentation und erleichtert sie. Dazu gehören:
- Videoanlage,
- Kassettenrekorder mit genügend Kassetten für Tonaufnahmen,
- mindestens eine Digitalkamera,
- ein Diaprojektor oder Beamer,
- ein Laptop, um flexibel arbeiten zu können,
- ein Overheadprojektor (mit genügend Folien im Schrank),
- eine Whiteboardtafel mit den entsprechenden Stiften und Schwämmen,
- Flipcharts mit einem Vorrat an Papierrollen sowie
- eine Moderationswand und ein Moderationskoffer (die Füllung öfter überprüfen).

Im Folgenden stellen wir einige Domumentationsformen vor, die sich in der Praxis gut bewährt haben.

13.6.3 Kommentierte Sammlungen und Ausstellung von Exponaten

Alles, was Kinder unter drei Jahren formen, malen und an Spuren hinterlassen, ist wertvoll und zugleich Hinweis und Aufklärung. Es hat Respekt verdient, hat eine Geschichte und enthält eine Wegbeschreibung. Entsprechend verfahren wir damit. Wir können nicht alles aufheben. Die Kinder entscheiden mit: Welche Bilder rahmen wir ein und hängen sie auf den Flur? Welche Versuche mit formbaren Materialien erhalten ihren Platz in der Ausstellungsvitrine?

Neben dem Ausstellungsstück liegt die Mitteilung der Erwachsenen: Wo und wann ist das Exponat entstanden, was haben die Kinder dazu gesagt, wie haben sie den Entstehungsprozess erlebt? Was nicht ausgestellt wird, legen die Kinder in ihr Eigentumsfach und nehmen es mit nach Hause. Die Eltern lernen zu verstehen, warum die Bilder der Kinder in eine Sammelmappe und nicht in den Mülleimer gehören.

Im Waldkindergarten regen die Erzieherinnen und Erzieher an, die im Naturgelände gefundenen Gegenstände im Rucksack zu sammeln. Später werden sie in der Kita ausgebreitet und Erinnerungen dazu wachgerufen, sie werden benannt und gemeinsam in der Glasvitrine arrangiert. Erwachsene interpretieren das Ausgestellte durch Bildmaterial und Fotos, die unterwegs entstanden sind. Sie geben kurze Kommentare, wer was gefunden hat und was er oder sie dazu gesagt hat.

13.6.4 Erfahrungsspuren sichtbar gemacht

In einer anderen Kita schreiben Erzieherinnen und Erzieher während der Vorhaben und Erfahrungsangebote mit. So erfassen sie Veränderungen in den Deutungen, Bezeichnungen und Vorstellungen der Kinder auf ihren Erfahrungswegen und machen sie Eltern und Außenstehenden nachvollziehbar. Die Erfahrungsprozesse der einzelnen Kinder werden fotografiert, die begleitenden Kinderäußerungen aufgezeichnet oder mithilfe technischer Medien oder Gestaltungsmaterialien dargestellt, z. B. mit Skizzen, Dias, Kassettenrekorder und Sofortbildkamera. So werden allen Beteiligten Erfahrungs- und Arbeitsspuren sichtbar. Die Aussageprotokolle der Kinder machen deren Erkenntnisprozesse anschaulich und sind insbesondere für Eltern eine Möglichkeit, ihr Kind in seinen individuellen Aneignungsprozessen zu verstehen. Auf einem „Schautisch" sind die jeweiligen „Lerngegenstände" ausgestellt und werden zusammen mit Büchern und Bildmaterial zu den vergangenen Vorhaben arrangiert.

„Wir haben da immer einen Tisch für solche Sachen, an dem die Kinder und wir und die Eltern vorbeigehen und er automatisch ins Blickfeld fällt. Also ich denke, für viele Kinder ist auch das Visuelle ein wichtiger Punkt." (Jasmin, Erzieherin in einer Unter-Drei-Gruppe)

Fotos und Videos

Fotos und Videoaufnahmen können eine große Bereicherung für Beobachtungsdokumentationen sein, weil sie den Blick erweitern und differenzieren. Subjektiv gefärbte Einschätzungen, Zuschreibungen und Annahmen Einzelner (z. B. zu Entwicklungsprozessen oder der Entstehung von Konflikten) werden überprüfbar, wenn sie im Team diskutiert werden. Thiel (2004) weist darauf hin, dass Videotechnik es ermöglicht, z. B. durch Wiederholung, Zoom und Ausschnittvergrößerungen Abläufe unabhängig von unserer subjektiven Wahrnehmung originalgetreu nachzuvollziehen und festzuhalten. Beobachtungsmerkmale kristallisieren sich auf diese Weise oft erst nach der Analyse heraus. Hypothesen entstehen nicht auf der Grundlage von Fehlwahrnehmung. Sie entsprechen eher der tatsächlichen Erlebensweise, wenn mehrere Betrachter sich mit dem gleichen Medium auseinandersetzen. Für Außenstehende lassen sich z. B. über Slow-Motion-Sequenzen die Beobachtungs- und Auswertungsergebnisse deutlicher herausstellen.

13.6.5 Bildungsbücher und Portfolios

Unter einer Portfoliodokumentation (vom Französischen: portefeuille = Trage-Blatt, ursprünglich also eine Sammelmappe für beschriebenes, gezeichnetes oder bemaltes Papier) verstehen wir eine Sammlung bewusst ausgewählter Materialien: Berichte, Erzählungen über das Kind, Alltagsbeobachtungen, Berichte über kriteriengeleitete und wiederholte Beobachtungen, Fotos und Beispiele der ersten bildnerischen Darstellungen – eben Spuren seiner Entwicklung als „Schatzkammer von Erinnerungen aus den ersten Lebensjahren". Da wir die Ergebnisse nicht wie eine Künstlermappe einem Käufer für eine Ausstellung präsentieren wollen, könnten wir es auch „Bildungsbuch" (vgl. Prott, 2006) nennen. Wichtig ist, dass alles, was in einem Bildungsbuch oder Portfolio abgeheftet wird, möglichst für sich selbst sprechen und aussagekräftig sein soll. Es ist eine Sammlung, die nicht *über* das Kind, sondern zusammen *mit* dem Kind angelegt wird, die also nur unter seiner *aktiven Beteiligung* zustande kommen kann. *„Es gilt, mit dem Portfolio ein Bewusstsein für das eigene Tun, die eigenen Fortschritte zu entwickeln" (Stahr/Trousil, 2007, S. 70 ff.).*

Inhalt und Schwerpunkte sind nicht festgelegt; sie werden von Erzieherinnen und Erziehern nach Kriterien ausgewählt, die sie nach Gesprächen im Team und mit den Eltern aus fachlicher Sicht für bedeutungsvoll halten.

Die Auseinandersetzung mit dem Bildungsbuch ist für die Kinder ein ständiger Anlass zur Auseinandersetzung mit sich selbst, den anderen Kindern der Gruppe sowie den Handlungen und Dingen, die das Kind schon kennt und noch kennenlernen will.

„Zum Beispiel Lisa. Ich hatte sie beim Trinken aus einer Tasse fotografiert. Natürlich hatten wir nicht zuvor das Ziel vereinbart: ‚Ich kann aus einer Tasse trinken.' Aber das Foto führte dazu, dass Lisa augenblicklich mit mir feststellen konnte, was sie schon kann: ‚Lisa trinken', sagte sie und wirbelte mit dem Bild hin und her." (Jasmin, Erzieherin in einer Unter-Drei-Gruppe)

In einem Portfolio sammeln wir:

- laminierte Fotos, die aus dem Umfeld Familie, Wohnung und Kita stammen und das Kind interessieren, die es gern und wiederholt anschaut;
- Fotos der Kinder „in Aktion" als Ergänzung zu den im Portfolio eingehefteten Beobachtungsprotokollen;
- „Geschichten über mich": Eltern und Erzieherinnen sowie Erzieher erzählen in Briefform Situationen, die typisch, prägend oder anrührend sind und den Entwicklungsweg des Kindes verdeutlichen;
- Beobachtungsprotokolle zum Entwicklungsverlauf, die in regelmäßigen Abständen eingeheftet werden;
- Dokumente zur Entwicklungsdokumentation – möglichst als Brief an das Kind abgefasst;
- Elterngesprächsprotokolle.

Bei der Auswahl von Fotos, Arbeitsspuren und Dokumenten ergibt sich eine Sammlung mit „dreifacher Buchführung". Sie stärkt die Qualifizierung der pädagogischen Arbeit und gibt den Erwachsenen Fördermöglichkeiten an die Hand. Sie überrascht das Kind mit Einblicken in seinen eigenen Werdeprozess und stimuliert das Bedürfnis, sich entdeckend seine Lebenswelt anzueignen. Es ist ein wichtiger Bestandteil der Erziehungspartnerschaft zwischen Eltern und Erzieherinnen sowie Erziehern.

13.6.6 Dokumentation nach außen

Das Team beschließt, welche Wandzeitungen, Flyer, Geschichtensammlungen und Fotos als Inhalt der Dokumentation der Arbeit mit den Jüngsten für das nähere Umfeld der Kita infrage kommen. Diese sind gedacht als Orientierung für Kinderärzte, soziale Dienste, Kinderserviceeinrichtungen, Bürgerversammlungen und kommunale Ausschüsse. Politikerinnen haben in der Regel keine vertiefenden Informationen. Sie können nur verstehen, worum es in der Frühpädagogikdebatte geht, und genügend Ressourcen für die Einrichtungen in ihrem Einflussbereich erkämpfen, wenn sie einen intensiven „Innenblick" für die Arbeit mit dieser Zielgruppe entwickeln können. Dafür lohnt es sich, das in der Kita vorhandene Dokumentationsmaterial zu sichten und für Informationen nach außen zusammenzustellen.

Zum Weiterlesen:

- **Beller, Kuno:** Entwicklungsaufbau 0–4-Jähriger. Berlin: FiPP, 1987.

- **Beller, Simone/Beller, Kuno:** Kuno Bellers Entwicklungstabelle: Modifizierte Fassung vom Juli 2000. 5. Auflage, Berlin: Beller – Materialien für die pädagogische Praxis, 2005.

- **Bensel, Joachim/Haug-Schnabel, Gabriele:** Kinder beobachten und ihre Entwicklung dokumentieren, in: kindergarten heute spezial, 2005, S. 7–43.

- **Berger, Marianne/Berger, Lasse:** Der Baum der Erkenntnis für Kinder und Jugendliche im Alter von 1–16 Jahren. 2. Auflage, Bremen: Eigenverlag, 2004.

- **Bertelsmann Stiftung (Hrsg.):** Frühe Bildung beobachten und dokumentieren. Leitfaden zur Einführung der Bildungs- und Lerngeschichten in Kindertageseinrichtungen. Gütersloh: Verlag Bertelsmann Stiftung, 2008.

- **Bertelsmann Stiftung (Hrsg.):** Guck mal! Bildungsprozesse des Kindes beobachten und dokumentieren. Gütersloh: Verlag Bertelsmann Stiftung, 2005.

- **Bostelmann, Antje:** Das Portfolio-Konzept für die Krippe. Mülheim/Ruhr: Verlag an der Ruhr, 2008.

- **Dennig, Thomas:** Schritt für Schritt zur eigenen Beobachtung und Dokumentation. Troisdorf: Bildungsverlag EINS, 2007.

- **Falk, Judit/Aly, Monika:** Beobachten, Verstehen und Begleiten. Entwicklungsdiagnostik nach Pikler. Berlin: Pikler Gesellschaft, 2008.

- **Jacobs, Dorothee:** Kreative Dokumentation. Dokumentationsmethoden für Kindertageseinrichtungen. Berlin: Cornelsen Scriptor, 2007.

- **Kazemi-Veisari, Erika:** Kinder verstehen lernen: Wie Beobachtung zur Achtung führt. Seelze: Kallmeyer/Klett, 2007.

- **Laevers, Ferre:** Beobachtung und Begleitung von Kindern. Wegberg: Schlömer, 2009.

- **Laevers, Ferre:** Die Leuvener Engagiertheitsskala (Les-K). Leuven: Centrum voor Ervarings-Gericht Onderwijs, 1976.

- **Leu, Hans Rudolf/Flämig, Katja/Frankenstein, Yvonne/Koch, Sandra/Pack, Irene/Schneider, Kornelia/Schweiger, Martina:** Bildungs- und Lerngeschichten. Bildungsprozesse in früher Kindheit beobachten, dokumentieren und unterstützen. Kiliansroda/Berlin: verlag das netz, 2007.

- **Schäfer, Gerd:** Beobachten und Dokumentieren: Professionelle Instrumente, um Lern- und Forschungsprozesse des Kindes herauszufordern und mitzugestalten. Weinheim: Juventa, 1995.

14 Planen

14.1 Inhalte von Planung

Alle an einer Kita Mitwirkenden sind direkt und indirekt an deren Profilbildung beteiligt. Nicht nur Träger, Leitung und Mitarbeiter, sondern auch die Kinder und ihre Familien haben direkt und indirekt Einfluss auf Rahmenbedingungen, Organisation, Charakter und Außenwirkung. Ihre Lebensbedingungen, pädagogischen Ziele, Wünsche und Interessen prägen die Struktur und das Erscheinungsbild einer Kita, auch wenn sie nicht offen, sondern meist unterschwellig zutage treten.

Burghard Müller, Sozialwissenschaftler an der Universität Hildesheim, geht davon aus, dass Kinder, Eltern und Mitarbeiter/-innen zur Kita in einem ähnlichen Verhältnis stehen wie Eltern, Großeltern und Tanten zum Kind (vgl. Müller, 2003). In der Familie sind alle um das Wohlergehen des Kindes besorgt und tragen ihren Teil dazu bei, dass es gesund bleibt und sich gut entwickelt. Wie in der Familie gehören Streit, Pannen und Versöhnung zum Alltag, in dem sich jedes Mitglied fortlaufend mit Widersprüchen und gegenseitigen Forderungen auseinanderzusetzen hat. In der Sprache der Organisationsentwicklung nennen wir solche Kontroversen „Zielkonflikte". Ihre Bewältigung in der Kita kostet Zeit, Kraft und Nerven, aber sie bringen alle in Bewegung und wirken als Motor in der Entwicklung von Dynamik und Entfaltung.

Ein *Beispiel:* In der Regel verfolgen Mitarbeiter/-innen das Ziel, zum Wohle der Kinder qualitätsbewusst, förderlich und effektiv zu arbeiten – und wünschen sich gleichzeitig eine ruhige Arbeitsatmosphäre mit wenig Lärm, Unruhe und riskanten Überraschungen. Tatsache ist: Je mehr Mitbeteiligung, Experimentiermöglichkeiten und Lernfreiheit verwirklicht werden, desto mehr Chaos entsteht. Ein für alle akzeptables Gleichgewicht zwischen Konfusion und Beruhigung ist schwer herzustellen.

Solidarität und Zusammengehörigkeit müssen von allen fortlaufend neu ausgehandelt und hergestellt werden.

Ein anderes *Beispiel:* Die Kita zu einem rund um die Uhr serviceorientierten Familienzentrum umzuwandeln (wie es wegen Ladenöffnungszeiten und unterschiedlichen Arbeitszeiten vielerorts unerlässlich wird) und gleichzeitig die Arbeitszeiten der Kitaangestellten optimal einzuteilen, gleicht einer Quadratur des Kreises für Leitungskräfte. Der Anspruch, gleichzeitig alles bestmöglich zu planen, berechenbar und überschaubar zu machen, verträgt sich oft nicht mit dem Ziel, eine offene, lebhafte, kreativ und bedarfsorientiert arbeitende Einrichtung zu schaffen. Nach Müller gelten für die Organisationsarbeit in „lernenden Einrichtungen" die gleichen Prioritäten wie für die Arbeit mit Kleinkindern:
- gesund erhaltende Rahmenbedingungen schaffen,
- Selbstständigkeit, Neugier und Lernbereitschaft stärken,
- dafür sorgen, dass alle ein möglichst positives berufliches Selbstbild entwickeln können,
- die soziale Kompetenz stärken,
- Kooperation mit Menschen unterschiedlicher Denkweisen, Anschauungen und Zielvorstellungen erreichen sowie
- Chancen zum Ausbau der eigenen Begabungen und fachlichen Kompetenzen ermöglichen.

Um das Chaos zu entwirren, Lernwege für alle zu eröffnen, Anspruch und Wirklichkeit auszubalancieren sowie die täglichen Zielkonflikte ihrer Lösung zuzuführen, ist **Planung** unverzichtbar.

14.2 Planen entlastet

Um für die Kleinsten aus den vielfältigen Aufgabenbereichen ein vielseitiges und umfassendes Angebot für Tages-, Wochen- und Jahresabläufe abzuleiten, ist Planung im Team eine wichtige Hilfe. Einige Stimmen aus der Praxis:

„Ich habe mehr Energien zur Verfügung. Ich bin voll da, wenn ich mit den Kindern bin, und denke nicht darüber nach, was ich vielleicht noch alles tun müsste."

„Ich komme auch mal zur Ruhe. Ich kann dann mit Überraschungen und unvorhergesehenen Ereignissen besser zurechtkommen."

„Ich kann leichter Prioritäten setzen. Ich habe die Chance, eigene Überforderung eher zu erkennen und damit zu vermeiden, dass die Kinder über- oder unterfordert werden."

Die meisten Erzieherinnen und Erzieher haben gemeinsam im Team verschiedene Wege gefunden, ihre vielfältigen Aktivitäten aufeinander abzustimmen. Sie überprüfen ihre Arbeit in der Vergangenheit und in der Gegenwart daraufhin, was sich bewährt hat und was nicht. So gewinnen sie ein persönliches und ein für die Einrichtung typisches Konzept, das dann wieder auf vielerlei Weise bereichert und erweitert werden kann. Der Erfahrungsaustausch mit Kolleginnen und Kollegen aus anderen Einrichtungen im Rahmen von Fortbildungen bringt oft unerwartete Lösungen für bisher nicht bewältigte Engpässe, ebenso gegenseitige Hospitationen oder Besuche.

Einbrüche in die gewohnten Arbeitsabläufe erfordern immer Fantasie, Frustrationstoleranz und spontane Kooperationsbereitschaft. Die Bedingungen ändern sich z. B., wenn Eltern andere Betreuungsbedürfnisse anmelden (z. B. bei Berufstätigkeit in den Abend hinein) oder wenn neue Kinder mit neuen Bedürfnissen in die Gruppe kommen (z. B. Kinder mit anderer Muttersprache oder Kinder mit Entwicklungsverzögerungen oder besonderem Pflegebedarf). Auch wenn Mitglieder des Teams neue Impulse einbringen, wenn sich die Organisationsstruktur der Kita ändert (z. B. durch Erweiterung als Familienzentrum oder bauliche Veränderungen). Das Prinzip in der Kita heißt **offene Planung**. Im Gegensatz zur geschlossenen Planung enthält sie neben festen auch flexible Strukturelemente.

„Offene Planung" ist eine geordnete Sammlung von Vorausüberlegungen zur Tages-, Wochen- und Monatsgestaltung im Jahresablauf. Dabei unterscheiden wir zwischen indirekter und direkter Planung. Zu den indirekten Planungsgesichtspunkten zählen äußere Bedingungen wie Zeitrahmen, Raumgestaltung und das Angebot an Spielmaterial. Direkte Planungsaspekte beziehen sich auf den methodisch durchdachten und gestalteten Ablauf von Erfahrungsangeboten, Mahlzeiten, Spiel-, Ruhe- und Pflegesituationen.

14.3   Indirekte Planung

14.3.1 Arbeitszeitorganisation

Der wichtigste indirekte Planungsfaktor ist die zeitliche Einteilung des Tagesablaufes (Arbeitszeitorganisation). Zum Thema „Zeit in der Krippe" ist eine grundsätzliche Vorbemerkung zu machen: Kleinstkinder fühlen sich **zeit-los**, Erzieher und Erzieherinnen meist unter **Zeit-Druck**. Kleinstkinder vertragen es schlecht, wenn sie unterbrochen oder durch Zeitdruck ausgebremst werden.

Erzieherinnen möchten sich zur Beobachtung an den Rand begeben, einzelne Kinder bei ihren Erfahrungen begleiten und ihnen den notwendigen Freiraum lassen. Sie möchten sich und den Kindern Zeit geben beim Wickeln und Füttern. Doch es steht nur ein begrenztes Maß an Zeit zur Verfügung, in dem eine große Anzahl von Aufgaben bewältigt werden muss.

Sinnvolle Zeiteinteilung bedeutet, drei Größen miteinander zu kombinieren:
– die Arbeitszeitbedürfnisse der Mitarbeiter und Mitarbeiterinnen,
– die individuellen Zuwendungs- und Zeitbedürfnisse der Kinder sowie
– den Zeitraum, den Mahlzeiten und Pflegezeiten zum ruhigen Ablauf beanspruchen.

Leicht vorstellbar ist, welche Kunstfertigkeit Erzieherinnen und Erzieher aufbringen, damit die zur Verfügung stehende Zeit für die Kinder optimal genutzt wird. Es sind dabei laufend Absprachen im Team notwendig. Erschwerend wirken „fliegende Wechsel", die durch spontan auftretende Änderungen notwendig werden und oft nur zwischen Tür und Angel geplant werden können. Auch dringende Gespräche mit Eltern fordern öfter eine rasche Vertretungsbereitschaft. Dafür müssen Zeitpuffer eingeplant werden.

Entlastung kommt im Zuge der Öffnung zum Stadtteil von Ehrenamtlichen und Praktikantinnen. Sie übernehmen oft gern Dokumentationsaufgaben, überprüfen das Spielmaterial auf Funktionstüchtigkeit sowie Vollständigkeit und helfen bei der Vorbereitung von Aktionen.

Aufgabe von Kitaleitung und Hauswirtschaftsleitung ist es, genügend Zeiten einzuplanen und gegenüber dem Träger zu vertreten.

Leitungsaufgaben im Alltag

Mahlzeiten und besonders die lange Spielphase am Vormittag können nur im Sinne von **Aufgabenteilung** mit den **Hauswirtschaftskräften** und der **Leitung** organisiert werden, denn:
– Kinder möchten in Ruhe zu Ende spielen, essen und schlafen.
– Pflegesituationen sind auch Situationen für Erfahrungen mit Wasser und ziehen oft erhöhten Reinigungsbedarf nach sich.
– Die Wasseranlage und die Sandfläche draußen haben regelmäßigen Wartungsbedarf, ebenso alle Kinderfahrzeuge und Bewegungsgeräte.
– Erzieher und Erzieherinnen möchten sich herausziehen können, um zu beobachten.
– Themen und Bedürfnisse der Kinder wollen aufgenommen und als weiterführende Angebote geplant, durchgeführt und reflektiert werden.

Gleichwohl: Für die Kinder ist die durch den Tages- und Wochenrhythmus vermittelte Zeiterfahrung eine wichtige Lernchance. Sie erfahren an allen Stationen des Tagesablaufes, dass alles seine Zeit braucht und bekommt. So beginnen sie gegen Ende des zweiten Lebensjahres zu begreifen: Aktivitäten haben einen Beginn und ein Ende, das ein neues Erlebnis, einen neuen Tagesabschnitt einleitet.

Leitungskräfte haben die Aufgabe, für alle „den roten Faden im Labyrinth" sichtbar auszulegen. Ein kontinuierlich verbindender Informationsfluss nach beiden Seiten ist erleichternd und zeitsparend. Individuell werden wichtige Informationsdaten angefertigt und sind als Arbeitsunterlagen für alle einsehbar, z. B.
– Dienstpläne,
– Anwesenheitslisten,
– Arbeitszeiterfassungsblätter,

- Berichtshefte für jeden Tag
- ein Verzeichnis benachbarter Einrichtungen, medizinischer und beratender Dienste im Stadtteil sowie
- die Landesausführungsbestimmungen für den Bereich der Arbeit mit unter Dreijährigen.

14.3.2 Raumplanung

Ein weiterer Bereich indirekter Planung betrifft die Aufteilung und Gestaltung von Räumen und Außengelände, denn diese werden in der pädagogischen Diskussion als „dritte Erzieher" bezeichnet – und eine dritte Erzieherin entlastet deutlich.

Räume wirken auf ein Kind ein und bestimmen seine Entwicklungsmöglichkeiten mit. Anders gesagt: Räume lassen sich so gestalten, dass sie die Entwicklungsmöglichkeiten der Kinder aktiv fördern. Räume für Kinder unter drei Jahren sollten so organisiert und eingerichtet sein, dass sie unterschiedliche Bewegungs-, Wahrnehmungs- und Kommunikationsbedürfnisse erfüllen. Es ist deshalb eine zentrale Planungsaufgabe
- die Struktur eines Raumes (seine horizontale und vertikale Aufteilung),
- die Art und Anordnung der Einrichtung und der darin befindlichen Materialien, Spielsachen und Geräte sowie
- den atmosphärischen Gesamteindruck
unter diesen Gesichtspunkten zu betrachten.

Raumgliederungsprinzipien

Bedürfnisgerecht gestaltete Räume sind so übersichtlich und klar gegliedert, dass die Kleinen sich darin zurechtfinden und ungestört in unterschiedlichen Gesellungsformen experimentieren können. Ein aus der Kleinstkindperspektive unendlich großer hoher Raum ist verfehlt, weil er die Jüngsten sich haltlos und unsicher vorkommen lässt. Neugier und Lernen setzen Sicherheit und Wahrnehmungsmöglichkeiten aus der Perspektive der Kleinsten voraus. Kleinstkinder brauchen Flächen, die zum Erkunden neuer Perspektiven und zum Überwinden von Entfernungen, Höhen und Schwierigkeitsgraden ermuntern. Deshalb unterscheiden sie sich in Aufteilung und Einrichtung erheblich von Räumen des Elementar- oder Schulkinderbereiches.

Wie schafft man Erfahrungsräume?

Es ist ein Meisterstück, bei beschränktem Raumangebot gleichzeitig für Bewegungsfreiräume sowie eine genügend bewegungsfreundliche Ausstattung zu sorgen und dabei noch sicherzustellen, dass die Kinder sich nicht selbst gefährden, gegenseitig verletzen oder „aus der Kontrolle" geraten.

Die Raumhöhe lässt sich den Körpermaßen und Bewegungsbedürfnissen der Kinder entsprechend nutzen und anpassen: „Raumbildende Einheiten und Elemente" (Schneider, 1989, S. 38 f.) verändern die Dimensionen kleinkindgerecht. Sie sorgen für selbstständige Orientierungsmöglichkeiten im Raum und schaffen übersichtlich abgegrenzte Flächen:
- Freiflächen zum Rennen, Bewegen, Überqueren und für Bewegungsspiele im Raum, mit der ganzen Gruppe und für den Stuhlkreis, z.B. beim Musikmachen;
- Nischen, Unterschlüpfe und Verstecke als Rückzugsmöglichkeiten zum Ausruhen, Bilderbuch-Betrachten, für Fingerspiele sowie für das Zu-Zweit- und Alleinspiel;

- strapazierfähige (Nass-)Bereiche für ungestörtes Experimentieren mit Materialien aller Art (auch mit Wasser, formbaren Massen und matschigen Farben);
- eine ruhige Zone mit Tischen und Stühlen für Mahlzeiten und Tischspiele.

Durch Einziehen von Emporen, Spielflächen, Balkons, Zwischen- und Hochebenen, Auf- und Abgängen, Rutschen und Verbindungsstegen, Brücken, Tunneln und mithilfe von nachträglich eingebauten Podesten, Stufenlandschaften, schiefen Ebenen und Sitzmulden erhalten wir geeignete Differenzierungsmöglichkeiten. Zusätzlich installierte Spielwände mit Lö-

Hocker stärken die Wirbelsäule und sind stapelbar, sodass sie leicht beiseite gestellt werden können, wenn die Kinder Freiflächen brauchen. In dieser Kita sind Stühle die Ausnahme.

chern zum Durchgucken und Durchschlüpfen, an deren Rückwand Activity-Wände, Spiegel und Maltafeln angebracht werden können, fest montierte Regale, Rollos, Perlenvorhänge, Stoffbahnen, Theken, Puppentheater und Pflanzgitter zum Abteilen sind weitere Raumteiler.

„Der optimale Babyraum: Ein Farben-Spiegel-Matsche-Traum, ein Oben-Unten-Zwischen-Raum mit Kletterturm um durchzuschau'n!" (Anja S., Praktikantin)

Die so entstandenen Funktionsbereiche erleichtern das Bereitstellen einer reichhaltigen Auswahl und die überschaubare Anordnung von Spielmaterial. Weil sie optisch voneinander getrennt sind, ist schneller zu erkennen, wenn etwas fehlt, repariert, ausgetauscht oder ersetzt werden muss.

Außer durch Einbauten lassen sich Räume durch Licht, Spiegel und Farben gliedern. Sie sind zudem eine wichtige Bedingung kindlichen Wohlbefindens. Schatten und Licht, Helligkeit, Dämmerung oder Dunkelheit gehören zu verschiedenen Tagesabschnitten und Tätigkeiten. Helle, warme Farbtöne fördern das Gefühl von Geborgenheit und Freude; krasse, kalte Farben bewirken das Gegenteil.

Kleinstkinder brauchen Räume, die sie nicht in ihrem Explorationsverhalten begrenzen, sondern zur Selbsttätigkeit auffordern. Ein Kind muss sich dort gut orientieren können und Vertrautes wiederfinden, damit es aus der Sicherheit heraus Neues entdecken kann. Das Material und die Gegenstände sollten so platziert sein, dass sie von Kindern erreicht und selbst wieder weggestellt werden können. Dazu eignen sich
- Regale in Babyhöhe (auch mit Unterteilung für einzelne Gegenstände oder Holzspielzeuge),
- offene Schränke (z.B. mit einzelnen Schüben als „Eigentumsfächer" mit Foto jedes Kindes),
- leichtgängige Schubladen für Kleinmaterialien und
- Aufbewahrungskästen für unterschiedliche Materialien in unterschiedlichen Farben.

Raumteiler mit Eigentumsfächern: Hier sammelt jedes Kind, was ihm wichtig ist.

14.3.3 Materialien und Gegenstände

Kleine Kinder brauchen Forschungsgegenstände, die sie in ihre Elementarteile zerlegen können, deren Oberflächenbeschaffenheit und Konsistenz sie erfassen können und die sie Belastbarkeitstests unterziehen können. Sie wollen wissen, wie etwas funktioniert, sich dreht, rollt und kreiselt. Sie wollen wissen, ob ein Ding noch das gleiche bleibt, wenn sie es hartnäckig und unbeirrbar einer Versuchsreihe unterziehen. Diesen Ansprüchen wird „traditionelles" Baby- und Kleinkinderspielzeug nur kurze Zeit gerecht. Welche Materialien sind aber dann angebracht? Und wie sollen sie angeboten werden?

Alltägliche Dinge, die wir Erwachsenen kaum wahrnehmen, sind für kleine Kinder Dinge, die zu entdecken sich lohnt. Dazu gehören Naturmaterialien und Wegwerfartikel ebenso wie Küchengeräte, Reinigungsgegenstände und Werkzeuge.

Hier ist Ihre Checkliste!

1. Werkzeuge (Lineale, Schraubenzieher, Magneten, große, dicke Schrauben/Muttern, Gummihammer, Zollstock, Pinsel, Schläuche, Plastikrohrteile, Wecker) und Reinigungsgegenstände (Bürsten, Lappen, Schüsselsatz, Eimersatz, kleine Besen und Schrubber)

2. Kochutensilien, möglichst jeweils als Satz, damit die Kinder Größen- und Raumunterschiede erfassen können. Und: Absprache mit den anderen Gruppen ist angebracht, denn es muss nicht in jeder Gruppe alles vorhanden sein (Töpfe, Pfannen, Kessel, Siebe, Schüsselsatz, Litermaß, Trichter, verschieden große Plastikflaschen mit Schraubverschlüssen, Wäscheklammern, Eierlöffelsammlung, Kellensatz, Kochlöffelsatz, Schneebesensatz, Nudelrollen, Dosensatz).

3. Ausgediente Telefone, Schreibmaschine, Kaffeehandmühle, Sahneschläger und verschiedene Luftpumpen

4. Riesenluftballons, Styropor®- und Holzkugeln ab 15 cm Durchmesser, Papiertüten (mit Löchern) und Stoffsäckchen verschiedener Größe zum Verstecken und Ertasten von Gegenständen

5. Zauberwatte, Schwämme, Reißverschlüsse, Tastkiste zum Reinfassen und Erfühlen, Zauberblumen (blühen im Wasser auf) und Kaleidoskope

6. Japanische Papierbälle, Fell-, Plüsch- und Lederstücke zum Streicheln, Spitzen- und Tüllstücke zum Durchgucken

7. Blechdeckelvorrat, Sekt- und Naturkorken

8. Kratzbürsten und Schmirgelpapierstücke

9. Naturmaterialien, die in jedem Fall auf Gesundheitsschädlichkeit hin überprüft werden müssen und in durchsichtigen Gefäßen dargeboten werden: Federn (alle Größen und Farben), Tannen-, Kiefern-, Erlen-, Pinien-, Lärchenzapfen (vielleicht mit einem Foto von dem Baum, von dem sie stammen, das auf den Behälter geklebt wurde), Kastanien, Eicheln und Erbsen (Vorsicht, Schimmel!); große weiße Bohnen in der Wanne zum „Trockenbaden" eignen sich besser als Kastanien; Mineralien (schöne Steine, auch Halbedelsteine zum Be-greifen, nicht nur zum Angucken), Baumrindenstücke und Holzscheiben mit Rinde (Jahresringe!).

10. Instrumente zum Töne-, Klänge- und Geräusche-Erzeugen: zum Schütteln (Papprohre, Büchsen, Plastikflaschen, leere Dosen, mit Kernen, Sand oder Samen gefüllt, fest verklebten Deckeln und kleinem Durchmesser für Babyhände); zum Trommeln (Waschmitteltonnen, Keks- oder Bonbondosen mit starker Kunststofffolie bespannt und gut befestigt); zum Zupfen (stabile Kartons, flache Kisten, bespannt mit Haushaltsgummis, Nylon-/Metallsaiten (Musikalienhandel); Befestigung: Ringschrauben, Krampen, die fest einzudrehen sind)

Weitere Materialien finden Sie unter den „Planungsgesichtspunkten" der einzelnen Kapitel.

14.3.4 Das Außengelände

Kleine Kinder experimentieren wie Wissenschaftler. Das haben wir an vielen Stellen in diesem Buch deutlich gemacht. Sie wollen am liebsten und ununterbrochen nichts anderes tun, als unbekannte Objekte zu finden, zu untersuchen und sie experimentierend allen möglichen Veränderungen zu unterwerfen. Wenn sie dadurch zu neuen Einsichten gelangt sind, starten sie sofort das nächste Forschungsprogramm, um zu überprüfen, ob ihre Erkenntnis veränderten Bedingungen standhält. Dafür brauchen sie zwei Dinge: Zeit und ein entsprechendes Forschungsfeld, das Chaos und Unordnung verträgt und vielseitige, wechselnde Versuchsbedingungen bereithält. Das Außengelände bietet all dieses und deshalb sollten Kinder die meiste Zeit des Tages im Freien verbringen dürfen – bei jedem Wetter und wann immer möglich. Hier finden sie überall Dinge, die neu, aber nicht zu neu sind, die jedes Kind entsprechend seinem Entwicklungslevel an seine Grenzen gehen lassen und zum Weiterdenken anregen. Hier können sie Beobachtungen machen, mit anderen Kindern und Erwachsenen darüber reden und ihre eigenen Schlüsse daraus ziehen.

Das Außengelände ist **das ideale Beobachtungsfeld** für Wachstum, Verwandlung, Umgestaltung und Bewegung im Verlauf der Jahreszeiten. Sichtbar gemachtes Wachstum der selbst eingesetzten Pflanzen, die Vergänglichkeit von Lebendigem im Winter, der Beginn neuen Lebens im Frühling, der zunehmend geschicktere Umgang mit den Elementen Wasser, Feuer, Erde und Luft unter stets veränderten Bedingungen und in Begleitung Erwachsener in einem entsprechend ausgestatteten Naturgelände sind ideale Forschungsfelder für Kleinstkinder. Hier erfahren sie: Der Kletterbaum, die Gemüsepflanzen und Blumen unterliegen nicht vorhersagbaren Witterungsbedingungen; sie können gelb werden, vertrocknen, umknicken und von Schnecken zerfressen werden. Zudem gibt es Möglichkeiten, Pflanzen und Tiere zu schützen und vorbeugend einzugreifen: z. B. durch Gießen, Aufrichten, Festbinden oder durch einen Schneckenzaun. Auch Kleinstkinder, die noch nicht sprechen, können täglich sinnlich und sprachlich erfahren, **wo welche Tiere leben**:

– In Steinhaufen, Natursteinmauern und Totholzhaufen finden sich Würmer, Insekten und sogar Eidechsen.

– In Hecken und Buschinseln leben Vögel, Mäuse, Insekten und Spinnen.

– Kleine und große Bäume bieten Schatten und den baumbrütenden Vogelarten Nist- und Brutplätze.

Für das Außengelände gelten die gleichen **Aufteilungsprinzipien** wie für die Räume:

– Unterschiedliche **Bodenstrukturen** sorgen für unterschiedliche **Sinneserfahrungen** beim Krabbeln und Barfußlaufen: Wiese und Rasenfläche, Erdboden, Kies- und Sandflächen, aber auch Rasengittersteine, Ökopflaster, Rindenmulch, Holzbohlen und gepflasterte Areale mit breiten Fugen sollten den Spielplatz bedecken.

– **Großräumige Flächen** für bewegungs- und lärmintensive Aktivitäten bietet eine zusammenhängende, befestigte Spielfläche vor den Eingängen und Gruppenräumen, die z. B. als schneckenförmig angelegter, mit Pflasterklinker belegter Parcoursweg zum Rennen und Fahren mit Rollbrettern, Dreirad und Bobby-Cars anregt.

– Eine **Vergrößerung und Differenzierung der Oberfläche** kann durch „Spielplatzteiler" mit Tunneln, Brücken, Durchgängen und Übergängen erreicht werden. Diese entstehen durch Absenkungen und Erhöhungen der Oberfläche, durch bewachsene

Trockenmauern, durch eine Pergola oder Laube oder das Anpflanzen grüner Räume mit Hecken, Obst- und Beerensträuchern, Bäumcheninseln, Strauchgruppen, Kräuter- und Duftpflanzenbeeten sowie Wiesenstücken.

- **Hindernisse**, schräge Ebenen, Stufen, **Nischen**, **Höhlen**, Mulden, Ecken und Ebenen auf unterschiedlichen Höhen zur Erfahrung verschiedener Raumdimensionen ermöglichen das Überwinden von Widerstand und lassen sich durch **Geländemodellierungen** wie Wallhecken und Knicks, bepflanzte Hügel, Dämme, Hindernisse aus Feldsteinen oder umgelegten Baumstämmen, Mulden, Abhänge und Senkungen erreichen. Sie sollten kleinräumig gegliedert sein und Rückzugsmöglichkeiten und Verstecke bilden.

- Der **Sandspielbereich** hat Platz für alle Kinder und Erwachsenen: abgerundete Kanten, Sitzmöglichkeiten am Rand und in der Mitte, einen mehrstufigen „Tresen" zum Kuchenbacken und idealerweise Wasserrinnen, auf die Wasser gegossen und in die Sandkiste geleitet werden kann, um den Sand zu befeuchten.

- Eine leitungswassergespeiste **Matschecke** mit Stein- oder Holztrögen (Frischwasser, kein stehendes Wasser), ein Matschtisch und ein **Wassererlebnisplatz**, z. B. als Wasserbaustelle mit einer über das Wassernetz gespeisten Pumpe, ermöglichen Erfahrungen mit Fließeigenschaften des Wassers sowie das Matschen und Mischen. Die Pumpe steht auf einer Erhöhung aus Granitsteinen und hat einen Wasserabfluss ins Gelände, z. B. einen mit Feldsteinen gepflasterten Sickergraben oder eine Holzwasserrinne, die in einem Sickerschacht endet.

- Eine durch Mauern oder Wälle windgeschützte Sitzecke kann zusätzlich mit Granit- oder Feldsteinen gepflastert werden und einen einfachen Grill enthalten. Hier lässt sich ein Picknick schon mit den Kleinsten veranstalten und **Feuer**, Wärme und Draußen-Sein sorgen für unvergessliche gemeinsame Erfahrungen von Geborgenheit und Zusammengehörigkeit.

- Eine Pergola, ein Sonnensegel oder eine Markise **schützen** vor zu starker **Sonnenbestrahlung** – insbesondere im Bereich der Wasserbaustelle und des Planschbeckens.

- **Hochbeete** ermöglichen das Pflanzen, Säen und Beobachten wie z. B. einer Sommerwiese.

Weitere Ausstattungselemente für das Außengelände sind (vgl. Bachmann, 1994, S. 34–72):

- Ein **Klettergerät** mit unterschiedlichen Schwierigkeitsgraden – es genügt ein umgelegter, entrindeter Baum mit allen großen Ästen.

- Unterschiedlich große **Spielhäuschen** – auch übereinander – als Rückzugsmöglichkeit und für das Spielen allein oder zu zweit

- **Schaukeln** in allen Variationen, auch für mehrere Kinder gleichzeitig

- **Balancierbalken** in mehreren Variationen und Breiten

- Eine **Gruppensitzecke** aus quer gelegten Baumstämmen mit einem niedrigen Tisch in der Mitte

- Ein **Schuppen** für Gartengeräte in Erwachsenen- und Kleinstkinderformat: Gießkannen in mehreren Größen, viele Spaten und Schaufeln von klein bis groß, Pflanzhölzer, Bindfaden und Tau, Maßbänder, Hacken, Harken und Laubbesen. Hier lagern auch das Sandspielzeug und die Fahrzeuge.

Die folgende Abbildung zeigt eine Kita (zweigeschossiges Haus in L-Form). Eltern und Mitarbeiter der Kita haben gemeinsam einen Plan entworfen, beim Bauamt genehmigen lassen und in Zusammenarbeit mit einer Gartenbaufirma sowie einer Zimmerei umgesetzt.

Wie wirkt das Außengelände auf Sie? Welche Spiel- und Erfahrungsmöglichkeiten haben Kinder bis zu drei Jahren auf diesem Spielplatz? Was fehlt?

Nach der Umbauphase ergibt sich folgendes Bild.

Wie wirkt das neugestaltete Gelände auf Sie? Was hat sich verändert? Was wurde weggenommen und neu gestaltet? Aus welchen Materialien? Welche Möglichkeiten haben die Kinder jetzt?

Zum Weiterlesen:

- Bachmann, Rainer: Ökologische Außengestaltung in Kindergärten. Praktisches Handbuch für Neubau und Umgestaltung. Weinheim/München: Juventa, 1994.

- Simonis, Christoph: Mut zur Wildnis: Naturnahe Gestaltung von Außenflächen an Kindergärten, von öffentlichen Spielflächen und Schulhöfen. Neuwied/Berlin: Luchterhand, 2001.

14.4 Direkte Planung

Alle Aktionen, die von uns initiiert sind und ein bestimmtes Ziel verfolgen, brauchen Planung. Insbesondere Aktionen mit Erwachsenen, wie Gespräche mit Eltern, Teamsitzungen und gemeinsame Aktionen (z. B. der klassische Elternabend) gehören dazu. Aber auch alle methodisch durchdachten Abläufe wie Erfahrungsangebote, Spielenachmittage oder Mahlzeiten sollten in ihren Rahmenbedingungen, ihrem Ablauf und in ihren Auswertungsgesichtspunkten vorher klar und für alle verbindlich sein. Denn kleine Kinder sind leicht irritiert, wenn verschiedene Erwachsene ein- und dieselbe Situation unterschiedlich handhaben. Als Beispiele für „direkte Planung" schildern wir zwei Elemente unserer Arbeit, die häufig wiederkehren:

1. vorbereitete Erfahrungsangebote und

2. Planungsgesichtspunkte für einen „klassischen" Elternabend.

14.4.1 Planung von Erfahrungsangeboten

Rasmus, 1;6 Jahre alt, läuft noch nicht. Stattdessen krabbelt er, aber meist rutscht er auf dem Po. Er entwickelt eine enorme Geschicklichkeit, wenn er sich gewandt vorwärts, rückwärts und seitwärts bewegt, besonders gern auf unebenem Untergrund und in der Stufenlandschaft im Gruppenraum. Susy, die Erzieherin, hat den Eindruck, dass eine Entwicklungsverzögerung vorliegt und sie jetzt fördern muss. Auf der Grundlage von einer Entwicklungsskala und (kriteriengeleiteten) Beobachtungen nimmt sie eine zielorientierte Planung vor. In Zusammenarbeit mit einer Krankengymnastin arbeitet sie einen Förderplan für Rasmus aus. Er enthält eine Serie von Beschäftigungen in der Kleingruppe mit steigendem Schwierigkeitsgrad, die das Ziel haben, Rasmus' Grobmotorik und insbesondere das aufrechte Gehen zu fördern. Es sind Lauf- und Ballspiele, die ihn veranlassen sollen, aufzustehen, an der Hand zu gehen und sich loszulassen.

Beim ersten Mal (der Ball wird auf dem Boden hin- und hergekullert und die Kinder sollen ihn fangen) macht Rasmus begeistert mit. Er rutscht auf dem Po, wenn die anderen hinter dem Ball herrennen, und ist sichtlich stolz, als er ihn ergriffen hat. Seine Begeisterung nimmt schlagartig ab, als Susy ihn beim Spiel an die Hand nimmt und ihn auffordert, mit ihr zusammen hinter dem Ball herzulaufen. Beim zweiten Mal lässt er sich nur widerwillig überzeugen, mitzumachen. Beim dritten Mal steckt er den Daumen in den Mund und bleibt sitzen.

Welche Assoziationen wecken die Begriffe „Förderplan" und „Beschäftigung" in Ihnen?
Überlegen Sie mögliche Gründe dafür, dass Rasmus noch nicht läuft.
Wie erklären Sie sein Verhalten während der Beschäftigung? Anhaltspunkte finden Sie im Kapitel
6.2 (Bewegungsbedürfnisse und Planungsgesichtspunkte). Wie würden Sie das Erfahrungsangebot
für Rasmus aufbauen? Lesen Sie dazu bitte die folgenden Seiten.

Babys wissen instinktiv, was sie brauchen. Denn die Entwicklung jedes Kindes verläuft in den unterschiedlichen Persönlichkeitsbereichen ungleich und folgt einem inneren Plan. Und der ist – wenn überhaupt – von außen nur durch aufmerksames, entdeckendes Wahrnehmen zu entschlüsseln.

Anstatt Ziele für das Kind zu entwickeln („Ich weiß, was du brauchst und werde dich weiterbringen"), formulieren wir Ziele mit dem Kind zusammen („Ich versuche zu erkennen, was du erreichen willst, und sorge für ein entsprechendes Angebot").

Seine vorhandenen Fertigkeiten und Wissensbestände erweitert ein Kind von sich aus über ein vielfältiges Angebot von **Möglichkeiten**, auf die es zugreifen kann. Dazu gehören Sicherheit, Zeit, Raum, Material und das Aufzeigen situationsbezogener Handlungsmöglichkeiten. Diese Möglichkeiten schaffen wir mit Planung.

Im Folgenden stellen wir Ihnen drei Verlaufsbeschreibungen für Erfahrungsangebote vor.
Bitte arbeiten Sie die Unterschiede von A, B und C heraus und zwar hinsichtlich
– der Zielsetzung,
– der konkreten Vorbereitung,
– ihrem Vorgehen und
– der Berücksichtigung der Interessen der Kinder.
Anhaltspunkte finden Sie in Kapitel 12.
– Entwickeln Sie Ideen für eine Planung zum Thema „Frühling" für die Kindergruppe Ihrer Praxis.
– Stellen Sie Ihre Ideen Ihren Praxiskolleginnen und -kollegen vor und setzen Sie sich kritisch mit deren Argumenten auseinander.
– Falls Sie Kinder ähnlichen Alters in Ihrer Gruppe haben, greifen Sie eine der Ideen auf und setzen Sie sie um.
– Dann reflektieren Sie Ihr Vorgehen möglichst im Team unter folgenden Gesichtspunkten:
   ♦ Ziele, die ich aufgrund der Ausgangssituation hatte
   ♦ Habe ich sie erreicht? Woran erkenne ich das?
   ♦ Wie zufrieden waren die Kinder? Wie haben sie sich verhalten? Welche Erkenntnisse haben sie gewonnen?
   ♦ Wie zufrieden bin ich mit meinem Verhalten, dem Verlauf und dem Ergebnis? Woran mache ich meine Zufriedenheit fest?
   ♦ War die Vorbereitung angemessen? Was möchte ich in Zukunft ändern?
   ♦ Was sind jetzt die nächsten Schritte?

A Verlaufsbeschreibung zur Auseinandersetzung mit dem Thema „Sommer"; Technik: Reißen

Ausgangssituation: Es ist Sommer und die Erzieherin Susy möchte fünf Kindern (1;2, 1;7, 1;9, 2;1 und 2;4 Jahre alt) ein Angebot zum Thema „Blumen" machen, um den Bezug zur Jahreszeit herzustellen und ihre Feinmotorik zu fördern.

1. Alle sitzen am Tisch. Susy zeigt den Kindern Bilder aus einem Elementarbilderbuch. Es sind Blumen und Bäume zu sehen. Sie erklärt ihnen, dass im Sommer Blumen wachsen.

2. In der Mitte des Tisches liegen verschiedenfarbige Seidenpapierbögen. Susy zeigt darauf und sagt: „Daraus können wir schöne Blumen basteln."

3. Sie macht vor, wie Papier gerissen wird, erklärt und zeigt, dass es mit der Laufrichtung leichter geht als gegen die Laufrichtung.

4. Die Kinder bekommen je ein Stück zum Erproben.

5. Sie reißen viele verschiedenfarbige Schnipsel, um sie in ihrer Materialschale zu sammeln. Wenn die Schnipsel größer als eine Kinderhand sind, fordert Susy die Kinder auf, diese kleiner zu reißen. Das tun sie bereitwillig.

6. Sie verteilt Klebestifte und leitet die Kinder an, die Schnipsel in den vorgezeichneten Umriss einer Blume einzukleben. Sie erklärt den Kindern, dass die grünen Schnipsel auf den Stängel und die Blätter geklebt werden und die andersfarbigen oben auf die Blüte. Zum Vergleich zeigt sie den Kindern nochmals eine Blume aus dem Elementarbilderbuch und erklärt die verschiedenen Begriffe.

7. Susy lobt die Kinder für ihre Klebearbeit. Sie sagt: „Das hast du toll gemacht!"

8. Als alle fertig sind, dürfen sie spielen. Die Erzieherin räumt den Tisch leer.

B Verlaufsbeschreibung zum Thema „Erfahrungen mit Papier"

Ausgangssituation: Ella hat bemerkt, dass einige Kinder sich in letzter Zeit bevorzugt an der Papierkiste aufhalten. Sie haben offenbar Freude am Knüllen, Zerreißen und Zerknittern. Sie will das Thema „Reißen" vertiefen und Raum für andere Erfahrungen zum Thema „Papier" lassen.

1. Sie legt auf einen Materialtisch verschiedene Arten von weißem Papier.

2. In die Mitte des Arbeitstisches spannt sie einen Bogen von der grünen Papierrolle (2 m x 0,70 m) und klebt ihn fest.

3. Sie bittet jedes der fünf teilnehmenden Kinder (1;2, 1;7, 1;9, 2;1 und 2;4 Jahre alt) sich ein Papier zu holen und damit an den Tisch zu kommen. Sie beobachtet, was jedes Kind damit macht (Wedeln, „Wind-Machen", Zusammenknüllen, Falten, Zerreißen). Die meisten Kinder zerknüllen das Papier.

4. Sie nimmt das Wind-Machen auf sagt dabei: „Huiiiii!!" Fast alle Kinder ahmen sie nach.

5. Danach knüllt sie einen Ball aus Seidenpapier fest zusammen. Die meisten imitieren das Zusammendrücken und Kneten. Sie werfen die Bälle in einen Korb in der Mitte des Tisches.

6. Ella nimmt Oles (1;9 Jahre) Versuch auf, das Papier zu zerreißen. Er reißt mit der ganzen Hand und schafft es deshalb nicht. Sie erfasst ihr eigenes Papier mit den Fingerspitzen; Ole macht das nach. Als das Reißen jetzt klappt, versuchen alle anderen Kinder es auch. Ein großer Berg Schnipsel entsteht auf der Mitte des grünen Bogens.

7. Die Kinder stecken die Hände hinein und wühlen darin herum. Sie werfen die Schnipsel hoch, verteilen sie auf dem Papier. Timmy ruft: „Schnee!!" Sie lassen es schneien.

8. Einzelne hören jetzt auf und sammeln die Schnipsel in einer Schüssel, die Ella hinstellt.

9. Als alle Schnipsel in der Schüssel sind, bietet Ella jedem Kind eine Schale voll Tapetenkleister an, dem rote Lebensmittelfarbe zugesetzt wurde. Anna will die Schale nicht haben und bleibt beobachtend sitzen. Die anderen Kinder stecken die Hände hinein, fühlen und riechen den Kleister. Sie lassen ihn auf das Papier rinnen und

verteilen ihn mit der ganzen Hand. Sie machen schmatzende Geräusche und amüsieren sich darüber. Jetzt hat auch Ole Interesse. Sie vergleichen die Formen, die im Verlaufen entstehen. Ella gibt den Kindern jeweils Rückmeldung über das, was sie gerade tun und erfahren.

10. Als kein Kleister mehr in den Schälchen ist, verteilt Ella Papiertücher; die Kinder trocknen die Hände.

11. Anschließend nehmen die Kinder Schnipsel, lassen sie auf das Papier fallen, rieseln oder legen sie darauf. Mit beiden Händen drücken sie die Schnipsel fest.

12. Sie betrachten das Bild und legen es zum Trocknen auf ein Wandregal. Sie bringen ihr Schälchen, die Papierreste und die Materialschale auf den Materialtisch. Ella geht mit ihnen zum Händewaschen.

C Verlaufsbeschreibung eines Angebotes zum Thema „Vögel"

Ausgangssituation: Timmy (2;1 Jahre) hatte in der Ecke hinter dem Spielhaus eine Vogelfeder und ein kaputtes Vogelei sowie ein Stück von einem Nest gefunden. Nachdem Ella mit den Kindern ausführlich über die Fundstücke gesprochen, ihre Herkunft erklärt und die Schätze sorgfältig in der Vitrine platziert hatte sowie für die Eltern dazu einen kleinen Erlebniskommentar geschrieben hatte, glaubte sie, das Thema sei abgehandelt. Weit gefehlt: In den nächsten Tagen konnte sie immer wieder beobachten, dass die älteren Kinder sich um die Vitrine versammelten, erregt auf das kaputte Ei zeigten und mutmaßten, wo die Vogelbabys wohl hingekommen seien – und auch ihre Mama. Ihr Interesse war eindeutig und beständig. Ella beschloss deshalb, das Thema „Vogelnest" aufzugreifen.

1. **Ellas eigene Vorbereitung:** Ella sammelte am Wochenende im Wald Vogelfedern, viele kleine Zweige, Grashalme, Moos und welke Blätter. Sie besorgte ein Vogelbuch, um die Federn bestimmen zu können. Dabei lernte sie selbst noch allerhand über heimische Vogelarten: Die Federn stammten hauptsächlich von Amseln, Spatzen und Tauben.

2. **Materialvorbereitung:** Ella stellte einen Materialtisch und einen Arbeitstisch nebeneinander in den ruhigen Bereich des Gruppenraumes. Begründung: Die Kinder würden sich das holen, was sie für ihren momentanen Arbeitsprozess gerade brauchten. Was sie nicht brauchten, würden sie wieder zurücklegen. So würde Reizüberflutung durch zu viel Material auf dem Arbeitstisch verhindert werden und trotzdem freie Auswahl aus einem vielfältigen Angebot möglich sein. Auf den **Materialtisch** legte sie

   • Federn, Zweige, Moos, Gras und farbige Steine jeweils in großen Materialschalen,
   • je ein Kilogramm Ton und beigefarbene weiche Knetmasse in einer Plastikschüssel mit Deckel (gegen das Austrocknen),
   • Kindermesser, Spachtel und zwei Materialschalen für jedes Kind,
   • für jedes Kind ein feuchtes Handtuch und seinen Malkittel,
   • für jedes Kind eine Tube **lösungsmittelfreien** Alleskleber sowie
   • einen DIN-A2-Bogen und mehrere kleinere Bögen für Kinder, die lieber allein arbeiten würden.

3. Im **Morgenkreis** (alle Kinder saßen auf ihren Kissen) zeigte Ella das kaputte Vogelei und die Reste des Nestes. Sofort stieg Timmy darauf ein. Immer noch war das zerstörte Nest im Zentrum seines Interesses. „Habt ihr Lust, mit mir zusammen vielleicht ein neues Nest zu bauen?", fragte Ella. Timmy, Anna, Sophia und Julian, alle über zwei Jahre alt, machten mit.

4. **Einstieg:** Eine Amselfeder lag auf dem Arbeitstisch. Alle Kinder wollten sie der Reihe nach anfassen, untersuchen und zerpflücken. Sie erhielten Anregungen, sich damit gegenseitig zu streicheln und sich Flügel vorzustellen.

Ella: Woher die Feder wohl kommt?
Sophia (sofort): Das hat ein Vogel verloren.
Ella: Ach, ein Vogel?
Timmy (spontan): Vogelbaby!
Anna: Nein, das ist eine Mamafeder.
Ella: Ja, vielleicht war es eine Amselmama.
Sophia: Federn ausgezieht?
Ella: Ja, sie hat die Schwanzfeder abgestreift. Das tun Vögel manchmal, weil sie die Federn brauchen. Sie bauen ein Nest und polstern es mit Federn aus, damit es schön weich ist. Wollt ihr auch ein Nest für die Vogelbabys machen?
Timmy: Heil machen! (rannte zur Vitrine, holte den Rest des Vogelnestes herbei)
Anna: Ich will aber ein neues Nest machen. Dann kann das Baby nach Hause gehen.
Ella: Ich schreibe auf, was ihr vorgeschlagen habt. Wenn wir nicht alles schaffen, können wir es morgen machen.
Sie schrieb auf einen Bogen Papier: Nest heil machen, ein neues Nest bauen, Vogelei. Während sie schrieb, las sie laut vor. Alle Kinder sahen interessiert zu und sprachen mit.

5. **Weiterer Verlauf:** Ella legte das Blatt auf den Tisch.
Ella: Was brauchen wir denn, wenn wir das Nest heil machen wollen?
Sophia: Mamafedern!
Julian: Matsch!
Ella: Wir gehen jetzt mal da rüber und gucken nach, was da liegt und was ihr gebrauchen könnt.
Die Kinder gingen zum Materialtisch; jedes holte sich eine Materialschale und füllte sie mit den Dingen, die sie verwenden wollten.
Ella: Jetzt könnt ihr auf den Papierbogen legen, was ihr möchtet. Oder ihr könnt ein Ei machen (zeigte einen Klumpen Ton): ein Baby, ein Ei, ein Nest.
Sie fingen jeder auf unterschiedliche Weise an, mit den Materialien zu hantieren. Timmi riss Tonfetzen ab und formte daraus kugelähnliche Gebilde: „Ei!" Die anderen begannen unter Ellas Anleitung damit, die Materialien aufzukleben. Im Vordergrund stand plötzlich für alle nicht mehr das Thema „Vogel", sondern die Frage: Was lässt sich festkleben und hält (Federn, Zweige, Moos, Grashalme), was nicht (Tonklümpchen, ein Ei aus Knetmasse, ein dickerer Zweig)? Die Kinder verstanden, warum.

6. **Abschluss:** Auf dem Bogen klebten am Ende viele Federn übereinander, ein Moos-knäuel, vermischt mit den Resten des Nestes, Grashalme und Blätter. In einer Scha-le daneben lagen die „Eier" und dicken Zweige, in einer anderen ein Klumpen aus Knetmasse, in den pinkfarbene Steine gedrückt waren. Die Kinder sahen sich ihre Ergebnisse interessiert an und erinnerten sich, was sie selbst gewählt und angebracht hatten. Gemeinsam hängten sie mit Ella den Bogen neben die Vitrine und stellten die Schalen neben das zerbrochene Ei. Am Abend zog Timmy seine Mutter strahlend vor die Vitrine: „Wir haben die Eier heile gemacht!"

Um Ihnen die Planung in Ihren zukünftigen Gruppen zu erleichtern, fassen wir die wichtigsten Gesichtspunkte tabellarisch zusammen:

Schritt	Vorgehen	Hilfsmittel
Gesamtziel	Interessen der Kinder aufnehmen und weiterführend begleiten	
Thema herausfinden		Dokumentierte Beobachtungen
Eigene Vorberei-tungen	Materialsammlung und Sachinformationen	
Konkrete Raum- und Materialvorbe-reitung	Raumvorbereitung (Hocker? Arbeits- und Materialtisch?) Angemessene Kleidung Sicherheitsvorkehrungen Materialvorbereitung pro Kind	Materialien, die eventuell auch gebraucht werden
1. Einstieg	Handlungsorientierte Eröffnung: Etwas ansehen, untersuchen, …	Gegenstände, die im Zusammenhang mit dem Thema stehen
2. Auseinander-setzung	Handlungen und Kommentare, die von den Kindern kommen, aufgreifen und mit einem passenden und weiterführenden Angebot reagieren – Wahrnehmungen ansprechen – Gefühle verbalisieren – Absichten der Kinder benennen – Auf Widersprüche aufmerksam machen – Ein Problem benennen und Lösungswege der Kinder aufgreifen	Ideen der Kinder dokumentieren (gut lesbar mitschreiben, fotografieren, Videoaufnahme)
3. Abschluss	1. Handlungsorientierte Ergebnisbetrachtung und Präsentation 2. Kurzer Rückblick auf den Erfahrungsweg der einzelnen Kinder 3. Aufgabenverteilung beim Aufräumen 4. Verbleib der Ergebnisse klären	Würdigender Rahmen für Präsentation, z. B. Vitrine, Bilderwand

14.4.2 Planung einer Elternversammlung

Fachliche Vorbereitung

Bevor wir eine Elternversammlung planen, müssen wir uns darüber klar sein, was, außer formalen Tagesordnungspunkten, Thema und Inhalt sein sollen, damit alle einen Gewinn daraus ziehen und die Veranstaltung nicht im Nachhinein als verlorene Zeit bereuen. Die Ausgangsbasis ist meist klar: Gespräche und informelle Kontakte haben Fragen aufgeworfen, die von allgemeinem Interesse sein könnten. Beispielsweise wurden von Eltern einer Unter-Drei-Gruppe während ihres Elternstammtisches folgende Themenwünsche innerhalb eines Brainstormings geäußert:

1. Wie bekomme ich Arbeit, Kita und Familie unter einen Hut?
2. Arbeitsgruppe zur Vorbereitung des Flohmarktes
3. Mein Kind kritzelt alle Wände voll.
4. Mein Kind lernt hier nicht genug.
5. Was Kindern Angst macht
6. Womit spielen Kleinstkinder am liebsten und warum?
7. Kinderernährung
8. Impfungen, Pflege und Vorsorgemaßnahmen für das Baby und Kleinstkind
9. Urlaub mit Kleinstkindern
10. Wie Kinder sauber werden

Um die Veranstaltung richtig zu planen, muss die Zielsetzung klar und das Gesamtthema formuliert sein. Daraus lassen sich das geeignete methodische Vorgehen und die Rolle der Gesprächsleitung ableiten. Dazu ist es wichtig, sich auf die **Teilnehmenden** einzustellen: Wer wird kommen? Welches Interesse haben die Einzelnen? Welche persönlichen Fragen und Einstellungen haben sie zum Thema? Welche Schwierigkeiten könnten auftreten?

Zur **Zielsetzung** ist zu fragen: Wollen wir

a. Informationen weitergeben?
b. Fachwissen durch Experten vermitteln?
c. Wissen über die Entwicklung der unter Dreijährigen erarbeiten und durch eigene Beispiele festigen?
d. Probleme ansprechen und nach Lösungen suchen?

(vgl. Welzien, 2006, S. 28–30)

Überlegungen für die Einladung

– Wen sprechen wir an (alle Eltern; potenzielle Eltern; Großeltern; Kolleginnen und Kollegen; beratende Dienste (Ärzte, Therapeutinnen und Therapeuten, Beratungsstellen)?
– Enthält die Einladung alle notwendigen Informationen (Zeitpunkt/Zeitrahmen; Ort/Raum; Thema/Zielsetzung; Teilnehmerinnen und Teilnehmer; Gesprächsleitung; Einladende, Referent/-in)?
– Wer lädt ein (Eltern; Gruppenerzieher/-innen, Leitung)?
– Wie erhalten die Eltern ihre Einladung (mit der Post, in den Fächern der Kinder)? Einladungen zu Elternveranstaltungen werden am ehesten im Rahmen persönlicher Ansprache angenommen. Das Interesse der Eltern wächst mit ihren Möglichkeiten der Mitwirkung; Eltern laden wir möglichst in ihrer Sprache ein)

Zeitpunkt, Zeitrahmen

– Wann soll der Elternabend stattfinden? (Den Termin möglichst so legen, dass Arbeitszeiten auch von Schichtarbeiter/-innen berücksichtigt werden; Rücksicht nehmen auf herausragende Ereignisse und nationale Feste (z. B. Ramadan).)

– Wie lange soll er dauern? (Möglichst nicht mehr als 90 Minuten; Eltern sind nach der Arbeit müde und Babysitter haben nicht unbegrenzt Zeit.)

Ort und Raum

– Wo soll er stattfinden (Im Haus? Außer Haus?)?

– Wie viele Räume werden benötigt? Gibt es Plenums- und Gruppenräume? Falls die Kita über ein Elternsprechzimmer verfügt, sollte er dort stattfinden. Es eignet sich auch die Halle (besonders für viele Teilnehmende oder/und bewegungsintensive Veranstaltungen).

– Haben die Räume eine positive Arbeitsatmosphäre (Beleuchtung, Akustik, Lüftung)?

– Wie und wo sitzen die Teilnehmenden (Im Halbkreis mit Blick auf die Moderationswand; an Gruppentischen; in Reihen? Wo sitzt die Gesprächsleitung? Wo mögliche Referenten?)?

– Ist für gut lesbare Ausschilderung gesorgt?

– Ist für Verpflegung gesorgt? (Für möglicherweise von Eltern vorbereitete Getränke und Speisen sorgen und dabei die Ess- und Trinkgewohnheiten von Eltern anderer Nationalität berücksichtigen.)

– Gibt es einen Dolmetscher für die Eltern anderer Nationalität?

– Sind Videoanlage, Overheadprojektor, Beamer und Laptop oder ein CD-Player für Informationsphasen zu besorgen? Ist der Raum zu verdunkeln? Gibt es genug Stromquellen?

– Werden Flipchart, Moderatorenwand, Stifte und Karteikarten benötigt? (Faustregel: eine Wand für fünf Teilnehmer/-innen. Meinungen und Vorschläge der Eltern lassen sich mit genügend Dokumentationsfläche leichter dokumentieren und auswerten.)

– Werden Bilder, Video und/oder Wandzeitung als Ausgangsmaterial benötigt? (Wenn eigene Kinder in Aktion zu sehen sind, weckt dies das Interesse an Sachthemen.)

Beispiel: Planung eines Elternabends

Im Folgenden stellen wir Ihnen die Grobplanung für einen „klassischen Elternabend" vor. Es geht darum, ein Problem zwischen Erzieherinnen und Eltern anzusprechen und gemeinsam nach einer Lösung zu suchen.

Ausgangssituation

Seit längerer Zeit wundern sich die Erzieherinnen darüber, dass Eltern ihre Kinder morgens kurz abgeben und erst am Spätnachmittag abholen. Dabei lassen sie sich keine Zeit, sondern „reißen" die Kinder aus dem Spiel, um sofort mit ihnen zu verschwinden. Neben den formalen Tagesordnungspunkten steht dieser Punkt deshalb in der Einladung unter dem Thema „Bringen und Abholen".

Um das Thema wirkungsvoll mit den Eltern anzugehen, wählte das Team die Moderationsmethode. Den geplanten Verlauf notierten sie tabellarisch:

Elternversammlung am …					
Schritt	Ziel	Methodik	Hilfsmittel	Zeit	Gesprächs-leitung, Moderation
Gesamt-ziel	Das Bringen und Abholen so gestalten, dass niemand gehetzt wird	Alle sechs Schritte	Video „Ankunftspha-se" Moderationskoffer, -wände	120 Min.	Leitung Ella
1. Einstieg	Eröffnung, Hinführung, für gutes Arbeitsklima sorgen	Kartenabfrage: Ich erwarte heute: Ich möchte heute nicht:	Vorbereitetes Plakat	15 Min.	Ella eröffnet Leitung stellt Fragen vor
2. Sam-meln	Aspekte, die im Zusammen-hang mit Ankommen und Abholen wichtig sind	Kartenabfrage: Bitte schreiben Sie auf Karten, was Sie beim Ankommen und Abholen – als positiv/ gelungen; – als negativ/belas-tend erleben. Die genannten Themen werden angepinnt.	Wandzeitung Grüne Karten für a) Rote Karten für b)	15 Min.	Leitung macht Wandzei-tung, Ella steuert und hilft beim Schreiben
3. Aus-wählen	Festlegen eines Aspektes, der als wichtig angesehen wird	Die Karten wer-den thematisch sortiert an die Moderatorenwand geklebt. Alle Teilnehmer lesen die Karten und wählen mit Klebepunkten zwei Themen aus, die für sie Priorität haben.	Vorbereitetes Plakat: Themenspeicher	10 Min.	Ella liest vor, Leitung steuert Klebepunkt-aktion
4. Bearbei-ten	Problem analysieren und Lösungs-ansätze finden	Fiktives Problem: Eltern sind morgens und abends unter Zeitdruck	Wandzeitung: Problemanalyse: – Wie äußert sich der Zeitdruck? – Was könnten Ursachen sein? – Was könnten Eltern tun? – Was könnte die Kita tun? – Was spräche eventuell dagegen?	30 Min.	Leitung schreibt, Ella erklärt und steuert
5. Planen	Verbesserungs-möglichkeiten	Brainstorming: Katalog von Maßnahmen	Vorbereitetes Plakat: Liste: Möglichkeiten, die wir nutzen könnten		Leitung schreibt mit, Ella nimmt Anregungen auf und diktiert sie

6. Verein-baren	Vereinbarun-gen und Ausblick	Maßnahmenplan „Konkrete Vereinbarungen": Die Gesprächslei-tung stellt eine vorbereitete Tabelle vor, in die einzutragen ist: – Wer tut – Was? – Mit welchem Ziel? – Sofort? – Nächste Woche? – Nächsten Monat? – Auf welche Weise wird Rückmeldung gegeben, ob es funktioniert hat? – Wer gibt die Rückmeldung?	Vorbereitete Wandzeitung: Was wir tun wollen und wie wir es rückmel-den Fünf Spalten	30 Min.	Leitung steuert, Ella schreibt mit
7. Ab-schluss	Abschluss des Elternabends	Stimmungsbaro-meter: Ich fand es heute – sehr effektiv; – ganz gut; – wenig effektiv.	Vorbereitete Wandzeitung mit Smileys: ☺ ☺ ☺ ☺ ☺ ☺	15 Min.	Ella fasst zusammen und bedankt sich, Leitung verabschie-det

Der Elternabend ist nur sinnvoll, wenn er nachbereitet wird. Nach dem Elternabend erfolgt die Reflexion im Team unter folgenden Leitfragen (vgl. Seifert, 2007):
1. Haben wir unsere Ziele erreicht?
2. Wie zufrieden ist jede/r mit dem Ergebnis?
3. Wie zufrieden ist jede/r mit dem Verlauf?
4. War die Vorbereitung angemessen?
5. Was sind jetzt die nächsten Schritte?
6. Wie dokumentieren wir das Erreichte?
7. Wer überprüft die Rückmeldung?

Zum Weiterlesen:

– **Beek, Angelika von der:** Bildungsräume für Kinder von 0 bis 3. 2. Auflage, Weimar: verlag das netz, 2007.

– **Kazemi-Veisari, Erika:** Offene Planung im Kindergarten: Ideen und Hilfen. Freiburg: Verlag Herder, 1996.

– **Bachmann, Rainer:** Ökologische Außengestaltung in Kindergärten. Praktisches Handbuch für Neubau und Umgestaltung. Weinheim: Juventa Verlag, 1994.

– **Simonis, Christoph:** Mut zur Wildnis: Naturnahe Gestaltung von Außenflächen an Kin-dergärten, von öffentlichen Spielflächen und Schulhöfen. Neuwied/Berlin: Luchterhand, 2001.

– **Welzien, Simone:** Familien stärken – Elternbildung in der Kita, in: Kindergarten heute, Basiswissen Kita, 2006.

Literaturverzeichnis

Affolter, Felicie: Wahrnehmung, Wirklichkeit und Sprache, Villingen-Schwenningen: Neckar-Verlag GmbH, 1991.

Ahne, Verena: Streit um die Krippe, in: Gehirn&Geist, Serie Kindesentwicklung, Nr. 11/2007, S. 16–25.

Ahnert, Lieselotte: Frühe Bindung: Entstehung und Entwicklung, München: Reinhardt Verlag, 2004.

Ainsworth, Mary: The Development of Infant-Mother-Attachment, Chicago: University of Chicago Press, 1973.

Altgold, Karin: Early Excellence Centre und Judy Center: Unterschiedliche Konzepte, verschiedene Ansätze, in: kindergarten heute, 1/2007, S. 28–33.

Amthauer, Karl-Hermann/Eul, Werner (Hrsg.): Herausforderung Erziehung in sozialpädagogischen Berufen, Troisdorf: Bildungsverlag EINS, 2007.

Arbeitskreis Deutscher Qualifikationsrahmen (Hrsg.): Diskussionsvorschlag eines Deutschen Qualifikationsrahmens für lebenslanges Lernen, erarbeitet vom „Arbeitskreis Deutscher Qualifikationsrahmen, Februar 2009, abgerufen unter: http://www.deutscherqualifikationsrahmen.de/SITEFORUM?t=/documentManager/sfdoc.file.detail&e=UTF-8&i=1215181395066&l=1&ParentID=1238068512117&fileID=1238069671761&active=SFDOC, [25.07.2010].

Arbeitskreis Neue Erziehung e.V.: Elternbriefe sind abrufbar unter: www.ane.de.

Austermann, Marianne/Wohlleben, Gesa: Krabbelfinger werden größer, München: Kösel-Verlag/Random House, 2005.

Austermann, Marianne/Wohlleben, Gesa: Zehn kleine Krabbelfinger. Spiel und Spaß mit unseren Kleinsten, München: Kösel-Verlag/Random House, 2002.

Ayres, Jean: Bausteine der kindlichen Entwicklung, Berlin: Springer, 1984.

Bach, Heinz: Früherziehungsprogramme für geistig behinderte und entwicklungsverzögerte Säuglinge und Kleinkinder, Berlin: Marhold, 1975.

Bachmann, Rainer: Ökologische Außengestaltung in Kindergärten. Praktisches Handbuch für Neubau und Umgestaltung, Weinheim/München: Juventa, 1994.

Bader, Reinhard/Schäfer, Bettina: Lernfelder gestalten. Vom komplexen Handlungsfeld zur didaktisch konstruierten Lernsituation, in: Die berufsbildende Schule, Berlin: dbb Verlag, Jahrgang 50, Heft 7/8, 1999, S. 229.

Bauer, Joachim: Warum ich fühle, was du fühlst. Intuitive Kommunikation und das Geheimnis der Spiegelneurone, München: Heyne, 2006.

Baur, Jürgen: Über die geschlechtsspezifische Sozialisation des Körpers, in: Zeitung für Sozialisationsforschung und Erziehungssoziologie, Jahrgang 2, 1988, S. 152–161.

Beck, Ulrich/Beck-Gernsheim, Elisabeth (Hrsg.): Riskante Freiheiten, Frankfurt/Main: Suhrkamp, 1994.

Becker-Textor, Ingeborg: Der Dialog mit den Eltern, München: Don Bosco Verlag, 1998.

Beek, Angelika von der: Bildungsräume für Kinder von 0 bis 3, 2. Auflage, Kiliansroda/Berlin: verlag das netz, 2007.

Beller, Kuno: Die Krippe, in: Entwicklungspsychologie, hrsg. v. Rolf Oerter/Leo Montada, 4. Auflage, Weinheim: Beltz, 1998, S. 915–922.

Beller, Kuno: Entwicklungsaufbau 0–4-Jähriger, Berlin: FiPP, 1987.

Beller, Simone/Beller, Kuno: Kuno Bellers Entwicklungstabelle: Modifizierte Fassung vom Juli 2000, 5. Auflage, Berlin: Beller – Materialien für die pädagogische Praxis, 2005.

Bensel, Joachim/Haug-Schnabel, Gabriele: Kinder beobachten und ihre Entwicklung dokumentieren, in: kindergarten heute spezial, 2005, S. 7–43.

Berger, Marianne/Berger, Lasse: Der Baum der Erkenntnis für Kinder und Jugendliche im Alter von 1–16 Jahren, 2. Auflage, Bremen: Eigenverlag, 2004.

Berggrötz, Annette: respectare – ein Konzept zur Förderung respektvoller Haltung in Pflege und Therapie. Das Konzept, abgerufen unter: http://www.jatebi-faresi.de/respectare_cms/index.php?page=das-konzept, [25.07.2010].

Bertelsmann Stiftung (Hrsg.): Frühe Bildung beobachten und dokumentieren. Leitfaden zur Einführung der Bildungs- und Lerngeschichten in Kindertageseinrichtungen, Gütersloh: Verlag Bertelsmann Stiftung, 2008.

Bertelsmann Stiftung (Hrsg.): Guck mal! Bildungsprozesse des Kindes beobachten und dokumentieren, Gütersloh: Verlag Bertelsmann Stiftung, 2005.

Bertelsmann Stiftung/Institut für Frühpädagogik (Hrsg.): Wach, neugierig, klug – Kinder unter 3. Ein Medienpaket für Kitas, Tagespflege und Spielgruppen, Gütersloh: Verlag Bertelsmann Stiftung, 2006.

Bertelsmann Stiftung/Institut für Frühpädagogik (Hrsg.): Wach, neugierig, klug – Kompetente Erwachsene für Kinder unter 3. Ein Fortbildungshandbuch, Gütersloh: Verlag Bertelsmann Stiftung, 2008.

Berthold, Erika/Grüber, Eva: Erzieherinnen sind doof: Geschichten über einen Beruf im Umbruch, Neuwied: Luchterhand, 1996.

Berzheim, Nora/Meier, Ursula: Aus der Praxis der elementaren Musik- und Bewegungserziehung, 6. Auflage, Donauwörth: Auer, 1989.

Beswick, Clare/Featherstone, Sally: Buchreihe „Aktivitäten für den Entwicklungsbereich ‚Aktiv lernende Kinder'", Troisdorf: Bildungsverlag EINS, 2007.

Beswick, Clare/Featherstone, Sally: Buchreihe „Aktivitäten für den Entwicklungsbereich ‚Kommunikationsfreudige Kinder'", Troisdorf: Bildungsverlag EINS, 2007.

Beswick, Clare/Featherstone, Sally: Buchreihe „Aktivitäten für den Entwicklungsbereich ‚Starke Kinder'", Troisdorf: Bildungsverlag EINS, 2007.

Beswick, Clare/Featherstone, Sally: Buchreihe „Aktivitäten für den Entwicklungsbereich ‚Gesunde Kinder'", Troisdorf: Bildungsverlag EINS, 2007.

Bilden, Helga: Geschlechtsspezifische Sozialisation, in: Neues Handbuch der Sozialisationsforschung, hrsg. v. Klaus Hurrelmann/Dieter Ulich, 4. Auflage, Weinheim/Basel: Beltz, 1991, S. 279–303.

Blum, Deborah: Die Entdeckung der Mutterliebe. Die legendären Affenexperimente des Harry Harlow, Weinheim: Beltz, 2010.

Bodenburg, Inga/Grimm, Gunhild: So werden Kinder sauber. Schwierigkeiten und Erfolge, 14. Auflage, Reinbek: Rowohlt, 2005.

Bodenburg, Inga/Grimm, Gunhild: Was will das Kind denn bloß? Kleine Kinder verstehen und ihnen mehr Erfahrungen ermöglichen, Reinbek: Rowohlt Verlag, 1983.

Bodenburg, Inga/Grimm, Gunhild: Zusammenleben mit Kleinstkindern: Anregungen für die Arbeit in Krippen und Krabbelstuben, Berlin: FiPP, 1986.

Bodenburg, Inga/Kollmann, Irmgard: Frühpädagogik – arbeiten mit Kindern von 0–3 Jahren. Arbeitsheft, Troisdorf: Bildungsverlag EINS, 2010.

Bodenburg, Inga/Stoltenberg, Ute: Erfahrung durch Bewegung, Berlin: FiPP, 1993.

Bosche, Heidegret: Essen und Trinken als Qualitätsmerkmale. Tagung: Zukunftsprojekt „BiostadtBremen", 21. November 2008, Bremen.

Bostelmann, Antje (Hrsg.): Achtung Eltern! im Kindergarten: Typische Konflikte mit Eltern und wie man damit umgeht, Mülheim/Ruhr: Verlag an der Ruhr, 2007.

Bostelmann, Antje: Das Portfolio-Konzept für die Krippe, Mühlheim/Ruhr: Verlag an der Ruhr, 2008.

Bostelmann, Antje: Praxisbuch Krippenarbeit. Leben und lernen mit Kindern unter 3, Mühlheim/Ruhr: Verlag an der Ruhr, 2008.

Bowlby, John: Bindung, Frankfurt/Main: Fischer, 1975.

Bronfenbrenner, Urie: Die Ökologie der menschlichen Entwicklung: Natürliche und geplante Experimente, Stuttgart: Klett-Cotta, 1981.

Bruner, Jerome: Wie das Kind sprechen lernt, Bern: Huber, 1987.

Bühler, Charlotte/Hetzer, Hildegard: Kleinkindertests, 4. Auflage, Berlin: Springer, 1977.

Bühler, Charlotte: Kindheit und Jugend. Genese des Bewusstseins, 4. Auflage, Darmstadt: Wissenschaftliche Buchgesellschaft 1967.

Bühler, Charlotte: Kindheit und Jugend, Leipzig: Hirzel-Verlag, 1928.

Bundesministerium der Justiz (Hrsg.): Gesetz zum Elterngeld und zur Elternzeit (Bundeselterngeld- und Elternzeitgesetz (BEEG)) vom 5. Dezember 2006 (BGBl. I S. 2748), das zuletzt durch Artikel 10 des Gesetzes vom 28. März 2009 (BGBl. I S. 634) geändert worden ist, abgerufen unter: http://www.gesetze-im-internet.de/beeg/index.html#BJNR2748100 06BJNE002100000, [15.08.2010].

Bundesministerium für Bildung und Forschung (BMBF)/Sekretariat der Kultusministerkonferenz (Hrsg.): Der DQR (Deutscher Qualifikationsrahmen für lebenslanges Lernen), abgerufen unter: http://www.deutscherqualifikationsrahmen.de/SITEFORUM?t=/content Manager/selectCatalog&e=UTF-8&i=1215181395066&l=1&ParentID=1215772627052& active=no, [10.08.2010].

Bundesministerium für Familie, Senioren, Frauen und Jugend (BMFSFJ) (Hrsg.): Ausbau der Kindertagespflege, 11.07.2010, abgerufen unter: http://www.bmfsfj.de/BMFSFJ/kinder-und-jugend,did=118996.html, [17.08.2010].

Bundesministerium für Familie, Senioren, Frauen und Jugend (Hrsg.): Ausbau und Qualität der Kinderbetreuung. Gleiche Bildungschancen für alle Kinder von Anfang an, 2. Auflage, April 2009, abgerufen unter: http://www.bmfsfj.bund.de/BMFSFJ/Service/Publikationen/publikationen,did=107262.html, [25.07.2010].

Bundesministerium für Familie, Senioren, Frauen und Jugend (Hrsg.): Zwölfter Kinder- und Jugendbericht: Bericht über die Lebenssituation junger Menschen und die Leistungen der Kinder- und Jugendhilfe in Deutschland. Berlin: 2006, abgerufen unter: http://www. bmfsfj.de/doku/kjb/data/haupt.html, [15.08.2010].

Burdorf-Schulz, Jutta: Der positive Blick auf Kinder und Eltern: Bundesmodellprogramm Entwicklung und Chancen junger Menschen in sozialen Brennpunkten. Bericht zum Kinder- und Familienzentrum Schillerstraße, Berlin: Eigenverlag, 2006.

Caritasverband für die Diözese Münster e.V.: Orientierungshilfe für die Erstellung der Bildungsdokumentation im Rahmen der Bildungsvereinbarung NRW – Beobachtungsbogen, hrsg. v. Caritasverband für die Diözese Münster e. V., Referat Tageseinrichtungen für Kinder, Postfach 2120, 48008 Münster, 2004.

Clausen, Kerstin/Wolf, Traute: Rund ums Essen in der Kita: Informationen zu einer kindgerechten Ernährung, in: Materialien IV, hrsg. v. Vereinigung städtischer Kindertagesstätten e.V., Hamburg: Selbstverlag, 1996, S. 14–52.

Dennig, Thomas: Schritt für Schritt zur eigenen Beobachtung und Dokumentation, Troisdorf: Bildungsverlag EINS, 2007.

Deutsche Gesellschaft für Ernährung (DGE), Sektion Baden-Württemberg (Hrsg.): Wechselwirkungen zwischen Ernährung und kindlichem Verhalten, Bonn: Eigenverlag der DGE, 1995.

Deutsche Liga für das Kind (Hrsg.): Gute Qualität in Krippe und Kindertagespflege: Positionspapier der Deutschen Liga für das Kind, Berlin, 2008, abgerufen unter: http://liga-kind. de/downloads/krippe.pdf [25.07.2010].

Dieken, Christel van: Im Farbrausch. Werkstattheft 3: Mit Farben gestalten, Freiburg: Verlag Herder, 2003.

Dieken, Christel van: Kindergarten heute. So geht's – Kleinstkinder in der Krippe und KiTa, Freiburg: Herder, 2008.

Dieken, Christel van: Was Krippenkinder brauchen: Bildung, Erziehung und Betreuung von Unterdreijährigen, Freiburg: Herder, 2008.

Diller, Angelika: Eltern-Kind-Zentren: Die neue Generation kinder- und familienfördernder Institutionen. Grundlagenbericht im Auftrag des BMFSFJ, München: DJI-Verlag, 2005.

Diller, Angelika: Familie allein genügt nicht, Institution allein auch nicht, in: DJI Bulletin Nr. 80, München: DJI-Verlag, 3/4/2007, S. 17–20.

Diskowski, Detlef: Neuer Schwung für die Bildungsdebatte. Bildungspläne für den Kindergarten, in: Elementare Bildung. Band 2. Handlungskonzept und Instrumente, hrsg. v. Beate Andres/Hans-Joachim Laewen, Berlin: verlag das netz, 2005.

Dornes, Martin: Der kompetente Säugling: Die präverbale Entwicklung des Menschen, Frankfurt/Main: Fischer, 1993.

Elam, Polly: Mit Kleinkindern im Fluss bleiben, in: Mit Kleinkindern wachsen, Nr. 1/2009, S. 5.

Elkonin, Daniil Borissowitsch: Psychologie des Spiels, Köln: Pahl-Rugenstein, 1980.

Elschenbroich, Donata: Vortrag im Rahmen des Forums „Auf der Schwelle zum. 3. Jahrtausend – Was brauchen Kinder?", Mainz: Institut für Lehrerfort- und Weiterbildung, 1998.

Erikson, Erik Homburger: Kindheit und Gesellschaft, 14. Auflage, Stuttgart: Klett-Cotta, 2005.

Falk, Judit/Aly, Monika: Beobachten, Verstehen und Begleiten. Entwicklungsdiagnostik nach Pikler, Berlin: Pikler Gesellschaft, 2008.

Featherstone, Sally/Williams, Liz: Buchreihe „Entwicklung unterstützen von 0 bis 3", Troisdorf: Bildungsverlag EINS, 2007.

Feuser, Georg: Gemeinsame Erziehung behinderter und nicht behinderter Kinder im Tagesheim: Erster Zwischenbericht, Bremen: Diakonisches Werk, 1984.

Fey-Dorn, Ulrike/Müller-Langsdorf, Sabine/Dietermann, Joachim/Rogge, Ralf: Gott in der Krippe. Religiöse Bildung von Anfang an Hannover, Hannover: Diakonischen Werk der Hannoverischen Landeskirche (Hrsg.), 2008.

Fingerle, Michael/Freytag, Andreas/Opp, Günter (Hrsg.): Was Kinder stärkt. Erziehung zwischen Risiko und Resilienz, München: Reinhardt Verlag, 1999.

Flehmig, Inge: Normale Entwicklung des Säuglings und ihre Abweichungen, Stuttgart: Georg Thieme Verlag, 1990.

Forschungsinstitut für Kinderernährung (Hrsg.): Empfehlungen für die Ernährung von Klein- und Schulkindern. Broschüre Nr. 2 – Ernährung von Säuglingen, Dortmund: Eigenverlag, 2007.

Fortbildungsinstitut für die pädagogische Praxis (FiPP e. V.): Modellprojekt: Eltern stärken – mit Eltern Kompetenzen für die Kinder entdecken, Berlin: Projektpräsentation Juni 2006, S. 14 f.

Freud, Sigmund: Neue Folge der Vorlesungen zur Einführung in die Psychoanalyse, 4. Auflage, Frankfurt: S. Fischer Verlag, 1991.

Fried, Lilian/Büttner, Gerhard (Hrsg.): Weltwissen von Kindern. Zum Forschungsstand über die Aneignung sozialen Wissens bei Krippen- und Kindergartenkindern, München: Juventa Verlag, 2004.

Fthenakis, Wassilos/Oberhumer, Pamela: Frühpädagogik International: Bildungsqualität im Blickpunkt, Wiesbaden: Verlag für Sozialwissenschaften, 2004.

Gardner, Howard: Der ungeschulte Kopf: Wie Kinder denken, 3. Auflage, Stuttgart: Klett-Cotta, 1996.

Gerber, Magda/Johnson, Allison: Your Self-Confident Baby: How to Encourage Your Child's Natural Abilities – From the Very Start, New York/Weinheim/Brisbane: Verlag John Wiley & Sons Inc. Professional, Reference and TradeGroup, 1998

Gonzalez-Mena, Janet/Widmeyer-Eyer, Dianne: Säuglinge, Kleinkinder und ihre Betreuung, Erziehung und Pflege. Ein Curriculum für respektvolle Pflege und Erziehung, Freiburg: Arbor Verlag, 2008.

Gopnik, Alison/Kuhl, Patricia/Meltzoff, Andrew: Forschergeist in Windeln. Wie Ihr Kind die Welt begreift, Kreuzlingen/München: Hugendubel, 2000.

Groos, Karl: Die Spiele der Menschen, Jena: G. Fischer, 1899.

Grimm, Hannelore: Störungen der Sprachentwicklung, 2. Aufl., Göttingen, Hogrefe 2003.

Grossmann, Klaus/Grossmann, Karin u. a.: Die Bindungstheorie: Modell, entwicklungspsychologische Forschung und Ergebnisse, in: Handbuch der Kleinkindforschung, hrsg. v. Heidi Keller, Göttingen: Hogrefe, 2003, S. 51–95.

Grözinger, Wolfgang: Kinder kritzeln, zeichnen, malen. Die Frühformen kindlichen Gestaltens, 6. Auflage, München: Prestel Verlag, 1984.

Hamburger Institut für Berufliche Bildung (HIBB), Behörde für Bildung und Sport (Hrsg.): Bildungsplan Fachschule für Sozialpädagogik, zur Erprobung ab 1. August 2007, Hamburg: 2007.

Hartfiel, Günter/Hillmann, Karl-Heinz: Wörterbuch der Soziologie, 3. Auflage, Stuttgart: Kröner Verlag, 1982.

Harlow, Harry: The nature of love, in: American Psychologist, Nr. 13, 1958, S. 573–685.

Hassenstein, Bernd: Instinkt, Lernen, Spielen, Einsicht, in: Verhaltensbiologie des Kindes, Bernd Hassenstein, 4. Auflage, München: Piper, 1987.

Hassenstein, Bernhard/Hassenstein, Helma: Verhaltensbiologie des Kindes, Münster: M & V Verlags- und Vertriebsgemeinschaft, 2007.

Hauf, Petra/Klein, Annette: Schauen, Staunen, Handeln – das Weltwissen der Babys, Freiburg: Verlag Herder, 2008.

Haug-Schnabel, Gabriele: Wie Kinder sauber werden können, 2. Auflage, Ratingen: Verlag Oberste Brink, 2003.

Hehlmann, Wilhelm: Wörterbuch der Psychologie, Stuttgart: Kröner, 1974.

Heininger, Nicolai: Unterrichtsentwurf für die erste unterrichtspraktische Übung in der beruflichen Fachrichtung „Kinder- und Jugendhilfe". Lernfeld 2: Entwicklungs- und Aneignungsprozesse wahrnehmen und unterstützen, Hamburg: Landesinstitut für Lehrerbildung und Schulentwicklung, Abteilung 3 – Berufliche Schulen, Unveröffentlichtes Manuskript, 2008.

Hellbrügge, Theodor/Wimpffen, Hermann von: Die ersten 365 Tage im Leben eines Kindes: Die Entwicklung des Säuglings, München/Zürich: Droemer Knaur, 1978.

Hellrung, Uta: Sprachentwicklung und Sprachförderung: Beobachten, verstehen, handeln, 2. Auflage, Freiburg: Verlag Herder, 2006.

Hermann, Gisela/Schock, Rober/Riedel, Heidi/Sommer, Brigitte: Das Auge schläft, bis es der Geist mit einer Frage weckt: Krippen und Kindergärten in Reggio Emilia, Berlin: FiPP, 1987.

Hetzer, Hildegard/Todt, Eberhard/Seiffge-Krenke: Angewandte Entwicklungspsychologie des Kindes- und Jugendalters, Heidelberg: Quelle & Meyer, 1979.

Hoerner-Nitsch, Cornelia: Das Schmusebuch. Zärtliche Spiele für Babys, Kinder und Eltern, Reinbek: Rowohlt Verlag, 1997.

Hurrelmann, Klaus/Ulich, Dieter: Neues Handbuch der Sozialisationsforschung, Weinheim: Beltz, 1991.

Hurrelmann, Klaus: Gesundheitssoziologie. Eine Einführung in sozialwissenschaftliche Theorien von Krankheitsprävention und Gesundheitsförderung, Weinheim: Juventa Verlag 2000.

Hüther, Gerald/Krens, Inge: Das Geheimnis der ersten neun Monate: Unsere frühesten Prägungen, 5. Auflage, Düsseldorf: Patmos, 2007.

Hüther, Gerald: Die Macht der inneren Bilder. Wie Visionen das Gehirn und die Welt verändern, Göttingen: Vandenhoeck & Ruprecht, 2004.

Irskens, Beate: Einjährige sind keine Dreijährigen, in: kindergarten heute, Nr. 6/7 2006, S. 20–24.

Iven, Claudia: Sprache in der Sozialpädagogik, Troisdorf: Bildungsverlag EINS, 2009.

Jacobs, Dorothee: Kreative Dokumentation: Dokumentationsmethoden für Kindertagesein-richtungen, Berlin: Cornelsen Scriptor, 2007.

Jacobs, Marianne/Linders, Clara: Natur und Umwelt spielend entdecken, Troisdorf: Bildungsverlag EINS, 2006.

Jaszus, Rainer/Büchin-Wilhelm, Irmgard/Mäder-Berg, Martina/Gutmann, Wolfgang: Sozialpädagogische Lernfelder für Erzieherinnen, Stuttgart: Holland + Josenhans, 2008.

Jetter, Karl-Heinz: Leben und Arbeiten mit behinderten Säuglingen und Kleinkindern, Stadthagen: Pätzold, 1985.

Kasten, Hartmut: 0–3 Jahre: Entwicklungspsychologische Grundlagen, Weinheim: Beltz, 2005.

Kazemi-Veisari, Erika: Kinder verstehen lernen: Wie Beobachtung zur Achtung führt, Seelze: Kallmeyer/Klett, 2007.

Kazemi-Veisari, Erika: Offene Planung im Kindergarten: Ideen und Hilfen, Freiburg: Verlag Herder, 1996.

Kazemi-Veisari, Erika: Von Kindern lernen – mit Kindern leben, 2. Auflage, Freiburg: Verlag Herder, 1995.

Kohnstamm, Rita: Praktische Kinderpsychologie: Die ersten 7 Jahre, 2. Auflage, Stuttgart: Huber, 1990.

König, Vivian: Das große Buch der Babyzeichen. Mit Babys kommunizieren bevor sie sprechen können, Guxhagen: Karin Kestner Verlag, 2007.

Kroh, Oswald: Die Phasen der Jugendentwicklung. Gesamttitel: Entwicklungspsychologie des Grundschulkindes, 19. Auflage, Weinheim: Beltz, 1967.

Küls, Holger/Moh, Petra/Pohl-Menninga, Margareth: Lernfelder Sozialpädagogik, Troisdorf: Bildungsverlag EINS, 2004.

Laevers, Ferre: Die Leuvener Engagiertheitsskala (Les-K), Leuven: Centrum voor Ervarings-Gericht Onderwijs, 1976.

Laevers, Ferre: Leuvener Engagiertheits-Skala für Kinder LES-K. Deutsche Fassung der Leuven Involvement Scale for Young Children. Videoband zur LES-K mit Handbuch, Wegberg: Schlömer, o. J.

Laewen, Hans-Joachim/Andres, Beate (Hrsg.): Bildung und Erziehung in der frühen Kindheit. Bausteine zum Bildungsauftrag in Kindertageseinrichtungen, Berlin: Cornelsen Scriptor, 2002.

Laewen, Hans-Joachim/Andres, Beate (Hrsg.): Forscher, Künstler, Konstrukteure: Werkstattbuch zum Bildungsauftrag von Kindertageseinrichtungen, Berlin: Cornelsen Scriptor, 2007.

Laewen, Hans-Joachim/Andres, Beate/Hedervari, Eva: Die ersten Tage in der Kinderkrippe: Ein Modell für die Gestaltung der Eingewöhnungssituation, Neuwied: Luchterhand, 2000.

Laewen, Hans-Joachim/Andres, Beate/Hedervari, Eva: Ohne Eltern geht es nicht, 4. Auflage, Weinheim: Beltz, 2006.

Laewen, Hans-Joachim/Pesch, Ludger (Hrsg.): Synopse zu den Bildungsplänen der Länder. Aktualisierung der Anlage zum JMK/KMK-Beschluss vom 13./4.5. und 3./4.6.2004. (Stand: 31.12.2005), Berlin: verlag das netz, 2005.

Lamnek, Siegfried: Qualitative Sozialforschung. Band 1: Methodologie, München: Psychologie Verlags-Union, 1988.

Langer, Inghard: Das persönliche Gespräch als Weg in der psychologischen Forschung, in: Zeitschrift für Personenzentrierte Psychologie und Psychotherapie, 4/1985, S. 451.

Largo, Remo: Babyjahre: Die frühkindliche Entwicklung aus neurobiologischer Sicht, 14. Auflage, München: Piper Verlag, 2007.

Leontjev, Alexej: Probleme der Entwicklung des Psychischen, Königstein/Taunus: Athenäum, 1980.

Lerner, Richard: Children and adolescents as producers of their own development, in: Developmental Review, 2/1982, S. 342–370.

Leu, Hans Rudolf/Flämig, Katja/Frankenstein, Yvonne/Koch, Sandra/Pack, Irene/Schneider, Kornelia/Schweiger, Martina: Bildungs- und Lerngeschichten. Bildungsprozesse in früher Kindheit beobachten, dokumentieren und unterstützen, Kiliansroda/Berlin: verlag das netz, 2007.

Liegle, Ludwig: Der internationale Vergleich in der Pädagogik der frühen Kindheit, Weinheim/München, Juventa, 2010.

Liedtke, Rüdiger: Die Vertreibung der Stille: Wie uns das Leben unter der akustischen Glocke um die Sinne bringt, München: Schönberger Verlag, 1985.

Mahlke, Wolfgang/Schwarte, Norbert: Raum für Kinder: Ein Arbeitsbuch zur Raumgestaltung in Kindergärten, Weinheim: Beltz, 1989.

Malaguzzi, Loris: 16 Thesen zum pädagogischen Konzept, Berlin: Fortbildungsinstitut für die pädagogische Praxis, 1984.

Malaguzzi, Loris: Dieses Land gehört mir nicht: Im Gespräch mit Loris Malaguzzi über die Reggio-Pädagogik, in: PÄD extra: Magazin für Erziehung, Wissenschaft und Politik, 6/1987, S. 9–16.

Malaguzzi, Loris: Wenn das Auge über die Mauer springt, in: Hundert Sprachen hat das Kind. Wie Kinder wahrnehmen, denken und gestalten lernen, hrsg. v. Senatsverwaltung für Jugend und Sprache, Berlin, Berlin: FiPP, 1992.

Michaelis, Richard: Die ersten fünf Jahre im Leben eines Kindes, München: Droemer Knaur, 2006.

Mogel, Hans: Geborgenheit: Psychologie eines Lebensgefühls, Heidelberg: Springer, 1995.

Montada, Leo: Fragen, Konzepte, Perspektiven, in: Entwicklungspsychologie, hrsg. v. Rolf Oerter/Leo Montada, 4. Auflage, Weinheim: Psychologie Verlags-Union, 1998.

Montessori, Maria: Kinder sind anders, 13. Auflage, Stuttgart: Klett-Cotta, 1993.

Morgenstern, Christian: Sämtliche Dichtungen: Stufen: Eine Entwicklung in Aphorismen und Tagebuch-Notizen, Bd. 15, Neuauflage der Erstausgabe 1918, Dornach: Zbinden: 2004.

Müller, Burghard K.: Die Kindertagesstätte als lernende Organisation, in: Kindergarten-Online-Handbuch, hrsg. v. Martin Textor, abgerufen unter: www.kindergartenpaedagogik.de/1047.html, [15.08.2010].

Münder, Johannes: Kommunale Familienpolitik und Recht, Münster: Institut für soziale Arbeit (ISA), 2004.

Muster-Wäbs, Hannelore/Schneider, Cordula/Bodenburg, Inga/Jasper, Simone/Schulz, Rainer: Vom Lernfeld zur Lernsituation. Strukturierungshilfe zur Analyse, Planung und Evaluation von Unterricht, 1. Auflage, Troisdorf: Bildungsverlag EINS, 2005.

NICHD Early Child Care Research Network (Hrsg.): Does Amount of Time Spent in Child Care Predict Socioemotional Adjustment During the Transition to Kindergarten?, in: Child Development, 74, 2003, S. 976–1005.

Nuthbrown, Cathy: Kinderrechte, ein Grundstein frühpädagogischer Curricula, übers. v. Arnd Ladwig, in: Frühpädagogik International: Bildungsqualität im Blickpunkt, hrsg. v. Wassilos Fthenakis/Pamela Oberhumer, Wiesbaden: Verlag für Sozialwissenschaften, 2004, S. 117–127.

Oerter, Rolf/Montada, Leo (Hrsg.): Entwicklungspsychologie, 6. Auflage, Weinheim: Beltz, 2008.

Oerter, Rolf: Psychologie des Spiels, Weinheim: Beltz, 1999.

Olstorpe, Kristina/Lundberg, Monica/Olstorpe, Roland/Skoogh, Lennart/Johansson, Håkan/Olstorpe, Sofia: Mathe Mosaik Bilderbuch. Die Welt der Zahlen im Kindergarten, Troisdorf: Bildungsverlag EINS, 2007.

Papousek, Hanus: Anfang und Bedeutung der kindlichen Musikalität, in: Handbuch der Kleinkindforschung, hrsg. v. Heidi Keller, Bern: Huber, 1997.

Pauen, Sabine: Was Babys denken. Eine Geschichte des ersten Lebensjahres, München: Verlag C. H. Beck, 2006.

Peter Pelikan e.V.: Peter-Pelikan-Elternbriefe, bestellbar unter: www.peter-pelikan.de.

Piaget, Jean/Inhelder, Bärbel: Die Psychologie des Kindes, Frankfurt/Main: S. Fischer Verlag, 1977.

Piaget, Jean: Das Erwachen der Intelligenz beim Kinde, Stuttgart: Klett-Cotta, 1975.

Pikler, Emmi/Tardos, Anna/Falk, Judit/Vincze, Maria/Hevesi, Katalin/Strub, Ute/Török, Katalin/Pottel-Teinert, Anna Dorothea: Miteinander vertraut werden. Wie wir mit Babies und kleinen Kindern gut umgehen – ein Ratgeber für junge Eltern, 10. Auflage, Freiburg: Verlag Herder, 2010.

Pikler, Emmi: Lasst mir Zeit: Die selbstständige Bewegungsentwicklung des Kindes bis zum freien Gehen. Untersuchungsergebnisse, Aufsätze und Vorträge, München: Pflaum Verlag, 2001.

Portmann, Adolf: Biologische Fragmente zu einer Lehre vom Menschen, 2. Auflage, Basel: Schwabe, 1951.

Pramling Samuelsson, Ingrid/Asplund, Carlsson Maj: Spielend lernen: Stärkung lernmethodischer Kompetenzen, Troisdorf: Bildungsverlag EINS, 2007.

Prott, Roger/Hautumm, Annette: 12 Prinzipien für eine erfolgreiche Zusammenarbeit von Erzieherinnen und Eltern, Kiliansroda/Berlin: verlag das netz, 2004.

Prott, Roger: Von der Dokumentation zum Bildungsbuch – eine vorläufige Vergewisserung, in: Bildung sichtbar machen. Von der Dokumentation zum Bildungsbuch, hrsg. v. Gewerkschaft Erziehung und Wissenschaft, 2. Auflage, Kiliansroda/Berlin: verlag das netz, 2006.

Radigk, Werner: Andi erlernt das Lernen, Königstein/Taunus: Skriptor, 1982.

Richter, Hans-Günther: Die Kinderzeichnung: Entwicklung, Interpretation, Ästhetik, Düsseldorf: Pädagogischer Verlag Schwann-Bagel, 1987.

Rogers, Carl R.: Entwicklung der Persönlichkeit, übers. v. Jaqueline Giere, Stuttgart: Klett-Cotta, 1976.

Rogers, Carl R.: Lernen in Freiheit. Zur Bildungsreform in Schulen und Universitäten, übers. v. Frank u. Claire Höfer, München: Kösel-Verlag, 1974.

Sachers, Hannelore: Entwicklungsdiagnostik, in: Früherziehungsprogramme für geistigbehinderte und entwicklungsverzögerte Säuglinge und Kleinkinder, hrsg. v. Heinz Bach, Berlin: Marhold, 1975, S. 28–32.

Sachser, Norbert: Neugier, Spiel und Lernen: Verhaltensbiologische Anmerkungen zur Kindheit, in: Zeitschrift für Pädagogik, Heft 50, 4. Jahrgang, August 2004, S. 475–486.

Schäfer, Gerd (Hrsg.): Bildung beginnt mit der Geburt: Förderung von Bildungsprozessen in den ersten sechs Lebensjahren, Weinheim: Beltz, 2003.

Schäfer, Gerd: Beobachten und Dokumentieren, in: KiTa aktuell NRW, 7–8/2004, S. 148–152.

Schäfer, Gerd: Beobachten und Dokumentieren: Professionelle Instrumente, um Lern- und Forschungsprozesse des Kindes herauszufordern und mitzugestalten, Weinheim: Juventa Verlag, 1995.

Schäfer, Gerd: Einführung in pädagogisches Wahrnehmen und Denken, Skript der Universität Köln, Kapitel 4. Köln: Universität Köln, 2005.

Schleidt, Margret: Die humanethologische Perspektive: Die menschliche Frühentwicklung aus ethologischer Sicht, in: Handbuch der Kleinkindforschung, hrsg. v. Heidi Keller, 2. Auflage, Bern: Huber, 1997.

Schlömer, Klara: Leuvener Modell. EU-Projekt Comenius Action 3 „Improving Early Childhood Education's Quality", abgerufen unter: http://www.leuvener-engagiertheitsskala.de/projekt.html, [06.08.2010].

Schmeer, Giesela: Das sinnliche Kind, Stuttgart: Klett-Cotta, 1975.

Schmidt, Helmut: SWR Nachtcafé, Sendung vom 11.02.2006.

Schneider, Claudia: Geschlechtssensible Pädagogik. Leitfaden für Lehrer/-innen und Fortbildner/-innen im Bereich Kindergartenpädagogik, Wien: Bundesministerium für Unterricht, Kunst und Kultur (Hrsg.), 2009, abgerufen unter: http://www.eduhi.at/dl/Leitfaden_BAKIP_GESAMT_2.09.pdf [22.07.2010].

Schneider, Kornelia: Krippenbilder: Gruppen-Erfahrungs-Spielräume für Kleinkinder. Berlin: Fortbildungsinstitut für die pädagogische Praxis, 1989.

Schoppa, Andreas: Gesundheitsziele für das frühe Kindesalter. Schriftenreihe Robert-Koch-Institut, 2. Auflage, München: Urban & Vogel, 2001.

Schulz von Thun, Friedemann: Miteinander reden. Band 3, Reinbek: Rowohlt Verlag, 1998.

Seehausen, Harald: Soziale Netzwerke für Kinder und Eltern: „Orte für Familien", in: Orte für Kinder. Auf der Suche nach neuen Wegen in die Kinderbetreuung, hrsg. v. Deutsches Jugendinstitut e. V. (DJI), Weinheim/München: DJI-Verlag, 1996, S. 183–203.

Seifert, Josef: Visualisieren, Präsentieren, Moderieren, 23. Auflage, Offenbach: Gabal, 2007.

Seitz, Rudolf: Kunst in der Kniebeuge: Ästhetische Elementarerziehung, 6. Auflage, München: Don Bosco Verlag, 1990.

Sichtermann, Barbara: Vorsicht Kind: Eine Arbeitsplatzbeschreibung für Mütter, Väter und andere, 13. Auflage, Berlin: Wagenbach, 2002.

Siegler, Robert/DeLoache, Judy/Eisenberg, Nancy: Entwicklungspsychologie im Kindes- und Jugendalter, München: Spektrum, 2005.

Simonis, Christoph: Mut zur Wildnis: Naturnahe Gestaltung von Außenflächen an Kindergärten, von öffentlichen Spielflächen und Schulhöfen, Neuwied/Berlin: Luchterhand, 2001.

Sommer, Brigitte: Kinder mit erhobenem Kopf: Kindergärten und Kinderkrippen in Reggio Emilia, Neuwied: Luchterhand, 1999.

Sozialgesetzbuch (SGB): Drittes Buch (III) – Arbeitsförderung

Spitzer, Manfred: Lernen: Gehirnforschung und die Schule des Lebens, München: Spektrum, 2007.

Stahr, Heike/Trousil, Ines: Zeit fürs Portfolio: Portfoliostunde, Portfoliowoche und kindgeführtes Portfoliogespräch, in: Das Portfolio-Konzept für Kita und Kindergarten, hrsg. v. Antje Bostelmann, Mülheim/Ruhr: Verlag an der Ruhr, 2007.

Stangl, Werner: Die Beobachtung, in: Werner Stangls Arbeitsblätter, hrsg. v. Dr. Werner Stangl, Institut für Pädagogik und Psychologie, Johannes Kepler Universität Linz, abgerufen unter: http://arbeitsblaetter.stangl-taller.at/FORSCHUNGSMETHODEN/Beobachtung.shtml, [01.11.2008].

Statistisches Bundesamt: Tageseinrichtungen, verfügbare Plätze und tätige Personen (ohne Hauswirtschaft) 2006 bis 2008 in Deutschland, West- und Ostdeutschland. Wiesbaden, 2009.

Stern, Daniel: Der Gegenwartsmoment, Frankfurt: Brandes & Apsel, 2005.

Stern, Daniel: Die Lebenserfahrung des Säuglings, Stuttgart: Klett-Cotta, 2007.

Stern, Daniel: Die Lebenserfahrung des Säuglings, Stuttgart: Klett-Cotta, 2003.

Stern, Daniel: Mutter und Kind: Die erste Beziehung, Stuttgart: Klett-Cotta, 2000.

Stolley, Helga: Somatogramme für Mädchen und Jungen, in: Monatsschrift Kinderheilkunde, Nr. 128, 1980, S. 662–667.

Strätz, Rainer: Bildungsvereinbarung NRW: Beobachtung und Dokumentation. Erweiterte Fassung eines Vortrages auf der Fachtagung „Guck mal!" der Bertelsmann Stiftung vom 19./20. November 2004 in Hannover, Gütersloh: Verlag Bertelsmann Stiftung, 2005.

Suess, Gerhard J./Burat-Hiemer, Edith: Erziehung in Krippe, Kindergarten, Kinderzimmer, 1 Aufl., Stuttgart: Klett-Cotta, 2009.

Sutton-Smith, Brian/Sutton-Smith, Shirley/Fatke, Rainer (Hrsg.): Hoppe hoppe Reiter: Die Bedeutung von Kinder-Eltern-Spielen, München: Piper Verlag, 1986.

Taller, Werner: Die Beobachtung (Definition, Formen, Verfahren), Deutscher Bildungsserver 2008, abgerufen unter: http://www.stangl-taller.at, [14.10.08]

Tausch, Reinhard/Tausch, Annemarie: Erziehungs-Psychologie, 11. Auflage, Göttingen: Hogrefe, 1998.

Thiel, Thomas: Video-Analysis: Methodology and Methods, Vortrag Berlin, 2004.

Tietze, Wolfgang (Hrsg.)/Viernickel, Susanne (Hrsg.)/Dittrich, Irene/Gödert, Stefanie/ Grenner, Katja/Groot-Wilken, Bernd/Sommerfeld, Verena: Pädagogische Qualität in Tageseinrichtungen für Kinder. Ein nationaler Kriterienkatalog, Berlin: Cornelsen Scriptor. 2003.

Tietze, Wolfgang (Hrsg.): Früherziehung, Neuwied: Luchterhand, 1996.

Tietze, Wolfgang/Bolz, Melanie/Grenner, Katja/Schlecht, Daena/Wellner, Beate: Krippen-Skala (KRIPS-R). Feststellung und Unterstützung pädagogischer Qualität in Krippen, Berlin: Cornelsen Scriptor, 2005.

Tracy, Rosemarie: Wie Kinder Sprachen lernen. Und wie wir sie dabei unterstützen können, 2., überarbeitete Auflage, Tübingen: Francke Verlag, 2008.

Vandenbussche, Els/Krog, Marina u. a.: Beobachtung und Begleitung von Kindern, Leuven: Centre for Experiential Education, 1976.

Vereinigung Hamburger Kindertagesstätten gGmbH (Hrsg.): „Unser Essen in der Kita", in: Mitteilungsblatt „Stadtkinder", Hamburg: Eigenverlag, Juli 2006, S. 7–14; 16–17.

Vereinigung Städtischer Kindertagesstätten gGmbH (Hrsg.): Materialien zur Qualitätsentwicklung, Hamburg: Eigenverlag, 2008.

Viernickel, Susanne: Spiel, Streit, Gemeinsamkeit: Einblicke in die soziale Welt der unter Zweijährigen, Landau: Verlag Empirische Pädagogik, 2000.

Weber, Christine (Hrsg.): Spielen und Lernen mit 0- bis 3-Jährigen: Der entwicklungszentrierte Ansatz in der Krippe, Weinheim: Beltz, 2004.

Weinberg, M.K./Tronik, E.Z.: Beyond the face. An empirical study of infant affective configurations of facial, vocal, gestural and regulatory behaviors, in: Child Development, 65, 1994, S. 1503–1515.

Weiß, Karin/Schumann, Marianne/Stempinski, Susanne: DJI-Curriculum „Qualifizierung in der Kindertagespflege", 2. Auflage, hrsg. v. Deutsches Jugendinstitut e. V. (DJI), München: Kallmeyer, 2008.

Welzien, Simone: Familien stärken – Elternbildung in der Kita, in: kindergarten heute basiswissen kita, 2006, S. 28–30.

Werner, Emmy: Overcoming the Odds: High Risk Children from Birth to Adulthood, Ithaka/ New York: Cornell University Press, 1992.

Wilhelm, Klaus: Bindung: Fremde Betreuung – gute Betreuung, in: Psychologie heute, 01/2005, S. 28–30.

Willand, Gunda: Muschel-Projekt im Sommersemester 1990 an der Berufsfachschule für Kinderpflege in Hamburg. Ergebnisse der Projektarbeit, Hamburg: Unveröffentlichtes Manuskript: 1990.

Winner, Anna: Kleinkinder ergreifen das Wort: Sprachförderung mit Kindern von 0 bis 4 Jahren, Freiburg: Christopherus Verlag, 2007.

Winnicott, Donald: Vom Spiel zur Kreativität, 11. Aufl., Stuttgart: Klett-Cotta, 2006.

Wüstenberg, Wiebke/Schneider, Kornelia: Vielfalt und Qualität. Aufwachsen von Säuglingen und Klein(st)kindern in Gruppen, in: Krippen. Wie frühe Betreuung gelingt. Fundierter Rat zu einem umstrittenen Thema, hrsg. v. Jörg Maywald/Bernhard Schön, Weinheim/ Basel: Beltz, 2008, S. 144–177.

Wustmann, Corina: Resilienz. Widerstandsfähigkeit von Kindern in Tageseinrichtungen fördern, 1. Auflage, Weinheim: Beltz, 2004.

Zimmer, Renate: Handbuch der Sinneswahrnehmung. Grundlagen einer ganzheitlichen Erziehung, Freiburg: Verlag Herder, 1995.

Bildquellenverzeichnis

© Harald Marxen, Stapelfeld/Bildungsverlag EINS, Köln: Umschlagfoto und alle weiteren nicht mit Seitenzahl aufgeführten Fotos

© ullstein bild – ecopix: S. 13

© Kornelia Schneider/Autorinnen: S. 33

© Bildungsverlag EINS, Köln/Nadine Dilly, Bottrop: S. 44

© ullstein bild – Gezett: S. 55

© Irmgard Kollmann (Privatbesitz): S. 95, 184 (unten), 236, 261 (4x)

© Project Photos/Reinhard Eisele: S. 110

© Adolf König, Nordstrand/Bildungsverlag EINS, Köln: S. 111, 112, 113, 114, 115, 116

© Erika Walsh/Fotolia.com: S. 146

© Angelika Brauner, Hohenpeißenberg/Bildungsverlag EINS, Troisdorf: S. 151

© Hendrik Kranenberg, Drolshagen/Bildungsverlag EINS, Köln: S. 155, 294 (2x)

© Artyom Yefimov/Fotolia.com: S. 163

© Lilia Beck/Fotolia.com: S. 194

© Dmitry Ersler/Fotolia.com: S. 233

© Evelyn Neuss, Hannover/Bildungsverlag EINS, Köln: S. 240

© Bildungsverlag EINS, Köln/Christian Schlüter, Essen: S. 257

© Mauritius Images/imagebroker.net: S. 286

Sachwortverzeichnis

Mann- und-Vater-Rolle 47
Material 290
Materialschrank 255
materielle Verstärker 166
mathematische Grunderfahrung 78
Matschecke 293
Matte 132
Mehrfachbeanspruchung 47
Mehrsprachigkeit 244, 245
Mehrwortsatz 237
Menschenbild 32
Mesoderm 112
Mesosystem 199
Methodenkompetenz 18
Mikrosystem 199
Milch 75
Mildeeffekt 269
Mindestausstattung 26
Mischkosternährung 73
Missachtung 161
Mitmachen 79
Mittagessen 75
Mittagsruhe 103
Mitteilungsbuch 52, 53, 107
Mittelhirn 152
Mitwirkung der Eltern 45
mobiler Wickeltisch 94
Mobiles 129
Modelllernen 200
Modell-Sein 37
Modellverhalten 81, 201
Moderationsmethode 303
moduliertes Schreien 236
Montessori 174
Moro-Reflex 127
Morula 112
Motivation zum Sauberwerden 96
Musik 161, 177
Musikberieselung 154, 161
Muskelempfindung 150
Muskelspannung 150
Muskeltonus 154
Muster von Beziehung 204
Mütter 46, 47
Muttersprache 244

N

Nabelschnur 113
Nachahmen 79, 170, 199, 220
Nachahmungslernen 185
Nachgeburtsperiode 118

Nachtisch 79
Nächtliches Sauberwerden 100
Nationaler Kriterienkatalog 28
Naturgelände 292
Negative Verstärkung 165
Nervenbahn 149
Nervensystem 148
Nervenzelle 114
Nest 31
Netzhaut 148
Neugier 147, 157, 159
Neugierkiller 161
Neugierverhalten 158, 220
Neuheitsgrad 159
Neuralrohr 112
Neurobiologie 201
Neurone 154
Nickerchen 102
Non-REM-Schlaf 101
Notbehelf 33
Notlösung 33
nuckeln 89, 103

O

Oberflächensensibilität 149
Oberflächenstrukturen 134
Objektbeziehung 206
Objektkonstanz 178
Objektpermanenz 172
Obst 75
Obstmahlzeit 75
offenes Konzept 31
offene Lernhaltung 41
offene Planung 286
Öffentlichkeitsarbeit 63
Ökologische Entwicklungstheorie 199
ökonomische Bedingung 13
olfaktorischen Wahrnehmung 149
Operante Konditionierung 200
Operantes Konditionieren 165
orale Phase 196
Ordnung 186
Orientierungsplan für Bildung und Erziehung
27
Orientierungsqualität 28, 31

P

pädagogische Konzeption 25
pädagogische Qualität 32
PädQUIS 28
Palmares Greifen 130, 248